北京文化通史

徐俊

清代卷

马建农◎著

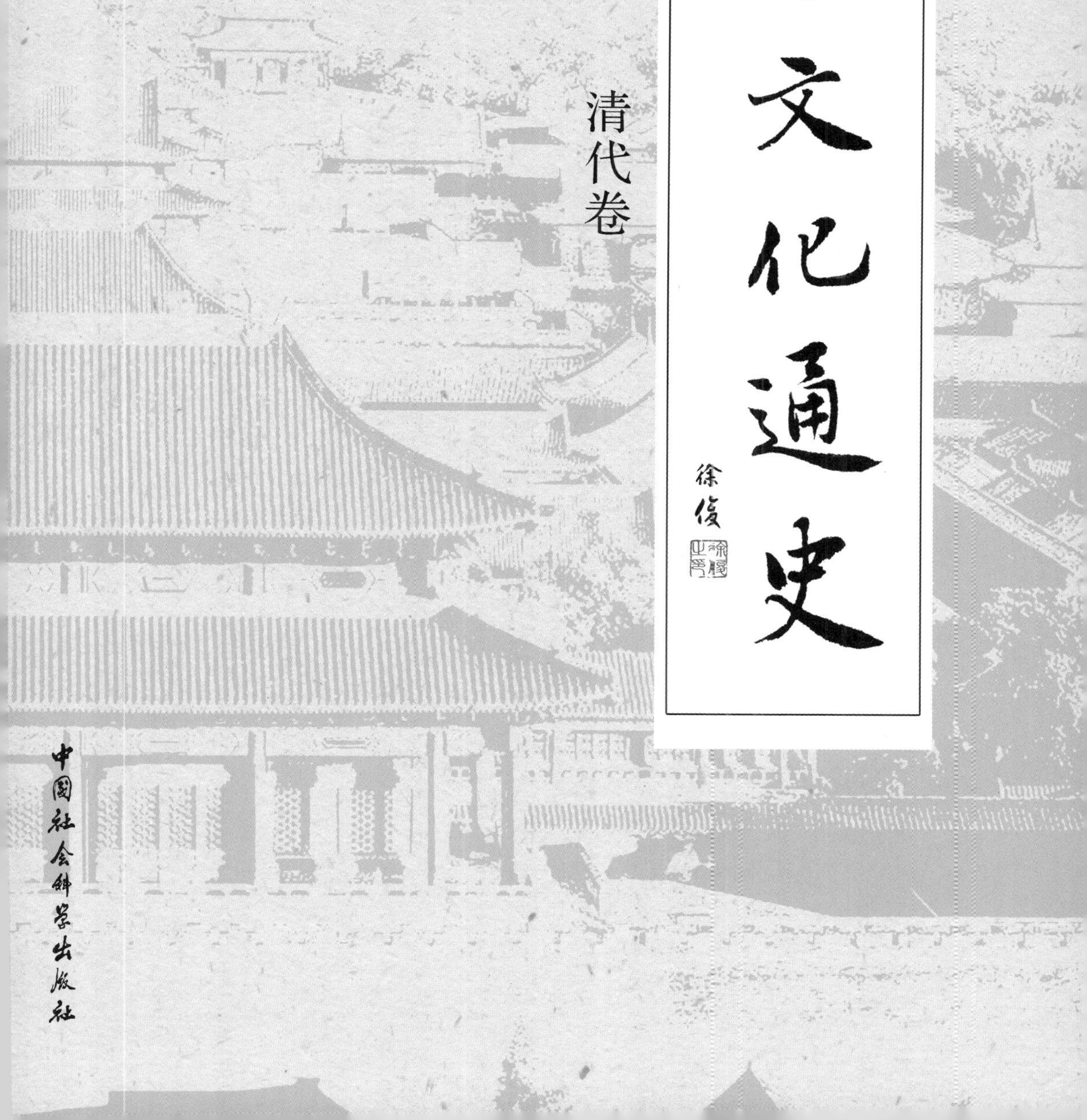

中国社会科学出版社

图书在版编目(CIP)数据

北京文化通史．清代卷／马建农著．—北京：中国社会科学出版社，2017.10

ISBN 978－7－5161－8131－7

Ⅰ.①北… Ⅱ.①马… Ⅲ.①文化史—北京市—清代 Ⅳ.①K291

中国版本图书馆 CIP 数据核字(2016)第 099857 号

出 版 人 赵剑英
选题策划 刘 艳
责任编辑 刘 艳
责任校对 陈 晨
责任印制 戴 宽

出 版 中国社会科学出版社
社 址 北京鼓楼西大街甲 158 号
邮 编 100720
网 址 http://www.csspw.cn
发 行 部 010－84083685
门 市 部 010－84029450
经 销 新华书店及其他书店

印 刷 北京明恒达印务有限公司
装 订 廊坊市广阳区广增装订厂
版 次 2017 年 10 月第 1 版
印 次 2017 年 10 月第 1 次印刷

开 本 710×1000 1/16
印 张 19
插 页 2
字 数 325 千字
定 价 88.00 元

凡购买中国社会科学出版社图书，如有质量问题请与本社营销中心联系调换
电话：010－84083683

目　　录

第一章　清王朝建立及北京清代政治文化地位确定

1644年的甲申年，北京城经历了这座城市发展进程中最为波折的一年，从明崇祯十七年到大顺永昌元年，再到清顺治元年，短短一年这座具有浑厚文化积淀的古都三易其手。当多尔衮率领八旗兵丁进入北京城，并确定其为都城，标志着满洲统治者正式入主中原，清王朝开始了二百六十七年的统治，北京的历史也随之翻开了新的一页。作为满洲人治下大清王朝的都城北京，其文化发展也开启了一个全新的时代。满族统治者入关后迅速地确立在全国的政治、文化统治地位，将满洲人早期在东北所形成的满族文化快速地与以儒家文化为核心的中原文化进行融合，在北京构成了新的文化时代。因此，我们有必要对满族的兴起、早期的文化融合以及满族统治者入关后确立其统治地位的历史过程做一个简要的回顾。

第一节　满族兴起与大清政权建立

一　满族兴起及建州、海西、东海女真三部形成

满族本身就是一个在历史融合过程中形成的少数民族，它作为中华民族大家庭成员之一，在历史上有着重要的民族贡献和积极的历史推动作用。满族的先民最早可以追溯至先秦文献中记载的肃慎人，他们以部落氏族为居住群体，栖息在东北辽阔的白山黑水之间。据《左传·昭公九年》记载："肃慎、燕、亳，吾北土也。"《后汉书·东夷传》也记述说："挹娄，古肃慎之国也……有五谷、麻布，出赤玉、好貂。无君长，其邑落各有大人。处于山林之间，土气极寒，常为穴居，以深为贵，大家至接九梯。好养豕，食其肉，衣其皮。冬以豕膏涂身，厚数分，以御风寒。夏则裸袒，以尺布蔽其前后。其人臭秽不洁，作厕于中，圜之而居……种众虽少，而多勇力，处山险，又善射，发能入人目。弓长四尺，力如弩。矢用

枯，长一尺八寸，青石为镞，镞皆施毒，中人即死。便乘船，好寇盗，邻国畏患，而卒不能服。”隋唐以后，靺鞨成为东北地区的主要居民。《旧唐书》记载：“靺鞨，盖肃慎之地，后魏谓之勿吉，在京师东北六千余里。东至于海，西接突厥，南界高丽，北邻室韦。其国凡为数十部，各有酋帅，或附于高丽，或臣于突厥。而黑水靺鞨最处北方，尤称劲捷，每恃其勇，恒为邻境之患。俗皆编发，性凶悍，无忧戚，贵壮而贱老。无屋宇，并依山水掘地为穴，架木于上，以土覆之，状如中国之冢墓，相聚而居。夏则出随水草，冬则入处穴中。父子相承，世为君长。俗无文字。兵器有角弓及楛矢。其畜宜猪，富人至数百口，食其肉而衣其皮。死者穿地埋之，以身衬土，无棺敛之具，杀所乘马于尸前设祭。”① 唐开元十三年（725年），唐朝设立黑水都督府，管辖黑龙江流域的黑水靺鞨活动的区域。黑水靺鞨可谓是满族的直系远祖。

五代时，契丹人逐渐统治北方地区，其称黑水靺鞨为女真，女真族的名称由此而来。后因避辽真宗耶律宗真名讳，改女真为女直。辽代末期，女真各部在阿骨打的率领下起兵抗击辽代统治。阿骨打作为女真部落首领带兵反抗辽朝统治，对辽统治者形成莫大的威胁，《辽史》中有这样一段记载：“上密谓枢密使萧奉先曰：‘前日之燕，阿骨打意气雄豪，顾视不常，可以边事诛之。否则，必贻后患。’”金太祖收国元年（1115年）阿骨打建立金朝政权，并于金天会三年（1125年）灭了辽统治政权。随后，又于天会五年（1127年）将北宋灭亡，确立了女真族的金朝在中国淮河以北的统治格局。金代统治时期，原黑水靺鞨区域被置于金朝上京直接管辖之下。当时，进入中原的女真人逐渐分化或汉化，但是居住在东北地区的女真人则处于较为缓慢的社会发展状态，以渔猎或者狩猎为主，甚至有的处于原始社会状态。而这一部分女真人与后来的满族部落的发展有着直接的关联。

金天兴二年（1233年），蒙古军队占据了黑龙江、乌苏里江流域，金上京故地为蒙古军队所有。天兴三年（1234年），元代灭金朝统治，并在原金代上京会宁府设合兰府，统治外兴安岭到黑龙江一带的女真各部落。当时元朝政权对这一地区的女真人采取随俗而治的统治方法，设置五万户。

---

① 《旧唐书·列传第一四九》，中华书局1997年版。

进入明代以后，东北地区的女真人情况开始发生变化。明朝政权在东北女真等部族地区通过设立卫所等军政机构，对东北地区女真人居住的区域进行行政管理，陆续设置了一批羁縻卫、所，用以统治或控制当地居民。当然，明朝政权也竭力招抚东北女真各部归顺。据《大明会典》卷一百〇七《东北夷》记载："女直古肃慎地，在混同江东，开原城北。东滨海，西接兀良哈，南邻朝鲜，为金余孽。永乐元年（1403 年），野人头目来朝，其后悉境归附。九年（1411 年）始设奴儿干都司，建州兀者等卫及千百户所。以某酋长为都督都指挥，指挥千百户镇抚，赐敕印。又置马市开原城，以通贸易。"这是东北女真人发展历史形成新的一次重大转变。

永乐元年（1403 年）设立建州卫，永乐九年（1411 年）设置的奴儿干都司，下面管辖约三百八十四个卫、所。[①] 奴儿干都司治所驻于黑龙江下游今俄罗斯哈巴罗夫斯克边区塔赫塔。奴儿干都司的主要官员像都指挥使、同知、佥事等职官均由明朝统治政权派遣，而各卫、所的指挥、千户等官职则任用土官，也就是当地女真部族的首领。以后建州卫又在原基础上分设建州卫和建州左卫、建州右卫。建州三卫的首领均由女真部落首领担任，且父子世袭。东北地区的女真人经过元、明两代的发展，到明代中后期，逐步形成了建州女真、海西女真及东海女真三大部分。

建州女真原居住于吉林海龙县一带的古奉州，因曾屡屡遭受鞑靼和兀良哈的侵扰，如明正统七年（1442 年）"冬十月壬辰，兀良哈犯广宁"，建州女真被迫向明朝政权乞求迁移他地，永乐年间先后两次迁移，最终迁至浑江一带。经过长期的发展，其居住活动区域主要分布于以今辽宁省境内的浑河流域为中心，南至鸭绿江，东到长白山东麓和北麓的广大地域。其内部又分为建州五部，即苏克苏护部、浑河部、完颜部、董鄂部、哲陈部；长白山三部，即鸭绿江部、讷殷部、珠舍里部。海西女真在元末明初主要活动于今黑龙江呼兰河流域，明太祖后期，海西女真开始向南迁移，永乐年间已经迁至松花江上游今吉林长春一带。明英宗年间迁徙到今辽宁浑河到吉林省南部地区，并逐渐形成哈达、乌喇、叶赫、辉发四部，其称为扈伦四部。东海女真又称为"野人女真"，实际上是建州女真、海西女真活动区域以北广大地域散居女真人的泛称，主要居住和活动于松花江下

---

① 《明史》卷九十，中华书局 1997 年版。

游、黑龙江流域、外兴安岭及外兴安岭以东到日本海沿岸地区。东海女真的社会状态发展得极为缓慢，以渔猎经济为主，基本上处于原始社会后期的状态。《大明会典》记载：建州、海西女真“极东为野人女直，野人女直去中国远甚，朝贡不常”。这里所说的“中国”是指中原地区。由此可见，东海女真在女真各部之中属于社会生活发展水平最低的部落。

二　努尔哈赤统一女真与大清政权建立

明代中后期，建州、海西及东海女真，尤其是生活在辽宁浑江流域的建州女真的社会生产力大幅度提高，社会形态也发生重大的转变，快速向奴隶制社会转型，伴之而起的是各个部落之间的袭掠冲突和兼并性的征伐频频发生。“各部崛起皆称王争长，相互残杀，甚至骨肉相残，强凌弱、众暴寡。”① 在这个征伐的历史过程中，努尔哈赤脱颖而出，成为统一女真各部落的历史人物。努尔哈赤，也就是后来的清太祖，出生于建州左卫赫图阿拉（今辽宁新宾西赫图阿拉老城）女真贵族爱新觉罗家族，其先辈从六世祖猛哥帖木儿开始受明朝册封，官至右都督。祖父觉昌安任建州左卫都指挥，父亲塔克世继任指挥。努尔哈赤十岁时丧母，后寄居其外祖父、建州首领王杲家中。他曾到抚顺、清河等地经商，广交朋友，逐渐学会使用蒙、汉语言文字。努尔哈赤偏爱中原汉文化，喜欢看《三国演义》《水浒传》等书，这对努尔哈赤的成长和了解中原地区的儒家文化起到了很大的作用，他也从中学习了一些韬略兵法。其年轻时曾投奔明总兵李成梁，在李成梁部屡立战功，逐渐得到器重。明万历十一年（1583年）努尔哈赤的父亲及祖父被明军误杀，遂袭父职为建州左卫都指挥。他以“兵不满百，甲仅三十副”起兵，征讨图伦城主尼堪外兰，开始了他统一女真各部的大业。努尔哈赤在统一女真各部的过程中，一方面进行军事征讨，另一方面也注意招抚各部，“顺者以德服，逆者以兵临”②。经过十年的征讨，努尔哈赤兼并了建州女真各部。随后，又开始对海西女真、东海女真进行征伐和兼并，逐渐将女真各部统一起来。“上自是开拓疆土，东自海，西至明辽东界，北自蒙古科尔沁之嫩乌喇江，南暨朝鲜国境。凡语

① 《清实录·太祖实录》卷一，中华书局、中国书店1986年版。
② 同上。

音相同之国，俱征讨徕服而统一之。”① 万历四十四年（1616 年）努尔哈赤在赫图阿拉（今辽宁的满族自治县）登汗位，建大金国，年号天命，这就是后人所说的“后金”。天命三年（万历四十六年，1618 年）努尔哈赤颁“七大恨”檄文，征伐明朝统治政权，开始向南发展其势力。第二年，他在萨尔浒大战中大败明军，克开元、铁岭。天命六年（天启元年，1621 年）再接连攻占沈阳、辽阳。天命十年（天启五年，1625 年）努尔哈赤将其都城迁至沈阳，完成了后金进一步向南发展的重要一步。次年，努尔哈赤在攻打宁远时负伤，不久伤病交加而死。他的第八子皇太极继承其汗位，改年号为天聪。

皇太极登基以后，继承努尔哈赤的统一志向，不断向周边扩展和征讨，先后用兵朝鲜，征服察哈尔、漠南蒙古、漠北蒙古，招抚喀尔喀部和黑龙江流域的虎尔哈、索伦各部。“自东北海滨，迄西北海滨，其间使犬、使鹿之邦，及产黑狐、黑貂之地，不事耕种、渔猎为生之俗，厄鲁特部落，以至斡难河源，远迩诸国，在在臣服。”② 明崇祯九年（1636 年），皇太极已经不再满足当大汗，其登基称帝，“崇德元年夏四月乙酉，祭告天地，行受尊号礼，定有天下之号曰大清，改元崇德，群臣上尊号曰宽温仁圣皇帝，受朝贺”③。

皇太极的大清政权建立，标志着以女真族为主体，与部分汉族、蒙古族、朝鲜族等融合形成的新民族群体——满洲民族政治实体的正式确立。应该说，不论是建州女真、海西女真、东海女真早期的融合、征伐与兼并，还是在漫长的历史过程中迁移到辽河流域的汉族居民逐步与女真族的融合，也包括努尔哈赤、皇太极对漠南、漠北蒙古的征讨而使之臣服，这个复杂的历史过程在女真族的基础上，造就了一个新的民族——满洲族。天聪九年（崇祯八年，1635 年）十月十三日，皇太极下诏明确表示：“我国原有满洲、哈达、乌喇、辉发等名，向者无知之人，往往称为诸申。夫诸申之号乃席北超墨尔根之裔，实与我国无涉。我国建号满洲，统绪绵远，相传奕世。自今之后，一切人等，止称我满洲原名，不得仍前妄称。”④ 至此，女真之称被满洲替代，后来人们所称的满族，实际上是满

① 《清实录·太祖实录》卷六，中华书局、中国书店 1986 年版。
② 《清实录·太宗实录》卷六十一，中华书局、中国书店 1986 年版。
③ 《清史稿·太宗本纪二》，中华书局 1977 年版。
④ 《清实录·太宗实录》卷二十五，中华书局、中国书店 1986 年版。

洲族的简称。至此，一个拥有相同的族源、相同的语言、相同生存的地域、相近似的经济生活和生活习俗及其心理状态的新的民族共同体孕育而成。这也标志着满族作为中华民族的一员在东北地区形成了绝对的统治实体。而崇德元年（崇祯九年，1636 年）建立的大清政权，早已摆脱了女真各部的奴隶制社会甚至部分的原始社会后期的发展阶段，快速向中原地区的封建社会过渡，由此带来了中国封建社会历史的又一次延续。

第二节　满洲人入关前满族文化发展特征

一　多民族融合的满族文化

满族作为进入中原的统治民族，在其入关之前的数百年发展中，逐步形成一个新的民族以及相应的民族文化。特别是后金的建立，使之在政治上日趋成熟，统治机构逐渐汉化和完善，与之相配套的是在文化上逐步形成了具有相对完整体系的满族文化特征。

满族文化的最大特征是它的多民族的融合性。应该说，满族的文化形成和发展历程像这个民族的形成一样，是一种多民族文化的融合体，它吸纳了女真人向满洲族演化过程中涉及的所有民族的文化养分，并在各个民族的文化养分培植下，以其新兴民族特有的渴望及活力，吸纳着对满族成长有直接作用的文化养分，并产生了具有明显北方少数民族特色和浓郁的东北地域风格的满族文化。从文化组成结构上看，满族文化是在远古女真渔猎文化基础上，采纳和吸收了中原以儒家文化为主体的农业文明、蒙古的游牧文化，形成了一种新的民族文化形态。满族文化的这一特征，在满文的创立和发展上具有明显的代表性。女真人在金代所创立的文字到建州女真时代已经失传，其所使用的文字皆为蒙文。“凡属书翰，用蒙古字以代言者，十之六七，用汉字以代言者，十之三四，初未尝有清字也。我太祖高皇帝己亥年二月辛丑朔，始欲以蒙古字改制国书，乃谕儒臣额尔德尼、噶盖曰：‘汉人读汉文，凡习汉字与未习汉字者，皆能听而知之。蒙古人读蒙古文，虽未习蒙古字者，亦皆听而知之。今我国之语，必译为蒙古语，读之始解，其未习蒙古语者，仍不能知也。如何以我国之语制字为难，返以习他国之语为易耶？’”① 伴随着满族的逐渐崛起，女真统治者也

① 《听雨丛谈》卷十一，中华书局 1984 年版。

开始意识到这种缺乏本民族文字的巨大的局限性和文化的劣势性。特别是随着满洲族的逐步壮大和意欲向中原挺进，更需要满族拥有自己的文字来表述其政治的、社会的发展愿望。由此，努尔哈赤立意创立满文，于是“额尔德尼遂与噶盖遵依睿谟，将蒙古字编辑连写，制为国书，创立满字，颁行域内。今所用满文连合数字为一者，皆额尔德尼等承旨拟制者也。其后又命儒臣大海增添圈点，分别语气，其法盖备。又以满文与汉字对音未全者，于十二字母之外，增添外字；其不能尽叶者，则以两字连写，切成一字。用韵之巧，较汉文反切法更为稳叶”[①]。由此可见，在满文的创立和完善过程中，充分显示出满族在它的成长过程中各个民族文化兼容的特点。

二　满族文化早期生长性需求特征

满洲人作为在东北地区长期生存发展的少数民族，与当时长城以南广大土地上形成的中原汉文化体系有着巨大的文化落差。作为一个新崛起的少数民族，其成长历程中，对领先于自身文化的中原农耕文化有着一种发育性的饥渴，因此满族文化在其入关前的另一个突出特征是极其迫切的生长性需求。

满族文化的形成，基本上是伴随着女真人的兼并、满洲族的形成而同步发展起来的，甚至是满洲族形成的现实需要所孕育产生的。因此，它的文化发展与中原地区的汉文化相比较，自然性的文化积累就显得有点不足，而功利性的快速成长特征倒显得颇为突出。早在努尔哈赤统治时期，后金在统治体制上多仿照蒙古统治政权的模式，同时也吸纳一些汉族统治的内容。随着满族势力的发展，到了皇太极统治时期，情况发生了比较大的变化，大清的统治者更关注效仿和学习汉族的封建文化。天聪三年（崇祯二年，1629 年）四月，皇太极“命巴克什达海同笔帖式刚林等翻译汉字书籍，笔帖式吴巴什等四人记注本朝政事”[②]。天聪五年（崇祯四年，1631 年）七月，皇太极仿效明朝政体“设立六部，改巴克什为笔帖式，其文馆大臣原有榜式之号者仍之”[③]。

---

① 《听雨丛谈》卷十一，中华书局 1984 年版。
② 《听雨丛谈》卷一，中华书局 1984 年版。
③ 《听雨丛谈》卷五，中华书局 1984 年版。

天聪八年（崇祯七年，1634 年）后金政权按照中原汉族政权的模式实行了科举考试。据记载："天聪八年（1634 年）四月，始立科举之制，太宗文皇帝命礼部考取八旗通于文义之士，取中满洲习满书者刚林、敦多惠二人，满洲习汉书者察不害、恩国泰二人，汉人习满书者宜成格，汉人习汉书者齐国儒、朱灿然、罗绣锦、梁正泰、雷兴、马国柱、金柱、王来用八人，蒙古习蒙书者博特、石岱、苏鲁木三人，共十六人，均赐举人，各予衣一袭，免四丁，宴于礼部。"①

皇太极建大清国后，满族统治者进一步加快了学习效仿汉族封建体制的速度，甚至几乎是亦步亦趋地效仿着明代的政权结构。皇太极曾告谕廷臣"凡事都照《大明会典》行"②。同时也加大翻译汉文经典书籍，据记载："崇德初，文皇帝患国人不识汉字，罔知治体，乃命达文成公海翻译《国语》《四书》及《三国志》各一部，颁赐耆旧，以为临政规范。"③ 此外，崇德元年（崇祯九年，1636 年）皇太极在原有的三院六部基础上，又仿照明制设置监察机关——都察院，完善其官僚统治监管体系。崇德二年（崇祯十年，1637 年）十月朔，皇太极"以汉文历书颁行满洲、蒙古"。另外，为了多聚揽人才，满足其政治、文化的发展需要，在科举上也愈加重视，不断提高参加科举人员的待遇，抬升其社会地位，"崇德三年（1638 年）八月，赐新中举人罗硕、常鼐、胡邱、阿济格毕礼克图、王文奎、苏宏祖、杨方兴、曹京、张大任、于变龙十名，各衣一袭，半个佐领品级，各免人丁四名"。"六年（1641 年）六月，内院大学士范文程、刚林、希福等奏，以满汉蒙古士人考取秀才举人。秋七月，赐新中举人满洲鄂貌图、赫德，蒙古杜当，汉军崔光前、卞三元、章矛天、卞为凤，各缎朝衣一领。"皇太极在这么短的时间内频频举行科举，而且每次给予的赏赐和给予的待遇都颇为丰厚，有其聚揽人才的客观所需，也可以看出满族统治者效仿中原汉族封建制度的急切心情。这些颇有点急于求成的方法和政策，虽然很明显是照搬、照抄的，但对满族及其大清国快速向封建社会转化起到了积极的作用。

当然，作为满族的最高统治者，皇太极不仅仅在统治制度上积极仿效

---

① 《听雨丛谈》卷七，中华书局 1984 年版。

② 《清人关前史料选辑》《天聪朝臣工奏议》卷上，中国人民大学出版社 1989 年版。

③ 《啸亭续录》卷一，光绪年九思堂刻本。

明代的政权体制，在思想上也极为重视吸纳儒家文化思想。他对汉族典籍抱有极为浓厚的兴趣，甚至“于军旅之际手不释卷”[①]。他认为“儒书一节深明道理”，故积极倡导诸王公、贝勒贝子及其大臣们阅读儒家典籍，甚至将学习儒家文化作为其统治阶层子弟的重要内容。他曾经谕令“凡子弟十五岁以下、八岁以上者，俱令读书”，以使之“忠君亲上”。皇太极对儒家经典的积极倡导和政策性要求，使得满族统治阶层中对儒家思想及其文化理念基本处于全盘的接受状态。

不仅如此，从后金时代就开始的对关公老爷的崇拜，也显示出满族对中原文化的接受和同化。在中原地区，自宋代开始将三国时期蜀国大将关羽关云长尊奉为神祇，从此关公由人变成神，受人供奉。元明以后，尤其是明朝统治时期，对关公的供奉和崇拜发展到顶峰，明嘉靖十年（1531年），敕封关公为“汉关帝寿亭侯”，开始称关公为“帝”。明神宗万历年间又敕封关公为“协天护国忠义大帝”，而在道教的供奉中尊关公为“三界伏魔大帝神威远震天尊关圣帝君”，人们简称为“关圣帝”或“关帝”。各地纷纷建立“关帝庙”，作为人们信奉忠义气节的象征。对关公的尊奉也逐渐传到关外满族生活地区，尤其是关公作为英勇善战的忠义名将演化而来的神祇，对崇尚武功、恪守信义的女真族民众而言具有特殊的吸引力，自然要被满族所信奉。尤其是满族统治者看到“忠义节气”对自己统治的积极作用，更是格外予以褒奖和推广。崇德八年（崇祯十六年，1643年）满族统治者在盛京修建了颇具规模的关帝庙，皇太极还亲自赐匾曰“义高千古”，并明确“岁时官给香烛”。不管是赐匾“义高千古”还是“岁时官给香烛”，其作为及其规制都俨然一个中原帝王的做派，这不能不说满族统治者到这时候已经高度汉化。当然，对关公的崇拜和敬奉不仅仅是修庙塑身，在满族入关前民众对关公的敬重和传诵也极为普及。在关外满族居住地域，满族的长篇说部中，“关玛法传奇”是最受满族民众欢迎的内容。流行于中原地区的《三国志通俗演义》传到关外满族聚集区之后，关公被满族亲切地恭称为“关玛法”，即“guwan mafa”，汉族应称为“关爷爷”。在长篇说部中，讲述人用满洲语讲述，边讲边唱，唱念相合，成为满族老幼喜闻乐听的娱乐活动。满族长篇讲述的关玛法故事内容丰富，包括关玛法出世于东海，还有盗马、比武等情节，“关玛法”

① 《啸亭续录》卷一，光绪年九思堂刻本。

平日里的饮食用具、穿着服饰及礼仪等都已满族化，在满族民众看来，“关玛法”就是一位具备和代表着北方民族个性的神话人物和崇拜的英雄。

如果将契丹人的辽朝、女真人的金代、蒙古族的元朝这三个少数民族入主中原与满族统治者入主中原之前相比较，大清国的满族统治者与其他三个少数民族统治者的最大区别在于他们入主中原之前就在思想上、社会道德观念上几乎全盘接受了中原儒家思想和先进的中原封建文化。而另外三个少数民族政权，更多的是入主中原后才逐步开始与中原先进文化相融合。相比之下，满族在入关之前已经高度的“汉化”，并将儒家正统思想融会到自己的统治理念之中。所以，当吴三桂兵败大顺军后向清军乞兵投降时，多尔衮以所谓“率仁义之师”入关作战，俨然已经是儒家文化的继承者的身份。在文化中以儒家文化为其精神本质之一，是满族入关前就具有的文化发展特征的一项很突出的内容。也正是由于这个文化发展特点，才使得清军在入关以后迅速地占领全国。这里固然有其军事上的强大和明代统治政权的腐败原因，但是清军入关后长驱直入，迅速统治中原大地，在思想文化上的提前儒化起着颇为重要的作用。

三　鲜明东北地域特征的满族文化

满洲人在其发展进程和与中原汉民族等不同民族融合过程中，虽然十分迫切地吸纳着先进的中原汉文化的丰富养分，但其居住的东北地区特有的地域环境和女真人早期存留的文化印记，使得满族依然保持了它特有的地域性文化特征和女真族原始的文化特质。这在它的宗教信仰和祭祀文化上表现得就十分突出。满族最早的宗教信仰是萨满教，这是女真族原始的宗教信仰。萨满教是盛行于女真族原始多神信仰的宗教，其以专门承担祈神的神职人员萨满而得名，起源于女真人的原始部落图腾崇拜。萨满，是阿尔泰语系通古斯语族称呼跳神巫人的音译，女真人所说的萨满就是指能够通灵的男女巫师。作为原始的一种宗教，萨满教作法的时候，一般是跳神的萨满身着怪异神服，头戴神帽，腰系神铃，口念神词，手击神鼓，手舞足蹈。跳神的萨满要力求达到人格解离或精神意识的变化，其身体不停颤抖，伴随着鼓声，舞步越来越快，逐渐达到忘我境界，进入一种几近于催眠的状态。这时便认为自己已经神灵附体，魂灵开始出窍，过阴捉魂，附体还阳，以达到现实的人间与神灵沟通的效果。由于女真各部在原始部落时的自然崇拜，形成了萨满教的多神崇拜特征。萨满教伴随着女真人的崛起、满族的形成，一直持续到清末还依然存在。这种原始氏族社会时期自然崇拜的宗教，体现出女真族早期的渔猎文化特色。不仅如此，在重大祭祀和重要年节的祭奠活动中，满族保留了许多与中原汉族文化相异的习俗。满族祭祀时，很多习俗与中原地区的汉族差异很大，“荐熟时，先到牲之耳、唇、心、肺、肝、趾、尾各尖，共置一器荐之；或割耳、唇、蹄、尾尖，献于神杆斗盘之内。又有荐血之礼……牲首之礼，旧俗相沿，莫知其义者多矣”①。满族的吃白肉、供老妈等风俗，都保留有东北地区女真族的原始生活习惯。

第三节　满族入关与清王朝全国统治地位确立

一　大清政权与明朝在东北控制实力逆转

当满族统一了东北各部族和漠南、漠北蒙古之后，下一个征战的目标和统治的欲望就是中原地区。崇德五年（崇祯十三年，1640 年）皇太极开始大规模发兵进攻锦州。锦州是明军在关外抵御清军的最后一个重要的军事据点，也正是因为这一点，锦州的明守军抵抗得格外顽强，清军屡攻不克。对于这个对明清双方都极为重要的军事要地，明清双方也不断地投入兵力。崇祯十三年（崇德五年，1640 年）七月，明朝大将洪承畴调任蓟辽总督，率十三万人马增援锦州被围明军，但随即被皇太极围困在松山。崇祯十五年（崇德七年，1642 年）二月，清军攻克松山，俘获洪承畴。三月，锦州守将祖大寿亦于锦州降清。至此，明军在关外的主力丧失殆尽。这就是历史上颇为著名的松锦之战。松锦之战以后，明朝再无与清军有效抗衡的军事力量，尤其是在全国范围内，由于李自成、张献忠等农民起义的打击，明朝政权已无战略预备力量投入对东北清军的防御和抵抗，只能任凭满洲人势力在这里自由地扩充、发展。

除此之外，松锦之战后，洪承畴、祖大寿等一大批明朝重臣、将领降清，这不仅仅是增强了满族统治者政治、军事力量，更重要的是在统治阶层中为清统治集团的扩展和满汉统治阶层的联合奠定了重要的基础。尽管松锦大战以清军大胜结束，但作为大清统治者皇太极对于松锦之战的结果

---

① 《听雨丛谈》卷五，中华书局 1984 年版。

还是有很清晰的认识的。正如皇太极所分析的：“取燕京如伐大树，须先从两旁斫削，则大树自扑。”同时他认为：“我兵四围纵略，彼国势日衰，我兵力日强，从此燕京可得矣。”[①] 正是在这样一种战略思想的指导下，皇太极曾先后数次派兵进扰关内，最后一次是在松锦之战以后。崇德七年（1642 年）十月皇太极命多罗饶余贝勒阿巴泰为奉命大将军，与内大臣图尔格统领八旗将士入关攻击明军。此次出征，计有满洲、蒙古、汉军共十二旗，六万余人，加上外藩蒙古兵，总兵力近十万，分作左右两翼前进。入关以后，清兵连克霸州、河间、永清、衡水，又转攻山东，下武城、临清诸城镇，直抵兖州。在这次征伐之中，鲁王朱以派被俘自杀，乐陵郡王朱宏治、阳信郡王朱宏福、东原郡王朱衣远，安丘郡王、滋阳郡王等众王及管理府事宗室约千人都被俘斩首。

大清国皇太极如此冷静的形势分析和谋略，与在农民起义军的打击下疲于应付、焦头烂额的崇祯皇帝相比较，自然要达观许多，更显现出此时的满族统治阶层已经不再是当初只是一味地征伐略地的女真部落首领，其从政治理念、文化思想、社会经济发展以及其统治实体的整体力量上形成了完备的国家体系，且快速地接受以儒家思想为主体的中原封建文化，并融合到满族的社会发展之中，具备了替代大明朝统治的实力。崇德八年（崇祯十六年，1643 年）八月，皇太极病逝，其九子福临即位，是为顺治皇帝。尽管福临即位时只有六岁，但是满族统治阶层已经形成一个完整的政治统治集团，入主中原，建立拥有中原广博大地的大清帝国，已经成为满族统治集团的一种最高的政治理想。在这样一种理念支配之下，福临在其叔父睿亲王多尔衮、郑亲王济尔哈朗的辅佐下，继续攻伐明朝的战争。

二　李自成占领北京与明朝灭亡

正在满族统治者在关外为征讨明朝厉兵秣马之时，中原地区的大明王朝也走到了它的尽头。崇祯十七年（1644 年）正月，已经与明朝统治者征战多年的农民起义军首领李自成在陕西西安称王，立国号为大顺，建元永昌。正月初八，李自成统率十万大军向北京进发，向明王朝统治中心北京发起决定性的总攻。二月，李自成由河南过黄河，进入山西，克太原，俘获明晋王朱求桂。在山西时李自成发布《永昌元年诏书》，檄讨腐败的

① 《清实录·太宗实录》卷六十二，中华书局、中国书店 1986 年版。

明王朝。当崇祯听到此消息时不禁叹曰："朕不是亡国之君，但事事都呈亡国之象。"《明季北略》卷二记载说："自成遣刘宗敏、李过等，率众二万为前锋，所过皆破，自成得报曰：可长驱矣。遂留文官并武将李友等数人，守西安。自率马步五十万，与诸将从禹门渡河，掠河东、河津、稷山、荥河、临晋，一路俱陷，垣曲知县递降表。一云，自成初二发兵，至十四癸丑过河，平阳州县尽逃，诸将皆遁。"① 此时的崇祯皇帝和大明朝统治体系早已经被李自成的农民起义军打得昏头涨脑，对关外的清军早已是无暇顾及。三月初，李自成攻克大同、宣府。之后一路势如破竹，于三月十五日抵达居庸关。在大顺军的重兵压境下，明总兵唐通投降献关，李自成起义军迅速过关，占领昌平县城。次日晚，李自成的军队已经冲到北京城北的北土城，并迅速地将北京城团团围住。三月十七日，农民起义军开始最后总攻，拱卫城外的明军三大营一触即溃。之后，起义军开始向北京各个城门发起攻击。传闻李自成军队攻城时天气骤变，狂风暴雨之中，进攻北京城的李自成军队精神抖擞，勇猛异常。攻城将士身着黄色衣甲，远远望去若滚滚黄云袭来，遮天蔽日，颇有些"满城尽带黄金甲"的意味，其场面极为壮观。而囚困于城内的崇祯皇帝只能捶胸顿足，大呼："内外诸臣误我！"三月十八日，起义军率先攻破广宁门，旋即德胜门、阜成门、宣武门、正阳门、朝阳门均被攻开，李自成的军队如潮水般涌入京师内城。身陷皇城内的崇祯皇帝爬到煤山，举目望去城四周已经是烽火彻天，自知大势已去，他先派人设法将太子送出城外，又逼迫周皇后自缢，用剑杀死幼女昭仁公主，砍伤长女乐安公主。三月十九日清晨崇祯皇帝"鸣钟集百官，无至者"，只有太监王承恩陪伴左右。崇祯皇帝只得上煤山自缢身亡，不是亡国之君的亡国之君走到最后，大明朝土崩瓦解。

三　八旗入关与清王朝定都北京

李自成占领北京后，开始为其统治做准备。但农民起义军的历史局限性使得他的部属早已经忘却了应有的警觉，贪图享乐之风在其部属中开始弥漫。而远在山海关的守将总兵吴三桂此时企图以归顺李自成而换取全家的平安和自身的功名。三月二十二日，吴三桂率军归降，行至永平府（今河北秦皇岛市卢龙县），还四处张贴告示称"本镇率所部朝见新主，

① 《明季北略》卷二，中华书局 1984 年版。

所过秋毫无犯，尔民不必惊恐”。然而，由于起义军将领刘宗敏拷夹吴三桂父亲吴襄、掳掠其爱妾陈圆圆，让吴三桂勃然大怒，转而返回山海关，与大顺政权开始对峙。在这样的形势下，大顺政权对处在山海关的吴三桂所形成的威胁不能坐而无视，从各个方面都要设法尽快地消除吴三桂军事势力对北京的军事压力。四月十三日，李自成、刘宗敏亲率大军十万向山海关进发，进剿吴三桂。四月二十一日，在燕塞湖两军开始大战。李自成的大顺军与吴三桂守军激战两日，吴三桂大败。在此情况下，吴三桂向清军乞求借兵，他给多尔衮写信称："三桂以鎡负之身，忝镇山海，亦思坚守东陲，巩固神京。不意流寇犯阙，奸党开门，先帝不幸，九庙煨烬。天人共愤，众志已离，败可立待。三桂受国厚恩，欲兴师问罪，奈京东地小，兵力未集。特泣血求助，乞念亡国孤臣忠义之言，速选精兵。三桂自率所部，合兵以抵都门，灭流寇于宫廷，则我朝之所图报，岂徒财帛而已哉。"吴三桂的乞降让清统治者喜出望外，多尔衮随即回信称："闻崇祯帝丧于流寇，不胜发指。故率仁义之师，沉舟破釜，誓不旋旌，期必灭贼，出民水火。今伯遣人致书，深为喜悦。若率众来归，必封以旧土，晋为藩王，国仇可报，身家可保也。"[①] 四月二十二日，清军秘密入关，当李自成大顺军与吴三桂拼杀得疲惫不堪时，清军铁骑突然杀出，大败李自成军队，李自成被迫退回北京。随后清军尾随而至，进攻北京城。李自成难以招架，四月三十日，李自成率大顺军从阜成门向西撤离北京城。五月二日，多尔衮率清军自朝阳门进入北京城。

多尔衮占领北京后与诸王公大臣商议，迁都于北京。顺治元年（1644 年）九月福临抵达北京，十月初一日，顺治皇帝于南郊祭告天地，行定鼎登基之礼，"冬十月乙卯朔，上亲诣南郊告祭天地，即皇帝位，遣官告祭太庙、社稷"[②]。十月十日，颁行即位诏书，宣布"今年十月乙卯朔，祗告天地宗庙社稷，定鼎燕京，仍建有天下之号曰大清，纪元顺治"[③]。至此，二百七十余年的大明朝和短短一个多月的大顺朝被新崛起的满族大清国所替代，中国封建时代又开始了新的一页。

然而，占领北京仅仅是大清国入关的第一步，快速地以军事优势占领

① 佚名：《吴逆始末记》。

② 《清史稿·世祖本纪一》，中华书局 1977 年版。

③ 《清实录·世祖实录》卷九，中华书局、中国书店 1986 年版。

整个中原地区，并确定大清国在全国的统治地位，是满族统治者入主中原首要的任务。尤其是在政治、文化上，满族统治者急于确定它的绝对的控制，以维系它的政权建立。因此，采取了一系列政治、军事手段来稳定局势，巩固其在全国的统治地位。

多尔衮刚刚进入北京，五月初四日便宣布："令官吏军民为明帝发丧，三日后服除，礼部太常寺具帝礼以葬。"此时，多尔衮进北京只有三天。随后，又拨款为崇祯修建陵墓，并制定看守明十三陵制度，"给故明十三陵陵户祭田，禁樵牧"①。顺治朝在崇祯皇帝的问题上颇为注意以此为笼络汉族统治阶层人心的手段，福临甚至还为崇祯皇帝加谥号为"庄烈愍皇帝"。对明朝宗室及其后宫嫔妃也实行"恩养"制度，由此来体现满族统治者的恩泽。对明朝各衙门的官员依旧录用，"在京文武官员支给俸禄、柴直，仍照故明旧例"②。又"令兵部传檄直省郡县，归顺者官吏进秩，军民免迁徙，文武大吏籍户口钱粮兵马亲赍至京，观望者讨之。故明诸王来归者，不夺其爵。在京职官及避贼隐匿者，各以名闻录用，卒伍欲归农者听之"③。与此同时，作为满族入关后强化统治的政治、文化需要，清王朝很快开始组织汉族官员翻译汉文典籍，编纂明史。顺治二年（1645 年），令冯铨、洪承畴、范文程等人编撰明史。顺治三年（1646 年）三月，又将《洪武宝训》译为满文，由顺治皇帝作序，用满文、汉文刊刻而颁行于天下。

清廷的这一系列政策，一方面让满族统治者尽快地了解和接受中原汉族统治的方策，另一方面既把自己打扮成法统的统治者，又笼络汉族统治阶层的大批官员。这一系列政治、文化政策对稳定局势有着重要的作用。

当然，满族统治者也实行了残酷的民族压迫的剃发易服政策。顺治元年（1644 年）五月多尔衮进入北京城之前就开始颁行"剃发令"，但由于中原地区民众的强烈反抗而暂缓实行。顺治二年（1645 年）二月，清军占领南京以后，全国范围内的统治逐步稳定，认为"天下已大定，若不划一，终属二心"，便再一次颁布"剃发令"，强迫中原地区汉族及其他各民族百姓剃发易服。满族统治者的"剃发易服"政策，对中原地区

---

① 《清史稿·世祖本纪一》，中华书局 1977 年版。

② 《清实录·世祖实录》卷五，中华书局、中国书店 1986 年版。

③ 《清史稿·世祖本纪一》，中华书局 1977 年版。

汉族民众的民族习俗、民族心理造成了重大的冲击，形成严厉的民族压迫，但对满族统治者而言，这是他们在全国建立满族王朝统治的重要标志，自然要以各种手段加以强制实行。北京乃至中原地区常见的“剃头挑子”也就是从此时开始出现的，剃头挑子的幌子及所使用的器具，都可以看出当年清统治者“剃发令”的印记。

满族统治者入关后快速的军事占领和一系列的政治、文化政策，在很短的时间内确定了大清国在全国的统治地位，中国封建时代进入了最后一个王朝，而北京则作为最后一个封建王朝的都城，在整个历史的发展进程中，显示出更为突出的政治、文化作用。

第二章　清前期北京文化发展背景

清王朝入主中原后，急需确立其在全国的统治地位。作为兴起于东北大地的满族统治者，不仅仅是在军事上对全国的占领和各层地方政权的接管，也需要从思想上、文化上确立其统治的地位。尤其是面对着拥有悠久、浑厚的儒家思想为核心的中原文化和庞大的汉族知识分子阶层，其更需要从文化层面上实现满族统治者的思想控制。为此，满族统治者占领北京后，一方面将北京内城作为其居住之地，实行“旗民分城而居”的管理政策，以此来体现其优越统治阶层的地位。另一方面也快速地祭起尊孔的大旗，以此彰显其法统地位。并在很短的时间内开设博学鸿儒科、设立明史馆、编修儒家经典，以此来拉近与中原、江南汉族知识分子阶层的距离，达到笼络汉族文人、中原士阶层的目的。与此同时，作为少数民族的统治者，面对全国广博的疆域和庞大的汉族民众，其内心的不安定感让它有一种强大的心理压力，客观上促使其强化与其他少数民族结盟，用年班制度等方式确立了清王朝中央政权与我国西部各个少数民族的联系。满族统治者在清前期的这种统治心态并随之采取的一系列强化统治的政策，极大地强化了北京在全国的文化统治地位，使得北京不仅仅成为其实行文化怀柔、笼络的中心，也是多民族文化交流的中心。这样的历史背景，让北京成为全国文化发展最为活跃、最为重要的中心城市，为北京文化、学术活动中心的确立和清代北京文化的形成奠定了重要的政治统治基础。

第一节　清前期北京城市变化形成全新城市文化格局

一　旗民分城而居

满族统治者占据北京城后，定都于此，采取了一系列的政策来强化清廷对北京的控制，以稳定其统治的政治、文化中心。同时，满族统治者以征服者和占领者的身份，开始对其在北京的居住进行必要的安置政策。

首先，清统治者全盘接受和占据了明朝帝王的紫禁城，作为大清国皇帝生活起居和从事政治活动的中心。其次，为了显示其征服者、统治者的优越社会地位，同时也是为了其对京城安全的绝对控制，满族统治者实行了旗民分城而居的城市管理政策。

顺治元年（1644 年）五月二日清兵入城，六月十日便由摄政王和硕睿亲王多尔衮诏谕，开始对北京城内城原有的民居进行圈占。为了缓解被圈占北京内城民众的不满和抗拒，多尔衮诏谕中特意强调："京城内官民房屋被圈者，皆免三年税赋。其中有与被圈房屋之人同居者，亦免一年。"① 不管采取什么样的缓解手段，从进城到发布上谕，不过一个月多一点的时间，清统治者就开始急切地对北京内城民居进行圈占，足见其急于将八旗兵丁安置于城内的迫切心情。当年十月，顺治皇帝在即位诏书中则明确表示"京都兵民分城居住"，为"合行条例"的内容之一，这是清统治者第一次明确地提出旗民分城而居的告示。清廷在最初还是采取一种积极倡导原居住在内城的汉族居民迁移出城的引导政策，"顺治元年（1644 年）五月朔以前，凡属逋征，概予豁除。兵民散居京城，实不获已，其东中西三城已迁徙者，准免租赋三年；南北二城虽未迁徙，亦免一年"②。到清顺治五年（1648 年），情况发生彻底的变化，八月十九日，顺治皇帝颁布谕令："凡汉官及商民人等尽徙南城。"这道谕令标志着清朝政权以强制手段，彻底地实行旗民分城而居的管理政策。与此同时，将八旗军兵按方位分汛驻守，以环拱紫禁城和皇城城池。满族八旗分别驻守于内城的四周，其中镶黄旗在安定门内，正白旗在东直门内，镶白旗在朝阳门内，正蓝旗在崇文门内，正黄旗在德胜门内，正红旗在西直门内，镶红旗在阜成门内，镶蓝旗在宣武门内。

为确保旗民分城而居的政策得以落实，清王朝对内城汉族居民的搬迁做出了具体的规定，对居住于内城的原来的汉族官民，其房屋不管是拆掉另行修造，还是直接将房屋卖与八旗兵丁，均由户部和工部派人对原房屋"详查房屋间数，每间给银四两"。核准后，"令各亲身赴户部衙门，当堂

① 《清实录·世祖实录》卷五，中华书局、中国书店 1986 年版。

② 《清史稿·世祖本纪》，中华书局 1977 年版。

领取”。而搬迁的时间，明确规定为：“定限来岁岁终搬尽。”[1] 为推动和刺激内城居民加快搬迁，同年十月，清廷又做补充规定，除了原房屋任其拆卖和按房屋间数领取银两之外，“有土地者，准免赋税一年，无土地者，准免丁银一年”[2]。与此同时，还派工部、五城御史核查南城官民空地，择址造屋。就这样，原内城居民纷纷举家外迁，搬到北京外罗城琉璃厂所在的宣南坊一带居住。当然，在这个迁徙的过程中，汉族的平民百姓饱受盘剥，但又无可奈何。对于这段历史过程，清康熙年间汪文柏在《庚辰秋琉璃厂监造屋宇册籍随笔书怀》中写道：“有明户口聚，九门患居民。皇朝定鼎初，出入从城闉。圈地分八旗，天兵为北邻。外城是官地，架屋许都人。所以琉璃厂，衡宇如鱼鳞……”由于清廷采取的旗民分城而居，尤其是满族统治者采取的一系列迁移引导政策和强制性重压，促使了北京南部外罗城民居的快速增长，以崇文门到宣武门一线以南的外罗城一改明代后期的面貌，成为有清一代北京城真正的城市活动中心。从此，北京城的居民分布和城市社会格局产生了重大变化，形成了清代北京特有的以城市居住空间构成的不同的文化板块结构，并对有清一代北京的发展与北京文化的形成产生了重大影响。

二 旗民分城带来城市格局变化

满族统治者在北京实行的“旗民分城”政策，使得北京城的居民居住布局和城市发展空间产生了根本性的改变，形成了一个全新的北京城城市布局。元代大都城，依据的是前朝后市的营城规则，明朝也基本如是。特别是明朝近三百年的发展历程，北京城的市民阶层和市井文化有了相当程度的发展，北京内城显示出浓郁的城市市民文化特点和城市发展格局。而清廷实行旗民分城而居，北京的内城八旗兵丁拱卫着紫禁城，昔日的繁华都城变成了更大的皇城。北京内城变成了紫禁城、皇城被八旗环绕拱卫的满族统治者的“大杂院”。紫禁城、皇城除了清代帝王居住之外，就是其中央统治机构的办公之地，所体现和表达的是以至高无上的皇家意识为主体的帝王文化。内城所居住的主要是满蒙王公大臣、八旗满族居民，享受的是统治阶层特有的政治地位和统治利益。这些居住

① 《清实录·世祖实录》卷四十，中华书局、中国书店1986年版。
② 《清实录·世祖实录》卷四十一，中华书局、中国书店1986年版。

于内城的满族王公贵族和八旗兵丁及其家属因享有统治阶层的特权而过着不劳而获的生活，伴之而来的是在北京内城所形成的满族贵族及其统治阶层特有的满族贵族文化，一种拥有满族民族特征和地域色彩的享受阶层文化体态，它与外城所具有的北京都城特有的文化有着很大的差异。居于内城的八旗居民，满族贵族占有很大的比例，他们是依托满族皇帝的统治地位确立而依附存在，其社会政治、思想、文化生活、生活习俗和起居等都与帝王的文化一脉相承，依附关系十分紧密。不管是政治地位、居住礼仪、生活起居和吃穿行，都是按照满族统治者在满洲族等级意识的基础上采纳了儒家的封建等级观念，逐级递减而规定出来。封建等级制度是封建时代政治、文化的必然结果，但是清代由于京城旗民分城而居的特性，满族贵族拱卫着皇帝，构成了一种城市区域中的地域文化板块，这个板块是帝王文化的生成地与士文化、市井文化相沟通的中间地带，是一种封建帝王文化的次生态文化。而以往人烟相对稀少的外城却由于旗民分城而居的政策，大量汉族及其他民族官员、士绅的外迁，变得熙熙攘攘。在这里产生了丰富的城市社会生活和旺盛的文化活力，构成了北京城市文化发展的主体。尤其是在南城居住着大量汉族官员、社会贤达和文人雅士，使得这里形成了一种全新的文化氛围，并逐渐构筑起新的北京士文化体系——“宣南文化”。

由于旗民分城而居所构成的北京城市居民结构的变化和文化成分的板块化发展，在北京城市的发展历程中是一次重大的转折，对北京城的政治、经济和文化的演变历程有着重大的影响。满族统治者所拥有的鲜明的民族风格及突出的北方地域特征文化成分，加之北京所具有的全国政治、文化、民族中心所构成的集天下大成的京师文化优势，使得清代北京所形成的文化与以往的辽南京、金中都、元大都和明代北京所有的城市文化有着明显的差异和新的发展。清代北京文化有着更具特色的文化形态，南北地域文化集成、各民族融合性文化以及清代北京特有的城市居住结构所拥有的丰富的社会阶层文化，构成了北京文化发展史上特殊的历史阶段。此时的北京文化南北共生性、多民族共容性极为突出，而其所具有的特定的都城文化与前朝相比文化个性也更为显著。人们通常所说的北京文化的主体结构及其基本内容，真正形成较为完备的文化体系，当是从清代的北京开始的。

第二节　清代北京文化中心形成

一　满洲人以尊孔崇儒张扬其法统地位

满族统治者入主中原并迅速地控制了全国大部分地区，他们所面临的是如何保持对以汉族为主体的中原广博大地上进行有效的统治，如何以军事武装占领转向以文治天下。满族统治者与辽、金、元少数民族统治者最大的差异在于满族在关外崛起时对中原汉族文化有很强的渴求欲望，并且对儒家文化接受程度很高。因此，当清军入关并在全国建立统治地位后，必然要刻意地标榜自己对儒家思想的高度认同，把自己扮成儒家文化的继承者和弘扬者。之所以摆出这样一种姿态，一方面是为了笼络汉族士族阶层，促使汉族民众臣服于清王朝统治。另一方面也是满族统治阶层适应入主中原后的变化，向先进的中原儒家文化汲取养分的过程。在这个角色和统治理念的转换过程中，“尊孔崇儒”便成为清王朝统治者最需要彰显的文化统治举措。

顺治元年（1644 年）六月十六日，顺治皇帝还没进北京城时，多尔衮就曾派遣官员祭孔，以表示满族统治者对孔子的尊奉。十月初一日，顺治皇帝行定鼎登基之礼之后，便诏令孔子六十五代孙孔胤植“袭封衍圣公，其五经博士等官袭封如故”[①]。又令孔允钰等仍袭五经博士。顺治二年（1645 年）正月，孔胤植为感谢清廷对孔子及其后世子孙的封赏，专门进京谢恩。为了表示对孔子的敬重，更是为了显示满族统治阶层是儒家思想的法统继承者，顺治皇帝对孔胤植的进京谢恩极为重视，特派员迎候、慰劳，所给予的礼遇及赏赐也甚是丰厚。朝见之时，孔胤植班列阁臣之上，并一再赐茶赐宴。正月初五日，顺治皇帝钦赐孔胤植三台银印，赐予孔胤植阅岁贡廷试试卷的殊荣。正月二十七日，顺治又下令改孔子神牌为“大成至圣文宣先师孔子之位”。五月十二日，清廷颁令衍圣公孔胤植及所属官员役专敕一道，同时在北京内城太仆寺街上赐宅一座，即北京的衍圣公府邸。顺治十四年（1657 年）二月十六日，又将孔子神牌改为“至圣先师”。不仅仅顺治皇帝对孔子尊奉有加，清王朝以后的皇帝也极为重视尊孔崇儒。康熙六年（1667 年），康熙皇帝恩准孔毓圻袭爵，主持

① 《清史稿·本纪四》，中华书局 1977 年版。

林庙祭祀，并在瀛台亲自召见孔毓圻。第二年又下诏命孔毓圻袭封衍圣公，并授光禄大夫。康熙八年（1669年）四月，康熙皇帝亲自到太学“释奠先师孔子，讲周易、尚书”①。康熙二十三年（1684年），康熙皇帝还亲临曲阜祭祀孔子，成为第一位到曲阜祭祀孔子的清代皇帝。康熙二十四年（1685年），康熙亲笔御书“万世师表”匾额，将孔子的神圣地位推到极致。雍正皇帝即位以后于雍正元年（1723年）六月十二日正式颁诏，“加封孔子先世五代俱为王爵。木金父公为肇圣王，祈父公为裕圣王，防叔公为诒圣王，伯夏公为昌圣王，叔梁公为启圣王”。甚至还在雍正八年（1730年）十一月降旨，“特设孔庙执事官四十员，其中三品二员，四品四员，五品六员，七品八员，八品、九品各十员。各按品级给予章服，每逢圣庙祭祀之时，虔肃冠堂，骏奔趋事”。清王朝统治者对孔子的尊崇，是在向汉族民众表明他们与以往的历朝汉族统治者一样，都是孔圣人的信奉者和儒家思想的继承人，以此来巩固大清朝的统治。同时，也是满族统治者吸纳中原汉族封建文化的主要举措。

尊孔崇儒是清朝入主中原的重要统治姿态，也是它的文化政策的主导思想。在这样的文化政策导向下，满族统治者还采取了一系列重大文化举措，来确定清王朝在全国的正统地位。

二 博学鸿儒科的文化笼络

清王朝统治者在入关之后，为了巩固其统治，不仅仅用军事征服和政治高压来加快对全国的控制，也竭力用其他的统治手段来完善其统治整体实力，这主要体现在从文化上加强其控制能力，其中采取的一项重要的文化政策就是开科取士和设“博学鸿儒科”。

顺治元年（1644年）十月，顺治皇帝诏各直省开科，以二年（1645年）秋八月举行乡试，（顺治）三年（1646年）春二月举行会试。清廷任命范文程、刚林、冯铨等人为会试总裁官。应该说此时在全国的范围内，清廷的军事征服刚刚结束，就立即开始开科取士，足见其既急需招揽人才，也需要笼络汉族士绅阶层。正如范文程在其奏章中所说：“治天下在得民心，士为秀民，士心得，则民心得矣。”② 这段表述很形象地把

① 《清史稿·圣祖本纪一》，中华书局1977年版。
② 《清史稿·范文程传》，中华书局1977年版。

清朝统治阶层急于举行科考取士的心态一语道破。为了满足聚揽人才的迫切需要，顺治皇帝还特下令“取中副榜之制”，凡“乡、会试卷有文理优长于额数者取作副榜，于正榜同发。凡中副榜者，免其廷试，即由礼部咨送吏部授职”[①]。这一科会试也确实为清王朝初期遴选了大批汉族人才。有人曾经统计过，在顺治三年（1646 年）首科之中，出了四位大学士、八位尚书、十五位侍郎、三位督抚，还有都察院副都御史、通政司使、大理寺卿、内院学士等六位高官。顺治、康熙朝前后的很多汉族大臣，像武英殿大学士兼兵部尚书傅以渐，曾任太子太保、保和殿大学士的魏裔介，被誉为“清初直臣之冠”、康熙朝左都御史加刑部尚书衔的魏象枢，曾任户部尚书、保和殿大学士、纂修《世祖实录》《太祖高皇帝实录》及《明史》监修总裁官直至太子太师的李霨，历任刑部尚书、文华殿大学士、太子太傅的冯溥等人均出自顺治三年（1646 年）首科会试。第二年清廷又在北京举行了第二次会试，实行“加科”，并“赐吕宫等进士及第出身有差”[②]。以后顺治朝每三年一科，顺治九年（1652 年）和顺治十二年（1655 年）还增设满洲榜，“定顺天乡试满洲、蒙古为一榜，汉军、汉人为一榜，会试、殿试如之”[③]，即分满榜和汉榜，每科两榜状元各取一名。康熙即位的当年，就“诏乡、会试停制义，改用策论，复八旗翻译乡试”[④]。

康熙皇帝为了更多地招揽天下名士，在会试之外又开设“博学鸿儒科”。“博学鸿儒科”作为我国封建时代制科的一种，始于宋高宗绍兴三年（1133 年），称为“博学宏词科”。康熙十七年（1678 年）康熙皇帝下诏说：“一代之兴，必有博学鸿儒振起文运，阐发经史，以备顾问。朕万几馀暇，思得博通之士，用资典学。其有学行兼优、文词卓越之士，勿论已仕未仕，中外臣工各举所知，朕将亲试焉。”[⑤] 康熙十八年（1679 年）“三月丙申朔，御试博学鸿儒词于保和殿，授彭孙遹等五十人侍读、侍讲、编修、检讨等官”。其中各地举荐的有“直隶省荐举十五人，江南六十七人，浙江四十九人，山东十三人，山西十二人，河南五人，湖广六

① 《清稗类钞·考试类》，中华书局 2010 年版。
② 《清史稿·世祖本纪一》，中华书局 1977 年版。
③ 《清史稿·世祖本纪二》，中华书局 1977 年版。
④ 《清史稿·圣祖本纪一》，中华书局 1977 年版。
⑤ 同上。

人，陕西九人，江西三人，福建三人，贵州一人，其余用兵省分未荐，共得一百八十三人……”。[①] 清代前期的科举及“博学鸿儒科”为满族统治者招揽天下汉族名士发挥的积极作用，对缓和满汉之间的矛盾冲突，结成满汉统治阶层的联盟，稳定清廷的统治都有很直接的影响。而满族统治者在这个过程中，也大大地加快了其自身的汉化过程。

清康熙十七年（1678 年）下诏曰：“一代之兴，必有博学鸿儒振起文运，阐发经史，以备顾问。朕万几馀暇，思得博通之士，用资典学。其有学行兼优、文词卓越之士，勿论已仕未仕，中外臣工各举所知，朕将亲试焉。”[②] 自此始称“博学鸿儒科”。乾隆时又改为“博学鸿词科”。宋代最初创立时称“博学宏词科”，因避清高宗弘历名讳，将“宏”改作“鸿”。康熙朝开始设立“博学鸿儒科”最直接的目的在于将散居于各地，尤其是东南地区的隐逸之士、博学大儒，吸引到清廷的直接统治范畴之内。一方面将其精深之学充分地用于清王朝的统治，也达到笼络天下儒士的目的。另一方面也折射出满族统治者进入中原地区后，对汉族儒家文化的迫切需要和学习的渴求，这既有其加强满族统治力量的迫切需求，也有其提高自身文化素养的渴望。大清国的皇帝已经不能再只是驰骋马上的女真部落首领的形象，也要成为儒家学说上的饱学之士，以此来显现出“满汉一家”的清廷的统治意识。有这样的统治意识和治国理念，康熙自然懂得将天下饱学之士聚揽于京畿之地，让其为大清国所用，这是巩固满族统治极为重要的文化方略。

更重要的是，将这些在前明时期就已经具有巨大文化学术影响，而且在汉族士子阶层中极具影响力的隐逸之士、博学大儒聚揽在清廷为满人所用，这对争取汉族士阶层，乃至整个汉人臣服之心，是极为重要的。为此，康熙皇帝在开设“博学鸿儒科”上也是不惜投入“血本”，费尽了心机。单从他将宋高宗时的“博学宏词科”更名为“博学鸿儒科”，“宏词”改为“鸿儒”，两字之差，不论是开科的内容，还是开科的内涵，都可谓是天壤之别。以往的“宏词”体现的是对儒家学士词章才能的考量，而改为“鸿儒”一词，对参与者的誉美之意昭然若揭。别管是不是被“博学鸿儒科”所取，单凭被荐举为“鸿儒”的美誉就足以让极重名节声

① 《听雨丛谈》卷四，中华书局 1984 年版。

② 《清史稿·圣祖本纪一》，中华书局 1977 年版。

望的汉族儒士得到了极大的心理满足。对于以“博学鸿儒科”聚揽人才是康熙很早就有的意图，他在康熙八年（1669 年）时就曾“念编纂《明史》必需绩学能文之士，乃诏启博学鸿词之科，以罗博洽之彦”。并下诏：“无论京外现任及已仕、未仕、布衣、罢退之士，均准荐举。内由三品以上大员科道御史、外由布按两司以上，各举所知，惟翰林不预焉。”①但实际上当时各地汉族文人雅士对此多有回避，各地所保荐之人寥寥无几。康熙十七年（1678 年）他再一次下诏：“有学行兼优、文词卓越之士，勿论已仕未仕，中外臣工各举所知，朕将亲试焉。”② 清代“博学鸿儒科”曾有三次，即康熙十八年（1679 年）、雍正十一年（1733 年）和乾隆元年（1736 年），其中以康熙十八年（1679 年）的“博学鸿儒科”影响最为突出。是年“三月丙申朔，御试博学鸿词于保和殿，授彭孙遹等五十人侍读、侍讲、编修、检讨等官”。康熙十八年（1679 年）直隶、江南、浙江、山东、山西、河南、湖广、陕西、江西、福建、贵州等地荐举参加“博学鸿儒科”的“鸿儒”共一百八十三人。③ 对于这个数字，历史上各文献记载多有出入，《清实录》卷八十《圣祖实录》记载为一百四十三人，《吏垣略牍》载举者一百八十六人，《听雨丛谈》卷四为一百八十四人。这里有记载的误差，也有统计方式的不同，比如对开科期间“丁忧”者或者在此期间病逝者各文献统计不一。三月丙申朔，参加“博学鸿儒科”者齐聚保和殿，以《璇玑玉衡赋》《御制省耕诗·五言排律二十韵》二题应试。此次开科，彭孙遹、汤斌、朱彝尊等二十人授“博学鸿儒科”一等，李来泰、毛奇龄、施闰章等三十人授“博学鸿儒科”二等。当时，朱彝尊、严绳孙、潘耒、李因笃四人以布衣身份入选“博学鸿儒科”，后被世人称为“海内四大布衣”。

当然，由于康熙开设“博学鸿儒科”的主要目的在于聚揽天下名儒，自然要考虑到对所有参加殿试的“鸿儒”予以妥善安顿。除录为一二等授“博学鸿儒科”并授以职缺外，未录取者，凡是在任官员或候补者均仍归原任或候任，而对个别年老者，康熙特为恩赏，像钱塘生员王嗣槐、泰州布衣邓汉仪、太仓布衣王昊、昆山生员朱钟仁、直隶新城贡生王方谷

① 《听雨丛谈》卷四，中华书局 1984 年版。

② 《清史稿·圣祖本纪一》，中华书局 1977 年版。

③ 《听雨丛谈》卷四，中华书局 1984 年版。

等虽未试中，均以“特赐内阁中书衔”予以恩赏。从康熙的这一系列的做法上看，他开“博学鸿儒科”就是为了最大限度地汇聚全国名儒雅士到中央政权为大清国效力。从某种意义上说，从康熙皇帝意图开“博学鸿儒科”的动机以及它所产生的效果看，早已远远超出了一般意义上的开科取士，对有清一代，也包括对北京历史上的文化发展轨迹所产生的影响都是巨大的。

我们以“博学鸿儒科”中“海内四布衣”之一的朱彝尊为例，历数他从授“博学鸿儒科”一等之后的主要生平活动，特别是留心他生平活动中的两条线：一是与清廷最高统治者康熙皇帝的关系，一是他在北京的文化社交活动，就可以看出满族统治者延揽名儒雅士的实际成效和对北京文化活动的促进。

朱彝尊，字锡鬯，号竹垞，又号醧舫、金风亭长，晚年时称小长庐钓鱼师，是有清一代著名的文学家、历史学家、考据学大家。其祖籍江苏吴江，崇祯二年（1629 年）出生于浙江秀水（今浙江嘉兴市）。据《清史稿》卷四八四记载其为“明大学士（朱）国祚曾孙。生有异秉，书经目不遗。家贫客游，南逾岭，北出云朔，东泛沧海，登之罘，经瓯越。所至丛祠荒冢、破炉残碣之文，莫不搜剔考证，与史传参校同异。归里，约李良年、周篔、缪泳辈为诗课，文名益噪”。正是他的博学多识和广为游历，使得他在学术上具有很高的造诣，并被人们所敬重。康熙三年（1664 年）曾途经北京到大同，康熙六年（1667 年）再到北京，寄寓于表兄谭吉璁处。在此期间，他与王士禛、孙承泽等人交往密切。王士禛对朱彝尊极为看重，王士禛的诗集由朱彝尊为其写序，并在其诗《朱锡鬯自代州至京奉柬》中有“燕市雪深衣褐敝，吴江风落酒船迟”之句，足见两个人的交往之深。对朱彝尊的学问和为人，孙承泽的评价更高，其云：“吾见客长安者，争驰逐声利，其不废著述者，惟秀水朱竹姹一人而已。”[①] 正是由于朱彝尊在学术上的造诣和影响，康熙十七年（1678 年）户部侍郎严沆、吏科给事中李宗孔等人荐举朱彝尊应试“博学鸿儒科”。次年朱彝尊以布衣身份被取一等十七名，并授翰林院检讨，入史馆纂修《明史》。自此之后，朱彝尊步入清廷统治高层汉族官员行列，并受到康熙皇帝的格外垂青。我们不妨看看他被取为“博学鸿词科”一等十七名

① 《国朝先正事略》卷三十九，岳麓书社 1991 年版。

之后所享受的康熙皇帝的恩宠，来看看当时康熙对延揽于京辇之下的鸿儒博士的态度：

康熙十八年（1679 年）三月，授翰林院检讨，入史馆纂修《明史》。

康熙十九年（1680 年）七月，康熙赐藕，朱彝尊以诗记之。

康熙二十年（1681 年），康熙命增置“日讲官起居注”八员，朱彝尊为其中之一；四月，充廷试读卷官；五月，参加保和殿侍宴；七月，任江南乡试主考。

康熙二十一年（1682 年）除夕，参加保和殿侍宴。

康熙二十二年（1683 年）一月，参加宫中宴会多次；召入南书房供奉，赐禁中骑马；二月，赐居禁垣（当时居住于景山之北黄瓦门东南一带）；三月，康熙赐物多次，朱彝尊均以诗记之；除夕，参加乾清宫赐宴。

康熙二十三年（1684 年）元旦侍宴；康熙赐肴果二席给朱彝尊家人；一月，因携带楷书手私入禁中抄录四方所进图书，为掌院学士牛钮所劾，被降一级谪官；三月，迁出禁垣，移居宣武门外海波寺街古藤书屋。

康熙二十九年（1690 年），复职仍任原官职。

康熙三十年（1691 年），康熙皇帝命祀孔子，朱彝尊充十哲分献官。

康熙三十八年（1699 年）三月，康熙第三次南巡至苏杭，时年七十一岁赋闲在家的朱彝尊往无锡迎驾。

康熙四十二年（1703 年）三月，康熙第四次南巡，朱彝尊再至无锡迎驾。

康熙四十四年（1705 年）三月，康熙第五次南巡，朱彝尊又至无锡迎驾，并在行殿朝见；四月，康熙至浙江，朱彝尊在杭州行殿再一次朝见，并将所著《经义考》《易书》等书进奉。康熙大加赞赏，曾对少詹事查升吩咐：“朱彝尊此书甚好，留在南书房，可速刻完进呈。”还御赐朱彝尊“研经博物”四字匾额。

康熙四十六年（1707 年），康熙第六次南巡，此时的朱彝尊已是七十九岁高龄。依旧至无锡迎驾；康熙至杭州时，朱彝尊在西湖行殿朝见；康熙离开杭州返京时，朱彝尊虽足疾复发，仍颤颤巍巍地“送驾”至五里亭。①

① 《清初名儒年谱》第十册《朱竹垞先生年谱》，北京图书馆出版社 2006 年版。

从上面朱彝尊生平履历中与康熙皇帝有直接关联的记载中，可以很清晰地看到，作为满族统治的最高权力者的康熙，在对待延揽于京辇之下的名儒大家是极为器重和颇为关照的，甚至有的恩赏如“赐藕”“侍宴”“赐禁中骑马”乃至七十余岁高龄还多次“迎驾”“朝见”等，都颇为优厚，超出常规。从中可以看出满族统治者对汉族名儒的态度和对天下汉族士子的姿态。而作为“海内四布衣”的朱彝尊也从最初的对满族统治者若即若离的态度，到很在意康熙皇帝的恩宠，直至最后虽足疾复发，仍旧颤颤巍巍地“送驾”的汉族儒士的曲折心态。虽然在这里所列举的朱彝尊是较为典型和当时最受清廷重视的“海内布衣”，但是满族统治者对招揽天下儒士所做的开“博学鸿儒科”、明史馆等举措所达到的效果是显而易见的。

三　编修儒家经典的文化引导

清王朝为加强统治，在文化上采取的另一个重大的举措就是编修汉文典籍和翻译儒家经典作品。满族统治者在入关之前就十分注重对汉文书籍的翻译及学习。入主中原后，对汉族典籍的需求欲望更高，而且从统治的角度看也更为迫切。这既是提高满族封建统治能力的一种必然，也是加强满汉文化沟通和交流的必需。满族统治者入关后，首先注意的是学习汉族的文化，顺治元年（1644 年）“十一月乙酉朔，设满洲司业、助教，官员子孙有欲习国书、汉书者，并入国子监读书”①。这样的政策势必引发清王朝统治者对汉文典籍的刊行的重视，顺治二年（1645 年）五月清廷下令：“命内三院大学士冯铨、洪承畴、李建泰、范文程、刚林、祁充格等撰修《明史》。”② 当时，“由总裁提名副总裁和纂修官，并设收掌官七员，满字誊录十员，汉字誊录三十六员”，这是清王朝由皇家主持纂修《明史》的开始。然而，以顺治初年的实际情况，撰修《明史》并非易事，甚至有很大的资料障碍。明朝的档案史料散佚极多，实录也很不全，据当时的记载：《明熹宗天启实录》缺天启四年（1624 年）纪事，天启七年（1627 年）六月及崇祯一朝事迹俱缺，这必然给撰修《明史》带来巨大难题。大学士刚林在顺治八年（1651 年）二月上奏，以重金购求天

---

① 《清史稿·世祖本纪一》，中华书局 1977 年版。

② 同上。

启、崇祯实录以及邸报、野史、外传等书籍，但最终并未有什么明显的成效。实际上对于清统治高层而言，对撰修《明史》所面对的诸多难题未尝没有察觉。但是即便如此，还是在顺治二年（1645 年）全国尚未完全平定的形势下，匆匆诏令撰修《明史》，其文化象征意义和与汉族儒士修好关系的亲近之态不言而喻。尽管《明史》后来的撰修经历了康熙、雍正等几朝，但由此开始的编修汉文典籍也同时拉开了序幕。顺治一朝，先后由中央编撰了《通鉴全书》《资政要览》等十几种典籍，这对于刚刚入主中原的满族统治者而言，已经是很突出的文化成就了。

康熙朝以后，编修汉文典籍，倡导学习儒家文化，更成为清王朝加强统治的一项主要的文化政策。康熙皇帝即位以后，在文化政策上愈加突出对儒家文化的学习和继承，并开始大量地编撰、刊刻儒家经典著作以及天文历法、历史地理、诗歌文学等方面的图书，并对实录、圣训、会典、方略的编修极其重视。康熙亲政以后没多久，便于康熙六年（1667 年）九月命修《世祖实录》。康熙十八年（1679 年）三月，“修《明史》，以学士徐元文、叶方蔼、庶子张玉书为总裁”[①]。康熙对《明史》的撰修极为重视，他在康熙三十六年（1697 年）正月就《明史》的撰修问题谈道：“朕观明史，一代并无女后预政，以臣陵君之事。我朝事例，因之者多。朕不似前人辄讥亡国也。现修明史，其以此谕增入敕书。”[②] 当然，康熙所关注的不仅仅是《明史》，他的视线是在整个文化政策的实施效果上去看待撰修刊行儒家经典。他曾经对自己学习儒家经典有过这样的阐述：“朕自五龄即知读书，八龄践祚，辄以学庸训诂询之左右，求得大意而后愉快。日所读者必使字字成诵，从来不敢自欺。及四子之书既已通贯，乃读《尚书》，于典谟训诰之中，体会古帝王孜孜求治之意，期见之实行。及读《大》《易》，观象玩占于数，圣人扶阳抑阴，防微杜渐，垂世立教之精心，朕皆反覆探索，必心与理会，不使纤毫扞格。实觉义理悦心，故乐此不疲。”[③] 正是因为康熙“五龄即知读书”，且其以后又“实觉义理悦心，故乐此不疲”，因此也就更有广求天下之书的动力。康熙二十四年（1685 年）四月“诏医官博采医林载籍，勒成一书”。他在康熙二十五年

① 《清史稿·圣祖本纪一》，中华书局 1977 年版。
② 《清史稿·圣祖本纪二》，中华书局 1977 年版。
③ 《康熙起居注》第二册，中华书局 1984 年版。

(1686年)四月还曾下谕礼部："自古帝王致治，隆文典籍具备，犹必博采遗书，用充秘府，盖以广见闻，而资掌故，甚盛事也。朕留心艺文，晨夕披览，虽内府书籍，篇目粗陈，而裒集未备。因思通都大邑，应有藏编野乘，名山岂无善本，今宜广为访辑，凡经史子集，除寻常刻本外，其有藏书秘录，作何给值采集，凡借本抄写事宜，尔部院会同详议具奏，务令搜罗罔轶以副朕稽古崇文之至意。"① 正是由于康熙对撰修典籍的重视，康熙一朝先后刊刻了《康熙字典》《佩文韵府》《渊鉴类函》《格致镜原》以及研究唐代文学的重要文献《全唐诗》，医家经典文献《张仲景金匮要略论注》等等一大批典籍。

清代初期积极倡导和努力组织实施一系列尊孔崇儒的文化政策，特别是以中央集权的实力采取的尊孔、开科和刊刻典籍，使得北京在这个过程中逐渐成为全国文化统治和重大文化活动的中心。这一点与明代的北京和南京在文化上施展着各自的城市影响有很大的区别。

第三节　清前期北京多民族文化融合发展

一　多民族文化交流中心形成

清代的北京，由于满族统治阶级的统治需要和我国多民族大融合的历史发展，使得这里成为各民族汇集的中心和民族文化融合中心。北京城不管是在城市发展风貌，还是在其城市文化内涵上，都表现出浓郁的多民族文化融合的特点。

作为清代的统治者，满族自身的形成就具有明显的多民族的融合历程，因此它对其他民族的统治及其各民族同处共融方面颇为注意。这一方面是它的民族形成历史上所具有的兼容性使其然，更重要的是我国历史发展，特别是多民族、广博的领土范围使得清王朝在统治上需要加强多民族的沟通和交流。尤其是对北方各少数民族以及我国西南地区和新疆、西藏等边远地域的各民族的统治、交往和交流沟通上十分重视，采取了一系列的民族融合政策。而这些民族融合政策的执行和落实，在北京城市发展中产生了极大的影响。一方面，是各个民族齐汇京师而展示各民族文化的特点和风采；另一方面，是清王朝以中央集权的统治姿态对各个民族实施影

① 《清实录·圣祖实录》，中华书局、中国书店1986年版。

响和加强控制，由此产生了北京文化对各少数民族文化的辐射力和积极的影响，北京由此形成了多民族交流中心和各民族文化融合中心。

清王朝入关并在北京确定其统治中心以后，对我国边疆地区及各个少数民族的控制和管理极为重视，并视为维系大清朝多民族统一政权的最关键的问题。对边疆地区的诸藩部，早在满族统治者入关占领全国之前，满族统治者就极其重视，并作为扩展势力问鼎中原的关键举措。还在努尔哈赤时期，满族统治者就开始经营蒙古，并促使蒙古科尔沁四部归附后金。到了皇太极统治时期，对蒙古诸王和各个部落更为重视，他设立了蒙古衙门，后来又更名为理藩院，专门处理藩部事务。不仅如此，皇太极还派人前往西藏，延请达赖喇嘛。他在给达赖喇嘛的信中再三表示“朕不忍古来经典泯灭不传，故特遣使，延致高僧，宣扬佛教，利益众生”[①]，以求通过藏传佛教加强满族统治政权与西藏的联系。清王朝确定在全国的统治地位以后，更加重视对各个少数民族的控制。顺治皇帝在其入京后没多久，就向蒙古科尔沁等部表示：“朕世世为天子，尔等亦世世为王，享富贵于无穷，垂芳名于不朽，不亦休乎！”[②] 与此同时，他遣人到西藏，迎请五世达赖喇嘛到北京觐见。

顺治十年（1653 年）四月，当达赖喇嘛离京返藏时，顺治帝赉送金册金印，册印上用汉、满、蒙、藏四种文字刻写清政府对五世达赖喇嘛的封号：“西天大善自在佛所领天下释教普通瓦赤喇怛喇达赖喇嘛。”到康熙朝，康熙皇帝将“柔远能迩”当作“敬天法祖”的重要统治方略写入遗诏之中，以警示后世子孙在民族融合和强化统治上不可掉以轻心。雍正即位以后曾亲自为理藩院书写匾额“宣化遐方”，以此来昭示清朝统治者对各个少数民族藩部的重视。清王朝统治者对于边疆地域各民族交流的强化和多民族交往的管控，客观上让北京成为各个民族文化的交流融合点和交流中心，并且多民族的融合程度远远超过前朝的融合状态，为中华民族大家庭营造出一个多民族交流融合的大文化氛围。

二　年班制度促进京城多民族文化融合

清王朝统治者作为出身于北方游牧民族的少数民族，面对着具有完善

① 《清实录·太宗实录》卷三十，中华书局、中国书店 1986 年版。

② 《清史稿·列传三〇五》，中华书局 1977 年版。

成熟的儒家文化的汉民族群体，在统治心理上有其客观上的民族自卑性和统治心理压力。因此，笼络和联合其他民族，以扩充其统治实力，是满族统治者很自然的统治心态。与此同时，伴随着不断地开疆扩土，也必然要对扩展区域的其他少数民族强化联系和统治。在这样的一种统治理念的支配下，清王朝在其过去的政策基础之上实行了对蒙古、新疆及西藏等地的各少数民族贵族或上层人士要轮流进京觐见大清皇帝的“年班政策”。

“年班制度”是清朝政府规定蒙古、新疆及西藏等各藩部少数民族贵族及上层人士每年按期轮流来京，朝见皇帝、瞻仰圣颜的政策。年班期间，藩部地区的各民族首领要参加清政府举行的各种活动，并在京师进行文化、经济交流。依据不同的地区和民族，以及人员参加年班的成员区分，清代的年班可分内扎萨克年班、外扎萨克年班、伯克年班、番子年班、喇嘛年班等各种形式。内扎萨克年班，即内蒙古地区蒙古族王公的年班。外扎萨克年班，即外蒙古地区以及新疆、青海等地蒙古族王公的年班。伯克年班，即新疆回部维吾尔族头领的年班。番子年班，即青海等地藏族首领的年班。喇嘛年班，即蒙藏地区藏传佛教喇嘛的年班。若按年班轮流的觐见，又分为一年一班、二年一班，以及三年、四年、五年、六年或者十年一班。依照年班来京的蒙古王公、维吾尔族首领、藏族首领以及喇嘛人士等均有专门的住所，由清政府派理藩院、光禄寺、户部、礼部、兵部官员和笔帖式前往照料，并且按规定发给相应物品。参加年班进京觐见皇帝的各个少数民族贵族或上层人士，都要给清朝皇帝进献他们所带来的各种贡品。其贡品一般都是各地各民族特产，或是各民族生产生活中具代表意义的物品，像蒙古族王公贡驼马、雕翎等，维吾尔族首领贡葡萄干、瓜干等。清政府对于各少数民族首领的进贡，也都给予必要的回赏，如衣帽、撒袋、腰刀、缎匹等物品。

对于参加年班的各少数民族的贵族及其上层人士，清朝中央政权给予提供路程和食宿费用的照顾，名为廪饩。廪饩多寡，则依觐见者爵位高低、情况不同而有所区别。廪饩清朝的皇帝还要设宴款待，除了在太和殿设宴外，还在除夕设宴于保和殿，元宵节设宴于正大光明殿，其间有时在中正殿、紫光阁、山高水长加宴数次，宴礼的场面极其奢华，场面极为隆重。礼亲王昭涟曾记载说：“国家威德远被，大漠南北诸藩部无不尽隶版图。每年终，诸藩王、贝勒更番入朝，以尽执瑞之礼。上于除夕日宴于保和殿，一二品武臣咸侍座。新岁后三日，宴于紫光阁，上元日宴于正大光明殿，一品文武大臣皆入座，典甚钜也。”[①] 乾隆四十一年（1776 年），乾隆在西苑接见年班来京的藩部少数民族首领时，曾以诗为记曰：“步辇西华西苑巡，匪游图觐远徕臣。夹衢左右纷迎接，露冕笑言普拊循。回部更番久依例，内旗扎萨旧称宾。土尔扈入朝如雁，哈萨克流仰集鳞。来享来王来贺节，土司土舍土头人。抚兹武偃文修世，益切盈持泰保寅。”这首诗一方面体现出乾隆当时得意和自豪的心情，另一方面也客观反映出年班制度的情形。除了年班以外，还有围班，即木兰行围。在天气酷热、京城痘疹流行时，已出痘的藩部地区少数民族上层人士可以来京朝觐，未出痘的则禁止来京。这时各个地区的少数民族首领、贵族不能来北京的，就可以去木兰随围，木兰围班是京城年班制度的补充形式。

“年班政策”的实施，使得北京迅速成为全国各民族的汇集中心和多民族的统治中心。清朝统治者通过年班制度，维持和藩部地区众多少数民族上层人士在政治、经济方面的联系，加强了藩部地区少数民族上层对清朝中央政府的向心力，这对于清朝多民族国家的统一和巩固，无疑有着重要意义。而在其具体的交往过程中，北京城也汇集了全国各地少数民族的觐见使臣和其他人员，无论是从文化的交流上，还是从各个民族习俗的融合上，北京都起到了特殊的积极作用。在这样的交流和交往之中，客观上成为北京文化多民族相容的最好机遇。在这个历史过程中，北京城所汇聚的是各个不同民族的文化养分。

① 《啸亭续录》卷一，光绪年九思堂刻本。

第三章　清代前期学术发展与北京文化主导地位确立

清代北京文化的发展，与北京历史上其他各个不同时期相比较，最大的差异在于北京确立了在全国文化、学术发展的主导地位。北京作为一个历史古城，秦汉以前为方国都城。秦汉以后到隋唐时期，这里是中原政权防范北方少数民族南下的军事重镇。五代十国到辽、金时期，随着北方少数民族的逐渐强大，北京又转变成为北方少数民族向中原乃至全国发展的“前沿阵地”。因此，元代以前，北京在全国文化发展上，仅仅是我国北方地区一个地域性文化发展交流中心，虽然在北方地区不同民族文化交流中颇为活跃，但对全国文化发展而言并无举足轻重的地位。元朝统治时间仅仅九十余年，元大都（今北京）虽然是全国的政治统治中心，但由于其统治时间相对短暂，且元朝统治者在文化发展上并没有十分突出的作为，因此北京在全国文化发展进程中影响有限。明代从明成祖永乐十九年（1421 年）正式迁都北京，北京在全国的政治统治中心、文化统治中心地位确定。但有明一代，其文化学术活动中心始终在江南地区，并左右和影响着全国文化发展的走向，北京并不是全国的文化活动中心。清代以来，满族统治者根基兴起于东北。因此，无论从政治统治的角度，还是文化控制的层面，其最为迫切的就是要彻底改变全国文化学术活动中心被江南地区知识分子所左右的局面。

清王朝早期满族统治者急于确定北京的文化统治中心地位，到康熙年以后，满族统治者不仅将北京作为其文化统治中心，也开始逐步地建立北京在全国文化、学术领域活动的中心。他们采取一系列的文化笼络政策，吸引全国汉族学术大家、文化名士汇聚京城，形成了北京历史上学术交流活动最为活跃的历史时期。与此同时，清王朝中央政权为了强化其文化统治和思想控制，开始对汉族传统文化典籍进行大规模的系统整理工作，

《古今图书集成》《四库全书》等大型文化典籍的整理刊行，达到中国古代文化典籍整理的巅峰。全国文人雅士齐聚京城，大规模文化典籍整理，客观上极大地提升了北京在全国文化、学术的影响力。而众多文人雅士汇聚京师，并由此形成的以士文化为主体的“宣南文化”，有力地推动了清代北京文化的完整构建。此时的北京不仅第一次成为全国学术交流、文化研究的中心，也确立了北京在全国文化发展上的主导性地位，也开始形成具有较为完整文化形态的清代北京文化。

第一节　清前期汉族名士汇聚京师与北京全国学术中心形成

一　清初京城文化发展对文人的吸引

北京自辽、金、元、明几代王朝定鼎都城于此，并且通过历朝各代统治者的一系列统治政策的发布和各个朝代统治者所居住的城池，让北京成为全国文化统治中心。但是，就全国范围而言，北京仅仅是统治者发布其文化统治政策的皇城，并非是真正意义上的文化活动中心和学术研究中心。由于地域的关系和历史的原因，清以前的北京只是一个在军事上、政治上，或者在民族的融合上处于中心位置，但与文化学术领域的中心一直无缘，江南地区的文化学术一直是处于很强的优势状态。因此，清以前的北京在文化学术发展方面对全国没有形成主导性影响的地位。清王朝建都北京以后，随着清前期的逐渐发展，特别是满族统治者为了笼络汉族知识分子而采取的一系列重要的文化政策，逐渐吸引着全国汉族文人名士汇聚北京。大批汉族学术名家汇集京城，并在此参与重要的文化项目或者参加重大的文化活动，让北京在清代文化学术发展和文化学术研究、交流上，越来越凸显出全国首善之区的主导地位。北京文化发展历程上之所以能出现如此变化，主要缘于清代康熙年间的“博学鸿儒科”的开设、明史馆等文化典籍编修书馆的设立及对中原传统文化进行大规模的历史性总结。

清代前期，作为满族统治者一方面出于对汉族儒家文化的重视和学习，另一方面也为了笼络汉族知识分子，开展了一系列传统典籍的整理编修工作，设立了很多官办书局。尤其是顺治、康熙、雍正和乾隆四朝，先后设立的“圣训馆”“实录馆”“明史馆”“方略馆”“通鉴馆”“国史馆”“八旗志书馆”“一统志馆”等官办图书编撰机构达三十多个。这些官办图书编撰机构设立后，招揽了大量文人雅士齐聚京师辇下。参加这些图书编撰机构编修工作的文人学者，不仅能比较便利地查阅丰富的国家级文献档案，零距离接触以往在地方难以接触到的历史文献资料，也通过编修工作彼此进行深入的学术交流。在诸多参与编书的学者频繁的交往和文化学术研究中，使得北京的学术研究发展水平被快速抬升，带来了北京文化学术研究的迅速发展，促成了北京成为全国文化学术研究中心的形成。而很多文人学士，特别是有些存有明代遗民心态的文人，其内心原本不愿过于密切地与清廷合作。但当时清王朝中央政权的这种文化笼络姿态，尤其是从学术研究的角度可以大量地掌握珍贵的文献资料，又可以与众多学术研究同道相交流，这对有着明代遗民心态的许多知识分子而言，还是具有很强的吸引力的，他们往往抱着矛盾交织的心态陆续进京，汇聚于京城。

清朝初期，曾颇刻意地自称为“江左遗民”的谈迁，顺治年间曾游历于北京。在京期间他与京城文人雅士交游密切，先与清初顺天府学政、著名藏书家曹溶相熟识，并通过曹溶结识了国子监祭酒吴伟业。他曾记载道：“过曹太仆借书，出刘若愚《酌中志》三袠、孙侍郎北海承泽《崇祯事迹》一袠”“吴太史示《流寇辑略》”①。谈迁从这些文化名士处得到的《万历实录》《崇祯事迹》《崇祯邸报》《酌中志》《流寇辑略》等文献资料，对其后来的学术研究有着极为重要的帮助。也正是如此，这位“江左遗民”也与京城学术大家和一些仕清文人仍旧保持频繁的交往。

再以清初著名学者王源为例，王源为北京大兴人，其父原为明代世袭侍卫，明亡后南下江苏扬州寓居。其受父亲影响而师从明遗民梁以樟、魏禧门下，心怀遗民之志。康熙二十四年（1685 年）王源回到北京，参与《明史》纂修活动。在明史馆参加《明史》编修过程中，他先后结识了万斯同、李塨、胡渭、毛奇龄等著名学者。在参与编修《明史》过程中，他与万斯同等人交往密切，时常就《明史》编纂体例等问题与万斯同、徐元文等人探讨交流，在其著作《居业堂文集》中的《与徐立斋学士论王威宁书》《与友人论韩林儿书》《与吴商志书》等文对这一过程都有记载。王源后经李塨推荐，拜清初著名思想家、教育家、颜李学派创始人颜元为师，使得他的学术成就得到进一步的提高，成为清代前期著名的

① 谈迁：《北游录・纪邮上》，中华书局 1981 年版。

学者。

曾经极力推荐王源拜师颜元的李塨，是颜元学说的继承者，颜李学派的著名代表人物。李塨师从颜元，强调以经邦济世为己任，力主陈亮的尚用思想，倡导“仕与学合，文与武合，官与吏合，兵与民合”的主张，形成功利论思想体系，并以此展开对理学的批评。他在北京期间，曾与万斯同、阎若璩等人密切交往，还曾经帮助万斯同修订《明史》书稿。在与万斯同、阎若璩、毛奇龄等人的交往之中，其深受万斯同、毛奇龄等人经史之学的影响，学术兴趣也由原来的颜李学派思想逐渐转向对经史考据的研究。

各地文人学士齐聚京城，展开频繁的学术交流和文化交往，从朱彝尊在北京寓居期间与诸名儒雅士交往活动为线索，也同样可以看得非常明了。我们根据朱彝尊的年谱，对朱彝尊在北京生活期间的一些活动和文人交往进行梳理，就可以看出当时京城文人雅士的基本状况。

朱彝尊第一次到北京只是路过，康熙三年（1664 年）曾经北京到大同。康熙六年（1667 年）再到北京，寄寓于表兄谭吉璁处。这一年他曾经多次拜会王士禛、孙承泽等人。

康熙九年（1670 年）八月，再次到京城，重访孙承泽，并拜请孙承泽为其题写“竹垞”二字。也是这月，朱彝尊与潘耒以诗赠答，潘耒在其《赠朱十》一诗中推崇朱彝尊“南洲盛衣冠，之子为领袖”。朱彝尊则以《酬潘耒》诗回赠，其诗中有“伤禽戢羽翼，鸣鹿求其侪”句，彼此引为同道之士。朱彝尊刊行《曝书亭集》，潘耒专门为《曝书亭集》作序。

康熙十年（1671 年）一月，朱彝尊与潘耒、李良年等一同游览京城西山，还曾题诗于壁。

康熙十二年（1673 年）二月，朱彝尊与侍郎刘芳躅等同游大房山。这一年九月，龚鼎孳病卒，朱彝尊作诗八首悼好友。也就是在这年秋，徐乾学回江苏昆山原籍，朱彝尊还在北京送别徐乾学，留有诗作。入秋以后，朱彝尊到通州潞河在龚佳育府中做幕客，遍阅龚氏藏书，也多得其影响。在通州潞河做幕客期间，他开始与十九岁的纳兰性德书信交往。

康熙十三年（1674 年）年初，朱彝尊从通州潞河回到京城，再居宣南。此次寓居京城他与纳兰性德首次相晤，彼此欣赏对方的才学。后纳兰性德在其诗作《寄朱锡鬯》中有“萍梗忽南北，相聚忽相离”“开户见残月，道远有所思。丈夫故慷慨，此别何凄其”诗句，足以反映当时二人的交往。朱彝尊在文人雅士之中交往极为活跃，这年他与钱澄之、陈祚明、严绳孙在丰台药圃宴集，彼此唱和。

康熙十七年（1678年），严沆、李宗孔等人根据康熙皇帝诏令特荐举朱彝尊应试博学鸿儒科。

康熙十八年（1679年），博学鸿儒科会试，朱彝尊录为一等，并授翰林院检讨，入明史馆参与纂修《明史》。这年七月，朱彝尊移居虎坊桥，与徐釚同寓。

康熙二十三年（1684年）秋，浙西词派代表人物沈皞日领广西来宾知县缺，朱彝尊与严绳孙、彭孙遹、曹贞吉及子昆田各作词《一枝花》一首以送别沈皞日离京。

康熙二十四年（1685年），纳兰性德病亡，朱彝尊作《纳兰侍卫挽诗六首》和《祭纳兰侍卫文》，悼念其故友。这一年周篔来京访朱彝尊，就住在朱彝尊的寓所。另据《朱彝尊年谱》记载：“重阳后一日，同姜宸英、梁佩兰、查慎行等同游长椿寺，联句作诗；送梁佩兰还广东，于古藤书屋饯别，同与送别者有汤又曾、查慎行，联句作诗。”

康熙二十五年（1686年）春，《腾笑集》刊成，查慎行作序；夏，辑《日下旧闻》《经义考》；与姜宸英、顾贞观、孙致弥、周篔等往还，赋诗唱酬；送毛奇龄还浙江，以诗赠之，有“孤生倚知己，衰老感离群”句。

康熙二十六年（1687年）得米芾砚，与周篔联句，作《宝晋斋砚山》，王士禛为作《米海岳研山歌为朱竹垞翰林赋》；暮春，同周篔、姜宸英、钱君甫、查慎行等同至乔莱一峰草堂看花，并赋诗；八月，周篔南还，与查慎行于小菰村饯别；《日下旧闻》四十二卷成，徐乾学捐资付雕并为序，冯溥、陈廷敬、徐元文、张鹏、高士奇、姜宸英等皆为序，冬开始刻印；冬，与徐元文、姜宸英于雪中同游京郊大房山。

康熙二十七年（1688年）杨雍建还里，朱彝尊与查慎行以诗送别，有“偻指东华九载过，罢官归计尚蹉跎”句；徐釚还吴江，以诗送之；九月，《日下旧闻》刻印竣工。

康熙二十八年（1689年）二月，自古藤书屋移居槐市斜街；三月，查慎行、梁佩兰过访，查慎行作《三月晦日饮朱十表兄槐市斜街新寓》诗：“古藤荫下三间屋，烂醉狂吟又一时。惆怅故人重会饮，小笺传看洛中诗。”是年，朱彝尊与查慎行多次往还唱和；春与王士禛、徐乾学、姜宸英、陈廷敬同游宣南黑窑厂并联句作诗；五月，与徐乾学、姜宸英、陈廷敬游虎坊南园，联句作诗；九月，与查慎行、魏坤、高佑釲、朱茂晭、朱善等游天宁寺，联句作诗；黄宗羲八十寿辰，朱彝尊应宗羲子百家之请，作《黄征君寿序》。

康熙二十九年（1690 年），查慎行落职南还，至朱彝尊寓所话别；徐乾学罢官，设书局于洞庭东山，疏请姜宸英随行，朱彝尊以诗送别姜宸英。

康熙三十一年（1692 年）三月，携眷属离京，王翚画山水送别。[①]

从康熙六年（1667 年）第一次寓居北京，中间有过几次离京，到康熙三十一年（1692 年），前后二十余年。我们仅仅从朱彝尊一个人的年谱中的辑录，就可以看到他频繁地和许多文人雅士唱酬应和的诸多活动，且涉及当时在京的很多著名的学者儒士。从这些活动的记载之中我们可以看到很多重大的文化活动或者典籍编撰痕迹。众多汉族文人雅士之所以在清朝前期时常北上进京，而且在京期间频繁交往，彼此相互宴集唱和，甚至成为当时文人学士中颇为常见的活动方式，与清朝前期清廷采取的一定的文化笼络政策有着极大的关系，也是这一时期北京文化快速发展，并且开始形成一定的文化优势而产生的文化吸引力。这种北京文化吸引力的变化，清以前诸朝并不多见。而恰恰因为这一时期北京文化的快速发展和文化吸引力的加强，吸引了更多文人雅士汇聚京城，北京城的文化呈现出清代第一次文化发展小高潮。

二　各地文人雅士聚集京城及影响

实际上，清代前期由于北京已经形成的客观的全国文化中心城市，当时很多著名的学者都曾经到北京寓居，参加各种重大的文化活动。像吴梅村、顾炎武、万斯同、王士禛、阎若璩、胡渭、钱大昕、戴震等著名的儒士，都在北京留下了他们的历史足迹。

吴伟业（1609—1672 年），字骏公，号梅村。明末清初著名诗人，崇祯四年（1631 年）中进士，并授翰林编修，后任东宫讲读官、南京国子监司业等职。因其在诗歌方面的造诣备受世人推崇，与钱谦益、龚鼎孳并

---

① 以上内容参见张宗友《朱彝尊年谱》，凤凰出版社 2014 年版。

称“江左三大家”。清入主中原以后，意欲将其纳入为清统治政权服务，顺治十年（1653 年），吴梅村被迫赴京出仕，初授秘书院侍讲，后升国子监祭酒。但吴梅村仅仅在北京待了三年，便借为母亲奔丧之际回故里隐居，直至去世。吴梅村在诗歌上造诣极高，近体诗的佳作有《过吴江有感》《过淮阴有感》《杂感》《扬州》《读史杂感》《怀古兼吊侯朝宗》等，其中《扬州》四首是他七律的代表之作，而他的七言歌行更为出色，音节极佳，情韵悠然。《四库全书总目提要》评论他的时候认为：“其少作大抵才华艳发，吐纳风流，有藻思绮合、清丽芊眠之致。及乎遭逢丧乱，阅历兴亡，激楚苍凉，风骨弥为遒上。”[①] 吴伟业一生为自己仕清失节而痛悔不已，故极为忌讳他人称其任清廷祭酒之职，曾留下遗言：“吾一生遭际万事忧危，无一刻不历艰险，无一境不尝艰辛，实为天下大苦人。吾死后，敛以僧装，葬吾于邓尉灵岩相近，墓前立一圆石，曰：‘诗人吴梅村之墓’”。[②] 后世有人评其“苦被人呼吴祭酒，自题圆石作诗人”，可以说把他的心迹勾画得淋漓尽致。

顾炎武，作为明末清初的著名思想家、史学家、语言学家，在全国文人雅士中享有极高的名望，被当时学者尊称为亭林先生。他于顺治十六年（1659 年）到北京，到康熙十六年（1677 年）离京，先后寓居北京长达近二十年，其间很长一段时间居住在慈仁寺寓所。在北京期间，除了讲学，与汉族文人雅士相互交往之外，他致力于典籍的考证、研究。也由于他对明朝的眷顾，在北京期间，抱着“相与读残碑，含愁吊古今”“区区犬马心，媿乏匡扶力”的复杂心情，曾先后六次拜谒明十三陵。也许是他对故明的那种难以割舍的心境，倒使得后人在北京地方文献方面得到了他所遗留的意外的成果，即他撰写的《昌平山水记》和《京东考古录》。他在六次拜谒明十三陵的过程中，游历于京郊各地，记述了昌平一带居庸关、弹琴峡、八达岭、青龙桥等处名胜古迹。与他人撰写北京舆地典籍最大的不同，他是抱着一种对明王朝深深的留恋和悲切的心情去审视昌平长城沿线的诸多关隘、城池。比如对于居庸关，他更多的是从历史教训的视角去描述居庸关“自古称为险绝”，“然辽之亡也，天祚以劲兵守居庸，及金兵临关，崖石自崩，戍卒多压死，不战自溃”。“金之亡也，冶铁锢

① 《四库全书总目提要》，商务印书馆 1931 年版。

② 高松元：《中国文人的非正常死亡》，光明日报出版社 2012 年版。

重门，布鹿角蒺藜百余里，守以精锐"，但元军则"轻骑前导，自暮入谷，黎明诸军已在平地，疾趋南口。金鼓之声，若自天下，金人遂溃"。他还抱着极大的成见记述说："李自成之犯阙也，下宣府，历怀来，入居庸，薄都下，曾无藩篱之恨。"当然，最后他极有感触地总结："地非不险，城非不高，兵非不多，粮非不足，国法不行，而人心去也。"[①] 这既是他对明朝灭亡的悲叹，也是他对历史的深刻总结。从这个意义上讲，顾炎武的《昌平山水记》已经远远不是一本名儒雅士在北京的游记，而是其内心对历史的体悟和深邃的阐释。正是由于顾炎武对大明朝的这种难以忘怀的眷顾，使得他始终拒绝为满族统治者效力。康熙十七年（1678 年）清廷下诏开"博学鸿儒科"，其同乡叶方蔼等人举荐其入选鸿儒，后熊赐履还专门游说顾炎武，动员其进明史馆参加《明史》的编修，但是遭到顾炎武断然拒绝，称"唯办刀与绳"，并"从此绝迹不往京师"，北京再也无缘顾炎武。

康熙朝开明史馆修《明史》，浙东学派的代表人物万斯同为此进京，且一住就是二十余年，直至去世。万斯同，浙江省鄞县人，字季野，学者称石国先生。万斯同通晓经史，为著名史学家，浙东学派的代表人物。但其眷顾故明王朝，从不肯为满族统治的大清国效力，只是专心治学。康熙十七年（1678 年），许鸿勋曾举荐万斯同应征博学鸿儒，为其"力辞免"。康熙十八年（1679 年），徐元文出任纂修《明史》总裁，他力保举万斯同入明史馆。依清廷所规定，凡礼聘入史局者，均给以七品俸禄，署翰林院编修衔。对此，万斯同坚辞不受。万斯同对明代典章制度及历史掌故极为熟识，又是著名史学大家，徐元文再三恳请，盛情之下万斯同难以推辞，且为故国修史也是他的心愿，于是便抱着"藉手以报先朝"的信念，"以遗民自居，而即任故国之史事以报故国"，同意进京参与纂修《明史》之事。但万斯同坚决不接受清廷的官衔，不享用清朝的俸禄，只以一介布衣的身份入京。黄宗羲在临行时写诗送曰："不放河汾声价倒，太平有策莫轻题。"徐元文无奈，只得请万斯同住在他的家里，以宾礼相待，不署衔、不受俸。明史馆的编撰官员所撰各篇，均送到万斯同处由其复审，若编撰官员有何疑问也由传稿人往来传递，"每稿问毕，斯同即面告传稿者，某书、某卷、某页有某事当补入，某卷、某页、某事当参

① 顾炎武：《昌平山水记》，北京出版社 1962 年版。

校”。康熙三十二年（1693 年）后，张玉书、陈廷敬、王鸿绪等继任明史馆总裁，仍延聘万斯同，并将万斯同安置于王鸿绪家中。如此有点近乎于不可思议的修史方法，演绎于大清国的明史馆中，可谓是北京史乃至古代文化史上一段奇闻佳话。但从中也看到了一批汉族名儒的气节和对故朝的眷顾，同时也折射出清代前期满族统治者为了延揽天下名士，笼络汉族文人雅士而表现出来的胸襟。而如此“明目张胆”地不与大清国合作，拒食其俸禄的万斯同都可以被宽容于京师，其他名儒雅士自然更可以盘桓于京城辇下。

清康熙年间在京师盘桓的另一位儒学名家阎若璩，在这一阶段北京文化的发展上也起到了积极的推动作用，尤其是在康乾时期的考据学发展上，阎若璩是考据学发轫之初最重要的代表人物之一。阎若璩字百诗，号潜丘，山西太原人，寄居江苏淮安府山阳县，出生于崇祯十一年（1638 年）。阎若璩为书香世家。祖父阎世科，明万历进士，著有《敬刑录》《计辽始末》。父阎修龄，字再彭，号饮牛叟，明末贡生，以词章而名，著有《眷西堂诗文》《红鸥亭祠》等书。阎若璩受到家庭的文化熏陶，“潜心钻研，扶精剔髓，思成一家之言”。顺治八年（1651 年）阎若璩以商籍补山阳县学生员，其潜心研读经史要义，并广与儒学名流交往，像李明睿、方文、阎尔梅等都曾与之过往甚密，这为阎若璩日后成为考据大家奠定了基础。康熙元年（1662 年），阎若璩改归太原故籍。此后，其数次返籍乡试，皆名落孙山。其间他两次拜会了傅山，交流考辨金石遗文之学，情谊笃厚。康熙十一年（1672 年），他在太原与顾炎武相逢，成为学术密友。

康熙十七年（1678 年），诏征博学鸿儒科，阎若璩应荐赴试，但未得中试。后其寓居京师，以论学为事。其因“博物洽闻，精于考据经史”而为“诸君所推重，过从质疑，殆无虚日”。内阁大学士徐乾学敬重其学问，特邀至家中，视为上宾，“每诗文成，必属裁定”。后徐乾学奉敕修纂《清一统志》，阎若璩应邀参加。他对“古今沿革，考索寻究，不遗余力，往往出其意表”，令参加撰书的诸位学者极为赞赏。此外，阎若璩还与万斯同、顾祖禹、胡渭等学者过往甚密，相互研讨，排比正史，参考诸书，助徐乾学编撰《资治通鉴后编》。阎若璩一生治学，多有著述。其中，最重要的成就是《尚书古文疏证》一书。这部书在前人研究的基础上，对古文尚书从篇数、篇名、典章制度、历法、文字句读、地理沿革和古今行文异同等多方面考证，并引用《孟子》《史记》《说文》等书作为旁证，得出东晋梅赜所献《古文尚书》及孔安国《尚书传》是后世伪作的定论，解决了千百年来学术史上的一大疑案，受到学术界的普遍肯定和重视，阎若璩也因此奠定了他在清初学术史上的地位。他所运用的对古代典籍本证、旁证、实证、虚证、理证的考据方法，为考据辨伪之学创立了通例，并由此成为乾嘉考据学派发轫之初的主要代表人物。《四库全书总目》在论及阎若璩治学时称其“引经据古，一一陈其矛盾之故，古文之伪乃大明”“反复厘别，以袪千古之大疑，考证之学则固未之或先矣”[①]。阎若璩不仅精通经史，在历史地理研究上也极为出色，他所著《四书释地》《四书释地续》《四书释地又续》《四书释地余论》等书，考辨精实，阐释详尽，校订了很多前人对古地名附会的错误。此外，阎若璩还著有《潜丘札记》《重校困学纪闻》《朱子尚书古文疑》《孟子生卒年月考》《眷西堂古文百篇》等著述。

康熙三十三年（1694 年），因徐乾学去世，《清一统志》编修书局参与的诸学者四散，阎若璩只得再回到淮安府山阳县家中。康熙三十八年（1699 年）和四十二年（1703 年）。康熙皇帝南巡时，阎若璩两进颂诗，以求得到召见，却未能如愿。当时还是雍亲王的胤禛仰慕阎若璩的学识和声望，派人送函邀请阎若璩再次进京。阎若璩此时已是年高体弱，但还是喜出望外，支撑病弱之躯在康熙四十三年（1704 年）进京入雍亲王府邸，被尊为上宾。胤禛“呼先生而不名”，并“执手赐坐，日索观所著书，每进一篇，未尝不称善”[②]。但毕竟阎若璩已是年高体弱，当年六月卒于京师。

清代著名的诗人、文学家王士禛也曾经在北京居住数十年，并以他为中心在北京形成了一个以渔洋派为主体的文人圈子。王士禛（1634—1698 年），山东新城人（属今山东桓台），字子真，一字贻上，号阮亭，又号渔洋山人。其死后为避雍正讳，改称士正，乾隆时特诏命：“士正名以避庙讳致改字与原名不相近，流传日久，后世几不复知为何人，今改为士祯，庶与弟兄行派不致淆乱，各馆书籍一体照改。”[③] 所以在文献中常

① 《四库全书总目提要》，商务印书馆 1931 年版。
② 《阎若璩先生年谱》，中华书局 1994 年版。
③ 《清史稿·列传五三》，中华书局 1977 年版。

可以看到“王士禛”“王士桢”之名。王渔洋顺治十五年（1658 年）中进士，曾先后任扬州推官、礼部主事、国子监祭酒、御史大夫、刑部尚书等职，康熙四十三年（1704 年）罢官归里。其以诗词著名，流传至今的诗作有四千余首。王士禛论诗以“神韵”为宗，要求笔调清幽淡雅，富有情趣、风韵和含蓄性。他的五言、七言近体诗最能代表其诗作风格特色。但他不是很重视文学对现实的反映，大部分诗是描写山水风光和抒发个人情怀的，所作多描写日常琐事及个人情怀，模山范水，吟咏风月，颇符合清前期满族统治层面以诗歌粉饰太平之需，康熙皇帝尝征其诗，录三百篇，题为《御览集》。当然，康熙皇帝对王士禛也格外地恩宠，在其任御史大夫时，曾“蒙御笔赐一堂联云：‘烟霞尽入新诗卷，郭邑闲开古画图’”。后还曾“被赐御书‘带经堂’、‘信古斋’二扁”[①]。由此，足以看出王士禛受清廷的重视。王士禛一生所著诗文集有《带经堂集》《渔洋山人精华录》等，另有笔记《居易录》《池北偶谈》《古夫于亭杂录》等著作四十余种。王士禛在北京居住期间，广收历代旧书典籍，终日盘桓于慈仁寺的书肆。当时一些人仰慕他的名声，很想拜望，但经常吃闭门羹，有人便到慈仁寺的书肆寻访他的踪迹。王士禛在《古夫于亭杂录》中也曾承认此事，曾记道：“昔在京师，士人有数谒予而不获一见者，以告昆山徐尚书健庵，徐曰：‘此易耳，但值每月三五，于慈仁寺书摊候之，必相见矣。’如其言，果然。”在回忆他逛慈仁寺书肆时，《居易录》中这样记载：“官都二十余载，俸钱之入尽以买书。尝冬日过慈仁寺，见孔安国《尚书大传》，朱子《三礼经传通解》，荀悦、袁宏《汉纪》，欲购之。异日侵晨往索，已为他人所有。归来怅不可释，病卧旬日始起。”[②]

著名史学家谈迁为搜集史料，于顺治十年（1653 年）到京，寓居骡马市，其与吴伟业、曹溶、霍达过从甚密，常聚一起，或“剧论二十刻”，或“极论旧事”，或“以《国榷》近本就正，多所裁订”。

自顺治朝到乾隆朝，在北京讲学、游历、为官及寓居的汉族文人雅士，几乎涵盖了当时全国最有名望的、各个文化学术领域的名儒大家。除了前面谈到的朱彝尊、顾炎武、万斯同、王士禛外，像孙承泽、谈迁、陈维崧、阎若璩、胡渭、钱大昕、孙星衍、李渔、纪昀、戴震等都曾经在北

① 《分甘馀话》卷一，中华书局 1989 年版。

② 《琉璃厂小志》，北京古籍出版社 1982 年版。

京居住和进行文化学术活动。这些学术大师齐聚京城，不论是彼此之间的宴集唱和，还是或直接或间接地参与清廷组织的图书编撰活动，以及以此而形成的文化学术交流，都使得北京的文化学术发展水平有了质的飞跃，北京已经成为全国的学术文化中心，并影响着清前期整个学术领域的发展。这是以往北京所没有过的变化，也是北京文化发展史上重要的转折期。

第二节　大规模整理文化典籍体现北京文化中心主导作用

一　清初传统文化典籍整理

对汉族传统文化典籍进行历史性的总结和大规模的整理，是清代前期北京文化发展的重要内容，也是北京文化在这一阶段的突出特征。前面谈到，作为清代的统治者，由于其特有的民族性，再加之清朝统治的客观需要，在吸纳、学习以儒家思想为主体的汉民族中原文化上格外的重视。同时在这个过程中，剔除不利于满族统治的内容和思想，让以儒家思想为主体的汉民族先进文化与大清国的政权统治有机地结合起来，甚至是满族统治者与汉族封建统治阶层相融合的机缘。自然，这样的文化整理便成为清代统治者维系其政权的必然。当然，由于顺治到康熙朝的经济发展和社会环境的改善，使得这样的大规模文化整理也拥有了良好的基础和实力。在这样一个大背景下，也在于这样的一个统治的政治的、文化的动因，满族统治者在对汉民族传统文化典籍的整理上颇为卖力。这就出现了清代前期，从顺治朝到乾隆年间对中原传统文化典籍进行大规模整理的结果。纵观清代前期的发展，从顺治、康熙到乾隆、嘉庆朝，对古代的传统文化整理主要体现在两大方面：一是由中央政府出面组织，整理、编纂大型典籍，像《清通鉴》《资政要览》《古今图书集成》《明史》《康熙字典》《佩文韵府》《骈字类编》《渊鉴类涵》以及《四库全书》等。这些大型的典籍整理项目，对传统的文化典籍是一次较为系统完整的整理，也是以儒家思想为主体的中原文化的集大成过程。清代对传统文化整理的另一个领域是乾嘉考据学派的名家鸿儒对我国历史上的典籍所进行的校勘、辑佚和考证辨伪。这两方面的大规模整理的文化活动，为清统治者笼络汉族知识分子起到了极大的作用，为清朝政治统治的稳定和思想上的强化控制有着直接的作用。但是又客观上形成了我国历史发展过程中，对文化学术典籍进行全面总结和系统整理的积极效果。而这一系列的典籍整理及其文化活动，都是在清代前期的北京城进行的，这无疑让北京城成为承载文化典籍整理的中心。

清代前期对典籍的大规模整理和对文化的全面总结，大多是在北京完成的，这使得北京在文化的发展中起到了其他城市难以比拟的主导作用，也对北京的文化发展、城市的文化结构以及与之配套的典籍收藏、图书刊刻及图书流通等有着直接的影响和作用。如果说明代北京是天下四大“聚书”中心之一的话，清代的北京则成为全国典籍整理、编纂和流通的最主要的中心城市。

顺治朝时，福临亲政以后对汉族的儒家文化颇为重视，注意对汉族文化的吸纳。另外，毕竟当时的满洲族入关不久，急于在强化统治上有所举措。如果说顺治二年（1645 年）时多尔衮曾经下令让冯铨、洪承畴、范文程等人编撰《明史》，更多的是为了显示满族统治者入主中原后对汉族知识分子的一种姿态的话，福临亲政后在汉族文化典籍的整理上更多的是急于借鉴和总结适合清王朝统治的经验和教训。顺治朝福临亲政后没多久，便开始组织汉族官员编撰《资政要览》。《资政要览》按忠臣、孝子、贤人、廉史予以编次，以儒家理论为经，列历史上“正”“反”两方面的事例为纬，分别阐述君、臣、父、子之道，以为“齐家治国”之方策。顺治还以皇帝的名义编撰了一批宣扬儒家思想的书籍，如《劝学文》《御制人臣儆心录》《劝善要言》《御纂内政辑要》《太上感应篇》等。顺治一朝所刻之书，因其宫内刻书还是利用明朝的刻书机构，故所刊之书带有明显的明经厂本特点，字体正方，横细竖粗，结构呆板，字大如钱，人称“匠体”。顺治朝之所以刊行的书籍依旧沿用明朝刻书机构的刊刻风格，主要是清王朝刚刚入主中原，颇有些百废待兴意味，自然顾不上形成自己的图书刊行风格。但这也恰恰显示出当时清王朝对文化发展的渴求心态，北京所拥有的前朝图书刊行能力及其形态，成为顺治朝自然而然依托的基础。

清代大规模的以中央政府出面组织收集、编撰和整理历代典籍，主要是从康熙朝开始的。康熙皇帝大力倡导经学、史学、文学，“留意典籍，编定群书”[①]，故广为招揽汉族儒生雅士，编纂儒家经典、历代史籍和文

① 《清实录·圣祖实录》，中华书局、中国书店 1986 年版。

学典籍，在对文化典籍的整理上出现了清代第一次编撰、刊刻高潮。为了加强清廷整理编纂和刊行古代典籍的能力，康熙十九年（1680年）康熙下旨专门设立“武英殿造办处”（后改为“武英殿修书处”），承担皇家整理刊行典籍的编撰、刊刻任务。

对于缘例编修《实录》《圣训》等，康熙自然不会怠慢，康熙六年（1667年）九月，康熙下旨开始撰修《世祖实录》，康熙十一年（1672年）五月编纂完成。康熙十年（1671年）四月，康熙命续修《太祖圣训》《太宗圣训》。康熙十二年（1673年）七月，康熙又命重修《太宗实录》。康熙二十一年（1682年）十月，下诏重修《太祖实录》，康熙二十五年（1686年）二月完成。随后康熙又于这一年开始纂修《三朝圣训》。由此可以看出，康熙在编撰前朝《实录》和《圣训》上是颇为重视的，这一方面是总结统治经验，另一方面也是彰显康熙自己对大清国的法统继承。当然，康熙一朝对编修《方略》也十分重视，康熙二十一年（1682年）平定三藩之乱以后，康熙下令开始编撰《平定三逆方略》。康熙一朝，先后编修《平定三逆方略》《平定察哈尔布尔尼方略》《平定海寇纪略》《平定朔漠方略》《平定罗刹方略》《平定朔漠方略》等。清代所编方略是反映清朝重大军事活动的官方记录，记载了很多涉及边疆和民族问题的内容，对研究有清一代军事史、边疆史与边疆政策、民族史、民族政策以及宗教、结社等方面的历史有着十分珍贵的史料价值。清王朝的统治者编纂方略，一方面是为颂扬满族统治者的武功文治，另一方面也为了作为其统治的借鉴。因此，历代皇帝对方略的编修都十分重视，基本上都是亲自颁旨，组织专门人员修撰。在编撰《平定三逆方略》时，康熙皇帝对其内容进行细致的审阅，甚至对其内容提出很明确的意见，有时甚至提出很严厉的要求，他曾就该书的具体内容对撰修官员说：“尔等所修平定三逆方略四册，朕已览毕，其中舛错颇多。如王辅臣由云南援剿总兵官授为陕西提督，今谓由陕西总兵官升任；至论赞中援宋太祖杯酒释兵权事，吴三桂非宋功臣可比，乃唐藩镇之流耳。尔等其酌改之。”[①] 康熙四十七年（1708年）七月，《平定朔漠方略》编撰完成时，康熙皇帝还亲自为《平定朔漠方略》作序。为了修好《方略》，清统治者专门为此设立“方略馆”，主持编撰事项。康熙时，还只是为撰修某一个方略设立该书的

① 《清朝文献通考》，浙江古籍出版社1988年版。

“方略馆”，到乾隆十四年（1749 年）为确保《平定金川方略》，乾隆下旨将“方略馆”确定为清朝政府的常设机构。自康熙朝开始修纂《方略》，以后各朝也纷纷效仿，清自康熙朝始，到光绪年止，敕修或地方官吏修撰的《方略》达二十六部之多，到了宣统朝，实在是因为大清国气息奄奄，没的可修了。但是清代修《方略》主要还是清廷中央政权的重要文化活动，尤其是乾隆朝以后有了常设的“方略馆”，这样的文化工程就愈加的突出，只是由于纂修《方略》的主要资料来源于军机处抄录存案的上谕档或者录副奏折，所以人们以往在对清代文化进行研究时，对撰修《方略》并不是很关注。

康熙一朝除了敕纂《实录》《圣训》和《方略》之外，对儒家的正统思想和忠孝伦理更为关注，认为对儒家经典进行整理和编撰，既是以此表示满族统治者绝对的统治地位和“满汉一家”的意识，也是其统治极为需要的高台教化之事，因此在对传统典籍的整理编纂上极为重视。康熙十年（1671 年）二月，康熙亲政后仅两年便下令编纂《孝经衍义》。康熙十八年（1679 年）开“博学鸿儒科”招揽的儒学大家，为清廷开展大规模古代典籍整理编纂提供了极为优秀的人才队伍。康熙十八年（1679 年）康熙颁旨，开“明史馆”，由徐元文任《明史》编书局的总裁官，将博学鸿儒科中试的五十位博学鸿儒悉数安排到明史馆，参与《明史》的编纂工作。甚至还利用其他汉族官员的身份，延揽了一些不愿意入仕清廷的名儒大家参与《明史》的撰修，像万斯同、阎若璩等都是在这个时候被聚揽到京城的。《明史》一书的编纂是《二十四史》中花费时间最长、过程最为曲折、命运多舛的一部史书。它起始于顺治二年（1645 年），后因史料残缺以及其他因素而中断。康熙四年（1665 年）再次重启《明史》纂修工作，但不久因纂修《清世祖实录》而又一次中断。康熙招揽博学鸿儒之后，拥有了一大批学术造诣极高的名家大儒，为又一次启动《明史》的纂修工作建立了很好的基础。然而，康熙朝依旧没有彻底将《明史》编纂工作完成，直到乾隆四年（1739 年）保和殿大学士张廷玉等人在康熙朝所撰《明史稿》的基础上最终完成。从顺治二年（1645 年）开明史馆到乾隆四年（1739 年）张廷玉等最终完成，《明史》的编纂经历了长达九十五年的时间，是我国历史上编修时间最长的一部史书。《明史》全书共三百三十二卷，其中本纪二十四卷、志七十五卷、表十三卷、列传二百二十卷。由于它的曲折性，也由于前后参与这部史书编纂者多为当时天下名儒，又几经周折、反复，使得这部史书在编纂体例、选取资料、叙述方法、语言文字等方面都具有很高的学术水平，为史家所称道。

除了编纂《明史》之外，康熙朝还曾经编纂了《渊鉴类函》《骈字类编》《全唐诗》《佩文韵府》《康熙字典》《古今图书集成》等一批在文化发展史上具有重要影响的图书。

《渊鉴类函》是康熙敕命康熙六年（1667 年）进士、文华殿大学士张英和王士禛编撰的一部类书，康熙认为“类书自《皇览》以下，旧本皆佚”，“类书从无善本，惟《唐类函》略称赡备，宜推其体例，潄润增华”。于是命张英和王士禛在明代俞安期所编的基础上，“广其条例，博采元、明以前文章事迹，胪纲列目，荟为一编，务使远有所稽，近有所考，源流本末，一一灿然”。全书四百五十卷，是在采纳和吸收了《唐类函》《太平御览》《玉海》以及历朝史书以及子部、集部等文献资料的基础上编纂而成，其在内容上、篇幅上都远远超过《太平御览》。全书分四十三部，各目仍依《唐类函》体例，每部之下分类，共分为二千五百余类，每类以释名、总论、沿革、缘起、典故、对偶、摘句，诗文为内容排序。所选之类以时代先后为序，并在其下注明出处。对《唐类函》原有文字，《渊鉴类函》在前面标一“原”字，而对增补部分则标“增”字。书中所有典故、对偶、摘句等，都以明嘉靖年间为下限，引文均标明出处，诗文部分大多标篇名，远有所稽，近有所考，对于人们使用极有帮助。康熙四十九年（1710 年），该书由内府刊刻颁行。

《佩文韵府》是康熙朝武英殿刊行的又一部大型词藻典故类书，可谓是供文人填词作赋、吟诗唱和时选取词藻和寻找典故以求押韵对仗的工具书。康熙四十三年（1704 年）康熙皇帝敕令张玉书、陈廷敬、李光地等七十六人开始编撰，至康熙五十年（1711 年）成书。这部类书的编纂，以元代阴时夫的《韵府群玉》、明朝凌稚隆的《五车韵瑞》为基础，汇集类书中有关资料增补、整理而成。所收之词，以词语末字为字头，以韵系字。书中所收，上自先秦典籍，下至明代文人著作，卷帙浩繁，且将古之词语、典故及其出处一一录入。全书正集四百四十四卷，单字约一万个，引录诗文词藻典故约一百四十万条。之所以称《佩文韵府》，就是取康熙书斋“佩文”而来。

康熙四十九年（1710 年），康熙皇帝又命大学士张玉书、礼部侍郎凌绍雯仿照明朝梅膺祚《字汇》、张自烈的《正字通》的编辑体例，编纂的一部大清国的“《字汇》”。张玉书、凌绍雯在《字汇》《正字通》的基础上加以增补扩充，收录了四万七千零三十五个字，以二百一十四个部首分类，并注有反切注音、字之出处及每一个字的不同音切和不同释义等内容，而绝大多数收录的每个字的出处，都列举出其始见之书。康熙五十五年（1716年）书编成后由武英殿刊刻颁行，因这部字书编纂于康熙朝，后人便称其为《康熙字典》。

康熙朝编纂大型典籍中还有两部图书，历经康熙、雍正两朝，一部鸿篇巨帙是《古今图书集成》，另一部是《骈字类编》。

《古今图书集成》是我国古代整理编纂的最大的一部类书，全书一万零四十卷，分为六个汇编、三十二典、六千一百一十七部，各部之下按分类原则编排，共分十类：汇考、总论、图、表、列传、艺文、选句、纪事、杂录、外编。《古今图书集成》之纂辑最初由陈梦雷所提出。陈梦雷（1650—1741年），字则震、省斋，号天一道人，晚年又号松鹤老人，福建闽县（今福州市）人。清康熙九年（1670年）殿试进士，授翰林院编修。其因三藩之乱而获罪，被下狱判死罪，后经刑部尚书徐乾学斡旋而免死罪谪戍沈阳。康熙三十七年（1698年），康熙帝东巡时因赏识其才华，将他特恩释放，召回京师。第二年任命其为词臣、侍读，并为皇三子胤祉侍读。其在胤祉府邸时提出纂辑此书，自康熙四十年（1701年）十月开始编纂，（康熙）四十四年（1705年）五月完成初稿，定名为《古今图书汇编》。初稿编成后进呈康熙皇帝，获得康熙首肯，更名为《古今图书集成》，并敕令开馆重辑。雍正即位后，陈梦雷因胤祉获罪而被株连再次发遣戍边，再无缘此书之编纂。雍正另诏命文华殿大学士蒋延锡重新编校《古今图书集成》，雍正四年（1726年）定稿。雍正六年（1728年）武英殿以铜活字摆印《古今图书集成》。

二　乾隆时期文化典籍整理的巅峰期

乾隆继承皇位以后，经过康熙、雍正两朝的经济发展和中央皇权的巩固，出现了所谓的“太平盛世”。这对乾隆年间的北京文化发展提供了良好的社会经济基础和更具实力的文化环境。对于号称武功文治的乾隆皇帝来说，自然在以中央政权之力编修大书上远远超过康熙和雍正两朝。特别是乾隆朝经济的发展、政治的相对稳定和文化上的逐步积累，为乾隆实现其盛世修典宏伟理想提供了优厚的条件。乾隆朝在编修大型典籍上首先是延续康熙、雍正时期的官修大型图书。康熙二十五年（1686 年）三月，康熙帝下令由大学士徐乾学主持参照明代《大明一统志》修撰编修《大清一统志》，但后因徐乾学获罪而停顿。雍正时敕令各省纂辑各省通志，随后又再次启动《大清一统志》的编修工程。乾隆即位后，仍旧继续该书的撰修，乾隆九年（1744 年）完成。全书三百四十二卷，各地编排顺序为：京师、直隶、盛京、江苏、安徽、山西、山东、河南、陕西、甘肃、浙江、江西、湖北、湖南、四川、福建、广东、广西、云南、贵州等，对于清朝所控制的外藩及朝贡诸国则于后作附录。这部大书的内容，除京师之外，每个省均先立统部，冠以图、表，首分野，次建置沿革、形势、职官、户口、田赋、名宦等内容。而对省以下的各府和直隶下辖各州，以图、表陈述，按照分野、建置沿革、形势、风俗、城池、学校、户口、田赋、山川、古迹、关隘、津梁、堤堰、陵墓、寺观、名宦、人物、流寓、列女、仙释、土产等二十一门，所述情形上自清朝开国之初，下至乾隆八年（1743 年）。乾隆前期，经过平定准噶尔部和大小和卓叛乱之后，天山南北以及哈萨克、东西布鲁特、霍华、安集延、拔达克山等部落先后归顺，清王朝的统治范围不断得到巩固。在这样的形势发展下，乾隆二十九年（1764 年），开始重修《大清一统志》，经过二十年的重新整理和增加了新疆等地的图、表等资料后，于乾隆四十九年（1784 年）完成。

此外，乾隆时期还开"三通馆"，仿照"三通"体例，编写《清朝文献通考》《清朝通志》《清朝通典》，于乾隆五十二年（1787 年）修成。《清朝文献通考》，当时刊行时又称为《皇朝文献通考》，全书三百卷，体例参照《文献通考》，在《通考》二十四门的基础上，又增设"群庙""群祀"两门，主要记载清代初年到乾隆五十年（1785 年）前后大清国典章制度。《清通典》一百卷，依旧例分为九门，记述清代典章制度。《清通志》一百二十六卷，由嵇璜、刘墉等奉乾隆谕旨编撰，所收典章制度自清朝初年开始，到乾隆五十年（1785 年）为止，有氏族、六书、七音、校雠、图谱、金石、昆虫草木等二十略。

当然，乾隆年间最大也最为突出的典籍纂修是《四库全书》的编修。《四库全书》是我国历史上最大的一部官修典籍，也是我国古代最大的一部丛书。"四库"之说源于唐代初期的官府藏书的分类，我国古代图书分类一直沿用经、史、子、集四部。《四库全书》依据经、史、子、集四部分类，辑汇了先秦至乾隆间的图籍三千四百六十一种、七万九千三百零九卷，全书分为三万六千三百零九册。存目六千七百九十三种，九万三千五百五十一卷。乾隆三十七年（1772 年）正月四日，乾隆皇帝下诏搜求各地官私藏书，这是《四库全书》编纂的序幕。清乾隆三十八年（1773 年），乾隆皇帝下令在京开“四库馆”，编修《四库全书》，“闰三月己巳……命刘统勋等充办理《四库全书》总裁”[①]。“四库馆”由郡王永瑢、大学士刘统勋、于敏中任总裁，兵部侍郎纪昀、大理寺卿陆锡熊为总纂官主持编务，陆费墀、戴震、邵晋涵、王念孙、姚鼐、翁方纲、周永年、朱筠、任大椿、金简、程晋芳等一大批名儒大家先后进入“四库馆”参加编修工作。《四库全书》整个编纂过程中参加编校工作的人员达三千余人。乾隆三十八年（1773 年）三月二十八日，乾隆又一次下诏，措辞严厉地限定各省督抚在半年之内将民间图书搜求完毕，不得延误。当时所征集和选录的图书主要有六大来源和依据：一是敕撰本，即由皇帝下旨编纂的典籍，敕撰本又分为御定、御纂、御批、御制、御注、御选、御编等不同类型，《四库全书》中总计收录敕撰本经、史、子、集四部著录一百四十九种，并均列于各门类清人著述之前，以示敬重。二是内府藏书，这部分藏书多在皇史宬、懋勤殿、摛藻堂、昭仁殿、武英殿、景阳宫、上书房、内阁大库、含经堂等处，通常称为“内府藏本”，《四库全书》中收录内府藏本三百二十七种，另存目的有四百二十种。三是从《永乐大典》辑佚图书，乾隆时期武英殿自《永乐大典》中辑出大量典籍，收录到《四库全书》中的有三百八十五种，四千九百二十卷，另有一百二十七种存目。四是由各省督抚征集进呈的各种典籍，这部分图书各地官府陆续进呈四千六百余种。五是私人进献本，这部分多是江南地区收藏名家进献的，像宁波范家的天一阁、昆山徐家的传是楼、秀水朱家的曝书亭都曾经进献过珍藏之书，当然有的是自愿进呈，有的则是奉旨进献。对进献品种多的，乾隆还特意赏赐《古今图书集成》一部，以示褒奖，进献百种以上的赏赐《钦定佩文韵府》一部。六是采用当时社会的通行本，像经部的《周易郑康成注》、史部的《通鉴纪事本末》、子部的《新书》、集部的《山带阁注楚辞》等百种之多，另有存目八十七种。《四库全书》通过多种渠道的征集和反复的遴选，最后确定收录三千四百六十一种，是我国

① 《清史稿·高宗本纪四》，中华书局 1977 年版。

历史上所收录古代典籍最为丰富的。丛书按照图书的内容分经、史、子、集四部，下分四十四类、六十六属。经部所包括的有易类、书类、诗类、礼类、春秋类、孝经类、五经总义类、四书类、乐类、小学类十类，史部包括正史类、编年类、纪事本末类、杂史类、别史类、诏令奏议类、传记类、史钞类、载记类、时令类、地理类、职官类、政书类、目录类、史评类等十五类，子部包括儒家类、兵家类、法家类、农家类、医家类、天文算法类、术数类、艺术类、谱录类、杂家类、类书类、小说家类、释家类、道家类十四大类，集部包括楚辞、别集、总集、诗文评、词曲五大类。为了编纂《四库全书》，乾隆为此动用倾国之力，而他自己亲自过问和参与纂修工作，从选本、收录、辑撰，到抄录、刊刻乃至装帧等，均一一过问。尤其是对于中间出现差错和问题时，乾隆对责任人直接训斥。当然，乾隆也充分利用这次编撰的机会，对流传下来的古代典籍进行了大量的删改、抽减，甚至对他认为不利于满族统治者的图书实行禁毁政策，因编纂《四库全书》而禁毁的图书达两千八百余种。

谈到《四库全书》，不能不提及清代著名学者纪昀。纪昀，字晓岚，号春帆，晚号石云，又号观弈道人、孤石老人，直隶河间人，逝后谥文达。纪晓岚才思敏捷，被誉为“河间才子”，以学识渊博著称于世。乾隆开“四库馆”，任其为总纂官，负责主持《四库全书》的编纂工作，《四库全书》的体例、图书分类、各部的总序、各类的小序、各部类中书籍的排列次序均由纪昀一手确定，对收录的每种书的提要也都由他增删润色最后定稿。《四库全书》完成后，他又编撰了《四库全书总目提要》，对我国古代典籍的版本研究及目录学研究做出了重要的贡献。可以说纪昀一生在文化领域的重大贡献，几乎全部是在北京完成的。

乾隆四十六年（1781 年）《四库全书》编纂完成，并抄录出第一部“进呈御览”，这一部被收藏于紫禁城的文渊阁，这部《四库全书》册首钤有“文渊阁宝”的朱文方印，卷尾则钤有“乾隆御览之宝”朱文方印。随后两年多的时间，又先后抄录了三部，分别收藏于圆明园的文源阁、沈阳故宫的文溯阁和承德避暑山庄的文津阁。乾隆四十七年（1782 年）到乾隆五十二年（1787 年）又先后誊抄了三部，分别藏于镇江金山寺文宗阁、扬州大观堂文汇阁和杭州圣因寺文澜阁。《四库全书》所采用的纸张均为质量上乘的开化榜纸和坚白太史连纸，每册用绢面包背装，经、史、子、集均用不同的颜色以示区分。经部为古代典籍之首，若新春更始，故用绿色。史部喻示繁盛，若盛夏之火，所以用红色装潢。子部博采百家，有如秋实之貌，用浅色装帧。集部荟萃诸家名著，犹如冬藏，皆用深色装潢。

《四库全书》的编纂，对整理和保存我国古代典籍，传播华夏传统文化有着极为重要的意义，也是清代在整理以汉族儒家文化为主体的中国传统文化所作出的积极贡献。《四库全书》的编修、整理的思路，对后世的古籍整理工作，特别是在辑佚、校勘、目录学、汇刻丛书等方面给后人留下许多有益的启示和重要的借鉴。而这部旷世之作从另一个角度体现出北京作为全国的文化中心的核心地位。不仅仅如此，乾隆年间开“四库馆”，编修《四库全书》，也给北京琉璃厂书肆业的发展提供了强大的动力和优越的外部环境，同时也带动和刺激了琉璃厂其他文化经营类别的发展。

当然，我们今天谈清代在典籍文化大规模的整理上的成就，就不能不涉及清廷的中央政权的典籍编撰刊行机构——武英殿修书处。为了对满汉文典籍进行系统的整理、编纂和刊行，满族统治者以皇帝的名义设立了专门的修书、刊刻的机构武英殿修书处。康熙十九年（1680年），康熙皇帝下旨专门设立“武英殿造办处”，还特意谕示：“凡放匠之处，着总管用心关防，妃、嫔、贵人等不许行走，俟晚间放匠后方许行走。”① 后来“武英殿造办处”又改称为“武英殿修书处”，隶属于内务府。武英殿修书处由亲王大臣总理，或选派翰林院词臣负责管理，并任用博学的词科学士参与编校刻印书籍，下设监造、主事、笔帖式、总裁、总纂、纂修、协修等数十人。另外还从南方招募各类工匠担任雕版、刷印、装帧等活计。作为皇家的编辑出版机构，武英殿修书处在清代文化史的发展上，有过极为显著的促进作用，也成为北京文化发展史上一个重要的标志。由于武英殿特殊的地位和它优越的条件，其所刊刻的典籍图书不论是在内容上、出版方式上还是刊行手段上都具有它的特殊价值，被后人称为“殿本”。武英殿不仅用木板刻印的形式出书，还大量使用铜活字、木活字等技术刊刻书籍，其纸张通常使用特制的开化纸印刷，字体秀丽工整，绘图完善精美，以书品华贵、版印精良而享誉天下，其中有很多极为珍贵的版本。康熙年后期，武英殿先后刊行了铜活字的《律吕正义》《御制律吕正义》

① 《国朝宫史》，北京古籍出版社1984年版。

《御制数理精蕴》《御定星历考源》等书。雍正四年（1726年），武英殿刊行的《钦定古今图书集成》是我国历史上最大部头的铜活字典籍。到了乾隆年间，武英殿在整理典籍和编纂古书上更是极为活跃。乾隆三十八年（1773年），为了编修《四库全书》，乾隆皇帝诏令：将《永乐大典》中"实在流传已少，其书足资启牖后学，广益多闻者，即将书名摘出，撮取著书大旨，叙列目录进呈，俟朕裁定，汇付剞劂"[①]。最初对从《永乐大典》中辑录的《帝范》《汉官旧仪》《易纬八种》《魏郑公谏续录》等书还采用传统的木版刊刻手段，但随后武英殿总管大臣金简发现"不惟所用版片浩繁，且逐部刊刻，亦需时日"。在这样的情形下，金简提出雕造木活字排印这批图书。乾隆三十九年（1774年）五月，武英殿工匠雕琢出木活字共计二十五万，并按《佩文韵府》诗韵进行分类。对《永乐大典》辑录出来的每一种典籍，均用木活字排出样稿，交翰林校刊处校对无误后着手正式排印。用这样的方式和木活字印出的书籍，称其为活字本。对用木活字刊行书籍，乾隆大加赞赏，他认为："校辑《永乐大典》内之散简零编，并蒐访天下遗籍不下万余种，汇为《四库全书》，择人所罕睹、有裨世道人心及足资考镜者，剞劂流传，嘉惠来学。第种类多，则付雕非易。董武英殿事金简以活字法为请，既不滥费枣梨，又不久淹岁月，用力省而程功速，至简且捷。"[②] 为此，特赐木活字排版为"聚珍"，故以后用木活字印行的典籍，皆被称为"聚珍本"。而从《永乐大典》中辑录的这批古书被后人称为《武英殿聚珍本丛书》。《武英殿聚珍本丛书》始印于乾隆三十八年（1773年）十月，止于乾隆五十九年（1794年），先后刊行了一百三十四种书籍，二千三百九十三卷，一千四百二十余册。嘉庆年间，武英殿又排印了《钦定平苗纪略》《畿辅安澜志》《续琉球国志》《乾隆八旬万行盛典》《西巡盛典》《吏部则例》《钦定重举千叟宴诗》八种聚珍本。

清代前期对汉族文化典籍的大规模整理、编纂和刊行，以及以清廷武英殿修书处、"明史馆""三通馆""四库馆"等纂修机构的设立和一系列的古籍整理活动，使得北京在文化、学术方面成为整理、研究、出版和流通的中心，并在全国范围内占据了主导地位。

① 《四库全书总目》，中华书局1965年版。

② 《武英殿聚珍版办书程式》，中国书店2009年版。

第三节 宣南文化形成与北京士文化的影响

一 宣南文化的形成

清王朝建立后，在北京实行旗民分城而居的城市管理政策，这无疑是满族统治者为了其最高统治者皇帝起居安全的一方面因素所考虑，同时也是满族统治阶层民族统治特权的一种表现。清朝这样的城市居民分布和城市居住板块的划分，与辽、金、元、明等朝代形成了根本性的差异，也构成了北京城市历史发展上极为特殊的时代。它是北京城市功能板块和北京城市居民生活区域被强制人为划分的结果，带来的是北京城市空间中文化板块的形成。这在北京发展历程中是一次重大的转折，也是北京城市史的一个特殊的历史阶段。这样的城市居住结构的改变，对清代北京城的政治、经济和文化的演变历程有着重大的影响。也恰恰是由于这样一种管理政策，明后期形成的外罗城，特别是以宣南坊为中心的南城地区的地位、作用和影响脱颖而出。居住在这里的大量汉族官员、社会贤达和文人雅士，在宣南地区形成了一种全新的文化氛围，并逐渐构筑起新的士文化体系——“宣南文化”，在北京历史发展上，尤其是文化史的发展中留下了浓重的一笔。

“宣南”一词源于明代的“宣南坊”。明嘉靖年间为加强京城防务，抵御北方瓦剌人的不断侵扰，开始进行北京外城的扩建。最初计划沿北京城周边修筑外城城墙，但因财政拮据，仅仅修筑了南半部分城墙便被迫终止。于是北京城出现了颇为特殊的“凸”型城墙框架。南半部修筑的城墙闭合以后，成为外城，也就是百姓们通常所说的“外罗城”。外罗城修筑后，京师在原来三十三坊的基础上重新划定，外城分划为七坊，宣南坊为其一。宣南坊的范围大约在今天的宣武门外骡马市大街以南，东起潘家河沿，西至教子胡同。清代以后，人们逐渐将宣武门以南的地区统称为“宣南”。清廷实行旗民分城而居的政策后，内城由八旗兵及其家属居住，汉族及其他民族的官员、士绅和民众等皆迁于外城。当时，在外城分为商业聚集区和士绅聚集区。以崇文门、前门一带为主要的商业区域，而大多数汉族官员和文人学士便主要集中在宣南地区居住。这样的京城居民结构新格局的出现，对北京城的文化活动中心和城市文化氛围形成了新的“动力”，并由此产生了清代京城文化新的发展阶段和发展特征。

宣南地区，不仅集中居住了大量的汉族官员和文人学士，各地会馆也多集中于此，这使得宣南地区成为北京城汉族文化的汇集区和交流地带。清前期一大批名儒雅士先后聚集于宣南地区，为这里形成新的文化氛围创造了全新的人文环境。像龚鼎孳、吴伟业、孙承泽、朱彝尊、王士禛、李笠翁、纪晓岚、戴震、钱大昕等，都在此留下了他们的足迹。

明末清初的著名学者孙承泽，著有《春明梦余录》《天府广记》两部有关北京史方面的图书和《思陵勤政记》《思陵典礼记》等著作，其原籍为山东益都，但世代居于北京，实际上已经是北京人。明崇祯四年（1631 年）中进士，官至刑部给事中，明崇祯十七年（1644 年）李自成攻进北京时，他在自家的玉凫堂书架后自缢，结果被人解救，又同长子一起投井，又一次被救。两次自杀未遂，他也就降了李自成的大顺政权，任防御使，后又改任谏议，成为大顺政权的中央一级的官员。清军入关后其再降，历任大理寺卿、兵部右侍郎、都察院左都御史。孙承泽仕明、投李、降清，颇受社会非议，清政府一度也不太相信他，甚至乾隆修《明史》时将其列入《贰臣传》。孙承泽也为自己的多变而备感内疚，自觉难以在朝为官，便以“老病告休”。当时他就居住在宣南琉璃厂附近，其住宅和花园被后人称为孙公园，院内有“万卷楼”和“研山堂”。“万卷楼”为其藏书之处，“研山堂”是他会客和写作的书房。现在的琉璃厂南侧还有前孙公园胡同、后孙公园胡同，就是孙承泽宅地的遗址。

王士禛在北京居住期间，康熙初年寓居于慈仁寺，后迁至琉璃厂的火神庙夹道。王士禛在康熙年曾时常盘桓于慈仁寺的书肆，并成为当时文人间的美谈。康熙后期琉璃厂书肆渐起，王士禛也移居琉璃厂火神庙夹道，又频频光顾琉璃厂书肆，且以为乐事。

著名学者孙星衍也曾在宣南地区的琉璃厂居住，孙星衍（1753—1818 年），江苏武进人，字渊如，乾隆年间进士，曾授编修，出任山东督粮道等官职，虽然官位不高，但其在学术成就上颇具影响。孙星衍退官之后，寓居琉璃厂，开始在琉璃厂桥之西南夹道（今天的琉璃厂万源夹道）居住，后搬至孙公园附近。孙星衍博通经史百家，在文字音训之学上有很高的造诣，他精研金石碑版，在琉璃厂的各个店肆中享有极高的声望。乾隆朝时，和珅仰慕孙星衍的学识和在金石方面的造诣，约请孙星衍为其鉴定所收藏的古代彝器，但孙星衍不畏权势，始终未去和府，为后人所称颂。孙星衍一生著述颇多，留有《寰宇访碑录》《平津馆金石萃编》《魏三体石经遗学考》《京畿金石考》《泰山石刻记》《续古文苑》等著作。

“海内四布衣”之一朱彝尊在北京时，也寓居于宣南海波寺街。因其所居院内有两株紫藤，他的诗中也有不少是吟咏紫藤的，朱彝尊就把他的寓所取名为“古藤书屋”。朱彝尊康熙十八年（1679 年）博学鸿儒科殿试中试，被选进翰林院编修《明史》。后又任日讲起居注官，伴随皇帝左右并记录皇帝的言行。正是因为朱彝尊特殊的任职位置，让他得以时常参加清朝皇帝和中枢机构的重大活动，并且能出入南书房，有机会接触大量宫廷史料，这对他以后的撰著有着很重要的影响。当然，毕竟是一介文人，他更多地关注的不是当官而是他的治学，因此必然会在官场上遭遇坎坷。康熙二十三年（1684 年），他因携带小吏进宫抄书，被人弹劾降级，于是潜心在“古藤书屋”治学著书。朱彝尊撰写的《日下旧闻》，为北京的历史研究留下了珍贵的文献资料。在他撰著《日下旧闻》时，可谓是“风雨一编，青灯永夕”，“日夕坐卧一室，藤床竹几，架上藏书万轴，围列左右”。并且还“时时延访遗老，质问逸事，或摹拓碑碣，攀崖附涧”。他为了《日下旧闻》一书的撰写，广辑文献典籍 1600 余种，终于用两年时间撰写刊印了《日下旧闻》，为北京留下了一部珍贵的地方文献。

清前期众多文人雅士聚集于宣南地区，并活动于宣南一带，使得这里的社会文化氛围极为浓厚。而从崇文门外以西，到宣武门附近，各地会馆的大量集中，特别是专门为应试举子服务的会馆集中在这里，使宣南地区客观上成为各地的文化养分在北京融合和升华汇聚之地。北京的会馆是各地在京城为官、寓居或经商之人为同籍贯或同行业的人在北京所设立的馆所，以供同乡同行集会、寄寓之用。北京会馆的出现最早见于明永乐年间，到嘉靖、隆庆年间已经颇为普遍。清代旗民分城而居，各地的会馆便主要集中在以琉璃厂为中心的宣南地区东西一个狭长的地带。以琉璃厂东西两侧为例，东起前门，西至宣武门，就有大大小小会馆数十家。吴长元的《宸垣识略》记载，琉璃厂附近的会馆主要有：“延寿寺街曰潮州、长元，吴柴儿胡同曰鄱阳，杨梅竹斜街曰和含，李铁拐斜街曰襄陵、三延、肇庆，韩家潭曰广东，章家桥曰渭南……”① 在这些会馆居住和活动的或为应试的举子，或为进京述职、候补的官员。文人士绅的聚集，各地学

① 吴长元：《宸垣识略》，北京古籍出版社 1982 年版。

子、官员在琉璃厂一带官邸、宅第、会馆间相互走动，吟诗唱和，结诗社、兴诗会，使得宣南地区成为北京主要的汉族文化集散地，构成了全新的士乡社会文化氛围，也就是我们所说的“宣南文化”。

二　宣南文化特征及影响

正是由于宣南文化的形成和兴盛，使得宣南一带聚集了大量的文人学士。他们不仅寓居于此，也将这里作为他们进行文化、学术交流的中心。由此而形成了贯穿清王朝二百六十余年北京文化发展的中心地带。宣南一带客观上成为北京文化的中心。而兴起于此地的宣南文化，其社会文化功能和社会文化环境表现出以下几方面特征：

第一，宣南地区成为北京文化的活动中心。

自清王朝建立以后，宣南地区一直是文人居住、活动的主要地带，而且重大的文化盛事都与这里有直接的关联。无论是康熙朝编修的《古今图书集成》《渊鉴类函》，还是乾隆时期开“四库馆”和编修《四库全书》，都可以在这里看到这些文化活动的痕迹。甚至到清代末年的“公车上书”和“戊戌变法”，都曾经在这里开始。相比之下，皇城内的紫禁城和内城的王公大臣及八旗居民，由于它的居民的单一性和满族统治者所制定的种种管制性政策，造成北京内城、皇城内的紫禁城社会结构和文化形态的单一性和封闭性。因此，北京文化的活动主体区域，自然凝结在宣南一带。

第二，宣南文化的形成，是在汇集各地不同地域文化和各个民族文化的基础上融合起来的集大成文化。

由于各地进京的文人学士集中居住于此，也就带来了各个不同地区和不同民族的文化养分。这些文化成分在宣南地区经过提炼和升华，形成了全新的集大成文化，并又由此而向全国辐射，在全国的文化走向上形成明显的主导作用。

第三，清代宣南文化是以儒家士文化为主体的文化形态，并与平民文化形成呼应和渗透。

宣南文化是以深受儒家思想左右的汉族名儒雅士为主体，逐步形成的京辇之下的士文化。它以创立者所拥有的浑厚文化底蕴、多彩的文化情趣和风格各异的地域文化为主导，形成京师特有的汉族文人的文化集成。在它形成和流传过程中，也融合了部分平民文化的成分，使之成为结构丰满、内容丰富、范围广博的博大精深的文化体系。它既有皇权文化的厚重、士人文化的凝练，也有市井民俗文化的活泼，在文化结构上显示出多层次的特点，并且具有极大的包容性和融合力。

对于宣南文化，今人多有曲解，将宣南文化简单视为成长和生存于北京南城一带的文化。甚至很多人认为宣南文化是在清代北京南城一带历史上所曾经出现过的士子文化、会馆文化、戏曲文化、坛庙文化、商业文化、民族文化等各种类文化的集合体，是几个文化累加在一起组成的。这样的观点，实际上是对宣南文化的误解，更是对清代北京文化发展的误解。在北京文化史的发展历程中，人们所说的清代前期形成的“宣南文化”有其特定的文化内涵和文化特征，与今天某些方面喜欢宣称的所谓“宣南文化”有着本质的差异。

首先，清代前期“宣南文化”的创立者和传承者，是以汉族名儒雅士以及汉族官员为主体的文化群体所创立和传播的。清前期在北京宣武门以南外罗城一带，聚集了一大批汉族官员和儒学名流雅士，每逢顺天府乡试和贡院科考，汇聚于此的各地举子也纷纷加入其中。特别是散布于南城一带的会馆，更成为文人雅士聚集的主要场所。清代北京的会馆与其他地方的会馆最大的不同就在于它主要是为了满足各地举子进京赶考的需要而准备的，有的干脆直接称为“试馆”。此外，进京述职、临时赴京办差以及候补官员也是南城一带各会馆的主要居住者。这些具有一定儒学修养的汉族官吏和赶考的举人，成为“宣南文化”的创立者，并且随着这个群体的社交和文化沟通，形成了一个相对稳定和具有很高的儒学修养的文化氛围。

其次，寓居于宣南地区的汉族官员、文人雅士，在其留居于京师辇下时，营造和追求的典雅、清新的文化气氛和儒雅的文化环境，是构成“宣南文化”基本的物质基础。留居于宣南地区的汉族官员、名儒雅士，虽然各自居住的寓所不尽相同，有的是自己所购产业，有的是临时租赁的官私房屋，或者是寺庙之产、会馆之所。像孙承泽的孙公园就是自己所置产业，大学士徐乾学也在宣南一带购置一处房产，此外翰林院掌院学士王熙、寄园主人赵吉士等也在这里置房买地。当然更多的是在这一带临时租赁房屋的汉族官员或进京的名儒学子。王士禛在京期间就是先居于慈仁寺，后又寓居于琉璃厂的火神庙夹道。著名学者、乾隆年间进士钱大昕在寓居北京时曾有“客居燕台两寒暑，有似泽雉游樊笼。虎坊菜市三易寓，去住踪迹风转蓬”[①] 的诗句，真实地描述了其在京期间的情形。但是不管是这些文人雅士居住的房屋属于何种，他们都有一个相同的特点，就是追求典雅、幽静的居住氛围和浓郁的书香气息。遍查历史资料，这些汉族官吏或文人雅士，不管是选中的是何种房屋，都要刻意地去营造一种人与自然相交汇的小环境和清新典雅的书香氛围。院落之中、屋窗之下，藤萝成荫，花开繁锦，儒雅之风顿生，另是一番情趣。而且这些文人往往要为自己的书斋或院落赋以颇为雅致的室名、别号。如海内布衣朱彝尊的“古藤书屋”、孙承泽的“研山堂”、李渔的“芥子园”、纪晓岚的“阅微草堂”、陆文裕的“绿雨楼”、翰林院掌院学士王熙的“怡园”、赵吉士的“寄园”，等等。《天咫偶闻》卷七曾记载：“城南隙地，最多古园。国初尚存封氏园、刺梅园、王氏怡园、徐氏碧山堂、赵氏寄园、某氏众春园，皆昔日名流燕赏，骚客盘桓之所。”[②]

再次，盘桓居住于宣南地区的文人雅士，在儒家文化的整体框架中，以其相同的道德观念、相同的价值取向以及相一致的文化心理、文化情趣等为基础，无形中构筑了一个具有浓郁文化环境的士阶层居住区和文化交流区。文人雅士之间，以文会友，诗酒唱和，彼此相互的交往、沟通，形成了一种京城特有的文化景象。康熙年间，著名词人顾贞观在北京时曾将其仿制的竹炉带至朱彝尊海波寺的寓所，恰遇姜宸英等人，相聚一起燃竹炉煮茶，品茗作赋，联句成韵，一时间传为美谈。邵长蘅客游京师，就曾与王士禛等名儒大家交往，《天咫偶闻》曾有记载：“邵青门与渔洋书云：奉别将十年，回忆寓保安寺街，踏月敲门，诸君箕坐桐阴下，清谈竟夕，恍然如隔世事。又自叙：己未客都门，寓保安寺街。与阮亭先生衡宇相对，愚山先生相去数十武，陆冰修仅隔一墙。偶一相思，率尔造访，都不作宾主礼。其年寓稍远，隔日辄相见。常月夜偕诸君扣阮亭门，坐梧树下茗碗清谈达曙。”[③] 位于今天的陶然亭清代初期时有封氏园，康熙年间时这里以怪松而吸引文人雅士相聚于此，“……松形如偃龙，高不过丈余，阴可庇广筵五六。自朝簪洎名流逸士涉猎游览者，往往携榼与壶，籍其下为乐，归必为诗以记之”[④]。清初著名学者龚鼎孳曾在松下“筑诗坛”，王

---

① 钱大昕：《潜研堂集》，上海古籍出版社 2009 年版。

② 震钧：《天咫偶闻》，北京古籍出版社 1981 年版。

③ 震钧：《天咫偶闻》卷七，北京古籍出版社 1981 年版。

④ 《雪桥诗话》，北京古籍出版社 1991 年版。

士禛、宋荦、查慎行等皆有留诗，以松为题吟咏唱和。正是清代前期这种文人雅士的文化交往和诗酒唱和过程中，营造了北京文化发展上一种特有的文化景象，也留下了许多脍炙人口的文化逸事。

由此可见，“宣南文化”的形成有它的特殊性和阶段性，也有它的必然性。清代的旗民分城而居，汉族官员、名儒雅士汇聚宣南一带，这样一个特定的历史环境和特殊的历史发展阶段，为宣南文化的产生创造了一个生长的城市空间，而寓居于此的居民结构决定了宣南文化的主体方向及其丰厚的文化底蕴。它来源于名儒雅士的文化交流，也汇集了全国各地的地域文化风采。同时，也客观上成为皇家的帝王文化和北京外城的平民文化之间的中介性文化。它具有中国传统儒家文化的典雅情操，又拥有古代儒士飘逸洒脱的文化情趣，兼备着地域文化的多元性，也包容了其他社会阶层文化的多元化特点。由此而构成了北京文化史上一个极为突出的文化形态。但是，如果将曾经出现在北京宣南一带的所有文化简单地累加，或者把不同时期宣南地区出现的文化简单地汇集就称其为“宣南文化”，是对清代“宣南文化”极大的误解和扭曲。

第四章　清代北京琉璃厂兴起与京城文化集成化发展

北京琉璃厂文化街是在北京文化发展到一定程度，由于人们对文化消费的需要和北京文化传播客观状态而形成的京城文化重要的中心地域。它的形成过程以及发展变化，从另一个角度体现了北京文化发展的历史面貌。同时，琉璃厂的发展及其数百年的经营活动，又客观上为北京文化的发展提供了消费服务，对北京文化发展有着积极的促进和推动作用。研究琉璃厂的发展历程，就是从文化经营的视角来记录和研究清代以来北京文化活动以及文化发展的状态和特点。值得注意的是，从琉璃厂各个行业所经营的类别、范围，乃至其经营的特点，经营的主要商品，都直接或间接地反映出北京文化的发展脉络和走向。而且在文化产品的经营档次、经营规模上都不同程度地折射出北京全国文化中心的突出地位。有清一代，琉璃厂文化街区不仅是满足文人学士文化需求的文化商品聚集地，也是京城文化时尚兴起和传播的重要地带，特别是每逢京城社会发展出现波折、动荡以及时代更迭之时，琉璃厂的新旧文化交织、融汇地带的功能就会更为突出，成为北京文化发展的晴雨表，充分体现了琉璃厂文化街在北京文化发展进程中突出的文化促进作用。

第一节　琉璃厂及其文化街兴起

一　琉璃厂早期历史变迁

琉璃厂在北京的历史发展中，特别是北京文化史的发展过程中有着极为独特的影响和作用，自清代前期到以后的民国乃至今天，这里聚集着众多以经营古旧书刊、文献典籍和传统字画、文房四宝、碑帖尺牍、古玩珠宝等中国传统文化用品的店铺。我们今天通常所说的琉璃厂，东起延寿寺街、桶子胡同，西至南北柳巷，整条街全长 866 米。其中，东街长 506 米，最宽处 9 米，最窄处 5 米；西街长 360 米，最宽处 15 米，最窄处 8 米。而在清代前期则是以琉璃厂东西街为中心，北至西河沿，南到虎坊桥一个相对广泛的区域，一直是一个以经营文化商品及相关行业的文化消费街区。每当一提到北京琉璃厂，人们自然联想到那风格独特的斋、堂、阁等仿古建筑，形态各异的店招幌子，充满文化凝重气息的老店匾额，令人神往。由此，琉璃厂被视为中国传统文化的窗口，有“中国博物馆街”的美誉，被文人学士视为安身立命之所。甚至有的学者将这里经营古旧书刊的书店和销售文房四宝的店铺称为“开架的图书馆”“免费的博物馆”。数百年来，这里曾经集散、保护和流通了不可估量的文化财富，成为中国传统文化物质载体的“聚宝盆”，在北京的历史文化发展史上显示出特有的作用。

琉璃厂地区最早叫海王村，在辽金时期是辽南京或金中都城东的一个村落。清乾隆三十五年（1770 年），有人在琉璃厂掘土中发现辽代御使大夫李内贞的墓葬，并出土有墓志，上面记录着李内贞于保宁十年（978 年）“八月八日，葬于京东燕下乡海王邨（村）”。这是历史上最早记录琉璃厂一带地名的历史记述。今天的琉璃厂中心地带中国书店所在地——海王村公园就是出自辽代地名。辽金时这里曾经因有大延寿寺而著名。天会五年（1127 年）金兵攻破汴京城，北宋被灭亡，宋徽宗、宋钦宗被押往北方，途经北京时徽宗赵佶、郑后被囚禁于此。民间相传延寿寺内有一眼井，宋徽宗常坐于井边，所以有人称此处为坐井观天之处。

海王村与“琉璃”结缘，始于元代大都城的建设。“琉璃”，古代又作“流离”“瑠璃”，是一种有色半透明的矿物质材料。一般泛指在陶质的筒瓦、板瓦、脊瓦及其他建筑构件上烧制一层薄薄的、细腻的彩色釉的建筑构件。西周时期我国就出现了用陶质板瓦和筒瓦建造的屋宇，战国时期已经有琉璃工艺制作的器物。宋代时用琉璃烧制建筑构件的工艺趋于成熟。元代时，琉璃建筑构件已经广为使用，特别是明清两代，烧制琉璃制品的工艺水平达到了顶峰，不仅烧制的物件品种丰富，而且在釉色上也从一般的黄、绿、蓝三色发展到翡翠绿、孔雀蓝、紫晶色以及黑白等一二十种釉色。中国的古代建筑，很注重色彩的运用，并且作为一种地位和身份的象征列入典章制度之中。《易经》所言：“君子黄中通理，正位居体，美在其中而畅于四支，发于事业，美之至也！”也正是出于此典，黄色便成为历代帝王所独享的专色，皇家的宫殿自然也是用黄色的琉璃瓦来装饰。

至元元年（1264 年），忽必烈将燕京城改名为中都，至元四年（1267 年），元统治者开始在大都城营建皇城和宫殿。建造一个规模宏大的帝国都城，需要大量的建筑构件。元统治者对琉璃瓦构筑的宫殿极为倾心，金黄的琉璃瓦在耀眼的阳光下，闪烁着迷人的光彩。当年马可·波罗在描述元代大都城的宫殿时，曾将皇宫宫殿上的琉璃瓦形容为铺满黄金的瓦，以至于多少年来欧洲人总认为元大都的宫殿是那样的富丽堂皇，遍布黄金。由于大都城建设的需要，昔日的海王村便成为烧制琉璃构件的窑场。海王村位于元大都城的南侧，距离大都城的位置比较近，但又在城市的外面。这里地旷人稀，有一些水洼、河道，在这里建立琉璃窑，烧制琉璃瓦，既可以利用河道从西山将烧窑的木柴煤炭源源不断地运抵海王村，又可以在地旷人稀之处取土建窑，颇为便利。从此，这里便成为烧制琉璃构件的主要窑区。

二　琉璃厂衙设立与文化街区形成

“琉璃厂”一名的出现始于明代。明洪武元年（1368 年）徐达率军攻入北京，元王朝灭亡。明初定都于南京城，后来燕王朱棣推翻了建文帝自己登上皇位，改元永乐。朱棣登基后，将都城确定在北京，并下诏修建北京城和皇宫。整个修建工程到永乐十八年（1420 年）十一月才基本完成，次年正月初一，明成祖正式迁都北京。在明王朝建造北京城时，对建筑用料的需求很大，其中琉璃构件需求量更大。有明一代设立“厂衙”管理官家督办的手工业作坊，是明代手工业发展的一个基本的模式。早在洪武年间，明代开国皇帝朱元璋曾在景德镇专门设置“御器厂”，派遣督陶官，为皇帝烧制各种瓷器，这是明代一直采用的管理办法。明永乐年间营造北京城，也是采用设立“厂衙”的办法，由内务府和工部派员管理。当时为准备建造北京城所需要的建筑材料和加工建筑构件，明官府在北京建立了五大厂，即神木厂、大木厂、黑窑厂、台基厂和琉璃厂。明统治者在元代海王村琉璃窑的基础上，设立由官府开办的烧制琉璃构件的琉璃窑厂，并设立“琉璃厂衙署”，由宫内太监掌管，督办琉璃构件的烧制，“琉璃厂”之名，也就是在这时候才开始出现的。现在经常听到有人在介绍琉璃厂时，常常说“琉璃厂”的出现是从元代开始的，这种说法是不正确的。元代时这里开始出现烧制琉璃的琉璃窑，并无明确的史籍记载开始有琉璃厂衙的设置。因此，不能说“琉璃厂”在元代开始出现。

明永乐年间之后，这里的琉璃窑的规模逐渐缩小。明嘉靖年修筑外罗城，将琉璃厂圈在外城城内，这里逐渐热闹起来。清代初年，这里的琉璃窑厂还曾经有过一段兴旺，但很快琉璃窑的发展逐渐被京西模式口一带的琉璃窑所替代。但窑厂衙署的设置，一直持续到清代。据《帝京岁时纪胜》记载：“琉璃厂在正阳门外之西。厂制东三门，西一门，街长里许，中有石桥。桥北为公廨，东北楼门为瞻云阁，即窑场之正门也。厂内有官署、作房、神祠……”[①] 根据乾隆年间绘制的琉璃厂地图所标注的位置，结合今天琉璃厂的实际状况看，厂东门在今天的东琉璃厂邮局的位置，西门应在今天的椿树医院西侧。琉璃厂官衙的位置应在今天的一得阁大楼及其前面的停车场的位置。清代末年琉璃厂衙关闭，但是其名称“琉璃厂”却留存下来。当然，琉璃厂之所以能在北京乃至海外声名显赫，并非是这里有琉璃窑，而在于这里逐渐形成的“琉璃厂文化街”。

琉璃厂文化街兴起于清康熙末年。康熙年间，琉璃厂逐渐繁荣起来，特别是前门外的大栅栏等地区成为北京最为繁华的商业区，带动了琉璃厂街道集市的发展，并开始出现书肆。至乾隆时期，随着慈仁寺集市的衰落，书肆逐渐东移集中到琉璃厂一带，并快速发展。当时，一方面，由于清朝实行“旗民分城居住”的政策，汉族官员以及文人学士多居住于琉璃厂一带；另一方面，在琉璃厂附近，集中许多会馆，各地举子进京赶考、官员到京述职或候补，多住于此地，客观上刺激了琉璃厂地区的书肆发展。琉璃厂地区的书肆繁荣发展，带动了这个街区的文化经营氛围的兴盛，伴之而起的是其他为文人服务的行业如文房四宝、书画碑帖以及装裱、古玩珠宝等随之发展，诸多与文化消费有关联的店肆像裱字画、雕印章、包写书禀、刻板镌碑等行当也纷纷落户于此。琉璃厂文化街成为京城重要的文化活动区域。北京琉璃厂文化街最初形成于康熙末年，乾隆初年逐渐发展，到乾隆三十八年（1773 年）开四库馆的时候，已经发展到一定规模，成为京城文化的重要活动中心。而四库馆的开设和四库全书的编纂，在很大程度上刺激了琉璃厂文化街的繁荣，使得琉璃厂迎来了历史上的一次发展高峰。翁方纲曾记述，参加编撰《四库全书》的编修官们，

① 《帝京岁时纪胜 燕京岁时记》，北京古籍出版社 1983 年版。

"……午后归宿，各以所校阅某书应考某典，详列书目，至琉璃厂书肆访之。是时，江浙书贾奔辏辇下。书坊以五柳居、文粹堂为最"①。很多书肆从小小的书摊或书铺发展成为十分讲究的大店，经营上也形成一定的规模。清乾隆五十五年（1790 年），有人记述琉璃厂的聚瀛堂"特潇洒，书籍又富，广庭起簟棚，随景开阖，置椅三四张，床桌笔砚，楚楚略备，月季花数盆烂开。余卸笠据椅而坐，随意抽出看之，其乐也"②。这里记述的聚瀛堂，仅仅是乾隆时期琉璃厂众多书肆中的一家。琉璃厂地区的书肆繁荣发展，带动了这个街区文化经营氛围的兴盛，使这里成为文人雅士"安身立命"之所。在这条街衢上，书肆的大规模出现，大量图书典籍聚集于此，伴之而起的是其他为文人服务的行业如文房四宝、书画碑帖以及装裱、古玩珠宝等随之发展，诸多与文化消费有关联的店肆也纷纷落户于此。除了书肆、南纸店以及古董铺之外，裱字画、雕印章、包写书禀、刻板镌碑等与文人学士有关的行当莫不纷集。据李文藻记载的清乾隆三十四年（1769 年）琉璃厂的情景："桥以东，街窄，多参以卖眼镜、烟筒、日用杂物者。""桥以西，街阔，书肆外，惟古董店及卖法帖、裱字画、雕印章、包写书禀、刻板镌碑耳……遇廷试，进场之具，如试笔、卷纸、墨壶、镇纸、弓绷、叠褥备列焉。"③ 李文藻的记载，说明在清乾隆年中后期，琉璃厂已经形成了以书籍、文玩、字画、碑帖、文房四宝、珍宝翠钻以及相关的为文化人服务的行当为文化消费主体的文化商业街区。文人学士，盘桓于琉璃厂各个店肆之中，各个方面的文化消费需要可以在此一并满足，这对文人雅士来说，是极为便利的，也使这里成为京城重要的文化活动区域和最为繁华的文化消费区域。

第二节　琉璃厂的文化经营特色

一　琉璃厂文化经营特色

回顾和研究琉璃厂的发展历史，人们往往对它郅昱浓郁的传统文化氛围记忆犹新，赞不绝口。那优雅的书肆的店堂、别致的书画铺地陈

① 《琉璃厂小志》，北京古籍出版社 1982 年版。
② 《琉璃厂小志》，引自朝鲜人柳得恭撰写的《燕台再游录》，北京古籍出版社 1982 年版。
③ 《琉璃厂小志》，北京古籍出版社 1982 年版。

列、琳琅满目的古玩行，都让人们难以忘却。而更让人们感到亲切的，是琉璃厂各个店铺之中的掌柜和伙计那种谦和的微笑和殷勤周全的服务。人们常说“和气生财”，这成为中国自古以来经商做买卖最为经典的信条。然而，琉璃厂的各个行当的商家，在“和气生财”的一般信条上，用自己的特色经营风格，诠释出更具亲和力的文化经营氛围，“以书会友”“以文会友”，成为琉璃厂各个商家与文人雅士相交往的纽带，而具有颇为温情、殷勤的服务，让琉璃厂成为文人的安身立命之所，雅士的盘桓眷顾之地。琉璃厂文化街的店铺，没有雕梁画栋，也没有富丽堂皇的门面，即便是曾经为官员下朝逛厂而专门辟有客房的清秘阁，也没有那种官衙门一般的门脸。它所拥有的是文化厚重的积淀和对传统文化的把玩，由此营造出一股浓浓的京城文玩情调。这才是北京琉璃厂数百年来被文人雅士所讴歌、被人们所眷恋的根本。这种情调和氛围，是在琉璃厂生存的商贾们经年累月积攒起来的，虽然这些人或是江西的书商，或是山西、河北衡水等地的商贾，但是他们在琉璃厂用自己的一生，用几代人的积累，形成了琉璃厂特有的经营门类和经营项目，形成了琉璃厂特有的经营模式和经营理念，形成了琉璃厂特有的温文尔雅、殷勤周到的待客习惯，从他们的职业生涯中散发着中国传统商贾那种儒雅的经营风格和特有的职业潜规则。他们甚至是京城文化的直接构造者，营造出一种只有在琉璃厂的店肆中徜徉、在店肆中去“淘”才能体悟到的文化氛围，构造出迷恋了许许多多文人雅士的“琉璃厂文化”。数百年来，琉璃厂的书肆业、古玩行、字画铺与文人墨客相交往，留下了无数感人的佳话。

作为服务于文人雅士的琉璃厂各个行当，很注重为前来光顾的顾客提供一个优雅的环境和儒雅的氛围。首先是在硬件的建设上颇为讲究，不管是店铺的外观还是内部的陈列，往往与京城其他的店铺有很大的区别。琉璃厂的铺面房都修建得很是精致，一般都是水磨砖的砖木建筑，门面油漆得很整齐。开间大多是两间或三间，再多开间的铺面就很少了。像古玩行的宝名斋开间为九间，是琉璃厂仅有的店铺。琉璃厂店铺的门面是北京城最为典型的店铺式样，几乎所有的店铺都是据门面之中开门，大有堂堂正正的官衙的痕迹，不像南方的店铺，通常是整个一面临街的墙都是用木板围挡，营业时全部摘下。店铺的门口，夏天挂着大竹帘子，冬季则挂着蓝布镶黑云头夹板棉门帘，店铺的橱窗多为嵌着玻璃的老式窗棂，店门则是对开的两扇红漆门，使得铺面显得十分气派。这种店堂门脸的格局一直持续到1980年琉璃厂改造前夕。

琉璃厂的商人们在店铺的布置和商品的陈列上想尽办法，迎合文人墨客的喜好。这成为琉璃厂店铺的一条最基本的经营规则和习惯，不管店面是大是小，都在布置和陈列上讲求一种文化情调和环境。清乾隆五十五年（1790年）柳得恭在记述琉璃厂的聚瀛堂时说：聚瀛堂“特潇洒，书籍又富，广庭起簟棚，随景开阖，置椅三四张，床桌笔砚，楚楚略备，月季花数盆烂开。余卸笠据椅而坐，随意抽出看之，其乐也”[①]。通过柳得恭的描绘，可以看出它的内部陈设很是注重迎合文人。不仅仅书肆很讲求环境和气氛，古玩店也同样如此，琉璃厂街两侧的院落中，灰墙灰瓦的四合院，洁白的墙壁上悬挂的字画，造型各异的博古架上陈设的古玩，让京味的感受更为饱满和充实，文化的品位也表现得淋漓尽致。

二　琉璃厂文化氛围

琉璃厂文化街区的形成，不仅仅在于聚集在这里的书肆、南纸店、骨董铺等店肆有着鲜明的经营风格，也显示出琉璃厂这条文化经营聚集的街道有一种特殊的文化氛围。琉璃厂经营各类文化用品的店肆，在待客接物上别具一格。以琉璃厂书肆为代表，店肆之中往来的主顾往往以先生、年兄相称，不论是掌柜还是伙计，对待光顾店肆的客人殷勤周到地接待，不卑不亢。比如，说话必先称“您”，身体也同时微微前倾，一副谦和、殷勤的样子。介绍一些珍贵的善本典籍时，有一种相互交流切磋的气氛，很谦和地请客人给“指教指教”。买卖之中，不管是古书的卖出还是旧籍的收购，尽量不说“买卖”二字，经常用“您先拿去瞧瞧”“这书您先留着”等话，委婉之语透着一种儒商的味道。每每谈到一部古书，掌柜或伙计总是从其版本源流、刻本特点、版本收藏传承次序以及诸版本差异等方方面面娓娓道来，甚至还从当时的历史大背景和文化起源上加以陈述，交谈之中犹若一次版本的专业交流。琉璃厂古旧书肆在经营中，将文人学士视为自己的衣食父母，一方面竭尽全力地了解文人学者的文化需求和研究内容，另一方面也想方设法地为他们提供服务，学者们需要什么样的书，他们就四处网罗，想尽办法去搜寻。琉

① 《琉璃厂小志》，引自朝鲜人柳得恭撰写的《燕台再游录》，北京古籍出版社1982年版。

璃厂各个古旧书肆的店员对所交往的文人学者颇为留心，哪位学者是研究什么的，主要的研究方向甚至一个阶段的研究课题是什么都了解得一清二楚，一旦有相适应的典籍文献，便主动地为学者留下来，还经常送上门供学者参考挑选。琉璃厂古旧书业有个通常的说法，叫“夹包袱皮”，就是古旧书肆的经营者用包袱皮包裹着古旧书到文人学士家中送书，有的就是以此为经营，没有固定的门店，就是较大的门店，也保留着这种经营作风。

琉璃厂古玩业的待客接物也有其鲜明的特色，店铺之中，掌柜、伙计在介绍其古董时有一种相互交流切磋的气氛，很谦和地请客人给“掌掌眼”。买卖之中，不管是古玩铺卖出还是从收藏者手中购入，不说是买或者卖，而是文雅地称为“匀给我”“让给您了”，委婉之语透着一种儒商的味道。每论及一件古董，店肆的掌柜或伙计总是从其起源、款式、沿革和收藏经历等细制道来，甚至从藏家收藏经历、器物型制的文化内涵以及款式特征、市场价格一一讲述，如同一次古玩知识讲座一般。也就是因为琉璃厂古玩业的这种经营模式，使得古玩行的学徒和伙计的培养显得尤为突出。由于琉璃厂古玩业所面对的顾客是达官显贵和文人学士，因此对其学徒、伙计在基本的待客方式和语言上有较为苛刻的要求，所立的规矩和讲究也很多，比如：言谈话语要有文采，举手投足要有儒雅的风度；不随意嬉笑，不得口出污言粗语；端茶应双手捧上，面对客人不要很快转身，伺候顾客的时候要双手下垂；等等。之所以这样，就是因为古玩行一般是与达官显贵和文人墨客交往，伙计要有基本的接待礼节。学徒的或者伙计说话要谈吐文雅，声音不能太高，也不能含含糊糊口齿不清，年长者称先生或夫子，同辈为年兄或兄长，进门有迎客的招呼，出门有送别的告辞。交易和交谈之中，尽可能如数家珍般地介绍着每一件古董，从它的历史到它的款式，从它的纹饰到它的收藏，在专业上颇具实力的掌柜或伙计会讲得头头是道，文人学士也乐意与琉璃厂的骨董铺的商贾交流。所以古玩行对其学徒的培养上要求很高，需要知道一些历史知识，需要熟悉本店铺经营的不同类别的古玩的基本内容和特点。琉璃厂古玩店平日光顾古玩店的多是官员、文人，与他们在一起交往，自然要营造出一种与其社会生活相一致的氛围。在这样的前提下，与光顾古玩店的消费者称“年兄”唤“先生”也是营造一种和谐的气氛。

第三节　琉璃厂文化街对清代北京文化发展的促进作用

一　琉璃厂文化经营的促进作用

琉璃厂在北京文化发展史上所形成的积极影响和特殊的文化区域功能，使得琉璃厂文化街成为蜚声中外的华夏文明长廊，被誉为中国传统文化的缩影和窗口。在琉璃厂的书肆业、古玩行、字画铺、南纸店等各个店肆的经营活动中，店铺的从业者、掌柜的为了追求文化商品或文化服务的最大利润，自然要想出种种方式来迎合到琉璃厂游逛的、具有很高文化品位的顾客群体的文化需求和文化消费。因此，不管是在文化经营环境，还是文化经营品种，乃至文化服务方式等，都要随着京师文人的文化消费变化而变化。这使得琉璃厂客观上成为清代北京文化发展的晴雨表。而琉璃厂这样的变化，特别是它的文化经营类别和文化经营内容，又反过来对北京的文化消费有着直接的作用，它以自己的经营和服务，用琉璃厂的文化经济反作用于京城的文人雅士，客观上引导和促进了北京文化的发展，并由此而向全国辐射和发挥其影响。

乾嘉学派风极一时，琉璃厂书肆纷纷到各地收购音韵、训诂、考古之书，并且形成了专门经营音韵、训诂之书的书肆。同光时期的所谓“中兴”，让许多文人学士注重金石考据，各个书肆也到处网罗考证殷商文化和甲骨文的典籍，甚至将经营范围扩展到以往一般有古玩行或者法帖铺经营的拓片领域。光绪年间的洋务运动、晚清时期的变法革新，又让琉璃厂书肆寻找到新的发财机遇，纷纷从上海购得洋派图书、珂罗版典籍，满足一批又一批新型官员和学者的图书消费要求。像海王村内的长兴书局，干脆就是康有为出资开设的书肆，专门销售其倡导变革的著作。晚清时期随着西方印刷技术的传入和推广，洋装书开始出现，琉璃厂也随之出现以经营新书为主的书肆，北京传统的书肆业从此分化为古旧书业和新书业两大分支。

琉璃厂的古玩行在对北京文化消费及其走向的影响上显示得更加的突出。琉璃厂古玩业的兴起和发展，是建立在满足京城达官显贵和文人学士在古玩收藏需要的基础上形成的。它的兴起和发展，主观上是为了谋求经营利润，但由于经营类别的特殊性和它所经营的商品的文化附着价值，使得琉璃厂的古玩业成为中国历史文化遗产的“肉身”和直接表现。古玩行的经营品种、方式以及它的经营实力，往往对北京达官显贵的收藏和品玩有着很大的影响力，由此而形成的那种对骨董、文玩的收藏、鉴赏格调甚至是北京休闲文化的折射，那种把玩着历史的遗存，一种痴迷和陶醉，构成了京城收藏文化的一种格调和风尚，甚至成为北京文化的一种表现形式。固然，京城收藏文物古董的出发点不同，有为浓缩和聚敛财富的，有为谋求日后升值的，但更多的是一种对古玩的嗜好，甚至可以说是一种“癖”。在这样一种文化鉴赏和消费的作用下，琉璃厂的古玩业淋漓尽致地发挥着它的行业作用，并直接为文物的发掘、保护、流通和收藏起着积极的促进作用和文化保护功能。同时，它也成为京城文化情调的一个组成部分。灰墙灰瓦的四合院中，洁白墙壁上悬挂的字画，造型各异的博古架上陈设的古玩，让京味的感受更为饱满和充实。历史上，人们容易把古玩业与唯利是图、谋求暴利自然地联系在一起。事实上，没有古玩业的活跃，京城文化的物化也就只有了四壁皆空的空房子和破庙了。而正是由于琉璃厂古玩行的活跃，让凝聚着数千年中国传统文化物质载体——文物古董进入了人们的日常生活，渲染和制造了京城儒雅文化的情调，让北京的文化氛围更直接、更丰满。

琉璃厂的文化作用不仅仅显示出对北京文化的承载和相互的引导和影响，也体现出它对古代传统文化的保护作用。从某种意义上说，琉璃厂书肆业、古玩行以及字画、碑帖等店铺对古代文化遗产的保护功能是我国封建时代最主要的保护渠道之一。很多书肆或者骨董店在其经营时客观上保护了很多历史资料和珍贵的文物。乾隆年间，李文藻曾在积秀堂看到《杨万里文集》《洪盘洲文集》钞本，索价颇高，李文藻“庋数日仍还之，而不能释于念也”[1]。《杨万里文集》的钞本一直是颇为珍贵的，积秀堂有此钞本，自然会让李文藻念念不忘。历史上很多珍贵的文物都曾经在琉璃厂传承，客观上得到保护。以著名的“毛公鼎”为例，就是由德宝斋掌柜李诚甫经手卖给翰林学士陈介祺。而另一个极为有名的大克鼎是由李诚甫转卖给军机大臣潘祖荫。曾经在历史上颇有名气的赵飞燕玉印也是这家店铺经手转卖。著名的西周后期厉王时代的青铜器散氏盘也在琉璃厂古玩铺流通过。散氏盘的铭文为 19 行，每行 19 字，除有个别几个字锈蚀不可

① 《琉璃厂小志》，《琉璃厂书肆记》，北京古籍出版社 1982 年版。

辨认之外，能认出者为357字。铭文内容涉及西周厉王时代诸侯国之间围绕土地纷争的历史。散氏盘于乾隆中叶出土，后被陕西一商人带到琉璃厂，经一个王姓的古玩商卖给了一个扬州的翰林江某人。光绪年后期，式古斋掌柜孙桂澂曾经从扬州购买到散氏盘的一张拓片，卖给端方，端方极为高兴，竟然赏给孙桂澂白银三百两。“散氏盘”一名还是由清代后期的著名学者阮元考证后命名的。阮元是乾隆年间进士，在乾隆、嘉庆和道光三朝为官，官至体仁阁大学士加太傅，为清代著名学者，金石考据大家。他曾主编《经籍纂诂》，校刊《十三经注疏》，汇刻《皇清经解》，是乾嘉考据学派的代表性人物。阮元是不是收藏或见到过散氏盘已无从考证，但是他根据散氏盘的铭文拓片详加考证，最后将这件青铜器定名为“散氏盘”却是他的功劳。嘉庆十五年（1810年），两江总督阿毓宝听说散氏盘极为珍贵，便设法买到手中，进献给嘉庆皇帝作为寿礼，从此散氏盘便一直收藏在紫禁城中。故宫被民国政府接收后，保存在故宫博物院，抗日战争爆发前散氏盘随故宫博物院的其他文物一道辗转各地，现存于我国台湾“故宫博物院”。

二　琉璃厂新春厂甸的文化影响

琉璃厂不仅仅在文化经营中对北京文化有所影响，它的一些特有的文化活动与北京居民的文化生活也有着密切的联系，甚至成为北京民众社会风俗的一种表现内容，其中最为突出的是每年春节的新春厂甸。

琉璃厂一年一度的新春厂甸盛会是北京城的一次重要的民俗活动。厂甸盛会最早可以溯源到明代末年的“春场”，每逢新春时节，琉璃厂便设有货摊，出售各种小孩玩意儿、琉璃瓶以及杂货等。在刘侗的《帝京景物略·春场》中记载：“正月元旦……东之琉璃厂……卖琉璃瓶，盛朱鱼，转侧其影小大俄忽。”[①] 此时的琉璃厂新春时节，已经开始出现游玩的新春集市。清代初年，东华门外的灯市被废止，城内的灯市便移到琉璃厂火神庙，新春集市便随之而兴。之所以出现明代内城十分兴盛的灯市、庙会逐渐地向琉璃厂转移的情况，是和清代实行的旗民分城而居的政策有着直接的关联。也正是由于清初实行的这种政策，对琉璃厂新春厂甸的形成和兴盛起到了直接的刺激作用。经过长年的演变，终于形成厂甸新春盛

① 刘侗、于奕正：《帝京景物略》卷四，北京古籍出版社1980年版。

会。每年正月初四至十六，称为“开厂甸”，京城各处甚至畿辅各县、河北诸地商贩云集于此，搭棚设摊，书籍、字画、古玩、纸张、碑帖、日用杂品、儿童玩具、干鲜果品、风味小吃，无所不具。厂甸是北京旧时正月里最热闹的地方，所谓“厂甸开时百货全，肩摩毂击日喧阗”，新春厂甸盛会自清乾隆年到民国时期，一直极为繁盛。新春厂甸所包括的范围以海王村为中心，东至火神庙，西至西琉璃厂中间，南至沙土国口，北至西河沿口。每年正月初四，适值新春闲暇，琉璃厂“一市人如海”，红男绿女、老叟幼童，纷纷到此观赏游玩，选购中意物品，俗称之为“逛厂甸”。新春厂甸的兴盛也成为各个不同时期文人雅士津津乐道的京城文化风俗，他们用自己的笔墨记述了新春厂甸的盛况。清吴长元所辑《宸垣识略》中记载：“自正月元旦至十五，厂前陈设杂技，钲鼓聒耳、游人杂沓、市肆玩好、书画、时果无不毕集。”[①] 汪启淑在他的《水曹清暇录》中记述说：“琉璃厂在正阳门西，盖造内用琉璃瓦窑也……街长里许，百货毕集，玩器书肆尤多，元旦至十六日，游者极盛，奇景异观，车马辐辏。”[②] 道光年间的诗人杨静亭逛厂甸后顺手写下了竹枝词：“新开厂甸值新春，玩好图书百货陈；裘马翩翩贵公子，往来多是读书人。”[③] 像这样的咏唱琉璃厂新春厂甸的竹枝词，比比皆是。此外，潘荣升的《帝京岁时纪胜》、富察敦崇的《燕京岁时记》等诸书中都有逛厂甸的记载。厂甸新春庙会不仅仅白天喧闹繁华，晚上也很是热闹。入夜之后，琉璃厂各个店铺结彩张灯，争奇斗妍。游客们也是有观灯的、有玩灯的，还有放焰火、点鞭炮的。一时间琉璃厂火树银花，亮如白昼。而灯会上的铁判官，更是吸引人们的注意。相传琉璃厂新春时节灯会上的铁判官为铸铁制成，高丈余，腹内空腔，灯会的时候里面点燃炭火，火舌由判官的口、耳、鼻、眼中喷射出来，凶恶但又威严。人们企盼着喷着火光、恶煞般的铁判官能驱除邪恶，给人们带来祥和安宁。

作为京城一大文化盛会，新春厂甸成为人们一种文化享受。这一盛会从乾隆年间兴盛发展，到民国初年发展到顶峰，一直是京城春节期间的一个重要的文化活动，也成为北京风俗的一个重要的代表。

---

① 吴长元：《宸垣识略》，北京古籍出版社 1982 年版。

② 汪启淑：《水曹清暇录》卷十，北京古籍出版社 1998 年版。

③ 《中华竹枝词全编》，北京出版社 2007 年版。

琉璃厂对文化遗产的传承、发掘和保护的功能，在北京文化史发展中留下了深深的痕迹，也为北京文化增添了丰富多彩的内容。琉璃厂的文化经营，成为北京文化十分重要的汇聚地，甚至成为北京文化向全国文化发展产生影响的辐射源。

第四节　清后期琉璃厂文化街的文化贡献

一　清后期北京文化转型期的琉璃厂文化街

随着乾隆年间琉璃厂文化街形成第一次发展高峰以后，琉璃厂一带便成为清代北京城文化发展极其活跃的区域。人们在谈到清代北京琉璃厂，包括清后期的琉璃厂，一般多言及这条文化街区的书肆、古玩铺、南纸店等经营图书典籍、古玩字画、碑帖拓片等内容。实际上清代中后期琉璃厂一带由于其特有的地理位置，使得它在文化发展上是京城颇具活力的中心地带，甚至在当时是北京文化时尚重要的聚集地。尤其是有清一代实行的旗民分城而居政策，真正的北京城市功能基本上体现在北京的外罗城。作为北京外罗城的琉璃厂所处的特殊的地域位置和它特有的文化功能，使得琉璃厂在北京文化发展进程中，往往是京城新时尚的兴起之地。琉璃厂文化街的这种特有新时尚兴起之地，往往与文人的日常生活以及文化需求有着直接的关联。

琉璃厂文化街的形成以及它在清中后期的发展，特别是新的时尚发展往往与文人的生活及文化需求有着直接的关联。以与文人联系颇为紧密的眼镜为例，文人学士长期的阅读自然造成视力的影响，矫正视力成为很多文人一种客观的需要。早在明代嘉靖年间，在中国就开始出现矫正视力的眼镜的记载，明嘉靖年郎瑛《七修类稿》曾经记载："少尝闻贵人有眼镜，老年观书，小字看大，出西海中，虏人得而制之，以遗中国，为世宝也。"[①] 但作为"世宝"的眼镜在明清两代还是很稀罕的物件。清代乾隆年间，在琉璃厂就已经出现了眼镜铺的记载，李文藻就记载在清乾隆三十四年（1769 年）"（琉璃厂桥）以东，街窄，多参以卖眼镜、烟筒、日用杂物者"[②]。随后，到清中后期琉璃厂先后有琉璃厂东门路南"南徐润斋

① 《七修类稿》，上海书店出版社 2009 年版。
② 《琉璃厂小志》，北京古籍出版社 1982 年版。

眼镜铺”，路北有道光年间陈氏开设的“万元眼镜店”。在万元眼镜店门口的门联上还有嵌进“万元”二字的楹联：“万象峥嵘新眼界，元龙品概古胸襟”，在琉璃厂各个店铺之中颇具特色。西方照相技术发明于19世纪30年代末，到清道光年间后期随着外国人频繁进入中国，照相机也被带进中国。19世纪50年代以后，在上海、香港等地开始出现中国人开办的照相馆，但是北京出现照相馆要晚于上海、香港等地，目前能查到北京出现最早的照相馆就是19世纪90年代初位于琉璃厂的丰泰照相馆。丰泰照相馆的创办人为任庆泰，沈阳人，字景丰，丰泰照相馆之名就是从他名和字中各选一个字确定的。任庆泰年轻时曾在奉天（今沈阳市）一家照相馆当伙计，初步掌握了照相和相片洗印技术。同光年间，他到日本进一步学习，光绪十八年（1892年）他回国后在北京琉璃厂开办了丰泰照相馆，其大概位置在琉璃厂土地祠，也就是今天琉璃厂一得阁楼前的停车场一带。丰泰照相馆经营照相业务，还兼营照相器材，是当时京城非常时尚的照相器材店铺。光绪三十一年（1905年），谭鑫培六十寿辰，丰泰照相馆热心与谭鑫培联系，为他制作京剧电影。谭鑫培对此也颇有兴致，应允任庆泰的提议。当时丰泰照相馆在琉璃厂搭设了专门的摄影棚进行拍摄，谭鑫培在镜头前表演了自己最拿手的几个片断，丰泰照相馆的技师刘仲伦在照相馆的院中连续拍了三本胶片。由此，第一部中国电影《定军山》在琉璃厂诞生。摄制《定军山》之后的任景丰还拍摄了《青石山》《艳阳楼》《纺棉花》等戏曲的片段。因此，不管是谈北京的摄影还是电影，都绕不开琉璃厂这个文化聚集地。

实际上，京城不仅仅是后来的照相行业、电影业最早兴起于琉璃厂，就是京剧的兴起和发展也与琉璃厂文化街区有着密不可分的关联。清代内城禁止开设经营性的娱乐场所，有清一代诸如戏园子等均开设在南城，主要集中在前门外到宣武门一带，而活跃于戏台上的演员们也往往居住于此。道咸以后，京剧发展逐渐成熟，梨园行成为京城戏曲发展的重要标志。而道咸以后京城具有较大影响的戏园子，如前门外的广和查楼（即后来的广和剧院）、天乐茶园、广德楼以及后来的湖广会馆、安徽会馆、正乙祠戏楼等都是北京戏曲最为活跃的演出舞台，这些戏曲演出的名园名台都分布于琉璃厂周边。琉璃厂一带浓厚的文化氛围和引领京城时尚的文化街区的地位，自然让梨园行的名角们多选择琉璃厂一带居住。光绪年间以扮演孙悟空而极具盛名的杨月楼，曾入选升平署进大内承差并兼领三庆班，他当时住在琉璃厂东南的百顺胡同。其子杨小楼，是光绪年间著名的京剧武生演员，从百顺胡同老宅搬出后，住在琉璃厂东门外百米不到的笤帚胡同西口三十九号。晚清时期京城著名京剧丑角演员王长林住在东琉璃厂东北园八十二号。至于上文所谈著名京剧大家谭鑫培，之所以能被琉璃厂丰泰照相馆所说服拍摄京剧电影《定军山》，在很大程度上是由于谭鑫培就住在琉璃厂一带，不管是丰泰照相馆游说，还是真正开始拍摄，由于彼此的距离近，往来方便是一个很重要的原因。

清后期尤其是同光年以来，洋务运动的兴起，京城开始出现按照西方教育模式设立的新型学堂。光绪二十七年（1901 年）顺天府及京师五城察院联合上奏开办五城学堂，其地址就在琉璃厂北侧，也就是今天的北京师范大学附属中学的位置。光绪三十四年（1908 年）京师优级师范学堂也在琉璃厂北侧设立。琉璃厂周边设立的京城新式学堂，让这个京城文化时尚发源地又注入了新的文化发展活力，很多有别于中国传统书肆、刻书铺的新兴的图书出版机构，如上海的扫叶山房、商务印书馆、广益书局、广智书局等纷纷在琉璃厂设立分号或者销售店，销售西式图书。不仅如此，康有为、梁启超等“公车上书”之后积极倡导变法维新，开强学会并开办强学书局，其强学书局就设在琉璃厂南的虎坊桥。而强学书局为了广泛宣传变法维新，曾经大量刊行康有为、梁启超等宣传维新思想的图书，并且专门在琉璃厂海王村的长兴书局销售这些图书。不仅仅是图书出版业和西式图书的销售在清代后期集中在琉璃厂一带，就是清代晚期出现的西式新闻报刊，也集中在琉璃厂南部地区，承担这些新派新闻报刊的报房也基本集中于此。而且，琉璃厂新兴的销售西式图书的书店，也往往代售西式新闻报刊。从这个意义上说，琉璃厂在清代后期，尤其是晚清最后几年，是京城新兴文化的重要聚集地，也是清代末年北京新旧文化交织的中心。

二　琉璃厂商肆在社会动荡时对古代文化遗存的保护作用

琉璃厂文化街在整个清王朝的历史发展进程中，也伴随着北京城的发展变迁经历了几个不同的起伏发展阶段。从康熙末年到乾隆初期的初步形成，到乾隆中期的第一次发展高峰，可以看作是琉璃厂文化街发展的一个重要阶段。嘉庆以后，琉璃厂的发展进入了一个相对平稳期。但是到了咸丰年以后，第二次鸦片战争、八国联军的侵入，使得北京在清代后期几经磨难，琉璃厂文化街的书肆、古董铺、南纸店等商铺也随着时局的跌宕而兴衰。由于琉璃厂文化街诸多商铺所经营的古籍图书、古董文物以及书画碑帖等特殊文化商品，形成这条街上众多商铺特有的经营特点和特殊的文化传承、保护功能，使得清代后期北京城遭受外国列强侵略摧残时，客观上释放出这条文化街区诸多商铺对我国古代文化遗存的保护作用。琉璃厂的古书业、古玩行以及经营字画碑帖的老字号，在其日常的经营之中，往往是从达官显贵、文人学士的手中收购和销售古书、彝器、碑帖、字画以及历代陶瓷、珠宝，等等。在社会形势相对稳定的状态下，不管是达官显贵，还是文人雅士，其手中收藏的图书典籍、古董文物以及书画碑帖，非家遭变故一般不易流出。但是，一旦出现社会大动荡，京城豪门望族、官宦人家的大量古书、文玩和历代字画碑帖等往往由于家国灾难而散落民间，这无形中使得经营这些文化遗产商品的店铺意外得到了货源。于是在清代后期北京形成了一个特殊的文化现象，时局动荡之后，往往是琉璃厂店铺经营快速发展的阶段。这样一种近乎于扭曲的特殊文化经营活动，客观上起到对中国传统文化遗存进行保护的作用，在这方面琉璃厂书肆以及骨董铺、书画店所发挥的这种文化保护功能颇为显著。

咸丰十年（1860 年）英法联军侵占北京，在城内大肆劫掠，许多官藏、私藏古籍遭到劫难，大量散失于民间。据戴钧记载：“咸丰庚申以后，人家旧书多散出市上……宋椠亦多。”[①] 这样的“散出市上”实际上是京城显贵人家藏书大量流失后重新进入琉璃厂书肆的一个过程，对于琉璃厂的书肆而言是一次难得的“机遇”，自然不会放过，甚至竭力搜求，再寻机择主销售。但这一过程和琉璃厂书肆的积极活动，客观上形成对散失于民间的图书典籍形成保护作用。到了光绪二十六年（1900 年）庚子事变，八国联军再侵北京，疯狂劫掠，不论宫廷、官府还是私家所藏书籍均遭劫难。赘漫野叟的《庚申夷氛纪略》记载：“凡御园内陈设珍宝书籍字画，御用服物，尽被搜括全空。”当时京城还有人记述说：“庚子间，四库藏书残佚过半。都人传言，英、法、德等国运去者不少。人言洋兵入城时，曾取该书……以代砖，支垫军用器物。”[②] 这次浩劫，使圆明园文源阁的《四库全书》、御河桥翰林院藏书以及王府名宦所藏书籍珍宝和陈

① 《天咫偶闻》，北京古籍出版社 1982 年版。

② 《琉璃厂小志》，北京古籍出版社 1982 年版。

设的古玩、瓷器，或被侵略者所掠夺，或散失于民间。在这种情况下，很多专门收购流散古书或古董的行商小贩便走街串巷，收购古书、旧书，再到东、西晓市旧货市场出售。很多琉璃厂的商人借此时机，前往搜购，同时也派人到各地搜求，得到很多善本古籍、珍贵文物和奇石异宝。著名版本目录学家伦明记述说："壬寅（1902 年）初至京师，值庚子之乱后，王府贵家，储书大出。余日游海王村隆福寺间，目不暇给，每暮必载书满车回寓。"① 可见当时古旧书肆搜求古籍之多。以往安泰之年，无论是图书典籍、书画碑帖、骨董文玩往往是人们刻意搜求的"宝物"，而且诸多藏家一旦心仪之物收入囊中，非但逢有重大变故，绝不再轻易出手让与他人。然而，当北京近代以后几遭劫难，外国侵略者洗劫京城，无论是王公大臣，还是黎民百姓，或遭遇劫难而亡，或四处躲避灾祸。即便是留在京城侥幸躲过直接的灾难的，也因为时局动荡而失去了往日正常的生活。变卖手中的古籍图书、书画碑帖藏品或者骨董文玩，便成为很多人一种无奈的选择。也正是由于这样的特定的历史动荡，才出现了琉璃厂各个店肆经营业务的一种畸形发展。从主观上说，社会动荡之后，琉璃厂书肆的商家是趁着京城望门显贵之家图书典籍散落民间的机会"大发国难之财"，但是，从其客观上所形成的效果，则是这种经营活动客观上及时有效地将散落民间的古代图书典籍、书画碑帖、骨董文玩等等有效地搜罗保护起来，无形中释放出琉璃厂书肆对我国古代文化典籍的保护功能。

① 《琉璃厂小志》，北京古籍出版社 1982 年版。

第五章　清代北京文学发展

清代前期北京的文学发展与以往各朝代相比，具有更为突出的京师特色和北京地区文化的发展特点，并且在我国古代文学发展史上，有着极为重要的影响。从表象上看，清代文学发展在我国文学史的整体进程中，是一个平庸的历史时期。先秦有诸子百家学说，汉代有汉赋，魏晋六朝则有骈文传世。再往下，唐诗、宋词、元曲和明代的小说，都有新的文体创立。相比之下文学发展到清代，无论是从文体上还是从内容上都已经到了一种几乎极致的状态。清代的文人已经没有什么更多的文学体裁拓展空间，更不可能有什么历史开创性的建树，只能在前朝基础上寻求文学表现得更加细化。从这个角度看，清代文学确实难以在中国文学发展史上形成断代性的文学创新标志。但是就北京而言，作为清代都城的二百六十余年之中，文学发展有了全新的变化。首先，由于清代北京城在全国地位的抬升，特别是清代的北京已经不仅仅是文化统治中心，也成为全国的文化活动中心和学术研究中心，这就大大地加强了北京文化在全国的地位，使得北京的文化发展在全国开始形成主导型的地位和强大的辐射作用，这一切无疑对清代北京文学发展起到了重要的推动作用。其次，清代北京作为全国文化活动中心，全国各地文人学士汇聚京城，他们交往唱和之中所形成的文学作品，不仅仅是对清代文学发展的丰富，更直接带动了北京文学的发展，使得北京在历史上拥有了文学创作前所未有的优越地位。再次，作为清代全国文化活动中心，汉族文人的大量涌入和频繁的文化交流，更快地带动了北京满族统治阶层的文化修养和文学创作能力的提升，很多满族贵族以及旗人也在汉族文人的影响下参与到文学创作之中，京城文学发展出现了一个明显的高峰期，这对清代文学发展也是极大的补充和推进。

正是由于有上述几方面因素的影响和推动，使得清代北京文学发展有了极其显著的提高，无论是在诗词、小说的创作上，还是竹枝词、子弟书等文学形式的新发展方面，北京出现了历史上从未有过的文学创作新局面。全国各地汇聚京城的著名文学大家的诗词唱和、满族贵族阶层的诗词创作以及《红楼梦》的诞生，都创造了北京文学发展的新高潮。而满族作家创作的文言小说《夜谭随录》《萤窗异草》以及清后期的白话长篇小说《儿女英雄传》等文学作品，让北京文学史上首次出现具有鲜明的京城特色的“京味小说”雏形，这是北京文学发展的一个极为重要的标志性进程，是清代北京文学发展的重要成就。

第一节　清代北京诗词的发展及文学成就

一　清前期汉族诗词名家在北京的活动

清代北京文学成就的跨越式发展，首先体现在诗词等方面卓越的文学成就，这与北京当时的文化环境和社会发展有着密切的联系。清代康乾时期全国许多名儒雅士齐聚北京，并且相互以文会友，诗酒唱和，创立诗社，形成了一种文学风尚，在北京文学发展历程上，留下了丰厚的遗产。

清代前期由于北京文化的整体发展，大量文人雅士齐聚京城。尽管这些人往往是因为参加清代中央政府组织的大型文化项目的编纂活动而寓居北京，但是由于古代文人，特别是具有很高的文学造诣的名儒贤达长期盘桓于京师，在京城形成了一个具有浓郁文学色彩的文人圈子。清代初期及至康乾时代，龚鼎孳、吴伟业、钱谦益、孙承泽、朱彝尊、陈维崧、王士禛、李笠翁、纪晓岚、戴震、钱大昕等一大批文人都在北京留下了他们文学诗作创作上的痕迹。这些文人在京期间，时常是“载酒论文，刻烛赋诗”，引为“天涯知己”，“每逢花晨月夕，各出杖头，宴集怡园。赋诗饮酒，率以为常”。所以，顾嗣立曾经感慨地说：“文酒之会，友朋之聚，未有盛于此时者也。”而这些诗词大家也都在京城的文学发展史上留下大量的诗词佳作。

清代初期，明末清初著名的“江左三大家”吴伟业、龚鼎孳、钱谦益先后来到北京，并在北京掀起一波诗文创作的高潮。

吴伟业，字骏公，号梅村，江苏太仓人。崇祯四年（1631 年）中举，历任翰林院编修、东宫讲读官、南京国子监司业、左中允、左庶子等职。明代灭亡以后，吴梅村绝意仕途，辞官归隐于太仓，曾经写下了不少悯时伤世和反映社会下层群体悲惨生活的诗篇，如《避乱》《读取史杂感》

《琵琶行》《圆圆曲》《芦州行》《捉船行》《马草行》等诗作，被人们誉为“文采风流，映照一时”。顺治十年（1653 年）冬，经冯铨、孙承泽等人领衔举荐，清廷召其入京。吴梅村刚到北京时并未被授予官职，在京赋闲。次年被授秘书院侍讲，后升国子监祭酒。在京居住的三年中，他寓居于宣南北魏染胡同。顺治十三年（1656 年）吴梅村奔母丧南归，从此隐居故里直至去世。但是他对自己降清出仕心中极为悔恨，曾在诗中写道：“忍死偷生廿余载，而今罪孽怎消除？受恩欠债应填补，总比鸿毛还不如。”① 将他的那种做“贰臣”的刻骨铭心之情表露得极为深刻，反映了他耻于仕清的心境。

龚鼎孳在北京时居于宣武门外海波寺街，顺治皇帝对龚鼎孳的才华和诗作颇为赏识，曾经对他人说：“龚某下笔千言，如兔起鹘落，不假思索，真当今才子也。”康熙七年（1668 年）陈维崧第一次来到北京时，龚鼎孳邀请王渔洋、陈维崧聚会于北京宣南黑窑厂，彼此吟诗唱和。龚鼎孳曾为陈维崧《乌丝集》作《沁园春》一首：“烟月江东，文采风流，旷代遇之。恰临春复树，家称叔宝；黄初金枕，人是陈思。如此才名，坐君床上，我拜低头竟不辞。”② 由此可以看出清代初年这些著名的文人在北京以文聚友的诗文氛围。

钱谦益在“江左三大家”中居京时间虽然最短，但也频频与兴致相投的文人雅士交往唱和。顺治二年（1645 年）秋天，钱谦益北上进京，任秘书院学士兼礼部右侍郎，并充任《明史》副总裁。当时曹溶也在北京，家中所藏图书极为丰富，钱谦益与曹溶相交甚厚，经常到曹家看书，彼此也和诗相对。

除了“江左三大家”之外，像王士禛、梁佩兰、陈维崧等著名的诗词大家也在北京留下了诸多不朽之作，北京城在清代前期接纳了如此众多的诗词大家和文学名流，显示出京城的文化中心的突出地位。

王士禛寓居北京数十年，在京期间所作诗词亦极为丰富。他在慈仁寺居住时，曾留下“山人出山已三载，复见金元双树在”的诗句。他在诗歌创作中提出“神韵”说，开一代诗风，成为一代诗宗，曾主持京城诗坛数十载，成为清初文坛公认的盟主。康熙十七年（1678 年）康熙皇帝

① 《吴梅村全集》，上海古籍出版社 1990 年版。

② 《定山堂诗余》，民国上海中华书局《四库备要》本。

在懋勤殿召见陈廷敬和王士禛，陈廷敬呈上《北镇诗》和《讲筵纪恩诗》，王士禛呈上他的《西山游诗》，康熙仔细阅读后，多有褒奖。还命他二人各赋诗二首，康熙看后极为满意，称王士禛"诗文兼优"，"博学善诗文"。随后康熙特旨传谕："赋诗称旨，改翰林院侍讲，迁侍读，入仕南书房。"由此，王士禛成为清初由部曹充词臣的第一个汉人官员。康熙皇帝还下诏要王士禛进呈诗稿，这在清代初期是十分罕见的殊荣。王士禛选录自己三百篇诗作进呈，定名《御览集》。从此，王士禛平步青云，常常得到御赐字画，还多次参加宫内宴饮。当时各地诗坛新人、文坛后辈到京城寻求名家点拨，往往到北京后首先拜见王士禛，如能得到他只言片语的赞许，就会声名鹊起，在京师文人诗词应和的环境中得以生存。

"岭南三家"之一的著名诗人梁佩兰在任庶吉士时，曾寓居宣武门外永光寺，与朱彝尊共主"金台诗社"。在他返回南海时，朱彝尊、姜西溟、陆射山等诗人齐聚下斜街西侧长椿寺，为其送行，席间留下了《朱竹坨送梁药亭长椿寺联句诗》，这次饯别宴饮，非常典型地显示出宣南士乡以诗词应和、酬唱为主要内容的文人交往场景，也体现出北京在清代前期文学创作的一个方面。

清初著名诗词大家陈维崧，字其年，宜兴人。康熙七年（1668 年），他四十四岁时第一次来到北京，寄居于大学士徐乾学在宣南丞相胡同的寓所中，并得到龚鼎孳的大力扶持。他在京期间与友人故交诗酒唱和，并将其所见宣南情形一一记录。康熙十七年（1678 年），康熙皇帝开博学鸿儒科，命在京三品以上，各省官员举荐贤才。陈维崧被保荐，并第二次来到北京。康熙十八年（1679 年）陈维崧被授予翰林检讨，入史馆撰修《明史》。康熙二十一年（1682 年）陈维崧病卒于京师。虽然陈维崧第二次来京只有四年的时间，但此次来京，与十年前第一次到北京情形大不相同。一方面，陈维崧通过博学鸿儒科被授予翰林检讨，参与纂修《明史》，但对于陈维崧而言，却是在心情的矛盾和生活的窘迫中煎熬着。他曾经悲叹："我在京华沦落久，恨吴盐只点离人发，家何在？在天末。"[①] 在这样的一种心境下，与诸多文人交往、唱和便成为陈维崧在京期间尤为开心的事情了。陈维崧与诸多文人雅士，特别是在词学上颇有建树的清代初期几位词学大家交往极为密切，他甚至一度住在满族著名词人纳兰性德的家

① 陈维崧：《迦陵词集》，南开大学图书馆藏本。

里。而且他也成为被京师诗词大家所拥戴的词作名家。当时，朱彝尊、陈维崧、严绳孙、梁佩兰、姜宸英、顾贞观等人以纳兰住所为唱和欢聚的活动中心，掀起清代前期北京文学发展的一个高潮。他们在一起所填联句词《浣溪沙》“出阁寻春春已阑，（陈维崧）东风吹面不成寒，（秦松龄）青村几曲到西山。（严绳孙）并马未须愁路远，（姜宸英）看花且莫放杯闲，（朱彝尊）人生别易会常难。（纳兰）”，就是他们在一起唱和的真实的记载。对于陈维崧的词学成就，海内布衣之一的朱彝尊曾经有很高的评价，朱彝尊在为广东长寿寺主持大汕为陈维崧所作填词图赋词一阕：“擅词场、飞扬跋扈，前身可是青兕？风烟一壑家阳羡，最好竹山响里。携砚几。坐罨画溪阴，袅袅珠藤翠。人生快意。但紫笋烹泉，银筝侑酒，此外总闲事。空中语。想出空中姝丽。图来菱角双髻。乐章琴趣三千调，作者古今能几？团扇底。也直得尊前，记曲呼娘子。旗亭药市。听江北江南，歌尘到处，柳下井华水。”① 对陈维崧的词学成就以及他的词的特点一一道来，甚至能用“乐章琴趣三千调，作者古今能几”这样的评价来赞誉陈维崧，足见其当时的词学地位。但由此也可以看出，清代前期的北京是全国词学大家主要的活动中心之一，在诗词创作和词学交流上形成了一个高潮。

翁方纲（1733—1818年），字正五，号覃溪，大兴人，乾隆进士，官至内阁学士。翁方纲除诗文之外，还精通金石考据之学，著有《复初斋文集》三十五卷，《复初斋诗集》四十二卷。翁方纲作为京籍文人，是清代“肌理说诗论”的代表人物。他在诗词创作上主张“求儒复古”，他以杜甫的“法自儒家有”为引申，提出：“大而始终条理，细而一字之虚实单双，一音之低昂尺黍，其前后接笋，乘承转换，开合正变，必求诸古人也。”② 他偏好于王士禛倡导的“神韵说”，但又或多或少地觉得“神韵说”有些肤浅空疏。而对沈德潜“格调说”又认为食古不化。所以他倡导“肌理说”，认为“今人误执神韵，似涉空言，是以鄙人之见，欲以肌理之说实之，其实肌理亦即神韵也”③。而对于“格调说”他又认为：“诗之坏于格调也，自明李、何辈误之也。李、何、王、李之徒，泥于格

① 《清词三百首》，岳麓书社1994年出版。

② 翁方纲：《复初斋文集·诗法论》，上海古籍出版社1995年版。

③ 同上。

调而伪体出焉。非格调之病也，泥格调者病之也。”① 所以他以“肌理说”补“神韵说”“格调说”二者之偏。他认为“诗必研诸肌理而文必求其实际”②，“为学必以考证为准，为诗必以肌理为准”③，“考订诂训之事与词章之事未可判为二途”④。虽然后人对翁氏的“肌理说”颇有异议，但是作为一代诗词大家，翁方纲在诗词创作上的理念，在清代前期北京诗坛上留下了深深的印记。

清代前期著名的汉族诗词大家汇聚京城并由此而形成的诗词创作成就，对这些文学名士而言可能仅仅是其诗词创作生涯的一个阶段，所创作的诗词作品也未必是其文学生涯中最为出色的，在中国古代诗词创作中不一定具有那么鲜明的代表性。但对于北京文学发展和诗词创作发展而言，其影响却是极为深远的。一方面，这些诗词名家汇聚京城，从一个文学领域显示出北京在全国文化中心的地位形成。另一方面，这些文学大家的汇聚和诗词创作对京城文学发展，特别是对满族贵族的文学创作，产生了积极的示范效应和巨大的文学影响。

二　清代满族贵族诗词的艺术成就

全国众多的汉族文人雅士大量聚集于京师，在北京以往的历史上并不多见。这些具有很高的诗词造诣的汉族社会名流和文学大家，为北京清代的文学发展和文学成就做出了显著的贡献，也留下了丰富的诗词作品。但对于北京来说，这些文学大家的诗词创作所形成的示范性效应，对满族贵族阶层而言产生了极大的文学号召力和带动作用。正是由于清代北京所形成的这样的文化环境以及诗词创作的浓郁氛围，产生了一种文学引领作用，深深地影响着居住于京城的满族贵族阶层，客观上极大地刺激和影响到清朝满族贵族文人参与到诗词创作的文学活动之中。

满族八旗的优越生活和具有特殊的王公贵族的生活背景，使得满族贵族文化成为介于帝王文化和宣南文化中间的过渡文化体态。一方面它具有皇家文化的正统、庄重和华丽气势，显示出它的富丽堂皇；另一方面又不是过于拘谨和神圣化，深深地受到以士文化为特点的宣南文化和京城市井

---

① 翁方纲：《复初斋文集·格调论》，上海古籍出版社 1995 年版。
② 翁方纲：《复初斋文集·延晖阁集序》，上海古籍出版社 1995 年版。
③ 翁方纲：《复初斋文集·言志集序》，上海古籍出版社 1995 年版。
④ 《蛾术编》序，上海书店出版社 2012 年版。

文化的影响，显示出它的多元化和活跃的文化组合。特别是满族八旗特有的民族统治优越地位，让这些八旗文人在面对生活以及人生追求上，没有现实的压力，也没有汉族文人传统的“学而优则仕”“修身养性齐家平天下”的信念传统。生活上“铁杆庄稼”的保证，在其心理上形成了一种无形的优越，由此带来的是在文化追求上追慕魏晋文人风度，显示出一定的超脱尘俗的文化心态。这对满族文人的诗词创作是一个重要的影响因素，也是清代北京文学发展和文化现象中颇为独特的一幕。尤其是有的王公显贵或宗室成员，在满族统治阶层权力争斗中受到冲击或者受到压制之后，这种超脱尘俗、远离政治倾轧的心态往往更为突出。满族贵族中有这样心态的满族文人，更容易以诗明志，将其精神追求更多地投入到诗词创作之中，并由此形成清代北京文学领域特殊的诗词创作群体。

应该看到，清代满族统治者对汉族中原文化表示出极大的兴趣，尤其是康乾时代以来，作为最高统治者，一方面大兴文字狱，强化其政治统治，而且还曾经一度限制旗人吟诗作赋，乾隆皇帝曾经传谕：“倘有托名读书，无知妄作，侈口吟咏，自蹈嚣陵恶习者，朕必重治其罪。”[①] 但事实上并非能够这么泾渭分明地将汉族文人学士与清朝王公大臣的文化活动割裂开。而另一方面清朝统治者也积极倡导学习和效仿儒家文化，既提高自己的统治素质，又拉近了与汉族文人的情感距离。从康熙到乾隆，都曾经留下很多诗词，特别是乾隆皇帝，号称一生作诗达 10 万首。[②] 有最高统治者的率先垂范，清朝前期一些满族王公大臣也争相效仿。

慎郡王允禧，康熙的二十一子，自号“紫琼道人”，又号“春浮居士”，著有《花间堂诗钞》《紫琼崖诗钞》。允禧在康熙晚期由于年幼，没有被卷入诸皇子争权之中，所以在雍正登基后依然保持着顺畅的政治生涯和人生旅程。他在雍正八年（1730 年）被封为固山贝子，同年再晋多罗贝勒。雍正十三年（1735 年）出任正黄旗汉军都统，是年乾隆皇帝继位，很快就被乾隆以“幼好读书，识见明晰，办理旗物亦属妥协”[③] 为据晋为慎郡王。允禧出身显赫，又因年幼目睹及经历诸皇子争夺皇位的政治争斗，因此无心政治而淡泊权力，将其精力都投入到研习诗词曲

① 《清实录·乾隆实录》，中华书局、中国书店 1986 年版。

② 郑鹤声：《中国文献学概要》，商务印书馆 1930 年版。

③ 《清实录·乾隆实录》，中华书局、中国书店 1986 年版。

赋、书法绘画之中，所以才能“多延四方博学端悫之士，日相摩切，以故学邃艺工”[①]。允禧的诗、书、画极为出色，被康乾时期的诸多文人雅士誉为“三绝之才”。他擅长山水、花卉，沿承元代画家倪瓒画风，在当时被人们誉为“本朝宗藩第一”[②]，后人也评论允禧的画作“笔致超逸，画风清淡”。允禧对诗词曲赋保持着浓厚的兴趣，尤其是他作为满族王爷，有着优越的政治地位和社会环境，使得他在文学交往上比常人有着更为便利的条件。允禧的慎郡王府中的西园就是他的雅集之地，他在西园邀请满族宗室文人以及京城名士相聚，结为西园吟社，不仅有其子侄辈的宗室诗人，也有诸多京城名士。其中有满洲布衣之称的日园诗人李锴、满洲乡土诗人马长海以及保禄等都是允禧慎郡王府的座上宾，甚至著名的文学家、画家郑板桥也与允禧成为忘年之交，两人保持长达二十余年的交往。郑板桥在其《板桥自序》中曾说：“紫琼崖主人（即允禧，作者注）极爱惜板桥，尝折简相招，自作骈文体五百字以通意，使易十六祖、傅雯凯亭持以来。至则袒而割肉以相奉，且曰‘昔太白御手调羹，今板桥亲王割肉，先后之际，何多让焉！’”[③] 而允禧也确实对郑板桥极为赏识，视为忘年至交。乾隆七年（1742 年）允禧甚至不惜屈尊亲王之体，为郑板桥谋求外放实缺，终于让郑板桥外放山东范县县令实缺。郑燮上任前曾以诗答谢亲王厚爱，允禧也回赠《紫琼崖主人送板桥郑燮为范县令》一首：“万丈才华绣不如，铜章新拜五云书。朝廷今得鸣琴牧，江汉应闲问字居。四廓桃花春雨后，一缸竹叶夜凉初。屋梁落月吟琼树，驿递诗筒莫遗疏。”[④] 允禧曾作有《十咏春》，如《大钵山人马清痴长海》《穿青山人李眉山锴》《满洲笔帖式雨村保禄》《闾阳布衣凯亭傅雯》等，唱和对象都是其西园吟社的诗友。清室王爷在其王府之中设“花间堂”，汇聚诗友十二人结社唱和，允禧是第一个，由此也看出满族王公贵族在诗词等文学创作上的活跃发展，在清代北京文学发展史中留下了极为奇特的一笔。

怡僖亲王弘晓，字秀亭，号冰玉道人，生于康熙六十一年（1722 年），死于乾隆四十三年（1778 年）。为清朝著名藏书家、诗人，怡贤亲王允祥第七子。雍正八年（1730 年），弘晓之父允祥薨，雍正谕令：“吾

① 《熙朝雅颂集》，辽宁大学出版社 1992 年版。

② 《八旗画录》，民国十七年刊本。

③ 《郑板桥全集》，民国上海扫叶山房石印本（1936 年）。

④ 同上。

弟之子弘晓，着袭封怡亲王，世世相承，永远弗替。凡朕加于吾弟之恩典，后代子孙不得任意削减。”[①] 弘晓遂承袭怡亲王。其先后任职于理藩院并兼领正白旗汉军都统，但是到了乾隆八年（1743 年）弘晓还是被乾隆皇帝将所兼诸职予以解除，赋闲在家。弘晓对儒家经文颇感兴趣，有人说他：“凡经史传记、诸子百家，靡不毕览。”特别是怡亲王府安乐堂丰富的藏书为他提供了不尽的文学资源，他的十二卷《明善堂诗集》（又题《冰玉山庄诗集》）反映了他在诗词创作上的成就。另外，他酷爱小说，曾颇费心机地点评《平山冷燕》，并且在曹雪芹创作出《红楼梦》以后，专门组织人抄写《红楼梦》，在《红楼梦》早期传播中是积极的推广者、传播者。

履懿亲王永城就极为喜欢作诗，在其读书时，他在上书房的师傅蔡新、陈兆仑、尹继善等人在诗词上颇有声望，这对他后来在诗作上所形成的特点影响极大。他的《观鹤舞》有“幽人惯调鹤，散步临前墀。兴来观其舞，开笼无常期”的诗句，将其满族贵族的生活形态描述得颇为到位。嘉庆朝刊行的《钦定熙朝雅颂集》收录他的诗作一百余首，其留有《寄畅斋诗稿》，是清代诸王爷中留下诗作最多者。

据铁保编纂、朱珪与纪昀等校阅的《钦定熙朝雅颂集》记载，清代前期亲王贵胄刊刻诗文集的有：怡贤亲王允祥《明善堂诗集》十一卷、果毅亲王允礼《奉使纪行诗集》八卷、果恭亲王弘瞻《鸣盛集》四卷、履懿亲王永城《寄畅斋诗稿》、质庄亲王永瑢《九思堂诗钞》四卷、怡僖亲王弘晓《明善堂集》十二卷、成哲亲王永理《诒晋斋集》六卷以及后集和续集各二卷、慎靖郡王允禧《花间堂诗钞》《紫琼岩诗钞》《紫琼岩诗续钞》，等等。这些满族亲王贵胄的诗词创作，虽然在全国诗词领域没有占据文学创作的主导地位，但对清代北京的文学发展却起到了极为重要的影响，甚至形成极为明显的文化引领作用。

清代满族统治阶层，尤其是清室诸王在与汉族文人交往中所形成的唱和氛围，带动了满族八旗阶层也积极参与到文学交流和诗词创作之中。而满族八旗知识分子的参与，使得清代北京诗词创作，在语言风格和诗词表现手法上，越来越显著地体现出京城文化特色，甚至在词句上开始出现运用北京语音和词汇的创作变化，作品中既展示了京城满族贵族生活的景

① 《清实录・雍正实录》，中华书局、中国书店 1986 年版。

象，也描绘了清代北京自然景观的面貌。这一点从清朝满族宗室诗人文昭、永忠、永𢡟、铁保、敦诚以及纳兰性德、顾太清等满族诗词大家的身上就很明显地体现出来。

文昭，字子晋，号紫幢，又号芗婴居士、北柴山人、桧栖居士，是努尔哈赤第七子阿巴泰五世孙，镇国公百绶之子，著有《紫幢轩诗集》三十二卷、《芗婴居士集》等。作为清宗室成员，文昭一方面过着衣食无忧的八旗宗室子弟的悠闲生活，另一方面充分利用其特殊的社会身份与众多的汉族文人保持一定的交往。他在与汉族文人交往中，成为清前期诗坛领袖王士禛的入室弟子。康熙三十八年（1699 年）康熙皇帝谕令宗室子弟参加顺天府乡试，文昭奉旨参加乡试，因其应试之中言辞上有犯忌之语而遭到训责，随后被康熙皇帝放逐。对于这样一个结局，文昭表现出满族宗室文人那种特有的心境，他曾经在自己的诗序中说道："余今春辞俸家居，扫轨谢客，学道之暇，颇事吟咏。虽与古人无合，而即情惬事，足怡悦怀抱，非敢便谓渐近自然也。"[①] 也正是由于文昭有这样的人生曲折，使得他以后一生致力于诗词创作，并且在诗作中大量运用满族旗人日常使用的北京土语。他留下的诗作《八月》这样描述："四时最好是八月，单夹棉衣可乱穿。晌午还热早晚冷，俗语唤作嘎嘎天。""嘎嘎"是北京儿童玩耍的一种玩具，用木棍削成两头尖的形状。用京城小儿玩耍的"嘎嘎"来形容北京秋八月早晚凉爽中午热辣的天气，应该说是十分形象的。而"嘎嘎"这种用北京话发音的词汇，在以往诗人创作中并不经常使用，这显示出文昭在诗词创作上运用北京土语的鲜明特色。文昭的诗作中还有很多描述康熙年间京城生活景象的作品，他在《见城中少年》中对八旗子弟装束神态的描绘上是这样表述的："鹭翎缯笠半垂肩，小袖轻衫马上便。偏坐锦鞍调紫鹞，腰间斜插桦皮鞭。"[②] 寥寥四句，把满族八旗子弟少年的神韵描述得活灵活现。文昭家族的祖坟在京西五里坨地区，他每年要去五里坨祖坟扫墓。他的诗作中专门有记述京西五里坨一带风景的内容："三月西郊道，篮舆日往还。酒香村路近，人静树荫闲。花药一弓地，青红数朵山。河流将暮鸟，并入翠微间。"[③] 通过文昭的诗作，可以

① 《清代满族作家诗词选》，时代文艺出版社 1987 年版。

② 《紫幢轩诗集》，《四库未收书辑刊》，北京出版社 1997 年版。

③ 同上。

让我们感受到清康熙年间京西自然景观的基本面貌。

永忠，清代宗室诗人，字良辅，号渠仙、臞仙、栟榈道人、延芬居士，为康熙皇帝曾孙，生于雍正十三年（1735 年）六月，乾隆五十八年（1793 年）五月病逝。永忠虽然出身于爱新觉罗近支宗室，但因其祖父是康熙十四子允禵，雍正登基后将允禵削去兵权、革去爵位并囚禁十余年，直到乾隆时期其才得以获释。允禵的遭遇对其子孙产生了极大的影响，也改变了其后代子孙的命运和生活轨迹。永忠之父为允禵之子多罗恭贝勒弘明，到永忠这一辈他只是袭封辅国将军，并曾经兼领右翼宗学总管等闲差，实际上也不过是闲散宗室。乾隆二十一年（1756 年）他袭封辅国将军时，早已经失去对政治抱负的追求，也颇有些看透尘世的味道，所以写下了“过去事已过去了，未来何必预商量。只今只说只今话，一枕黄粱午梦长”的诗句，其厌倦权力争斗，看破尘世的心态跃然纸上。永忠及其家族被边缘化的处境和他的人生经历，让他更多地关注于文学、诗词、书法、绘画和典籍收藏等文化消遣活动。他喜好收藏历代典籍图书，尤其是遇到奇书珍籍，宁可典衣节食也要收于囊中。他所追求的是“万卷书中消永日，一枝笔下写遥天”的生活意境，喜好养花、植竹、藏书、蓄砚、酿酒，是清代闲散宗室中颇具典型的逍遥文人的代表。永忠的诗作在清代宗室中颇具盛名，昭梿评价永忠的艺术成就时说：“（永忠）诗体秀逸、书法遒劲，颇有晋人风味。”[①] 侯堮也评价他说：“（永忠）以诗酒书画为玩世之资，以蒲团养生为性命之髓。”[②] 康修亲王崇安之子永𤦹索性称之为“宗室异人”。永忠留下诗词作品一千五百余首，另有散文三十余篇，有《延芬室集》传世。

永𤦹，字嵩山，号神清室主人，雍正七年（1729 年）出生，乾隆五十五年（1790 年）病逝，是清初礼亲王代善五世孙，康修亲王崇安之子，袭封镇国将军，也像永忠一样为闲散宗室，在满族贵族文人圈里享有很高的声誉，身后留有《神清室诗集》。永𤦹作为代善后裔，被雍正、乾隆排斥在满族最高统治阶层之外，一生并不得志，故将其追求、兴趣投入到诗书茶酒之中，后世称其“诗宗盛唐，书法赵文敏。”[③] 但是他内心对这种

① 昭梿：《啸亭杂录》卷二，中华书局 1982 年版。

② 侯堮：《永忠年谱叙言》，见《燕京学报》第十二期，民国二十二年版。

③ 《清史稿・文苑传》，中华书局 1977 年版。

被排斥在清廷统治核心之外而闲散无为也颇为纠结。一方面，他为清代前期最高统治阶层的权力争斗以及对“失败者”的不公待遇颇有哀怨，所以才有“呜呼大地为高邱，蚁穴纷纷争王侯。侧身欲上九嶷顶，问天何事独留万古愁”的诗作。另一方面，他也渴望用自己的才华实现他的远大抱负，但又深知自己这样的宗室渊源和特定的身份注定要闲散一生而十分惆怅。他和与其同样命运的永忠唱和之中很是无奈地表示：“壁上宝剑蛟龙子，拔渊真有风雨起。嵩山留此亦何愚，四十无用心不死。男儿当作万夫豪，学书学剑真徒劳。拍浮自足了一生，剑换美酒书换螯。”[①] 他曾经在自家府邸之中亲手培植梅花，每逢梅花盛开，他便邀其好友赏花饮酒，彼此唱和。敦诚曾问其劳苦培植梅花之心，他很直率地回答：“与其屈曲于人效奔走，何如为花所役耶！”[②] 他的侄子昭梿记载他说：“叔父耽嗜吟咏，生平以书卷友朋为性命，每当匡坐啸歌左右。图史手一编，不少释暇，则偕同人荣骑郊原，选胜探幽，竟日忘倦，与臞仙、樗仙、敬亭诸宗人尤称莫逆。”[③] 永耋效仿陶渊明喜好菊花，写有《访菊》《对菊》《梦菊》《簪菊》《问菊》等诗作。陶渊明曾任彭泽县令，并在八十天后辞官弃职归隐田园。永耋对陶渊明这种清高、狷介的品格极为崇敬，便自己以家植菊叶酿酒，取名为“彭泽春”，遍赠予其交往的满族诗人，以此来寄予情怀。永忠曾经称赞他是“风流王子多才思，春柳诗名并阮亭”，可见他在清代宗室文人中的地位和诗词创作的影响。

爱新觉罗·敦敏，字子明，号懋斋，努尔哈赤十二子英亲王阿济格的五世孙，其与胞弟敦诚同为清代宗室诗人，在京城与满、汉文人雅士广泛交往，尤其是在满族贵族诗人的唱和之中颇为活跃，成为京城八旗文学创作的代表性人物，著有《懋斋诗钞》。敦敏、敦诚兄弟俩与曹雪芹交往极为密切，并且对生活窘迫的曹雪芹多有帮助，也对他创作《红楼梦》给予了极大的鼓励和支持，敦诚、敦敏的诗作中，常常有与曹雪芹交往唱和的内容，是后世研究曹雪芹的重要文学史料，因此，敦敏在清代北京文学发展中有着重要的影响。敦敏，生于雍正七年（1729 年），比敦诚年长五岁，大约在嘉庆元年（1796 年）去世，比他的弟弟敦敏长寿。敦敏少年

① 《神清室诗集》，《重为长剑篇戏示臞仙兼以自嘲》，国家图书馆藏本。

② 敦诚：《四松堂集》《鹪鹩庵笔尘》，文学古籍刊行社 1955 年版。

③ 昭梿：《神清室诗集跋》，《神清室诗集》，国家图书馆藏本。

时进京城绒线胡同右翼宗学读书，十年后以优等成绩结束了右翼宗学的学习。其先跟随其父瑚玐协理山海关税务，又到关外锦州出任税务官。后因丁忧回北京闲居。三十七岁时授右翼宗学副管，后升为总管。其五十四岁时辞去官差，赋闲于家。此后，敦敏多与京城满族宗室诗人永忠、永𥡴、书諴、墨香等交往，是京城满族诗人中十分活跃的人物。他们在一起饮酒唱和为乐，经常是醉酒狂歌，敦敏自己说他们这些满族宗室诗人往往是“欢呼豪歌，杜少陵所谓‘谁能更拘束，烂醉是生涯’矣”[①]！敦敏和他的弟弟敦诚与曹雪芹关系极为密切，在曹雪芹困难时多有相助。敦敏诗作中涉及曹雪芹的诗作有《访曹雪芹不值》《题芹圃画石》《赠芹圃》《小诗代雨寄曹雪芹》等。敦敏对曹雪芹创作《红楼梦》极为支持，他认为曹雪芹的《红楼梦》创作，就是以“醉余奋扫如椽笔，写出胸中块垒时”来倾诉内心的愤懑与不平。敦敏与曹雪芹交往的诗作，是后人研究曹雪芹创作《红楼梦》的重要文学线索，而且敦敏也是曹雪芹《红楼梦》早期传播的重要促进者。

爱新觉罗·敦诚，字敬亭，号松堂，努尔哈赤第十二子阿济格之五世孙，敦敏之弟，生于雍正十二年（1734 年），乾隆五十六年（1791 年）亡故，雍正乾隆年间清宗室诗人。敦诚先祖为努尔哈赤十二子阿济格，因争夺王位失败而被赐自尽，其家人也被罢黜宗籍。所以到了敦敏、敦诚的时候，家境已经早无先祖显赫的痕迹。敦诚和他哥哥一样，在满族旗人之中以文采而著称。敦诚幼年入私塾，后到京城右翼宗学读书，其完成宗学学业之后曾考评为优等。他在仕途上并无明显建树，曾在喜峰口松亭关掌管税务，后补差宗人府任笔帖式，只是京城满族旗人中一般的官员。但是敦诚因其在诗作方面的才华而称誉京师，诗风爽朗清冽，比敦敏的诗作更显得平和许多，在满族贵族文人圈中有着极高的声誉，著有《四松堂集》《鹪鹩庵笔尘》等著作。敦诚经常邀请好友到家中雅集唱和，其府上花园有一假山，山上有四棵松树，敦诚因势改造之后取名“四松堂”，作为雅集场所与诸诗友按题设韵，饮酒唱和游乐。其中，永忠、永𥡴、书諴、墨香等满族宗室诗人都是与敦诚交往密切的诗友。他与哥哥敦敏同为曹雪芹的挚友，曾经对曹雪芹有过诸多帮助。他的诗作“满径蓬蒿老不华，举家食粥酒常赊。衡门僻巷愁今雨，废馆颓楼梦旧家。司业青钱留客醉，步

① 敦敏：《四松堂集》《敬亭小传》，文学古籍刊行社 1955 年版。

兵白眼向人斜。何人肯与猪肝食，日望西山餐暮霞”就是对曹雪芹窘迫生活的直观描述，也可以体现出他对曹雪芹生活状态和文学创作的同情和隐忧。

当然，清代满族贵族诗词创作群体中，诗词大家纳兰性德、顾太清在清代北京的文学影响更为显著，并且在有清一代的文学发展进程中也占据着极其重要的文学地位。

纳兰性德，字容若，号楞伽山人，满洲正黄旗人，生于顺治十一年（1654 年），康熙二十四年（1685 年）因寒疾病殁。纳兰性德出身显赫，其父为武英殿大学士、太子太师明珠，是康熙朝权倾一时的首辅权臣，母亲为英亲王阿济格之女，被册封为一品夫人。纳兰性德生活时期正是满洲人入关统治全国，并快速与中原地区儒家思想为核心的汉族文化大融合的阶段。正是在这样的背景下，纳兰明珠更在意对其后代的培养，故为纳兰性德所延请的家庭教师都是名扬一方的饱学之士。在这种满、汉文化相交融的教育培养模式下，纳兰性德的成长和发展有着不可多得的满汉双重文化培育，这使得他的个人天赋得以尽早被发现和培养。纳兰性德被人们视为天资聪慧、好学不倦，他四岁学骑马，七岁学射箭，十四岁通诗文。十七岁时布诸生而入太学，被国子监祭酒徐文元看中，推荐给同在朝中为官的兄长徐乾学加以培养。在徐乾学的指导下，纳兰编辑了《通志堂经解》，并著录《渌水亭杂识》。徐乾学赞誉他“叙事析理，谙熟出老宿之上，结字端劲，合古法，诸公嗟叹，天子用嘉”①。此时的纳兰性德已经学有所成，不仅在满族贵族圈内颇有声望，就是在词学领域也声名赫赫。康熙十五年（1676 年）纳兰性德参加殿试，获二甲第七名，赐进士出身，授三等侍卫，未几又晋升为一等侍卫。纳兰禀赋超人、博学多才，又有名师指点，因而对于词的研究与创作很早就有着独特的自觉的意识，留有《通志堂集》《侧帽集》《饮水词》等著作，被后人称为“满族第一词人”。纳兰性德在词学领域不为前人所拘系，始终坚持自己对于词的特质的认识与追求。纳兰性德在词作上有这样一个特点，与其内心世界特有的情态有着直接的关系。纳兰作为满族贵胄子弟，在常人眼里他有着显赫的家世，自己又是赐进士出身，康熙皇帝一等侍卫，其身世、地位在清代北京，甚至全国的文人之中都是十分罕见的。但是，这些在常人眼里颇为艳

① 徐乾学：《纳兰君墓志铭》，见《通志堂集》，上海古籍出版社 1979 年版。

羡的身份和地位，反而让纳兰性德有着无穷的烦恼。对这些世俗概念里的艳羡，纳兰性德并不在意，表现出“视勋名如糟粕、势利如尘埃”的异样气质。在他眼里自己所谓的显赫身世，不过是“偶然间，缁尘京国，乌衣门第”，从其内心而言，更认同自己“别有根芽，不是人间富贵花”。所以他才在自己的词作中态度鲜明地表示，自己最渴望的是“吾本落拓人，无为自拘束。倜傥寄天地，樊笼非所欲”①。也正是由于纳兰性德所具有的这种异样气质和文学意识，让他与康熙时期寓居京城的汉族文人雅士交往密切，时常相邀唱和，但是又坚持与汉族文人有别，珍视自身创作个性的词论观点，而且贯彻于自己的创作实践之中。纳兰自觉地选择了符合自己的个性、禀赋、身份、际遇，并在注重词人的创作个性的词论基础上进行有意识、有选择地创作。他对于词的特质准确把握和自信的坚持使得他很快抓住了创作的灵感与激情，从而在清初词坛上卓然独步。纳兰性德的这种与汉族文人学士积极交往，但是又刻意坚持其特有的“满族第一词人”个性的创作意识，使得他达到他人所难以企及的词作创作的境界。他的《饮水词》很快“家家争唱”，饮誉中原大地，成为清代北京满族文学的一座艺术高峰，令汉族文人真心叹服。同时也成就了满族贵族早期学习并融入汉族文化所取得的一个重要的里程碑式的文化成果，促成了中国古代词史上的又一个辉煌。应该看到，作为清代北京满族文学大家的纳兰性德，他的作品之所以备受推崇，首先在于“感情之真切自然，表现之清新流利，所以读起来油然易入，可以当下予人一种感动”②，也就是纳兰词表层的“即浅为美”的文学特质。有学者认为，历来儒家的文学观注重载道功用，在审美上崇尚言外之意，无形中给自己套上了沉重的枷锁，本来较为自由活泼的词体也渐渐为之所束缚而失去活力，故走向衰微。纳兰性德作为满族贵族的一员，其内心客观上会显示出清王朝前期新兴显贵势力的那种潜在的文化优越心态。这对他的词作创作客观上形成一定的激发诱因。这意味着当清代前期汉族文人在词的创作上逐渐走向死胡同时，作为满族贵胄的纳兰为似乎衰老的躯体注入了一剂强心针，在当时的京城乃至全国诗词创作领域激起人们对词的本质的重新认识和对词的创作与欣赏的再度热情，对清代前期词的中兴起到了推波助澜及典范作用，

---

① 《纳兰性德词新释辑评》，中国书店 2001 年版。

② 叶嘉莹：《论纳兰性德词》，《清词论丛》，河北教育出版社 1998 年版。

这也成为他的词作在古代词史上树立文学成就的主要标志。纳兰性德如此显著的文学贡献，对于清代词的发展几乎可说是一种意外之喜。恰恰由于纳兰性德在诗词创作进程中所拥有的显赫的文学地位，客观上也抬升了清代北京诗词创作在全国的地位，为清代北京文学，乃至北京文化发展所作出的显著贡献不言自现。

清代中后期，北京还有一位在文学上具有杰出成就的代表人物，就是著名的女词人顾太清。顾太清（1799—1877年），清代著名女词人，满洲镶蓝旗人，姓西林觉罗氏，文端公鄂尔泰之曾孙女，名春，字梅仙。因是宗室贵族和"罪人之后"，按例不得为宗室侧室，在嫁给贝勒奕绘为侧室时，伪称顾姓之女报宗人府，故后世称"顾春""顾太清"。其号西林春太清、太清春、太清西林春、云槎外史、太清老人椿、天游老人等，留有诗集《天游阁集》，词集《东海渔歌》，小说《红楼梦影》等。顾太清是身历嘉庆、道光、咸丰、同治、光绪五朝的满族贵族女子，同时又是才丰貌美、家喻户晓的满洲第一女词人，后世一些词学研究者将她与清前期的纳兰性德相提并论，认为有清一代满洲词人中"男有成容若，女有太清春"。顾太清在与夫君奕绘及众多诗友常年诗酒酬唱中，留有大量诗词作品。这些作品往往对当时北京上层满族贵族以及京城社会生活风尚，有着极为丰富翔实的描写，是常年生活于京城的满族旗人女性日常生活场景的真实记录。其中所涉及的清代中后期种种名胜、风物、节俗、自然风光等，构成了独特的北京生活、文化气息，可视为复原19世纪上半叶北京历史真实面貌的原始材料，对我们今天研究清代北京社会生活史、建筑史、文化史、政治史等方面具有较高的史料参考价值。以往人们研究或者评述顾太清时，往往把顾太清作为一个著名的女词人来评价她的文学成就。事实上，由于她所处的生活环境、她的社会地位以及她的诗词所体现的社会文化时尚，使得她的诗词从文学的角度勾勒出清朝中后期的北京满族贵族统治阶层的社会生活，包括北京满族统治阶层的文化消遣形式、文化风尚的追求、满族贵族生活的细节以及京城风景名胜、风物和生活起居等，无不在她的诗词中显现出来。她在《雨后游净业湖》中曾写道："一泓积水绕灵祠，荷叶荷花香满池。稽首潮音观自在（湖上有祠曰'汇通'，有阁曰'潮音普觉'），莫教花叶两离披。""雨后湖山事事幽，绿杨风软似清秋。水天阔处荷花少，照见当年帝子楼（湖南岸临庄敬公主妆楼)。"[①] 对净业湖风光和两岸祠观府第进行了描述，可知当时这一带是以荷花、绿杨、华邸闻名的。清代前期的大通桥一带是北京城东郊外另一个郊游踏青的好去处，《藤阴杂记》说："一过大通桥，见水，顿觉心旷神怡。故二闸泛舟，都人目为胜游……"[②] 对当时踏青的情形，顾太清曾描述道："卅年不到城东去，云水空蒙接远天。"（《夏日城东泛舟归来有作》）"两堤新麦秀垂垂，碧浪参差荡细飔。"[③] 以优雅的词句将京师城东踏青之地描述得清新优美。顾太清的诗词还描写了很多满族贵族妇女的日常生活琐事，对于旗人的节庆、民俗、各种风物作了普遍的描写和评价。这些描写不仅记录了节庆、民俗，同时也反映出贵族家庭中文化修养较高阶层的节庆习惯和求雅的审美取向，使得我们得以了解到当时带着皇家气派或文人雅趣的贵族家庭的节庆习俗，如除夕"剪唐花""上巳修禊""人日戴胜""九日登高""中秋步月"等等，使得太清诗词成为了解当时京城满族贵族家庭生活风俗的生动史料。如《填仓二首》写道："白酒初开腊瓮香，皇都景物重填仓。丰年饼大儿童喜，春社鸡肥父老尝。"诗注中特意记载说："京都是日，虽闾阎小巷亦多肉食，乡间尤重。更闻内外仓花户赛神会。"又比如《太常引·人日立春》上阕："东风吹暖入新年。七蓂叶，五辛盘，人日立春天。双彩胜、金钗并悬。"顾太清的诗词中还保留了大量北京特有的事物或习俗，像空竹、蝈蝈、木偶戏、秧歌、冰灯等，都颇为生动。《惜分钗·看童子抖空竹》记空竹曰："春将至，晴天气……借天风，鼓其中……人间事，观愚智……实则能鸣，虚则能容。冲！冲！"在《甲子新正十一日戏咏泥蝈蝈》记养秋虫蝈蝈："人嫌聒耳甚，所以总无言。"《浪淘沙·冰灯》记冰灯："宝塔十三层，楼观飞惊。"《贺圣朝·秧歌》写秧歌："满街锣鼓喧清昼，任狂歌狂走。乔装艳服太妖淫，尽京都游手。"《鹧鸪天·傀儡》记木偶戏："傀儡当场任所为，讹传故事惑痴儿。李唐赵宋皆无考，妙在妖魔变化奇。驾赤豹，从文狸，衣冠楚楚假威仪。下场高挂成何用，刻木牵丝此一时。"《玉连环影·元日解九连环》中记载玩意儿九连环："系连环，解连环，一笑人间万事理皆然。"[④] 从顾太清诗词中总结出来的北京文史资料，或许新奇不在

① 《顾太清词新释辑评》，中国书店 2005 年出版。

② 《藤阴杂记》，北京古籍出版社 1982 年版。

③ 《四月十九同云林城东泛舟》，《顾太清词新释辑评》，中国书店 2005 年版。

④ 以上诸词引自《顾太清词新释辑评》，中国书店 2005 年版。

多数，但却是翔实可靠而又亲切可感的。诗人以灵动的笔触在创作了脍炙人口的文学佳作之外，也为我们记录了栩栩如生的历史环境，为我们勾勒出真实丰富的京城满族旗人生活的氛围，使得一个曾经的贵族眼中的北京活生生地重现在我们的眼前。而她的作品尽管是围绕着一个北京满族贵族女子，围绕着她的家庭，却呈现出丰富生动的北京满族贵族生活画面，反映了当时京师旗人真实的精神面貌、心理、思想、文化特征和背景。

从清朝满族中的文昭、永忠、永𪸩、铁保、敦诚等宗室诗人，到词学大家纳兰性德、顾太清，这批满族贵族阶层的诗词创作群体在其所在历史时期的诸多交往、唱和之中留下了丰富的文学作品，在清代北京文学的发展中起到了极为重要的推进作用，甚至在中国古代文学发展史上也掀起了一次文学创作的高峰。文昭、永忠、永𪸩、铁保、敦诚以及纳兰性德、顾太清等满族贵族文人之所以能够在京城形成这样一个文学创作群体，之所以能够留下如此丰富且在我国古代文学史上都享有盛名的佳作，之所以能够在满族贵族之中接连出现纳兰性德、顾太清两位具有卓越词作才华的词学大家，是清代北京文化发展到一定水平的结果，更是北京作为文化中心的文学体现。

三　清代北京竹枝词的发展

清代北京文人学士中颇为流行的竹枝词，是清代北京文学发展中具有鲜明北京特色的文学创作形式，也是清代北京文化形态极为活跃的文学内容，它的大量作品以通俗、谐趣的语句记载了京城文人学士交往的文化场景，同时又是描述和记载清代北京社会生活的重要文学载体形式，对我们研究清代北京社会变迁、乡土风俗以及京城满、汉民众起居生活、市井百态有着极其重要的参考价值。

竹枝词作为一种从古代巴蜀地区民歌演变过来的诗体，具有语言流畅、通俗易懂的特点，而且往往可以不拘格律，语言表述的束缚较少，吟咏风格明快而诙谐，因此在清代文人平日交往嬉戏之中很容易被大家所接受。尤其是康熙年间王士禛对竹枝词的极力推崇和大力倡导，带动了很多文人雅士也以咏唱竹枝词为雅趣。钱大昕记载说："王贻上仿其体，一时争效之。"① 康乾时期，朱彝尊、孔尚任、查慎行等人在北京居住期间，

① 钱大昕：《潜研堂集》，上海古籍出版社 2009 年版。

都留下了很多脍炙人口的竹枝词。康熙三十一年（1692 年），孔尚任与袁启旭等九人，燕九节游白云观后，以庾信“结客少年场，春风满路香”为韵各作十首竹枝词，记述了他们同游白云观庙会的情形，留下了诸如“金桥玉洞过凡尘，藏得乞儿疥癞身。绝粒三旬无处诉，被人指作邱长春”以及“结伴儿童裤褶红，手提线索骂天公，人人夸你春来早，欠我风筝五丈风”的佳作。

清代前期对于竹枝词，不仅文人墨客引以为时尚，就连清代最高统治者也被其所吸引，乾隆皇帝也写有三首《荔枝效竹枝词》。有汉族文学大家的热心倡导，再加之最高统治者的首肯和参与，京城之中满、汉民众自然对竹枝词这样的文学形式也极为热衷。到清朝中叶，竹枝词的创作更为广泛，从参与创作的人员上看，既有文人雅士、达官显贵，也有部员小吏、落魄书生。值得注意的是，在这些参与竹枝词创作的群体中，满族文人的大量加入，让原本在中原、江南等地广为流传的诗歌体裁融入了浓郁的北京地域文化成分。特别是大量创作于京城的竹枝词，在内容上往往反映京城生活的各个方面，并且在创作语言上大量使用北京话，这就让流行于京城官民之间的竹枝词开始明显有别于以往中原、江南地区文人创作的竹枝词，形成了具有鲜明京师特点的北京竹枝词。这是清代北京文学发展的一个突出的文学成就，也是清代北京文化体系开始逐渐形成鲜明京城城市特色的一种体现。满族宗室子弟文昭，也是满族贵族中著名的诗人，他曾经用《京师竹枝十二首》记述北京城一年十二个月中不同的街景面貌，比如，他在写京城七月时描述：“坊巷游人入夜喧，左连哈达右前门。绕城秋水河灯满，今岁中元似上元。”[①] 而描述十二月时又写道：“催办迎年处处皆，四牌坊下聚徘谐。关东风物东南少，紫鹿黄羊叠满街。”[②] 可以说文昭的京师竹枝词把当时的北京社会生活描述得极为生动，每月都有北京城带典型特征的景物，让我们从他的竹枝词中去还原清代北京的市井状态，是研究清代北京民俗形态的重要资料。清代北京竹枝词发展并形成一定特色的重要体现是嘉庆年间刊行的满洲旗人得硕亭的《草珠一串》。

《草珠一串》又称《京都竹枝词》，作者为满族旗人得硕亭，清嘉庆二十二年（1817 年）刊行。得硕亭认为：“竹枝之作，所以纪风土、讽时

---

① 《中华竹枝词全编》，北京出版社 2007 年版。

② 同上。

尚也。然于嬉笑讥刺之中，亦必具感发惩创之意。故诽词谑语，皆堪藉以生情；即巷议衢谈，不妨引以为证。”[①] 所以他才刊行这部北京竹枝词集。《草珠一串》收录北京竹枝词一百〇八首，分为总起、文武各官、兵丁、商贾、妇女、风俗、时尚、饮食、市井、名胜、游览、总结十二个部分，记载了清代中期北京城社会发展面貌，尤其是对满族八旗旗民的记述，较为详尽。得硕亭作为旗人，十分注意对京城满族旗民生活变化的观察。满洲八旗旗民自入关以来，历经顺治、康熙、雍正和乾隆四朝的发展，已经形成极为固定的京城生活形态，守着“铁杆庄稼”在京城过着悠闲自在的逍遥生活，所以才有“小帽长衫著体新，纷纷街巷步芳尘。闲来三五茶坊坐，半是曾登仕版人”的生活状态。得硕亭在注释中说：“内城旗员，于差使完后，便易便服，约朋友茶馆闲谈，此风由来久矣。”作为满族旗民，得硕亭对此颇有成见，认为“茶馆闲谈”之风显示出曾经马上争天下的八旗贵胄失去了那种昂扬的气势。而当时开始在京城出现的旗人抽大烟，也被得硕亭的竹枝词暴露出来，他记述道：“人人相见递烟壶，手内须拈草子珠。扇上若无鸦片鬼，此公缺典定糊涂。”至于对乾隆末年到嘉庆年后期的八旗兵丁，得硕亭更是气不打一处来，在他笔下描述的八旗兵丁：“衫敞前襟草帽横，手擎虎叭喇儿行。官差署了原无事，早饭餐完便出城。”就一个“衫敞前襟草帽横”就足以把八旗兵丁那种“稀松马虎眼”刻画得淋漓尽致。

北京竹枝词因为它的音韵格律要求相对宽松，创作上也较为自由而容易，所以很多满汉文人学士把它作为一种随时的消遣，经常是见什么写什么，有什么感触就说什么，这客观上让北京竹枝词成为记录清代北京方方面面的“纪录片”。康熙年以后京城曾一度时兴弋阳腔，李声振便作有《弋阳腔》一首：“查楼倚和几人同，高唱喧闻震耳聋。正恐被他南部笑，红牙槌碎大江东。”清代京城每逢乡试、会试大比之年，各地举子纷纷进京赶考，尤其是全国会试，绝大多数赶考举子是首次进京，自然不知东西南北，于是有人对茫然寻路的赶考举子也要用北京竹枝词奚落一番：“短袍长褂著镶鞋，摇摆逢人便问街。扇络不知何处去，昂头犹去看招牌。”这种久居京城的优越感不仅表现在奚落各地进京赶考的举子，还表现在从地方语言发音上得意地炫耀。光绪末宣统初年，兰陵忧患生的《京华百

---

① 《草珠一串·叙》，见《清代北京竹枝词》，北京古籍出版社 1982 年版。

二竹枝词》有一首北京竹枝词说道："各省语言各到家，都城清脆最堪夸。有人习气兼官派，月白京腔真肉麻。"兰陵忧患生在诗词后面对"月白"专有注解："边省人士，言语不通，不得不强学京话，以便交谈。而今日言语素通之邻省，凡在京者，亦喜操之，舌僵口钝，字眼不能清脆，唯觉习气官派，令人闻之难堪，故人嘲之曰：'月白京腔'。"作者如此注解，当然是自恃讲的一口标准的"北京话"，对带有其他地方方言口音的北京话，当然不放在眼里，认为人家带有地方方言口音的北京话"字眼不能清脆"。但是在这里确实可以看到，作者所提的"字眼"和"清脆"两条，确实是北京话与其他地方方言在发音上差异明显的语言特点。然而，不管是久居京师之人如何优越，还是竹枝词的作者对京外之人如何刻薄，北京竹枝词都将这些内容作为其创作的题材，这就客观上让北京竹枝词成为记述清代北京各个阶段社会生活、风俗市井的文学载体。而将大量北京话发音或满族八旗旗民俚语入于竹枝词，形成鲜明北京地方特色的北京竹枝词，显示出清代北京文化已经具有较为完整的文化体系，并且已经具备对不同地域的文化内容或文学表现形式有着明显的北京都城地域改造能力。这恰恰是清代北京文化形成完整体系的一种表现。

第二节　《红楼梦》的创作及其传播

一　曹雪芹与《红楼梦》创作

清代北京文学发展上最为杰出的一幕，是乾隆年间《红楼梦》的诞生。

《红楼梦》作为我国古代文学的不朽名作，无论其思想还是艺术成就都达到中国古典小说之极，是中华民族传统文化的结晶，对中国文学和中华文明的发展产生了巨大而深远的影响，在我国古典小说史乃至华夏文化发展历程中树立起一座丰碑。《红楼梦》诞生二百余年来，始终以它丰富的思想内涵、巨大的艺术魅力和广博的知识范围，深深地吸引和感动着广大读者，它一问世就受到社会各界的广泛喜爱。王公贵人、黎民百姓争相阅读，"几于家置一集"，"家家喜阅，处处争购"。及至乾隆后期，《红楼梦》的钞本在民间卖到十两银子的高价，当时流传有"开谈不说《红楼梦》，纵读诗书也枉然"的说法。虽然《红楼梦》曾多次遭到朝廷的明令禁毁，但屡禁不绝，影响也越来越大。甚至其续作、拟作也超过以往任何一部小说。在近现代乃至当今社会之中，《红楼梦》的巨大魅力又陶冶着一代又一代的民众，并引起人们的广泛关注，形成研究《红楼梦》的专业学科——红学研究，而且成为具有世界性的独立学术范畴。

《红楼梦》的作者曹雪芹是清代北京文学发展史上永远写不尽的人物，更是世界文化史上最伟大的作家之一。曹雪芹（1715—1764 年），名霑，字梦阮，号雪芹，又号芹溪、芹圃，通常认为其祖籍为河北丰润，红学界也有认为其祖籍为辽宁铁岭等观点。曹雪芹出生于一个与清王朝皇室关系极为密切的达官显贵家庭。天命六年（明天启元年，1621 年）他的高祖曹振彦归附后金，初为佟养性属下，之后又改隶多尔衮所部，任“旗鼓牛录章京”，并入满洲正白旗旗籍，为汉族包衣。其曾祖母孙氏是康熙皇帝的乳母，历史记载，康熙在南巡时曾召见曹玺的妻子孙氏，当孙氏拜见康熙时：“上见之，色喜，且劳之曰：‘此吾家老人也。’”[①] 而其曾祖父曹玺曾经长期追随多尔衮征战，立有军功，再加上其曾祖母为康熙乳娘这一层关系，更受器重。康熙二年（1663 年）曹玺被委派任江南织造，康熙十七年（1678 年）曹玺被“加正一品”，后又转任江宁织造。曹雪芹的祖父曹寅由于这一层特殊的关系成为康熙的“侍读”和御前侍卫。康熙二十九年（1690 年）曹寅始任苏州织造，三年后又兼任江宁织造，后再兼任两淮巡盐监察御使。曹寅与康熙皇帝的关系非同一般，极受康熙的宠信。康熙曾经六下江南，其中有四次是由曹寅负责接驾，甚至住在曹家。曹寅虽掌管江南织造，但喜好结交江南士子，且精通诗词，知晓音律，曾先后主持编撰和刊刻《全唐诗》《佩文韵府》等书，并有《楝亭诗抄》八卷、《诗抄别集》四卷、《词抄》一卷、《词抄别集》一卷、《文抄》一卷传世。曹寅死后，其子曹颙继任江宁织造。康熙五十四年（1715 年）正月，曹颙病故，在康熙皇帝的直接过问和干预下，曹頫过继为曹寅嗣子，继任江宁织造。曹頫就是曹雪芹的父亲。曹家祖孙三代四人担任江宁织造达六十年之久，足见其家族与康熙皇帝的密切关系。雍正五年（1727 年）年底，曹頫因骚扰驿站离职受审，同年十二月二十四日，雍正下令江南总督范时绎查抄曹頫家产。从此，曹家的权势和财产都丧失殆尽。而曹雪芹也随着他的家境突变改变了生活轨迹，从昔日的显赫世家子弟变成生活极不稳定的飘零之人。雍正六年（1728 年）曹雪芹随其家

① 冯景：《解春集文钞》卷四《御书萱瑞堂记》，民国商务印书馆《丛书集成初编》。

庭回到了北京，暂居于崇文门外磁器口东北角的蒜市口，也就是后人所说的曹雪芹故居“蒜市口十七间半”。乾隆元年（1736 年）乾隆登基后，曹家得以赦免各项“罪款”，家境渐渐地得到一定改善。但是好景不长，乾隆五年（1740 年）胤礽之长子弘皙谋乱事发，曹家再次因此事而被卷入，又一次被抄没，曹家至此彻底败落。曹雪芹经历了少年时期锦衣玉食到成年之后“举家食粥”的贫民生活的跌宕起伏，使得曹雪芹对清王朝统治阶层内部相互倾轧的黑幕及其罪恶有了深刻的认识。他蔑视权贵，远离官场，过着贫困如洗的艰难日子，并开始着手写作《红楼梦》。乾隆二十二年（1757 年）前后，曹雪芹移居北京西郊黄叶村。这段时间，他的生活更加穷苦，“满径蓬蒿”，“举家食粥”。但他依旧以坚韧不拔的毅力专心《红楼梦》的写作和修订。乾隆二十七年（1762 年），曹雪芹幼子夭亡，使他陷于极度的忧伤和悲痛之中，并由此而卧床不起。除夕之夜，这个为后人留下不朽名作的文学巨匠终因贫病无医而逝。而他的《红楼梦》整个书稿并没有完全写完，也为后人的红学研究留下了一大历史悬案。

应该看到，曹雪芹创作《红楼梦》，从某种意义上是对他的家世以及人生的一次刻骨铭心的反省，也从一个侧面对清代满族统治阶层内部政治倾轧是一种揭露或控诉。曹雪芹所经历的家世跌宕，不仅对他的人生轨迹产生极大冲击，也造就了他内心对清王朝满族统治核心势力的那种客观上抵触的情绪。因此，他在北京生活期间，所交往的诸多满族文人，或为闲散宗室，或为家道中落的旗民后裔，像曹雪芹的挚友敦敏、敦诚兄弟以及有过接触的怡僖亲王弘晓等人，都是家世经历过如过山车一般的跌宕起伏。怡僖亲王弘晓是第一代怡亲王允祥的第七子。允祥为康熙十三子，在诸皇子中与雍正关系最为密切。但是在康熙年后期，允祥突然遭到康熙皇帝的冷落，颇不得志。康熙晚年诸皇子争夺皇位相互倾轧，甚至不惜采取各种卑劣手段相互陷害，允祥也无形之中被卷入政治漩涡之中。雍正登基以后，立刻重用允祥，总理户部，出任议政大臣。但是雍正年间对其曾经有过皇位之争威胁的兄弟采取的一系列措施，让允祥之子弘晓看到了清王朝核心阶层的政治争斗的残酷性。而第一代怡亲王允祥雍正朝以后的小心翼翼，更加深了弘晓的这种心理阴影。允祥病逝后雍正谕令：“吾弟之子弘晓，著袭封怡亲王，世世相承，永远弗替。”并且特意强调：“凡朕加于吾弟之恩典，后代子孙不得任意削减。”实际上，到乾隆八年（1743 年）乾隆皇帝以弘晓参加祭祀活动不带佩刀为由大加训斥，称："朕在清宁宫内祭祀，皆祖宗所赐之福，亦系满洲之旧例也。今观满洲旧例，减至废弛。且如怡亲王弘晓不佩小刀，是何道理。朕敬阅实录内载皇祖太宗谕曰：今宗室子弟食肉不能自割，行走不佩箭袋，有失满洲旧俗。后之子孙，何所底止。是太宗当时是教训诸子，早念及后之子孙遗弃旧俗矣。况怡贤亲王昔时恪守制度，尔等之所共知。弘晓纵不顾祖宗成宪，独不念及乃父乎？"随后便以此对弘晓进行处分，并将其排斥在满族核心阶层之外。对这样的变故，弘晓深深地感受到高处不胜寒的政治险恶。他在自己的诗作中曾表示："君马黄，我马白，马色参差，同君共大陌。论心投分应交人，如何交富不交贫？世情轻薄都如此，贫富移心复可耻。君不见洛阳世上数家楼，五陵裘马少年游，千金一掷不四顾，豪情百尺谁堪俦？一朝冷落繁华已，贫富原来无定耳！"① 至于敦敏、敦诚兄弟作为努尔哈赤第十二子阿济格的五世孙，因受当初阿济格争夺王位的牵连，其家人尽被罢黜宗籍。后虽然其家族被恢复了满族八旗宗籍，但家境已经早无先祖显赫的痕迹，敦敏、敦诚兄弟虽名为宗室，其实际生活甚至到了"典裘为春服"的地步。有着极为显赫身份的怡僖亲王弘晓因不带佩刀而遭训斥处分，被排挤出满族统治核心之外。曾为努尔哈赤之子的阿济格都难免被赐自尽，其后人敦敏、敦诚也要"典裘为春服"，再加上曹家被查抄后家境一落千丈，这一切让出身汉军旗人的曹雪芹对荣华富贵有了另一层深刻的认识。所以他在《红楼梦》中一方面大写特写大观园的豪华奢靡，一桩桩一件件地展示着那种讲究、精致的贵族生活的场景和细节。另一方面把"忽喇喇大厦将倾"的那种感觉通过抄检大观园展示在读者面前。他假借探春之口说出了现实中不敢说的话："你们别忙，自然连你们抄的日子有呢！你们今日早起不曾议论甄家，自己家里好好的抄家，果然今日真抄了。咱们也渐渐的来了。可知这样大族人家，若从外头杀来，一时是杀不死的，这是古人曾说的'百足之虫，死而不僵'，必须先从家里自杀自灭起来，才能一败涂地！"应该说，如果没有曹雪芹家世的坎坷，如果不是在京城与满族宗室文人的密切交往，曹雪芹在《红楼梦》创作上就难以把大观园的兴衰跌宕刻画得那么精辟。

① 《明善堂文集校笺》，天津古籍出版社 1995 年版。

二　《红楼梦》早期的传播

《红楼梦》最早流传于世间，是由钞本的形式传播的。曹雪芹在世时，仅仅是在其亲朋好友中流传。

曹雪芹在北京创作《红楼梦》前后的时间中，交往的大多是满族宗室后裔，也有一些在政治上遭遇冷落的王公大臣，像敦诚、敦敏、明义等都是他交往的诗文挚友。明义，字我斋，富察氏，是镶黄旗人，曾经任乾隆皇帝侍卫，著有《绿烟琐窗集》。他在《题〈红楼梦〉》组诗注中谈道："曹子雪芹出所撰《红楼梦》一部，备记风月繁华之盛"，"余见其钞本焉"。明义是曹雪芹创作出《红楼梦》之后并在世时，撰写评论曹雪芹《红楼梦》诗作最多的人，被曹雪芹视为知己，他的《题〈红楼梦〉》组诗也成为后人研究曹雪芹《红楼梦》创作的重要文献参考依据。清代宗室诗人永忠看到《红楼梦》之后也为其文学魅力所倾倒，他也赋诗大力赞许，并称："传神文笔足千秋，不是情人不泪流。"至今在红学界一直引发学术争论的"脂砚斋""畸笏叟"，除个别学者认为是曹雪芹个人化名之外，一般都认为是曹雪芹身边极为熟识的好友，或为曹雪芹家庭中的亲属。《红楼梦》创作以后，"脂砚斋""畸笏叟"做了大量的批语，留下了《脂砚斋重评石头记》等诸多早期的钞本，是后人研究《红楼梦》最重要的早期钞本。而作为乾隆朝颇受冷落的怡僖亲王弘晓，看到《红楼梦》后也引发了他的极度共鸣，并组织人力抄录《红楼梦》，成为《红楼梦》早期传播的重要推广、传播者。

正是由于《红楼梦》动人心弦的情感和无穷的文学魅力，当时很多人一旦看到，便难以释手。曾任刑部主事、福建按察使等职的乾隆三十四年（1769 年）进士戚蓼生，在其年轻时入京参加会试、殿试期间，在琉璃厂无意中购到《红楼梦》的钞本，喜出望外。他评价曹雪芹的《红楼梦》："写闺房则极其雍肃也，而艳冶已满纸矣；状阀阅则极其丰整也，而式微已盈睫矣；写宝玉之淫而痴也，而多情善悟，不减历下琅琊；写黛玉之妒而尖也，而笃爱深怜，不啻桑娥石女。他如摹绘玉钗金屋，刻画芗泽罗襦，靡靡焉几令读者心荡神怡矣，而欲求其一字一句之粗鄙猥亵，不可得也。盖声止一声，手只一手，而淫佚贞静，悲戚欢愉，不啻双管之齐下也。噫！异矣。其殆稗官野史中之盲左、腐迁乎？然吾谓作者有两意，读者当具一心。”[①] 曹雪芹去世以后，《红楼梦》的流传范围逐渐扩展，并成为当时极为流行的小说读本。正如程伟元在甲戌本的序言中曾经写道：“好事者每传抄一部，置庙市中，昂其值得数十金，可谓不胫而走者矣。”

在以往的研究中，很多人对程伟元在序言中所说的“置庙市中”的“庙市”二字看作是该书钞本上市买卖的形容词。实际上，程伟元所说的“庙市”具体指的就是琉璃厂书肆。乾隆年间，北京的图书流通场所基本上只有琉璃厂的书肆。据《琉璃厂小志》记载：“火神庙在琉璃厂东门内，琉璃厂书摊多在该处陈列，最早约在康熙年间，谓之庙市。”[②] 另外，《京师坊巷志稿》也记载：“厂东门有观音阁，北为火神庙，岁正有庙市。”[③] 而《郎潜纪闻》也说：“京师书摊，今设琉璃厂火神庙，谓之庙市。”[④] 由此可见，早在《红楼梦》早期的钞本流通时，琉璃厂就是其传播的基本地点。

清乾隆五十六年（1791 年），程伟元将其历年“竭力搜罗”的《红楼梦》钞本，“同友人细加厘剔，截长补短，抄成全部”，以“萃文书屋”的名义，出版了一百二十回本《红楼梦》。其扉页题为《新镌全部绣像红楼梦》，封面题为《绣像红楼梦》，各回首及中缝均题为“红楼梦”。这就是人们通常所说的“程甲本”。程甲本问世后没有多久，程伟元、高鹗在程甲本的基础上又加工整理，于清乾隆五十七年（1792 年）再一次以活字的形式刊行了百廿回本《红楼梦》，世称“程乙本”。程伟元在其《新镌全部绣像红楼梦》序中，对他四处搜罗《红楼梦》钞本的艰辛过程作了详细的描述，他说：“《红楼梦》小说本名《石头记》，作者相传不一……好事者每传抄一部，置庙市中，昂其值得数十金，可谓不胫而走者矣。然原目百廿卷，今所传只八十卷，殊非全本……为竭力搜罗自藏书家甚至故纸堆中，无不留心，数年以来，仅积有廿余卷。一日偶于鼓担上得十余卷，遂重价购之，欣然翻阅，见其前后起伏，尚属接榫，然漶漫不可收拾。乃同友人细加厘剔，截长补短，抄成全书。复为镌版，以公同好，《红楼梦》全书始至是告成矣。”[⑤] 这里所说的“偶于鼓担上得十余卷，

① 《戚蓼生序本石头记》，人民文学出版社 2011 年版。
② 孙殿起：《琉璃厂小志》，北京古籍出版社 1982 年版。
③ 《京师五城坊巷胡同集·京师坊巷志稿》，北京古籍出版社 1983 年版。
④ 《郎潜纪闻四笔》卷八，中华书局 1997 年版。
⑤ 《程甲本红楼梦》，中国书店藏本。

遂重价购之”就是当时众多文人学士，包括书肆的店主收罗古旧图书的主要方法之一。从当时北京的城市格局和图书刊刻、流通的情况看，其萃文书屋应该是在宣南地区的琉璃厂一带。

程甲本、程乙本刊行后，《红楼梦》开始在民众中广泛流传，一时间，京城竟出现红楼热的文化时尚。逍遥子在《后红楼梦序》中记述：“曹雪芹《红楼梦》一书，久已脍炙人口，每购钞本一部，须数十金。自铁岭高君梓成，一时风行，几于家置一集。”郝懿行在《晒书堂笔录》中记载：“余以乾隆、嘉庆间入都，见人家案头必有一本《红楼梦》。”

对于京城文人、士大夫来说，交往中以对《红楼梦》的了解、认识为交流内容，并开始称其为“红学”，颇为兴盛，并且成为当时京城文人雅士或社会上层的一种文化时尚。李放在其《八旗画录》一书的注中有这样一段记述：“光绪初，京朝士大夫尤喜读之，自相矜为红学云。”①

应该看到，程甲本、程乙本的问世，基本上结束了《石头记》以钞本而流传世间的状况，使得《红楼梦》的传播速度和传播范围大大地改善，这在《红楼梦》版本发展史上具有划时代的意义，也形成了清代前期北京文学的发展巅峰。程甲本、程乙本的刊行不仅推动了嘉庆、道光年间出现的文学史上第一次《红楼梦》的阅读、评点、改编和续书的高潮，将清代前期北京的文学发展推到一个新的高度；而且对以后的《红楼梦》的普及、传播和研究等，也产生了深远的影响。这一点恐怕是当初程伟元、高鹗在整理、刊行《红楼梦》时未曾想到的。

程甲本、程乙本在京城广泛流传后，带来当时京城文人和显贵对《红楼梦》的追求和痴迷，也在小说版本的传播上刺激了不同版本《红楼梦》的出现，甚至有的人开始撰写《红楼梦》的续书。

第三节　清代旗人京味小说创作

一　清乾嘉时期京城旗人文言小说创作

谈到清代北京文学创作，特别是小说的创作，人们自然会把关注点放在曹雪芹的《红楼梦》创作上来。作为我国古代文学名著，《红楼梦》所拥有的文学地位及其价值，获得海内外的充分赞誉，并成为我们民族的文

① 《郎潜纪闻四笔》卷八，中华书局 1997 年版。

学瑰宝。但是在清代的北京城内，特别是作为居住在北京这座城市中并享有“法统地位”的旗人，生活上相对富裕，而且清王朝明确规定旗民不得从事工商经营活动，使得京城出现了一些政治上不太受满族最高统治者器重，甚至颇受排挤，但在生活上又相对富裕，同时在功名上又不像汉族文人那样有一种迫切的心态的旗民文人。这个群体有一定的生活经济基础，也具有一定的文化修养，同时又得不到相应的政治地位和权势，对当下的社会状态颇多怨言，也容易接触到一些社会生活下层的城市贫民生活。平日里多呼朋唤友，品茗论器、饮酒酩酊，对市面上流传的奇闻异事饶有兴致，作为相聚畅饮的谈资。他们用自己的笔墨记录了清代乾嘉以来京城的社会各阶层的生活，对诸多丑陋现象多有鞭笞，形成了一个特殊的旗人文学创作群体。因此，乾隆朝以后，北京不仅仅有创作出划时代文学巨著的曹雪芹，还有创作出《萤窗异草》的庆兰、具有鲜明京味特色文言小说《夜谭随录》的和邦额等旗籍文人。这些旗籍文人所具有的特殊的社会地位、良好的文学修养和备受冷落的闲散生活，让他们有闲、有钱、有能力用自己的笔端去描述清代中期的京城社会，揭露当时满族统治下的诸多社会弊病和丑陋现象，无形中在清代北京文学发展进程中起到了积极的推进作用，也留下了在清代文学发展史上不可忽视的文学成就。

在清代文学发展史上具有一定影响的《萤窗异草》的作者庆兰，出身于满洲镶红旗，字似村，章佳氏，他的祖父是雍正朝东阁大学士尹泰，父亲尹继善曾任川陕总督、两江总督、文华殿大学士，均为清廷重臣。其兄弟子侄也先后充任尚书、侍郎官职，胞妹嫁给乾隆皇帝八子、和硕仪亲王永璇做嫡福晋。就是这样一个出身显赫家庭的“官三代”“官二代”，颇为厌倦官场倾轧，淡泊功名，仅在乾隆十二年（1747 年）参加过一场科试，还曾被乾隆钦点中试，自称为“殿试秀才”，但始终以满族布衣的身份终此一生。满族著名书法家铁保曾评价庆兰说：其“家世簪缨，三代俱登宰辅，以似村之才之学，稍有志于功名，取显轶如拾芥；而似村弃之如敝履，视之如浮云，独构老屋数楹，栖身僻巷，以避车马，作小书屋，环种以竹”[①]。庆兰年少时其祖父、父亲仁职于各地，他自然也跟随游历过许多地方，见闻极广，又与满族诗人明义等结交甚密，同袁枚等汉族名士结下深厚友情。庆兰的生活经历有着浓厚的文学氛围，这促使他在

① 铁保：《庆似村传》，见《续修四库全书·集部》，上海古籍出版社 2002 年版。

文学创作上开始进行尝试，并创作了《萤窗异草》。《萤窗异草》共三编十二卷，效仿《聊斋志异》的文学表现形式辑撰文言小说一百三十八篇，庆兰以长白浩歌子署名，在当时也符合他掩饰其真实家世的目的。《萤窗异草》多记明代末期到清乾隆年间诸地各种见闻，以描写男女之情为主要内容。庆兰往往通过狐仙、神鸟这些志怪小说特有的文学要素，将自己内心渴望自由恋爱的男女终成眷属的心境用作品表现出来，颇为浪漫传情，在清代文学发展上具有较高的文学影响，实际上也让后人对体悟曹雪芹创作《红楼梦》的京城文学环境有很重要的启发。

《萤窗异草》作为仿《聊斋志异》的文学作品，其文学价值和文学地位自然不能与《聊斋志异》相等同，但是可以让后人对清代康乾以来北京的文学发展形态有一个清晰的了解和认识。同时也是清代北京文学发展的重要成就。然而，乾嘉时期京城的另一部文言小说《夜谭随录》，在北京文学发展上，特别是体现浓郁的京味特色方面，则显得更为突出。

《夜谭随录》是清代北京旗籍文人创作的第一部主要反映京城旗人社会生活的文学作品，为镶黄旗人和邦额创作。和邦额的这部作品记述了当时京城旗民众生百态，将已经在北京生活了一百余年的八旗兵丁及其家眷的生活景象刻画得惟妙惟肖。作为以北京旗人生活为创作内容，以及最早使用“京味”特色语言创作的文学作品，《夜谭随录》在清代北京文学发展上具有颇为重要的标志性地位，为清代北京文学发展留下了一抹艳丽。

和邦额，字霁园、闲斋，号霁园主人、蛾术斋主人，乾隆十二年（1747 年）出生，卒年不详，有人推测当在乾隆末到嘉庆年去世，满洲镶黄旗人。和邦额祖父曾任总兵之职，分别驻守甘肃、福建、广东等地，故和邦额年幼时随其祖父在驻守之地生活，一直到其祖父去世后才回到北京，入京城八旗官学读书。三十八岁时顺天府乡试中举，随即出任山西乐平县令（在今山西昔阳）。后又调回北京，任钮钴禄氏副都统之职。和邦额生活经历丰富，曾留居西北、东南各地，见闻颇广，加之其相对优越的生活地位，时常呼朋唤友相聚，喜好交流奇闻异事。他受《聊斋志异》以及各地“诸志异书”影响，将自己所听所闻各种怪异之事汇集起来，仿照《聊斋志异》的表现形式，以“志怪之书”的形式创作了《夜谭随录》一书，乾隆五十六年（1791 年）书成。他在《夜谭随录·自序》中谈道：“予今年四十有四矣，未尝遇怪，而每喜与二三友朋于酒觞茶榻间，灭烛谈鬼，坐月说狐，稍涉匪夷，辄为记载。日久成帙，聊以自娱。”把自己创作《夜谭随录》的动机和意图表述得很明确。

《夜谭随录》全书四卷，所记内容情节诡异，叙述婉曲，其中直接涉及京城旗民生活的内容占全书很大篇幅，有《红姑娘》《阿凤》《小手》《伊五》《某马甲》《来存》《永护军》《锅人》《红衣妇人》《怪风》《大眼睛》《高参领》《嵩杉篙》《春秋楼》《猫怪三则》《异犬》《那步军》《佟犄角》《谭九》《额都司》《纸钱》《三官保》《某领催》《护军女》《多前锋》《堪舆》等二十六篇。在和邦额笔下，八旗旗民中的护军、甲兵、笔帖式、仆人、婢女、领催、都司、中书舍人、侍卫、骁骑校、佐领、参领、前锋、统领、宗室后裔以及萨满巫师都成为他所记述和反映的人物，表现出京城旗民生活的方方面面。尤其是对满族八旗旗民下层生活、八旗生计以及旗丁贫困状态，《夜谭随录》做了尖锐的揭露，对后人了解满洲八旗旗民生活状态以及满族旗人特有的起居风俗和爱好、性格等有着直接的参考作用，是一部集中反映京城旗人社会风情的纪实作品，具有鲜明的京城文化特色。和邦额在《某马甲》中记述“马甲某乙”，“居安定门外营房中，贫甚”，这个旗丁终日“着白布单衫，白足趿决踵鞋”，他的妻子实在忍受不了生活窘境，“作缳于梁间，将自缢”，后被人救下。这让人们看到清代北京八旗旗民下层生活的基本形态。《谭九》一篇，和邦额的笔下真实地展现了衣不蔽体、泪睫惨黛的旗装少妇以及住在上垣及肩的矮屋，屋中既有残破土炕的老媪形象，对于这样贫困交加的满洲旗民下层，和邦额不禁发出“鬼而贫也，尚有阳世以为不时之需；人而贫也，其将告助于谁氏耶”的感慨。和邦额的小说中，对北京满洲八旗旗民的生活细节及其旗民所有的特殊的旗民性格，表现得颇为突出。在《三官保》中，他记述了旗人三官保的京城生活。在他的笔下，三官保年少时“皓齿明眸，雪肤华发，言笑妩媚，俨然好女子，且善自修饰，见者靡不流瞩”，可谓是京城旗民英俊少年。但是这样的一个外表“皓齿明眸，雪肤华发，言笑妩媚，俨然好女子”的八旗少爷，却是“负气凌人，好勇逞力，往往于喧衢闹市间，与人一言抵牾，或因睚眦小怨，必致狠斗凶殴，虽破脑裂肤，终不出一软款语”，寥寥数语，京城恶少的形象跃然纸上。小说中的三官保，时常与京城其他恶少相互之间寻衅滋事，他在与号称“城北之市虎”的佟韦驮叫板时，“以手抚膺，双足并踊，自指其鼻曰：‘我三官保，岂是畏人者？无论何处，倘不如期往，永不为于北京城矣！’”一副北京四九城混浪泼皮的模样显示在人们眼前。其与有“南城张阎王”之号的泼皮争斗中，为示其神勇，用匕首在“股上刻划至骨，吱吱有声，劙成‘天下太平’四字，皮翻肉突，血流被踵，肌肤白嫩映面，色如胭脂染雪”。《三官保》一篇，无论是其所述内容，还是人物语言刻画，旗民少年的装束打扮等，描写得都极为细致、生动，使得后人不仅通过这篇小说了解到满洲八旗恶少平日的诸多劣行，也能够从细节上看到清代北京旗人的生活状态。所以鲁迅先生在《中国小说史略》中对《夜谭随录》评价说：“记朔方景物及市井情形者特可观。”①

二　清后期的京味小说雏形

如果说清乾嘉时期和邦额的《夜谭随录》，以鲜明的京城语言和刻画得惟妙惟肖的北京旗人生活图画，而开始形成有京城特色的文学作品的话。到清代后期，特别是晚清时代，京城的一些旗民文人则开始大量运用具有鲜明北方方言特征的北京话，来创作反映当时京城生活的小说。

我们这里说的“北京话”，最早是北京官话中在清代北京四九城通行的城市方言，被学界称之为北京官话“京师片”。它的声腔、音韵与清代北京周边京畿之地通常使用的河北方言等有很大的差异，明显受到满族在东北使用的语言、发音影响，以往的古汉语中入声被明显地弱化，儿化音很重而且十分突出。比如“发小儿”“家雀儿”“傻帽儿”等。而且北京话的儿化音在北京四九城民众的使用中要根据具体的词语加“儿”的音，比如“猫儿腻”，就将“儿”音放在中间而不放在最后。更为明显的是在北京儿化音中，由于受到清代北京都城特殊的社会环境影响，在北京话涉及城门的表述时，有着严格的区分，例如内城的各个城门，如前门、东直门、西直门、朝阳门、宣武门、阜成门等，在每一个门字后面均不带“儿”音。而外城的几个城门，除了南侧正中间的永定门之外，常常加上儿化音，例如：“广渠门儿”“东便门儿”“西便门儿”。包括故宫、颐和园等地名，北京话中也都不加儿化音。这种表述方式可以很明显地看出来，清代后期已经形成完整体系的北京话，在其表述中实际上很注意对封建正统概念的敬畏和尊重，通常是与百姓生活有密切关联的地名和词句，更容易加儿化音。有清一代二百六十多年，在北京城特别是居住于内城的满洲八旗旗民，最初对古汉语入声掌握程度较弱，并习惯性地使用满洲人

① 鲁迅：《中国小说史略》，人民文学出版社 2006 年版。

在东北的方言，形成了儿化音发音特点突出的北京话。甚至很多词汇是直接由历史上的满语带过来的，如“萨其马”，“央格”一词的“央”、“瞎嘞嘞”的“嘞”、“穷得叮当响”的“叮当”以及表示不可能净胡说的“姥姥”等，都是源自满语。

清王朝后期，北京的八旗旗人已经高度汉化，其生活起居、饮食爱好以及通常使用的语言等等已经开始形成都城特征明显的京味文化风格。而随着清王朝统治日趋没落，住在京城的八旗旗民不同阶层开始发生严重分化，中下层旗民生活贫民化趋势越来越突出，以往作为清王朝统治阶层的民族优越感在中下层旗民中基本消失，伴之而来的是日益赤贫化的八旗中下层旗民生计问题。在这样的社会背景下，一些旗民文人用自己的笔端以京城八旗中下层社会为主题进行文学创作，力求反映清代后期社会生活的方方面面。由于这些作品着眼于清代晚期社会发展状态和当时的社会矛盾，且又大量使用北京话，甚至北京方言土语，作者又是满族在旗文人，其创作的小说京味文化特征十分突出，形成了京味小说的雏形，其中最具代表性的是满洲镶红旗人文康写的白话长篇小说《儿女英雄传》和蔡友梅的《小额》。

《儿女英雄传》，又名《金玉缘》《日下新书》，署名燕北闲人。燕北闲人，即文康。文康，满洲镶红旗人，字铁仙、悔庵，号燕北闲人，费莫氏。具体生卒年不详，应生活在道光年到光绪年间。其祖父为乾嘉时期陕甘总督，后出任武英殿大学士、军机大臣等要职。文康家世显赫，其受祖辈之荫，先后担任理藩院郎中、徽州知府，复任观察之职。后丁忧回家，期满后曾被任命为驻藏大臣，但因病未到任。文康年幼时家境显赫，中年又长期为官，对清代官场状态体味深刻。但其后来家境逐渐衰落，诸子不肖，以至于家道中落，只能靠变卖家产度日。再加之疾病缠身，文康后来只能独居一室，终日与笔墨相伴。他有感于世事变迁、人情反复的悲喜炎凉，体会到人生大起大落、悲喜跌宕的生活历程。尤其是其诸子不肖而带来的家庭冲突和变故，便以警教式的笔墨，将其心中理想化的概念化为文学创作的动力，撰写了小说《儿女英雄传》。

《儿女英雄传》围绕着县令公子安骥与副将之女何玉凤、民女张金凤三个人的曲折经历展开故事情节。清朝副将何杞为大将军纪献唐陷害而屈死狱中，其女何玉凤决意为父报仇，改名为十三妹闯荡江湖寻机报仇。在此期间遇到汉军世族旧家子弟安骥和民女张金凤，安骥父亲为上司陷害入狱，安骥筹措银两赶赴救父，途中与张金凤一同遇险能仁寺。恰逢十三妹（何玉凤），出手将安公子、金凤营救。十三妹（何玉凤）同情安骥遭遇，解囊相助，并说合安骥、张金凤结为良缘。后安学海脱险复职，十三妹（何玉凤）闻听害父仇人为朝廷所诛，遂意削发为尼。安骥之父感念十三妹（何玉凤）救子之恩，四方寻找十三妹（何玉凤）下落，并将其身世经历一一查访清楚。经过众人相劝，十三妹放弃出家为尼的念头，恢复原名何玉凤，嫁给安骥为妻，与张金凤情同姐妹，同事安骥。何玉凤与安骥成亲后，不断激励丈夫，诫勉其懈怠，激励他奋志成名。而安骥也在这样的贤妻辅佐下，考取功名，出任要职。金凤、玉凤各为安骥生下一子，安家老夫妻亦寿登期颐，从此子贵孙荣。因为小说中两个女主角一个金凤、一个玉凤，所以这部小说也曾用《金玉缘》之名刊行。

《儿女英雄传》作为中国封建时代创作的小说，自然有其时代的局限性及作者文学创作水平的制约，从文学价值上看并不能说有太高的价值。但是，这部小说采用京城民众特别是八旗旗民中下层民众喜闻乐见的评话形式，犹如作者面对读者娓娓道来，不论是小说中的人物对话，还是涉及小说情节时的绘声状物，文康大量使用北京话，特别是北京八旗旗民中下层日常使用的北京方言土语，京味京腔极为浓郁，北京京味小说滥觞于此。应该看到，如果单纯从文学的角度对《儿女英雄传》加以研究分析，这部小说在中国古典文学发展史上其影响力和文学价值确实有限。但是从北京文化发展的角度看，《儿女英雄传》不仅在内容上反映了清代后期官场上的黑暗和社会下层生活的艰辛，在运用北京话、北京地方方言土语等方面是一个跨越性的突破。胡适在评价《儿女英雄传》时这样认为："《儿女英雄传》也用北京话，但《儿女英雄传》出世在《红楼梦》出世之后一百二三十年，风气更开了，凡曹雪芹时代不敢采用的土语，于今都敢用了。所以《儿女英雄传》里的谈话有许多地方比《红楼梦》还生动。如张亲家太太、如舅太太，她们的谈话都比《红楼梦》里的刘姥姥更生动。"① 小说中会试考场门前几位当差的公爷的对话，京腔十足："这个叫那个道：喂！老塔呀！明儿没咱们的事，是个便宜。我们车口外头新开了个羊肉馆儿，好整齐的馅儿饼，明儿早起，咱们在那儿闹一壶吧！"有学者认为文康在《儿女英雄传》的写作中，追求琐屑的细节描写，致使小

① 胡适：《〈儿女英雄传〉序》，广州出版社 1996 年版。

说结构冗长、松散。从文学的角度看这无疑是一个要命的缺憾。但是从了解清代北京，认识京城八旗旗民生活的角度看，这个缺点倒成了“优点”，甚至可以称为京城八旗生活形态的“活化石”。比如，在描述在旗女子与汉民女子走路的样子时，小说里这样说：在旗的女子“走道儿却和那汉装的探雁脖儿，摆柳腰儿，低眼皮儿，跷脚尖儿，走的走法不同，她走起来大半是扬着个脸儿，振着个胸脯儿，挺着个腰板儿走”。在安家祭祖的一节中，小说对旗籍人家的祭祖场景描述得颇为细致：“大家把祭品端来摆好，玉凤姑娘看了一看，那供菜除了汤饭茶酒之外，绝不是庄子上叫的那些愣鸡、匾丸子、红眼儿鱼、花板肉的十五大碗。却是不零不搭的十三盘；里面摆着全羊十二件，一路四盘，摆了三路。中间又架着一盘，便是那十二件里片下来的攒盘，连头蹄下水都有。”上面所列举小说中的两段文字，一个是走路的姿势，一个是祭祖贡品的摆设，将旗人女子与一般汉族女子、在旗旗民祭祖与一般人家常用的“愣鸡、匾丸子、红眼儿鱼、花板肉”的区别，刻画得极为到位，无形中让这部小说成为清代后期京城八旗旗民生活的“活化石”。

清代后期另一部以京城旗人生活为主题，且京味十足的小说，是旗人蔡友梅的小说《小额》。蔡友梅，即松友梅，其出身旗籍官吏家庭，清后期旗民报人，为北京进化报报馆总务，也就是报社社长。他作为旗人，对清代后期京城旗民生活有着深刻的体验，既同情旗民中下层的贫穷生活窘状，又恼怒八旗子弟那种提笼架鸟、玩世不恭的态度。同时，他对清代后期的社会黑暗深恶痛绝，用他的话说：“庚子以前，北京城的现象，除了黑暗，就是顽固；除了腐败，就是野蛮。老实角儿，是甘受其苦。能抓钱的道儿，反正没有光明正大的事情。”因此，他以仓库局库兵额少峰为主人公，以他放高利贷，殴人害民，后来又受他人施暴而牵扯入狱，再后来几经周折幡然悔悟的经历，通过若干人物形象，对盘踞京城放高利贷的无赖、盘剥民众的恶吏、乘人之危的损友故亲、见钱眼开而缺德的庸医的丑陋嘴脸和恶行进行了无情的揭露和鞭笞。小说首先在报纸上连载，光绪三十四年（1908 年）结集刊行。这部小说虽然在文学价值等方面影响有限，但是他用极为典型的北京方言土语的“京片儿子”话，以京城旗人生活为主线，创作了反映清晚期北京旗民生活的作品，对后人研究清代北京后期的社会形态以及北京地方方言，有着极为重要的文化价值。

《小额》与《儿女英雄传》在运用北京话上最大的不同在于，《小额》更多地使用清朝末年北京八旗旗民下层广泛使用的“京片儿子”语言，这让《小额》更具有浓郁的京味小说风格。小说一开始，介绍主人公额少锋身世的时候，就是一水儿的京腔京韵语言：“西直门城根儿，住着一个姓额的，人都管他叫小额。从先他爸爸放阎王账，专吃旗下，外带着开小押儿，认得几个吃事的宗室，交了两个北衙门跕堂的。喝，那字号可就大啦！”在小说中的人物对话上，京城旗民下层的那种地道的京腔，甚至片汤儿话，都作为刻画人物形象的表现手法大量地使用，对塑造活灵活现的京城旗民人物性格，起着至关重要的作用。例如，小说中写到旗人按时到本旗衙门领取钱粮俸禄一节，从描述的过程，到人物的对话，可谓是惟妙惟肖：“一个老者，有五六十岁，左手架着个忽伯拉，右手拿着个大砸壶儿，一边儿喝，一边儿说：‘说咱们旗人是结啦，关这个豆儿大的钱粮，简直的不够喝凉水的。人家左翼倒多关点儿呀，咱们算丧透啦，一少比人家少一二钱。他们老爷们，也太饿啦，耗一个月关这点儿银子，还不痛痛快快儿的给你，又过平啦，过八儿的。这横又是月事没说好，弄这个假招子冤谁呢？’”这个老者嘴里的“关这个豆儿大的钱粮，简直的不够喝凉水的”，把京城旗民的那种“片汤儿话”表现得十分精彩，而这里一口一个“关”字，也并非通常说的“封闭”“合拢”之意，是“发放”的意思。《小额》不仅在语言上京腔京味十足，在人物形象，特别是穿着打扮和做派上描述得也颇为细腻，对我们了解晚清时期京城旗民装束以及当时的社会风尚有直接的帮助。蔡友梅笔下的小额，天儿冷的时候“也闹一顶染貂皮帽子戴戴，也闹一个狐狸皮马褂儿穿穿……后头也跟着一个童儿，提溜一根仙鹤腿的水烟袋，大摇大摆，学着迈方步又迈不好。没事也戴副墨镜，要是不摸底的，真疑惑他是卸了任的府道”。到了夏初时节，小额又是一副打扮：“四月初七……小额穿的是汤绸大衫儿，夹纱坎肩儿，二钮儿上挂着伽蓝香的十八子儿，摇着一把潮州扇儿，翡翠的扳指儿，四镶云儿紫宁绸的幅子履鞋，蛋青串绸的套裤，打着把旱伞。小童儿有十六七岁，新竹布衫儿，抓地虎儿青布靴子，提溜一根长水烟袋。那一份的足劲，真是给一个知县都不换。”蔡友梅的笔下，小额的那副京城八旗整天介端着的混混形象在这段文字中马上就被活生生地立了起来。虽然，蔡友梅描述的是一个放高利贷、忘乎所以的纨绔子弟形象，但是也把晚清时期京城旗人中比较时尚的装束、打扮和手里常用的器件无形中记录了下来。从这个意义上说，《小额》已经从京味小说的雏形演化为清代晚期北京旗人生活的历史影像“纪录片”。

第四节　清代北京的子弟书

一　清前期子弟书的兴起

清代北京的子弟书，是有清一代北京文化发展的一个特有的曲种形式，由于子弟书的形成及其传播，有着特殊的北京文化特征，使得北京子弟书在北京文化发展上有着特殊的文化意义。

北京子弟书兴起于清乾隆年间，其源于满族早期萨满教祭祀活动的巫歌，并吸纳了东北满族居住地区的俗曲。清军入关后，需要逐渐征服和占领全国各地，大批八旗子弟要奔波各地征战，并且驻屯于各地。八旗兵丁，战时四处讨伐，平时则聚集于军营，闲极无聊为排解寂寞，这些八旗兵丁便以萨满教巫歌为基调，吸纳了流行于东北地区的家乡俗曲，填词唱诵，以此作为平日的娱乐。久而久之，在八旗兵营逐渐兴起了一种新的娱乐形式。因这种曲调皆为八旗兵丁所传唱，故人们把这种曲调称之为“八旗子弟乐”。相传乾隆初年，八旗兵丁征讨平定边疆兵乱班师还朝，正白旗阿桂部兵丁用八角鼓击节而歌，以唱诵“八旗子弟乐”庆贺凯旋班师，在京城引起轰动。清人曾记述说：“文小槎者，外火器营人。曾从征西域及大小金川。奏凯归途，自制马上曲，即今八角鼓中所唱之单弦杂排（牌）子及岔曲之祖也。其先本曰小槎曲，减（简）称为槎曲，后讹为岔曲，又曰脆唱，皆相沿之论也。此皆闻之老年票友所传，当大致不差也。”[①] 由此以后，“八旗子弟乐”逐渐广为流传，尤其是居住于京师的八旗兵丁，以此曲调为基础加以改良，借鉴流传于北京地区的大鼓、弹词等艺术表现形式，用北京民间流行的发花、梭波、乜斜、一七、姑苏、怀来、灰堆、遥条、由求、言前、人辰、江阳、中东等十三道大辙，创立出以七言为唱词、用八角鼓伴奏的一种新的说唱形式，这就是后来的“子弟书”。

对于北京子弟书兴起的具体时间，史书记载多有差异。实际上，由于这种曲调是由八旗兵丁自发的创作而成，很难具体说是从何时开始，人们通行的说法和子弟书艺人们口传心授所言，皆称之为乾隆初年。人们公认

---

① 崇彝：《道咸以来朝野杂记》，北京古籍出版社 1982 年版。

的满族子弟书作家罗松窗的子弟书代表作之一的《庄氏降香》，是在乾隆二十一年（1756年）初刻刊行，刊行者为北京琉璃厂的文翠堂。这是我们现在知道的形成完整、系统文字的子弟书最早刊行的时间。清代顾琳在其《书词绪论》中谈道："（子弟）书之派起自国朝，创始人不可考，后自罗松窗出而谱之，书遂大盛。然仅一音。嗣而厌常喜异之辈，又从而变之，遂有东西派之别。"乾隆年间李镛在为顾琳所著《书词绪论》撰写序言时曾提到："辛亥夏（乾隆五十六年，1791年）旋都门，得闻所谓子弟书者。"由此可见，不管是乾隆初年，还是乾隆年后期，子弟书由八旗子弟创立于清乾隆年间，是不争的事实。而且作为一种新的文学表现形式，很难说是从哪一天突然形成的，它有一个逐渐形成和成熟的过程。

二　子弟书的传唱及其演变

由于京师八旗分别有自己的生活起居和驻防范围，其从东北入关前所保留的生活起居以及所用语言略有差异，所以唱诵的子弟书也有一定的差异。清代震钧所著《天咫偶闻》之中记载说："旧日鼓词有所谓子弟书者，始轫于八旗子弟。其词雅驯，其声和缓，有东城调、西城调之分。西韵尤缓而低，一韵纡萦良久。"① 由此可见，子弟书这种说唱形式诞生以后，由于各个旗营的差异，使得北京子弟书在创作和流传上也形成了东、西两种不同风格的音韵。东韵子弟书词调相对高亢激昂，有一种宏阔肃穆的风格，演唱的内容多为历史流传的忠臣猛将的故事。而西韵子弟书则相对委婉缠绵，一般多表现粉黛风月缠绵之情，颂咏男女之间的爱情故事。

嘉庆年间八旗子弟书逐渐传至北京民间，并且渐渐地采用三弦伴奏，不再用八角鼓伴奏，有的是一人自弹自唱，有的是两人合作，一弹一唱，这时候的子弟书不仅仅是八旗兵丁自娱自乐的唱诵形式，而成为具有北京地域特色的曲调。道光、咸丰年间，北京民间艺人石玉昆以西调子弟书为基础，在话本小说《龙图公案》的内容基础上改编创作了长篇子弟大书《包公案》，在北京西直门外茶馆演唱，以"巧腔妙句"而名声大噪，被后人称之为"石韵书"。北京大学图书馆所藏车王府曲本钞本《评昆论》这样赞颂石玉昆说："高抬声价本超群，压倒江湖无业民。惊动公卿夸绝调，流传市井效眉颦。编来宋代包公案，成就当时石玉昆。是谁拜赠先生

① 震钧：《天咫偶闻》，北京古籍出版社1981年版。

号，直比谈经绛帐人。”当时，一些旗人或文人也参与到子弟书改编和创作之中。爱新觉罗·奕赓以鹤侣氏之名改编和创作的一批子弟书唱本，有《借靴》《老侍卫叹》《刘高手治病》《齐人有一妻一妾》《集锦书目》等十几种之多，其改编和创作的子弟书以嘲谑之笔讥讽当时的世态炎凉之风，颇受人们的喜爱。

同光年间，由于子弟书长期在北京城民间传唱，旧时的东调、西调痕迹越来越被淡化，尤其是在北京南城一带，民间的传诵和百姓的喜好，让一些子弟书的传唱者也开始用更为体现民间传唱的曲调对子弟书进行再一步的改良。被人们称之为“南城调”的创始人子弟书艺人郭栋儿就是其中较为典型的代表人物。他摒弃了音调沉穆的东调和西调的高雅词句的束缚，用更为接近北京民众的明快、流畅的节奏和通俗的曲词演唱，创立了颇具特色的子弟书新腔，受到市井百姓的推崇。据李家瑞《北平俗曲略》记载，北京演唱子弟书的有拐棒楼、乐春芳等处。

子弟书刚刚兴起时，其传唱多为口口相传、口传心授。随着子弟书的逐渐兴旺，北京的一些书肆也开始刻印子弟书唱本，清乾隆年间，琉璃厂的张氏百本堂，以及后来的聚卷堂等，都刊行过子弟书唱本。光绪年以后，子弟书逐渐衰落，其曲调在传唱和变革改良中，逐渐被北京以及北方地区的京韵大鼓、梅花大鼓、东北大鼓等吸纳和继承，比如石玉昆的西调子弟书被以“石韵”曲牌吸收到单弦的演唱之中。今天的北京曲艺中，还往往能看到子弟书传承下来的痕迹。北京子弟书在其兴盛的一百余年中，曾经创作出大量的子弟书作品，爱新觉罗·奕赓所编的《集锦书目》中著录子弟书近二百种，百本堂刊行的《子弟书目录》收集了子弟书二百九十多种，傅惜华所撰《子弟书总目》，收录的子弟书种数达四百四十余种之多。当然上述几种图书中相互之间有诸多重复，但从中也可以看出子弟书在北京文化发展历史上的广泛影响和作用。特别是子弟书的曲调，被北京多种曲艺形式所吸纳，其当初典型的八旗兵丁的唱曲腔调，成为北京曲艺中一种唱调被保留下来，显示出非常明显的京味京腔痕迹。

第六章　清代北京的艺术发展

清代北京艺术的发展，与明代乃至再之前各个朝代的北京艺术发展状态相比较，呈现出明显的清王朝特征。首先，清代北京艺术发展状态及其水平，是在清代北京全国文化活动中心地位确立的基础上快速发展起来的。与明朝的北京城的艺术发展相比较，清代北京的艺术发展在汇集天下艺术成就于一城的背景下，有形无形地将满洲人的东北地域文化成分渗透到京城艺术发展之中，这使得清代北京的艺术发展京城地域性特征越来越突出，非常明显地改变了明代北京艺术发展都城特质不太明显的状态，在全国艺术发展进程中具有非常突出的引领效应和辐射作用。其次，清代北京艺术发展，在中国历朝各代传统艺术领域并没有太明显的跃进，例如：传统的书法、绘画、手工艺等艺术领域，清朝二百六十余年来，北京基本上是作为全国的都城汇集了书法、绘画等颇具艺术造诣的大家寓居京城，除了西洋画、洋式手工艺等，大多传统书画艺术领域一直处在一般化发展的水准之上，如果不是清王朝利用中央政权征调天下的权力，北京甚至远远不如江南地区书法、绘画以及手工艺术发展的水平。其三，清代北京艺术发展，多类型、多地域、多民族以及不同国度艺术交流、融合特性十分突出，而且在多类型、多地域、多民族艺术成分融合的过程中，经过提炼升华，形成新的艺术成就，并且在全国具有极高的艺术引领地位，清代京剧的形成、京西“三山五园”皇家园林的修建等，都体现了清代北京艺术发展的这一特征。

第一节　清代前期的北京戏曲发展

一　清前期北京戏曲发展沿革

清代的北京是全国政治、文化中心，汇集了中国各个不同地域的文化，也积累了历朝各代传统文化的精华。尤其是它经过了辽、金、元、明几代的发展，形成了丰厚的文化底蕴。这一切成为北京戏曲艺术发展的良好的基础。而作为都城，在北京聚集了大批的文人学士，他们来自于全国各地，将各地的文化养分和文化的资源带到了北京，使得京城成为集天下文化大成之地。在这样的一个文化交融的都市中，人们的思想交流、文化享受和必需的文娱活动，为北京戏曲的发展和繁荣提供了丰厚的生长土壤。而作为都城的清代北京，上至帝王皇族、王公大臣，下至各部官吏、文人学士乃至平民百姓，都客观上需要文化娱乐享受，这为北京戏曲的发展提供了庞大的消费群体。清朝内廷帝王嫔妃、王公贵族、八旗子弟，逢年过节、寿辰婚嫁，都要举办堂会，以听戏为乐。而常年寓居于京师的官员、文人、举子、商人等，盘桓于京城，也有看戏听曲的娱乐需要。至于那些品级低微的小吏衙役、师爷幕僚以及黎民百姓，闲暇之际也需要戏曲所带来的娱乐消闲。如此丰富的、不同阶层群体对娱乐消费的需要，让北京戏曲的繁荣拥有了一大批观众。当然，清代戏曲的发展和繁荣，很大程度上受清廷最高统治阶层的直接影响，戏曲在清朝统治者眼中，不仅仅是娱乐消遣这样单一的文化功能，而具有更深层次的含义和文化功能。中原地区，特别是北京自元明两代，戏曲发展极为成熟，一方面是社会各阶层文化娱乐的需要，另一方面也是封建统治阶级传播儒家思想和道德观念的主要形式，高台教化已经成为统治者重要的统治软招数。满族统治者入关进京以后，对戏曲的接受和直接作用，一方面是满族统治者认可和继承的一种标志，另一方面也是强化对民众思想统治的重要手段。清代的北京，由于绝大多数民众几乎没有什么文化知识和阅读能力，因此戏曲的高台教化作用尤显突出。因此，作为清朝统治者而言，戏曲的作用和功能已经不仅仅是娱乐和消遣的需要了，也凝聚了官府朝廷灌输封建道德意识的深层考量。正是在这样一个大的文化背景之下，北京戏曲在清代前期有了飞速的发展和质的跨越。

顺治初年，满族统治者刚刚入主中原，全国的局势尚未完全平定，因此这个时候北京的戏曲发展处于一个低谷阶段。特别是旗民分城而居政策的实施，汉族及其他各民族的民众纷纷迁徙至北京外城，日常生活还处于漂泊不定的阶段，听曲看戏等娱乐消遣就显得有些力不从心。而清廷则主要沿袭明朝旧制，依旧在宫内设教坊司，掌管乐事。但这个时候教坊司所承担的主要是皇家、朝廷在庙坛祭祀时的演乐，扮演杂戏的很少。据

《钦宝大清会典事例》记载："顺治元年（1644 年）定，设随銮细乐太监十有八人，凡巡幸与亲旨坛庙祭祀，内传承应。又定凡宫悬大乐，皆教坊司奏之。设正九品奉銮一人，左右韶舞各一人，左右司乐各一人……凡宫内行礼燕会，用领乐官妻四人，领教坊女乐二十四名，于宫内序立奏乐。"① 从这个记载看，当时的教乐坊所承担的只是宫廷内的宴会及帝王祭祀时演奏雅音韶乐，是作为封建统治者的一种身份特征和皇家威仪而存在的，能够让皇室成员作为娱乐欣赏的杂戏等戏曲表演还很少。

康熙朝随着全国统治形势的逐渐稳固，经济发展和社会生活水平的改善，文化娱乐和歌舞消遣渐渐开始复苏和发展。这时候原有的教坊司已经不能满足内廷的需要。特别是作为皇家成员日常的娱乐享受，不能仅仅局限于那种充分体现皇家威仪的盛典大乐，也需要一些个人轻松欣赏的杂戏曲调。于是康熙皇帝便在教坊司以外又设立了"南府"，作为一个新的演剧管理机构。教坊司因其主要承担宫内宴会及帝王祭祀时演奏雅音韶乐，故由礼部管理，而新设的"南府"归内务府掌管，由此便可看出两个机构之间的差别，后者则是主要专门供内廷皇室成员娱乐享受所准备。康熙二十二年（1683 年）康熙皇帝以海宇之内稳固，宜与臣民共乐为理由，特发内帑金一千两，在后宰门搭建高台，领教坊用活虎、活象和马匹等演"目连传奇"。但是像这样的杂剧戏曲演出在顺治、康熙朝早期还是比较少见的，但到康熙中后期，随着其治理国家环境的改变，这种情况发生了很大的变化，日常的内廷娱乐享受自然提到日程上来，戏曲作为一种让人们赏心悦目的精神娱乐享受越来越受到重视。

康熙朝北京流行的主要是昆山腔和弋阳腔。昆山腔诞生于元末明初，因它形成于江苏昆山，便被称作昆山腔，与流行于江西的弋阳腔、浙江海盐腔、余姚腔等并称为南戏四大声腔。从明天启初年至清康熙后期的百余年的发展中，昆腔在北京处于较为兴盛的时期。当时进京演出的昆曲班社，除了延续以往演出一些杂剧剧目之外，还经常上演新的剧目，以此来吸引人们的关注。特别是随着整体形势的转变、经济上的快速发展和北京城的成熟化，使得居于京师的人们戏曲欣赏的需要大大的增强。各个昆腔戏班纷纷编演新创作的"折子戏"，受到京城观众的喜爱。这种局面，到清康熙年中后期，显得更为明显。除了昆腔之外，兴起于江西弋阳的南戏

① 《钦定大清会典事例》，清光绪内府刊本。

一支的弋阳腔也是明中后期到清代前期流行于京城的重要剧种之一。弋阳腔从明代嘉靖年间开始在北京出现，万历年间曾应召入宫应差，在西苑玉熙宫出演。由于弋阳腔受到宫廷肯定，使得它在北京城颇受推崇，到清代康熙年间已经占据戏曲的主导地位。震钧的《天咫偶闻》记载：“国初最尚昆腔戏……后乃盛行弋腔，欲呼高腔，仍昆腔之辞，变其音节而。”①

作为最高统治者的清朝皇帝，也需要娱乐消遣，也对戏曲有着浓厚的兴趣，他们对昆腔和弋阳腔的关注，甚至是认识也颇为独到。康熙皇帝就曾经有过一段对昆腔、弋阳腔的言论，读起来颇值得玩味，他说：“魏珠传旨，尔等向之所司者，昆弋丝竹，各有职掌，岂可一日少闲，况食厚赐，家给人足，非常天恩，无以可报。昆山腔，当勉声咏，律和声察，板眼明出，调分南北，宫商不相依混乱，丝竹与曲相合为一家，手足与举止睛转而成自然，可称梨园之美何如也。又弋阳佳传，其来久矣，自唐霓裳失传之后，惟元人百种世所共喜。渐至有明，有院本北调不下数十种，今皆废弃不问，只剩弋阳腔而已。近年弋阳亦被外边俗曲乱道，所存十中无一二矣。独在因旧教习，口传心授，故未失真。尔等益加温习，朝夕育读，细察平上去入，因字而得腔，因腔而得理。”② 作为清朝最高统治者，康熙皇帝对昆腔、弋阳腔有如此精到的见地，足见其对戏曲的喜爱。皇帝如此关注戏曲，其大臣自然要尽力去迎合，康熙三十二年（1693 年）十二月，苏州织造李煦上奏说道：“今寻得几个女孩子，要教一班戏送进，以博皇上一笑。窃想昆腔颇多，正要寻个弋腔好教习，学成送去，无奈遍处求访，总再没有好的。”③ 李熙作为康熙的宠臣，当然要千方百计地寻求弋阳腔表演出色者。但从这个过程看，由于皇家的介入和统治阶层高层的重视，对昆腔、弋阳腔在北京的流传和发展起到了直接的促动作用。

当时在北京较为著名的有昆腔的聚合班、三也班、可娱班、景运班、南雅小班、兰红小班等，每个戏班有二十余人，班内由班主主持诸项事务。孔尚任曾记录康熙朝时北京的戏班中最为出名和具有影响力的三大戏班时说：“燕市诸伶，惟聚合、三也、可娱。三家老手，鼎足时名。”④ 康熙时期的三大名班在清代北京戏曲发展历史上成为重要的开端，尤其是聚

① 震钧：《天咫偶闻》，北京古籍出版社 1981 年版。

② 《掌故丛编》，故宫博物院掌故部编。

③ 《李熙奏折》，中华书局 1976 年版。

④ 《孔尚任诗文集》，中华书局 1962 年版。

合班，康熙年间曾经出演洪昇的《长生殿》而名留青史。王应奎的《柳南随笔》对这家戏班出演《长生殿》曾记载说："康熙丁卯、戊辰（二十六年、1687年，二十七年、1688年）京师梨园子弟以内聚班（聚合班又一名称）为第一。时钱塘洪太学昉思昇著《长生殿》传奇初成，授内聚班演之，圣视览之称快善，赐优人白金二十两，且向诸亲王称之，于是诸亲王及内阁大臣凡有燕会必演此剧。"①《长生殿》被搬上戏曲舞台，受到清朝统治者的如此关注，在清代前期也是颇为少见的。洪昇不仅《长生殿》被聚合班搬上戏曲舞台，他的另一部剧本《小忽雷》也被景云班在康熙三十四年（1695年）前后搬上戏曲舞台。洪昇在他的诗文集中曾记载："予《小忽雷》填词成，长安传看，欲付梨园，竟无解音者，后得景云部，始演之。"② 当时，在戏曲演出活动中，南雅小班、兰红小班也极为活跃，康熙三十三年（1694年）南雅小班将顾彩的《离骚谱》搬上舞台，但是却没有了《招魂》一出戏。为此，孔尚任颇为不满，在他的诗作中抱怨说："顾郎新谱楚调成，南雅清商绝妙声。何事《招魂》删一折，筵前无泪雨君倾。"③ 其实作为堂会、筵席之中的娱乐形式，戏班自然要考虑自己所面对的听众，尤其是不能让听众在喜庆之余有败兴之事，删去《离骚谱》中《招魂》一出也许是为了迎合人们的喜庆之心。

康熙年间的演戏场所，除了达官显贵、王公大臣的堂会以外，都集中在北京南城一带。康熙十年（1671年）曾经规定：京师内城禁止开设戏馆，足见当时对戏曲的演出场所还是有很大的限制。康熙时期京城的主要戏曲演出的场所在南城的酒楼、茶园之内。戴璐的《藤阴杂记》引《亚谷丛书》说："京师戏馆惟太平园、四宜园最久，名亦佳。查家楼、月明楼其次。比年如方壶斋、蓬莱轩、升平轩最著。"④ 他根据自己的考察补记曰："今考诸园俱废，查楼仅存木榜。惟方壶斋屡易新名，人尚称为方壶斋；城西仅此一馆，春初尚盛，在永光寺西街。"从这些记载可以看到，清代早期通过文献能留下历史印记的京城演戏场馆主要有太平园、四宜园、查家楼、月明楼、方壶斋、蓬莱轩、升平轩等。孔尚任在其诗集注

① 《柳南随笔　续笔》，中华书局1983年版。
② 《孔尚任诗文集》卷四，中华书局1962年版。
③ 《孔尚任诗文集》卷四，中华书局1962年版。
④ 《藤阴杂记》，北京古籍出版社1982年版。

中曾提到："太平园今之梨园部也，每闻时事，即谱新声。"[①]"每闻时事，即谱新声"，从这里也可以看出清代前期戏曲班子呈现出多元化的特点，而且很多都是针对现实而写的。这也就不难理解为什么有清一代，北京戏曲一直是满族统治者极为关注的文化问题。吴长元在记载康熙到乾隆时期北京主要戏园子沿革变化时，谈及查家楼时说：查楼前"巷口有小木坊，旧书'查楼'二字。乾隆庚子毁于火。今重建，书'广和查楼'"[②]。戴璐《藤阴杂记》也记载说："查楼木榜尚存，改名广和。"[③]查楼本为明代富商查氏私人宅地内的戏楼，清代这里成为酒楼，并设有戏园子。康熙朝还称其为"查楼戏园"，后改称为广和戏园。《宸垣识略》云："查楼在肉市，明臣宝查氏所建戏楼，本朝为广和戏园。"[④]孔尚任作为著名学者、戏曲家和戏迷，对京城各个戏园子颇为熟悉，而且也时常到名儒显贵家中参加堂会，他在自己的诗注中曾提到："玉池生作《扬州梦》传奇，龙改庵作《琼花梦》传奇，曾于碧山堂、白云楼两处扮演，予皆见之。"[⑤]碧山堂为大学士徐乾学府第，孔尚任在这里看到《扬州梦》《琼花梦》，足见当时那些达官显贵家中的堂会也是很频繁的。

清代早期昆腔或弋阳腔的演员艺人的事迹流传下来的史料不多，能见到的昆腔的艺人主要有王紫稼、小宋、陆九、李修郎等人。

二　清前期活动于北京的代表性剧作家

康熙年间，随着清廷统治的稳定和经济的发展，京城社会生活及文化娱乐得到很大的发展和变化。北京戏曲到了康熙中后期有了很大的发展，这其中很重要的因素之一，是一大批具有很高文化修养和学识造诣的学者名家参与到戏曲剧本的创作、编写之中，并创作了一批有很高的艺术价值的戏曲剧本，留下了不朽之作。这其中有吴伟业、李渔、尤侗、龙燮、裘琏、顾彩、洪昇、孔尚任等，在他们寓居北京时，纷纷加入到戏曲剧本的创作过程中。这一方面为清代早期北京戏曲的发展提供了丰富的演剧剧本，使得北京戏曲的发展拥有了足够的演剧剧本来源。另一方面文人儒士

① 《孔尚任诗集》卷四，中华书局1962年版。
② 《宸垣识略》，北京出版社1982年版。
③ 《藤阴杂记》，北京古籍出版社1982年版。
④ 《宸垣识略》，北京出版社1982年版。
⑤ 《孔尚任诗集》卷四，中华书局1962年版。

的参与，让北京戏曲，特别是昆腔和弋阳腔的艺术深度和表演艺术方式得到明显的改进。此外，这些剧作家来自于天南地北，他们的创作过程融汇了全国各地不同的地域文化养分，这大大地带动了北京戏曲的快速发展。而因为人们聚会于京师辇下，在融汇各地域文化的基础上，集中在京师升华和凝结，形成了具有北京文化风格的戏曲文化，不仅仅表现在戏曲演出内容上，就是在唱腔上也开始出现了融合昆腔、弋阳腔的京味唱腔。而这种融合和戏曲的变体，与著名的文人的直接参与是分不开的，尤其是李渔、洪昇、孔尚任等人，对清代北京戏曲发展所起的作用极为突出。

李渔，字笠鸿，晚字笠翁，浙江兰溪人。明末先后两次应乡试，但均名落孙山。李渔年轻时仰仗其家境丰裕，游历于四方。顺治年间，李渔移居于杭州，过着微雨烟霞之中，披蓑衣、戴斗笠悠闲自在地在西湖边垂钓的生活，遂又自号“湖上笠翁”。未几其又迁居金陵。在金陵时，李渔自建“芥子园”，取“芥子虽小，能纳须弥”之意。他先后撰写了十部供昆曲演唱的传奇剧本，后编为《笠翁十种曲》。李渔蓄养家班，自己亲自排演他所写剧本，并“薄游吴市，携女乐一部，自度梨园法曲，红弦翠袖，烛影参差，望者疑为神仙中人”①。康熙五年（1666 年）和康熙十二年（1672 年）李渔两进北京，住在韩家巷，并仿其在金陵的宅第，又建芥子园。李渔在北京的时间虽然不是很长，但是由于李渔在戏曲方面的造诣，特别是他自己开戏班，由两个爱妾组成家班，在戏曲界极有影响。因此，他的进京对北京戏曲的发展无疑是一次很大的刺激和促进。

尤侗，字同人，号悔庵，晚号艮斋，江苏长洲（今苏州）人，是明末清初文学家、戏曲家。康熙年间开博学鸿儒科，他以六十余岁举博学鸿儒科，诗词古文俱佳，被康熙称为“老名士”，授翰林院检讨，参与撰修《明史》之事。其诗文多新警之思，杂小谐谑，笔调酣畅，格调多样。当时有人记载说，他的每一篇诗文写就，往往引得人们争相传诵，成为一种风尚。尤侗所撰《西堂杂俎》盛行于世。还著有《艮斋杂记》《鹤栖堂文集》及传奇《钧天乐》、杂剧《读离骚》《吊琵琶》等作品。尤侗性情耿直，又有些恃才自负。但他前半生仕途坎坷，总有一种怀才不遇的悲愤之情，所以在他的作品中往往表现出来的是对社会现实的不满和抨击，他时常是借着自己的剧作来抒发其内心的郁闷。他在《钧天乐》中描述了科

① 《闲情偶寄》，北京燕山出版社 1998 年版。

场的积弊，剧中博学多才的沈白等名落孙山，而不学无术的贾斯文等却倚仗财势而高中。后来天界开科，遴选真才实学者，沈白等才得以施展自己的才华，得志于仙宫。这实际上就是他自己经历的写照。在他的杂剧中，《读离骚》隐括《楚辞》诸篇，描写屈原遭谗放逐，最后投江而死，被龙王迎为水府水仙，宋玉赋辞以祭。《清平调》写李白因《清平调》三章极受杨贵妃称赏而得中状元，荣耀一时。《桃花源》写陶渊明辞官归隐，作词自祭，最后入桃花源成仙。这些剧本基本上都是通过描述历史上怀才不遇的名士才子的坎坷经历，来发泄自己内心的不满，并为怀才不遇之人大鸣不平。在这些剧作中，尤侗皆按照自己的好恶来虚构这些有才华的名士的结局，表露出他鲜明的思想感情。另外，他的《吊琵琶》演绎王昭君的故事，《黑白卫》演绎聂隐娘故事，也都是鸣不平之慨。尤侗的剧作以老练、简朴而著称，其文辞慷慨激昂，感染力很强，具有很强的煽动性。王士禛评价尤侗的剧作戏文时说："激昂慷慨，可使风云变色，自是天地间一种至文。"①

龙燮（1640—1697年），安徽望江人，字二为，又字理侯，号石楼、雷岸、改庵，别署雷峰居士。龙燮年少时颇为聪慧，少年时便熟读《六经》《史记》《汉书》以及唐宋诸大家。年十二时应童子试，得首名。年长后应乡试，数次不第，自己倍感羞辱，便闭户幽居山中而不再应试，沉浸于古赋诗文之中。期间，曾经为家乡纂修《望江县志》。康熙十八年（1679年），朝廷举博学鸿儒，龙燮以第四十八名取中，并被授翰林院检讨，参与校正《二十一史》和纂修《大清一统志》等。龙燮在京期间，在汉官文人中颇为活跃，与孔尚任等结社，唱和往来。龙燮工词曲，在当时京城中颇具诗名，诗文有《和苏诗》三集、《石楼藏稿》等。龙燮作为颇具文采的著名诗人，也积极参与到戏曲剧本的改造之中，他所撰传奇有《江花梦》（亦作《琼花梦》，又称《江花乐府》）及《芙蓉城》，合称《龙改庵二种曲》。《江花梦》当时在北京、扬州等地演出，盛况空前，尤侗、王士禛等人还题有观剧诗。殷誉庆曾作诗赞曰："一时争唱郢中词，除却双鬟更数谁。妙伎自经公瑾顾，从兹声价重京师。"足见其传奇影响之大。

裘琏（1644—1729年），字殷玉、蔗村，号废莪子，浙江慈溪人，康

① 《池北偶谈》，齐鲁书社2007年版。

熙五十四年（1715 年）进士，留有《横山文集》《横山诗集》，收录其诗文。裘琏在康熙二十六年（1687 年）参与《大清一统志》纂修，曾因半月纂修《三楚志》而被《大清一统志》总裁官徐乾学称为奇才。其留居京城，与诸文人学士以及满族显贵交往甚密，晚年之所以受废太子允礽牵连获罪，与其在京期间颇为活跃不无关联。在戏曲创作上，裘琏有传奇《女昆仑》，杂剧《昆明池》《集翠裘》《鉴湖隐》《旗亭馆》等，因其创作皆取材于唐代故事，故后被合称为《明翠湖亭四韵事》。

洪昇（1645—1704 年），字昉思，号稗畦，浙江钱塘（今杭州）人。其出身于没落官宦之家，曾做了二十余年太学生，盘桓于京城，但始终未获一官半职，这对洪昇打击甚大。洪昇才情洒脱，在京城盘桓之时广为结交，与王士禛、朱彝尊、陈维崧、赵执信等都有密切的交往。而其没落官宦之家的落寞和长时间的仕途无望，使得他性格上狂狷之态更为凸显。赵执信说他“故常不满人，亦不满于人”①，徐麟说他“交游宴集，每白眼踞坐，指古摘今”②。而他也常颇为感慨地留下“大地春回日，羁人泪尽时。七年身泛梗，八口命如丝”的诗句。也正是由于洪昇十分曲折的人生经历，使得他把更多的内心情结寄寓在他的戏曲创作上。他曾创作九部传奇，后仅存《长生殿》。另有杂剧《四蝉娟》传世。《长生殿》以唐明皇与杨贵妃的爱情故事为脉络，将唐明皇与杨贵妃的爱情故事放在安史之乱的大历史背景下去描写，将唐明皇、杨贵妃两个人之间的爱情在历史的巨变中丧失以及由此而产生的内心痛苦描绘得淋漓尽致。洪昇创作《长生殿》先后历时十年，几易其稿，康熙二十七年（1688 年）最后定稿完成。在随后的排演中，《长生殿》在京城文人之中引起极大的反响，戏班名伶亦争相出演，“爱文者喜其词，知音者赏其律，以是传闻益远。畜家乐者，攒笔竞写，转相教习。优伶能是，升价什佰”③。然而，也恰恰是《长生殿》给洪昇带来灾难。康熙二十八年（1689 年），佟皇后丧期内洪昇观演《长生殿》而被劾下狱，随后被革去学籍。从此，洪昇更彻底断了致仕的念头，此后往来于吴越山水之间，过着放浪潦倒的生活，在浙江吴兴夜醉落水而死。但《长生殿》却在京城一直作为戏曲演出的重要曲

① 《谈龙录·石洲诗话》，人民文学出版社 1981 年版。

② 《长生殿序》，人民文学出版社 1958 年版。

③ 《长生殿·吴舒凫序》，人民文学出版社 1958 年版。

目而延续下来。

孔尚任（1648—1718 年），字聘之，又字季重，号东塘、岸堂，别署云亭山人。山东曲阜人，为孔子后裔。康熙二十三年（1684 年）康熙帝南巡返京途中经过曲阜，孔尚任被荐在御前讲经，受到康熙皇帝赏识，便由国子临生的身份破格任国子监博士，后累迁户部员外郎。孔尚任以诗文著名，有《湖海集》《岸堂稿》等传世。他所创作的《桃花扇》以复社名士侯方域与秦淮名妓李香君的爱情故事为主线，讲述了南明弘光王朝由建立到覆灭动荡曲折的历史，“借离合之情，写兴亡之感”①。《桃花扇》的创作虽在孔尚任致仕之前，但其影响颇为显著，很快便在京城广为流传，成为北京戏曲演出中极为热门的曲目。

正是由于有李渔、尤侗、龙燮、裘琏、洪昇以及孔尚任等文人名士的直接参与，使得清代北京戏曲出现了一个发展高峰。特别值得注意的是，这批文人名士所参与的戏曲剧本创作也罢，或者是戏曲的排演也罢，都是在皇城之下京城所为，也可以说最重要的是发生在京师之地，这就与清代以前的情况大有不同。北京由于这些文人学士直接参与戏曲发展过程，推动北京戏曲发展进入了一个新的阶段，这为清代中后期北京戏曲的繁荣奠定了重要的基础，也成为北京戏曲发展历史上一个重要的阶段。

三　清乾隆年中后期“花雅之争”与“徽班进京”

清代北京戏曲发展到乾隆朝后期，出现了重大的转折，从康熙年以来盛行并为清朝统治阶层所接受和倡导的昆腔、弋阳京腔等雅部受到了秦腔、梆子腔、罗罗腔、二簧调等地方戏曲唱腔的花部明显的冲击和挑战，出现了清代北京戏曲发展的“花雅之争”。经过数十年花、雅两部的竞争、冲突和相互的吸纳，到乾隆五十五年（1790 年）徽班进京，花雅之争告一段落。从花雅之争到徽班进京，就戏曲发展本身而言，是雅部与花部的相互抗衡，但其本质上反映出清代中期北京社会风尚的变化，体现出北京文化在多元素文化冲突和交流中进一步融合、升华的演变历程。

清代康乾以来的花、雅之分，实际上是沿袭中国历代封建统治者将乐舞划分为雅部、俗部两种乐舞表现形式的传统旧例。中国古代历朝各代，在其统治意识中就有崇雅抑俗的文化理念。所谓“雅”，也就是“中正”，

① 《桃花扇·先声》，人民文学出版社 1982 年版。

扬雄曾说："交五声十二律也，或雅或郑，何也？曰：'中正则雅'。"[①]所谓"花"，也就是人们通常说的杂乱之意，相对于统治阶层以封建礼法意识确定的"雅"的对立者，被视为花杂不纯，被看作是野调俗曲，难登大雅之堂。所以，清代前期北京的花雅之争，花部所包含的诸戏腔又称为"乱弹"。

清代前期，作为清王朝的统治群体和文人阶层，将昆腔看作是雅乐正音，不仅内廷演戏多为昆腔，就是京城堂会和文人参与的戏曲创作，也以昆腔为主。昆腔，又称昆山腔、水磨调，以"调用水磨，拍捱冷板，声则平上去入之婉协，字则头腹尾音之毕匀，功深镕琢，气无烟火，启口轻圆，收音纯细"[②]而著名，从明代以来，一直是戏曲舞台上占据主流的戏曲唱腔。清代前期，作为明代以后就在封建统治者和上层社会被普遍接受的昆腔，以其讲求音律优美，乐词优雅而成为极其符合正统观念的雅音，这一点在明代以来就被统治阶层普遍性地认可，清前期自然也一如既往地被一并接纳。但是，就清前期的满族统治阶层而言，明代以来就被社会上层普遍接纳，占据戏曲舞台主导的昆腔，对刚刚入关且文化程度普遍低于关内汉族士大夫阶层的满族统治阶层来说，稍微有些太高雅了。作为已经成为全国统治者的满族统治者，当然要把昆腔这样的雅乐视为正乐，不管是不是真心地喜爱和是不是听得懂，确定昆腔的正统地位，无疑是清代统治者必须采取的文化欣赏姿态。在这样的一个发展前提之下，清代以来，尤其是经过顺治、康熙、雍正几朝的发展到乾隆年间，曾经在南北各地颇为活跃的弋阳腔在北京经过一定改良，与当时的北京语音相融合、衍变，形成了一种新的弋阳唱腔，也就是人们经常说的"京腔"。这种经过改良的弋阳京腔，用打击乐伴奏，并采用"一人启口，众人接腔"的帮腔式唱法，可谓是"铙钹喧阗，唱口嚣杂"。但是这种表演形式和唱腔，如果用于表现征伐、扑斗以及激烈的战争场景等这种喧闹的场面，十分适合。因此，弋阳京腔自然极为容易符合歌颂满洲八旗征讨平剿四方战功的表现需要，所以很快就被清王朝满族统治阶层所认同和接受。而京腔从声腔上看也日趋华丽，与昆腔并立，常在内廷演戏中出现。所以康熙皇帝曾说："昆弋丝竹，各有职掌，岂可一日少闲，况食厚赐，家给人足，非常天

---

① 《扬子法言·吾子》，嘉庆年石研斋刊本。

② 沈宠绥：《度曲须知·曲运隆衰》，商务印书馆民国廿四年（1935年）影印本。

恩，无以可报。昆山腔，当勉声咏，律和声察，板眼明出，调分南北，宫商不相依混乱，丝竹与曲相合为一家，手足与举止睛转而成自然，可称梨园之美何如也。又弋阳佳传，其来久矣，自唐霓裳失传之后，惟元人百种世所共喜。渐至有明，有院本北调不下数十种，今皆废弃不问，只剩弋阳腔而已。近年弋阳亦被外边俗曲乱道，所存十中无一二矣。独在因旧教习，口传心授，故未失真。尔等益加温习，朝夕育读，细察平上去入，因字而得腔，因腔而得理。”[①] 康熙三十二年（1693 年）十二月，苏州织造李煦在给皇帝的奏折中有“窃想昆腔颇多，正要寻个弋腔好教习，学成送去，无奈遍处求访，总再没有好的”[②] 之句。从上述的文献记载可以很明显地看出清康熙年间弋阳京腔已经是清朝最高统治阶层所接受和喜爱的。到乾隆年前期，京城更是出现《都门纪略》所称的集庆、萃庆、宜庆等“六大名班，九门轮转，称极盛焉”[③] 景象。

在对清代乾隆年间的花雅之争的研究中，虽然历史上很多文献将弋阳腔纳入到花部之中，如吴长元在其《燕兰小谱》例言中曾说道：“今以弋腔、梆子等曰花部，昆腔曰雅部。”李斗也说：“两淮盐务例蓄花雅两部，以备大戏。雅部即昆山腔。花部为京腔、秦腔、弋阳腔、梆子腔、罗罗腔、二簧调，统谓之乱弹。”[④] 但从清朝康乾时期内廷演戏状态看，除昆腔之外，弋阳腔以及由此演化来的京腔，在北京戏曲舞台上成为占据正统地位的戏曲唱腔。因此，近些年很多学者认为，清乾隆年间的花雅之争，并非像历史文献中所记载的，只是简单地归结为昆腔的雅部与花部诸腔之间的竞争，而是彼此互有交集。因此有学者甚至认为，历史文献中将弋阳腔归花部，这场相争除了当时昆腔与诸腔乱弹的“花雅之争”，也有弋阳腔与秦腔、梆子腔、罗罗腔等诸腔之间的相争，可谓是“花花之争”。实际上，清乾隆朝后期的“花雅之争”，其实就是受到清王朝最高统治者和社会上层按照传统礼法观念确定的昆腔、弋阳腔等清代前期“正牌雅音”与京城中下层新兴起的乱弹诸调之间相争。从本质上看，就是传统正宗雅乐意识与京城社会中下层戏曲欣赏观念之间的冲突。

清代前期经过百余年的发展，可谓是国家承平已久，出现了清朝统治

① 《掌故丛编》，故宫博物院掌故部编。

② 《李煦奏折》，中华书局 1972 年版。

③ 《都门纪略》，清荣录堂刊本。

④ 《扬州画舫录》卷五，中华书局 1997 年版。

者颇为自得的康乾盛世阶段。这个时候，京城生活经过百年积淀已经形成相对稳定的文化形态，北京城的居民不管是居于内城的满族皇帝、王公贵族、八旗旗民，还是寓居外城的汉族官员以及文人雅士、平民百姓，相对于清初之时，在生活上要殷富安逸，文化消遣需要以及文化消遣水平也日渐提高。在这样一个社会环境和文化背景下，人们对戏曲的欣赏要求当然要有所变化。昆曲很雅，音律优美，乐词优雅，但是听多了也有厌倦的时候。所以才有文献记载，京城民众“厌听吴骚，歌闻昆曲，辄轰然散去”[①]。而颇受满族最高统治者认可的弋阳京腔“一人启口，众人接腔”帮腔式唱法，场景自然颇为热闹，又很是高亢激昂。但是久而久之的高亢激昂“铙钹喧阗，唱口嚣杂”已经不能满足文化层次得到提高的京城八旗旗民的需要，更何况本来就很有文化修养的外城的汉族文人雅士。所以，尽管康熙皇帝时就不断地称赞“弋阳佳传，其来久矣”，但对汉族文人雅士以及文化修养已经明显提高的八旗旗民而言，弋阳京腔“实难供雅人之耳目”[②]。于是，人们自然要选择新的、能满足人们文化消遣心态的戏曲表现形式，清乾隆中叶魏长生进京带来的秦腔正好让京城民众突感耳目一新。

魏长生，字婉卿，四川金堂人（今四川成都市金堂县），生于乾隆九年（1744 年），卒于嘉庆七年（1802 年）。因其在家行三，故人称之为“魏三”。魏长生年幼时入秦腔戏班学习，很快脱颖而出成为川陕一带秦腔名角。乾隆三十九年（1774 年）魏长生第一次进京，带来《滚楼》《送灯》《葡萄架》等戏目，很快在北京引起关注。魏长生所唱秦腔与以往京城流行的昆曲、弋阳京腔最大的不同在于他用胡琴、月琴来进行伴奏，“以胡琴为主，月琴副之。工尺咿唔如话”，而且在舞台的表演中“旦色之无歌喉者，每借以藏拙焉”[③]。

这样新颖的表演方式，以胡琴、月琴伴奏，形成“工尺咿唔”的靡靡之音的新的舞台声乐效果，再加之魏长生所演出的戏目以男女风情戏为主，内容颇为符合当时京城承平冶游之风，曲词又通俗易懂，科白诙谐风趣，自然极大地满足了京城一大批戏曲观众的“声色之娱”的欣赏要求。

---

① 徐孝常：《梦中缘》序文，北京师范大学出版社 1993 年版。

② 杨静亭：《都门纪略》，清荣录堂刊本。

③ 吴长元：《燕兰小谱》，《清代传记丛刊》，台湾明文书局刊行。

甚至包括舞美、角色扮相上，魏长生都做了大胆的突破。比如，装扮女性旦角时，用小脚来表现等。所以有人评价说："京旦之装小脚者，昔日不过数出，举止每多瑟缩。自魏三擅名之后，无不以小脚登场，足挑目动，在在关情。"① 昭梿记载当时的场景时说："魏长生甲午岁入都，名动京师，凡王公贵位，以至词垣粉署无不倾掷缠头数千百，一时不得识交魏三者，无以为人。"② 在京城"不得识交魏三者，无以为人"，有其形容、夸张的色彩，但如果没有很大的影响，昭梿也不会这么写。魏长生带秦腔进京并迅速得到人们的强烈关注，这对以往在京城戏曲舞台占据主导地位的昆曲、弋阳京腔而言，是一次极大的冲击。乾隆四十四年（1779 年）魏长生二次进京，这次他主动入秦腔双庆部戏班挑大梁，京城再次掀起一轮追捧热潮。昔日以昆曲、京腔等占据京城戏曲舞台的六大名班立刻受到冷落，"一时观者而六大班既无人过问，或至散去"③。

对于乾隆年后期京城的戏剧舞台而言，昨天还是盛行数百年的雅音正调的昆曲昆腔，今天就冒出来悠扬胡琴、月琴伴奏下的"工尺咿唔"之音。昔日高亢激昂"铙钹喧阗，唱口嚣杂"的弋阳京腔，突然变成小脚京旦的"足挑目动，在在关情"。魏长生携秦腔进京，唱红京城戏台，拉开乾隆年后期京城"花雅之争"的大幕，形成了"习见其《滚楼》，举国若狂"④ 的局面，"豪儿士大夫亦为心醉。其他杂剧子胄无非科诨、诲淫之状，使京腔旧本置之高阁。一时歌楼，观者如堵。而六大班几无人过问，或至散去"⑤。清代北京戏曲发展进入了历史上最关键的转型期。在这场乾隆后期花雅之争的嬗变中，魏长生带来的改良秦腔，与乱弹诸腔对原有的戏曲唱腔产生的颠覆性冲击，映衬了京城社会风尚变化的需要。京城上下，不管是八旗旗民还是汉族文人雅士，惊讶之余便很快形成了深切的认同感和文化消遣的共鸣。当然，对于快速崛起的花部诸调，作为被视为雅部的昆曲、弋阳京腔，自然不肯示弱，也竭力与之抗衡。特别是在封建统治阶层内部，一部分人对此大加指责，称魏长生所演之戏"冶艳成风""尽为靡靡之音矣"。斥责其："魏三曰'妖'以其开淫冶之风，旧

① 吴长元：《燕兰小谱》，《清代传记丛刊》，台湾明文书局 1980 年刊行。

② 昭梿：《啸亭杂录》，中华书局 1982 年版。

③ 吴长元：《燕兰小谱》，《清代传记丛刊》，台湾明文书局 1980 年刊行。

④ 小铁笛道人：《日下看花记》，《清代燕都梨园史料》，中国戏剧出版社 1988 年版。

⑤ 吴长元：《燕兰小谱》，《清代传记丛刊》，台湾明文书局 1980 年刊行。

评曰‘骚’，未足以概之”，“可称野狐教主”。[①] 在这样的激烈冲突下，乾隆五十年（1785 年）清廷以有伤风化为由正式下令禁演秦腔，乾隆皇帝诏令：“嗣后城外戏班，除昆、弋两腔仍听其演唱外，其秦腔戏班交步军统领五城出示禁止。现在本班戏子，概令改归昆、弋两腔。如不愿者，听其另谋生理。倘有怙恶不遵者，交该衙门查拿惩治，递解回籍。”[②] 在这样的文化管制政策高压下，魏长生等被迫南下扬州。花雅之争，在京城似乎暂告一段落，但是在江南地区，秦腔的传播再一次掀起花部诸调相互融合交流的高潮，这无形中大大促进了江南地区的戏曲革新，并由此使得秦腔与徽汉合流，形成了新的戏曲唱腔，并在全国逐渐流行起来。

乾隆五十五年（1790 年），为庆贺乾隆皇帝八十寿辰，清廷在京城再度开放戏曲演出，清廷从各地征调不同戏种到北京演出。为显示乾隆皇帝八十寿诞的隆重，从紫禁城到圆明园沿途，设立大量的戏台，从西华门外到西直门外高梁桥，每隔数十步设立一戏台，由全国各地征调来的不同戏种登台演出。一时间京城内外，南腔北调齐唱，四方乐律同鸣，可谓天下诸调荟萃争艳。这其中，从扬州征调的以高郎亭为台柱子的“三庆徽班”在各地调演戏曲中异军突起，引人注目。

从扬州征调的“三庆班”作为徽班突出的代表性戏班，以唱二黄调为主，并兼唱昆曲、吹腔、梆子等，是一个花雅两部各调兼顾的戏班子。“三庆徽班”进京以后，“四喜”“启秀”“霓翠”“和春”“春台”等徽班也相继进京，并逐步整合为“三庆”“四喜”“春台”“和春”四个有一定规模和影响的安徽戏班，也就是后人所说的“四大徽班”。徽调是产生于安徽安庆地区的一种声腔剧种，它本身就是在吹腔、高拨子及其演化出来的二黄调，是一种不同地域声腔融合的剧种，最初的腔调也只有徽州调和青阳调。乾隆年间它在江南地区，特别是扬州一带受秦腔的影响颇重，又吸纳了弋阳腔、昆山腔、梆子等花、雅各部唱腔元素，逐渐创立出一种兼收并蓄新唱腔。徽班进京后，在京城戏曲舞台上展现出一种新的面貌，同台之上，花、雅各部不同声腔曲调汇聚一台，既有高亢激越之声，又有委婉悠扬之调，或浑厚深沉，或妩媚艳丽，将花部诸调声乐艺术的美感有机地融汇到一起。在剧目上也极为丰富，既有社会政治题材的正剧，

---

① 吴长元：《燕兰小谱》，《清代传记丛刊》，台湾明文书局 1980 年刊行。

② 《钦定大清会典事例》，清光绪内府刊本。

又有民间生活情趣的小戏，角色活泼，扮相丰富，一改以往京城戏曲舞台上占据主导地位的昆腔低回沉闷和弋阳京腔平直高亢的风格，可谓是雅俗共赏，所造成的冲击力度远远大于当初魏长生的秦腔给雅部唱腔造成的影响，并迅速为京城戏曲观众所喜爱。尤其是四大徽班各自有各自的戏曲演出风格，形成所谓“三庆的轴子，四喜的曲子，和春的把子，春台的孩子”的演出风格，并且在京城取得戏曲舞台上主导性的地位。这样一种全新的戏曲格局，为乾隆年后期北京的花雅之争画上了一个句号，也标志着北京戏曲发展进入了一个全新的时代。

四　清后期徽汉合流与京剧的形成

乾隆末年的徽班进京以及花雅之争告一段落，带来北京戏曲发展的新时代。以徽调并兼容花部诸调的徽戏从乾隆末年到道光年间在京城戏曲舞台上极为活跃，并占据着主导性地位。这种京城戏曲格局持续到清道光年间。随着汉剧的进京，京城戏曲开始出现新的变化。汉剧，又称为“楚调”“汉调”，是以西皮、二黄为主要声腔的地方戏种，原主要流行于湖北汉水一带。汉剧在乾隆年末期进入北京，但是并没有徽戏的影响突出。但是汉剧与徽调之间，在其各自的形成过程中就有一定的“血缘关系”，二者唱腔之中都吸纳了皮黄腔的艺术成分。因此，很多汉剧戏曲演员进京后，往往搭班于徽班。清嘉庆年间，汉剧老生米应先到北京后与徽班春台班搭伙，承担三国戏关羽一角，在京城引起轰动。随后陆续进京的汉剧戏曲演员王洪贵、李六、余三胜等也分别进入徽班。王洪贵成为和春班头牌老生，李六搭班春台班唱老生戏，余三胜虽进京晚于王洪贵、李六，但很快成为春台班的首席老生。李六在春台班以《醉写吓蛮书》《扫雪》而名噪京城，王洪贵则以《让成都》《击鼓骂曹》而成为京城老生名角，余三胜以《定军山》《四郎探母》《当锏卖马》《碰碑》等老生剧目被视为春台班首席老生。到道光年后期，京城著名戏班基本形成了以老生担任领班的局面。正是汉剧演员进入徽班，与徽班演员同台献艺，相互交流切磋，并逐步成为戏班头牌的演变过程，使得徽调与汉剧从更深层次进行艺术整合，开创了京城徽汉合流的戏曲发展新局面。

徽汉合流使得徽调大量吸纳汉剧皮黄腔的唱腔特点，这对徽班声腔曲调的改造有着极大的推进，形成“班曰徽班，调曰汉调”的格局，由此出现了全新的皮黄腔，这标志着一个新的戏曲种类——京剧的形成。其一，是在声腔上以二黄、西皮为主，形成了由板腔体和曲牌体混合而成的新的唱腔，曲调板式上更为完善和丰富，形成具有全新特征的皮黄腔为主要音乐形式的唱腔。其二，在唱念上以中原音韵为语言规范，同时吸纳很多北京话的字音，形成了统一的语音标准。当然，其中在唱念四声上保留了大量湖北地方方言的声调。其三，徽汉合流形成了相对固定和情节系统的演唱剧目。其四，在舞台角色的装扮和表现上，也开始形成相对程式化的演出形式。当然，新的戏种出现，并不是以“京剧”来命名的，当时称之为“皮黄”，“京剧”一词的通行使用还是20世纪后才逐渐稳定下来的。徽汉合流后形成的京剧，在北京形成气候，很重要的一个标志就是在舞台上出现了第一批京剧演唱的标志性人物，也就是人们通常所说的京剧形成初期的“老生三杰”程长庚、余三胜、张二奎。他们在皮黄初创时期的唱腔、念白以及表演形式上做出了极为突出的贡献，也为后来京剧的成熟发展奠定了坚实的基础。

同治、光绪年以后，随着人们对皮黄的广泛认可和喜爱，皮黄的发展更趋成熟，出现了北京京剧发展的“老生后三杰”，即谭鑫培、汪桂芬、孙菊仙。其中，谭鑫培在其探索皮黄唱法过程中，秉承程长庚、余三胜、张二奎各家艺术之长，从昆曲、梆子、大鼓以及皮黄的青衣、花旦、老旦等唱腔中吸纳表演养分，融汇于演唱之中，创造出京剧艺术中独具艺术特色的“谭派”，并在当时被称为京城“伶界大王”，以至后来有“无腔不学谭”之说，北京京剧后来出现的余叔岩、言菊朋、高庆奎、马连良等艺术大家，都是在师宗谭派的基础上发展而来，并形成新的京剧艺术流派。京剧在北京形成的戏曲舞台主流艺术地位，也得到了清王朝最高统治阶层的认可和喜爱，他们甚至成为京剧发展的热心推动者。光绪九年（1883年）慈禧五十寿辰，内廷特意挑选张淇林、杨隆寿、鲍福山、彩福禄、严福喜等十八人入宫当差。这些入宫当差的京剧演员不仅在大内演唱京剧，还承担起内廷京剧教习之责，向内廷太监们传授京剧技艺。从此以后，清内廷的升平署每年都要挑选京剧名角进宫当差，谭鑫培、杨月楼、孙菊仙、陈德霖、王楞仙、杨小楼、余玉琴、朱文英、王瑶卿、龚云甫、穆凤山、钱金福等生、旦、净、丑的名家都曾先后进宫应承，一直持续到清王朝灭亡才终止。清代统治者甚至亲自参与到京剧艺术改造的具体环节之中。西太后慈禧对京剧的研究颇为深刻，她不仅精通京剧音律，甚至还亲自粉墨登场。看戏的时候，常常手中拿着“贯串”边看戏边对照。一旦发现有错，立即责骂，甚至降罪。唱得好的便当场赞扬，给予赏赐。她曾经主持改编宫廷大戏《昭代箫韶》，并亲自编写唱词。在《昭代箫韶》改编的《雁门关》中，饰演萧太后的陈德霖因为经常进宫承差，比较注意慈禧走路的步伐姿势，于是在饰演萧太后时模仿着慈禧的走路方式，颇为逼真，慈禧看后大悦。以后陈德霖在宫外扮演《四郎探母》中的萧太后，也依旧如此步伐，红极一时，甚至成为一种饰演萧太后的程式化表演。与此同时，前门外的京城各个戏园子京剧成为主要的表演艺术形式，京城的京剧戏迷追捧京剧名角成为京城上下一种时尚。而这些京剧戏迷，在欣赏京剧演唱时也无形中对京剧艺术发展产生了极大的影响。京城戏迷观赏京剧时对演唱者的优劣的反应态度极为明朗，唱得好，不约而同地齐声喝彩，唱得不好，也异口同声地喝着倒彩。这种当场喝彩以表明其喜好和反感的方式成为京剧文化中极为显著的特色，而且一直流传下来。对于如此直白的褒贬方式，关乎京剧演员的表演声誉，京剧演员自然不敢怠慢，希望与台下的观众形成彼此呼应的和谐场景。很多京剧演员甚至在一些唱腔唱段的设计上，都或多或少地注意到台下观众的喝彩因素，在唱腔节奏上与台下的喝彩相互照应。这无疑是对京剧艺术的演化和发展产生了重大的影响。在一个戏曲剧种上，威严庄重的帝王意识和活泼明快的市井百姓态度同时发挥着至关重要的作用，并且和谐地融入在一个剧种之中，这在以往京城戏曲发展中是难以想象的。也正是由于有这样的艺术欣赏氛围和艺术表演的客观动因，进一步推动了北京京剧不断成熟，最终使之成为“国粹”。

第二节　清代北京书画艺术

一　清代北京具有代表性的汉族书法家

清代入主中原之后，由于其前期顺治、康熙、雍正几朝对吸纳汉族文化以及艺术都极为重视，特别是到了乾隆年间，清朝文化发展达到鼎盛阶段，使得有清一代在书画艺术发展上与以往相比有了跨越性的发展。特别是清代更为注重对文人学子的笼络和控制，不仅是在学术上竭力吸引名士大家汇集于京城，在书画艺术上也极为重视。尤其是“康乾盛世”的出现，人们对书画艺术的关注和热情由于康熙、乾隆等帝王的喜好所带动，王公大臣及民间百姓对书画艺术的爱好和追求更为炙热。清朝帝王对书画的嗜好以及对某一位书画名家的偏好，又往往引发京师上下争相效仿，这无疑让清代前期北京书画艺术的发展形成了此起彼伏的发展热潮。而清朝内廷对西洋绘画的关注和任用西洋御用画师，西方绘画艺术开始在大内发挥着重要的影响作用，这使得清代前期北京书画艺术的发展进入了一个全新的时代。这客观上使得清代前期北京的书画艺术形成了一个新的高峰，并且形成了北京书画艺术发展的新特点。

清代早期北京书画艺术的发展首先是体现出集全国书画艺术人才于一城的繁荣景象。清王朝统治确定以后，出于其统治需要，自然要强化其文化统治，其中一个重要的文化控制举措就是以各种口实将各地文人名士汇聚于京师，这其中不乏书法大家和绘画名流。历数清代前期著名的书画名家，或在北京为官，或以博学鸿儒科而汇聚于京城，很多人虽然在京时间并不是很长，但由于其在书画艺术领域的巨大影响，也在京城留下了深刻的艺术痕迹。

清初著名书家王澍就是众多书法大家的代表人物之一。王澍（1668—1743年），字若霖、篛林、若林，号虚舟，亦自署二泉寓居，别号竹云，江苏金坛人。康熙朝其以善书而著名，世人评价“澍论书尤详，一时所宗”[①]，故被特命任五经篆文馆总裁官。王澍虽留京时间不长，但其书法对后世影响颇深，是清代北京早期影响深远的书法大家。

刘墉（1719—1804年），字崇如，号石庵、木菴、青原、香岩、勗斋、东武、溟华、日观峰道人等，山东诸城人，乾隆十六年（1751年）进士，授编修、侍讲等职，累迁内阁学士、四库馆副总裁官、吏部尚书、协办大学士、体仁阁大学士等职。刘墉作为清四家之一，尤擅小楷，其书法体丰骨劲，浑厚敦实，既有钟繇、王羲之书之神韵，又有颜体法度，且小楷承继魏晋风尚，有极高的书法艺术造诣，在京城有着极为重要的影响。刘墉好用浓墨挥洒，故京城民间有“浓墨宰相”之称，由此而将其书法创作风格彰显得极为突出。

梁同书（1723—1815年），字元颖，号山舟，晚号不翁、石翁，九十以后号新吾长翁，浙江钱塘人（今浙江杭州），乾隆十二年（1747年）举人，乾隆十七年（1752年）赐进士，授翰林院庶吉士、散馆授编修。后历任顺天府乡试考官、会试同考官、翰林院侍讲、日讲起居注官等职，

① 《清史稿》，中华书局1977年版。

后赐加侍讲学士衔。梁同书书法承继赵孟頫、董其昌遗风，又得苏轼、米芾之神韵，在京城留居期间，颇受人们所追捧，甚至得到乾隆皇帝大加称赞，为当时人们所效仿。

翁方纲（1733—1818年），字正三、忠叙，号覃溪、彝斋、覃谿，晚号苏斋，顺天府大兴人（今北京），乾隆十七年（1752年）进士，授翰林院编修，后历任江西、广东学政及会试考官，后累官内阁大学士。翁方纲书法师欧、虞书风，讲求法度，尤善隶书，为清前期“翁、刘、梁、王”清四家之一。其金石碑帖鉴赏、考证造诣极高，著有《两汉金石记》《粤东金石略》《汉石经残字考》《焦山鼎铭考》《庙堂碑唐本存字》《苏斋题跋》《苏米斋兰亭考》等诸多著作。翁方纲书法恪守古人法度，极力主张字字有出处、笔笔有来历，并且尊重恪守古人法度的书法理念终其一生。马宗霍在谈论其书法造诣时认为：“覃溪以谨守法度，颇为论者所讥；然其小真书工整厚实，大似唐人写经，其朴静之境，亦非石庵所能到也。”①

二　清代北京满族贵族书法家

清前期的北京城，不仅汇集了各地的书家名流，使得北京城内书法之风尤盛。而且由于清朝统治者对书法流派的喜好也左右和影响着京城上下人们的习书潮流。特别是康熙、乾隆颇为喜爱董其昌、赵孟頫书法，以至于京城内外以习董其昌书法为时尚。康熙皇帝在《跋董其昌墨迹后》之中曾这样评价董其昌：“华亭董其昌书法，天姿迥异，其高秀圆润之致，流行于楮墨间，非诸家所能及也。每于若不经意处，丰神独绝，如微云卷舒，清风飘拂，尤得天然之趣。”在康熙皇帝的眼中，董其昌书法已入神境，其评价之高，颇为鲜见。而帝王的如此厚爱，京城官宦重臣以及学子名流自然也纷纷效仿临习董其昌书法，特别是应试举子，更以董氏书法为蓝本习之，以借此荣获考官青睐。这种风气和影响在清朝满族统治者上层以及旗人中也带来深刻的影响，其中成亲王永瑆、正黄旗铁保就是其中重要的代表人物。

永瑆（1725—1823年），号少厂，字镜全，为乾隆皇帝弘历第十一子，乾隆五十四年（1789年）被封为成亲王。永瑆自幼喜好书法，在乾

① 马宗霍：《霎岳楼笔谈》。

隆诸子之中颇为出色。由于其在书法上的特长，再加之其颇受恩宠，皇太后曾将大内所藏西晋书法大家陆机的《平复帖》赏赐给永瑆，故永瑆又别号为诒晋斋主人，晚年诗文集也定名为《诒晋斋诗文集》。有清一代，尤其是康熙、雍正及乾隆等对皇子教育极为重视，书法作为其基本文化培训，一直极为重视。清代宗室子弟研习书法，由于其特有的政治身份和社会地位，所选择临习之字也颇为讲究，多以赵孟頫、颜真卿楷书为基础，并参酌宋徽宗瘦金体。所以清代宗室后裔书法形成了一种相对固定的风格特点。而作为乾隆之子的永瑆，并没有完全恪守常规的书法临习要求，而更多的是楷书临习赵孟頫、欧阳询书风，小楷则承继晋唐之风。尤其是作为皇子，大内丰富的书画收藏，使得他有得天独厚的优势，这对他的书法造诣有着重要的促进作用。清代书法家杨翰曾评价永瑆："王得窥内府所藏，而自藏又甚富，故书法大备如是，大抵皆从帖中问津，未深究古碑耳。"永瑆书法用笔洒脱俊逸，尤其是行草书既有晋唐飘逸之风，又兼欧体、赵体端庄之范，使得他在当时京城极具名望，与刘墉、翁方纲、铁保并称为清中期四大家。昭梿曾记载说："永瑆名重一时，士大夫得片纸只字，重若珍宝。论者谓国朝自王若霖（澍）下，一人而已。"[①] 而嘉庆皇帝也对永瑆书法大加赞扬说："朕兄成亲王自幼专精书法，深得古人用笔之意。博涉诸家，兼工各体，数十年临池无间，近日朝臣文字之工书者，罕出其右。"

清中期以后，颇具代表性的满族书法家铁保，不仅在京城八旗显贵之中极具盛名，在清代历史上也是著名的书法大家之一。铁保（1725—1824 年），字冶亭、铁卿，号梅庵，正黄旗武将世家。铁保作为八旗贵胄子弟，十岁开始在家延师读书，十六岁入国子监学习，乾隆三十七年（1772 年）中举，授翰林院庶吉士，随后授吏部主事，累迁郎中、少詹事，擢翰林侍讲学士、内阁学士，历任礼部侍郎、吏部侍郎、叶尔羌办事大臣、喀什噶尔参赞大臣、山东巡抚、漕运总督、两江总督等职，并加太子少保。铁保年轻时便以其文采闻名于京师，与百龄、法式善并称为"北方三才子"。其曾任《八旗通志》总裁官，并编纂《白山诗介》一三七卷。铁保一生仕途颇为坎坷周折，但其每每起伏，都淡然处之，心胸豁达，显示出他那种旷达情怀，这种情怀在其书法上体现得颇为典型。铁保

① 昭梿：《啸亭杂录》，中华书局出 1982 年版。

少时习书，楷书宗颜真卿之书，行草以王羲之、王献之父子行草以及怀素、孙过庭草书为师。铁保作为八旗贵胄子弟，少时入国子监学习，自然要按照满族八旗子弟教育模式培养，所以少时以颜真卿书法为宗师。但铁保不仅仅在楷书上延承颜体的厚重端庄，也颇为留心晋唐书法的灵逸之气，除了二王、怀素草书之外，格外推崇张旭草书，由此形成他在书法创作上灵动潇洒、旷达俊逸的书法风格。马宗霍在评价铁保书法成就时曾说："铁公《神道碑》楷书模平原，草书法右军，旁及怀素、孙过庭，临池功夫，天下莫及。"而铁保本人也视书法为重，他在自己的一首诗中谈道："半生涂抹习难除，一任旁人笑墨楮，他日儿孙搜画箧，不留金币但留书。"书法情怀跃然纸上。铁保除了留有诗文集《惟清斋全集》之外，还刊行有《惟清斋帖》。后人将铁保与永瑆、翁方纲、刘墉并称为清中期四大家，足以体现他在书法方面的杰出造诣。

三　清前期活动于北京的著名画家

清王朝问鼎中原之后，为强化其文化统治，用各种方式将各地著名文人网罗于京城。这些文人往往在京城士子文人交往中，相互和唱之外也有书画交谊。这使得北京城内形成了一个文人雅士交往的文化形态。其中部分文人也偶有应帝王或王公所邀，为其创作画作。这些文人身份的画家所创作的画作往往具有很深厚的文化内涵，形成了清代前期京城绘画领域的一个重要的绘画流派，其突出的代表人物主要有王原祁、蒋廷锡、邹一桂等。

王原祁（1642—1715 年），字茂京，号麓台、石师道人，江苏太仓人。康熙九年（1670 年）进士，先后任侍讲学士、侍读学士、户部侍郎、佩文斋书画谱纂辑官等职。王原祁在绘画上具有很高的艺术造诣，并一直以其绘画造诣供奉于内廷。康熙四十四年（1705 年）充《佩文斋书画谱》纂辑官，主持画谱的撰修。康熙五十六年（1717 年）亲自主持"万寿盛典图"绘制事项，为康熙皇帝庆寿。王原祁长于山水之画，承继元四家之画风，师黄公望，以干笔焦墨、层层皴擦而著称。所用之笔沉着、厚重，自诩笔端有金刚杵。王原祁以其精湛的画艺和深邃的画论而著称于清前期的京城，曾著有《雨窗漫笔》《麓台题画稿》。尤其是由于他受到康熙皇帝的恩宠和信任，又当值于内廷鉴定书画，备受人们尊崇，故与王时敏、王鉴、王翚并称"四王"。

蒋廷锡（1669—1732 年），字扬孙、西君，号南沙、西谷、青桐居士，江苏常熟人。康熙四十二年（1703 年）进士，授翰林院编修，先后任礼部侍郎、户部尚书、文华殿大学士，加太子太傅衔。蒋廷锡作为雍正朝要臣，曾主持编校《古今图书集成》，并任《明史》总裁官。其在学术上颇有建树，在诗坛上有江左十五才子之一的美誉。蒋廷锡久居京城，其所创蒋派花鸟，以没骨画技为基础，灵动洒脱而倾动京师，被后人视为清代前期著名的文人绘画大师。蒋廷锡与其他文人绘画风格有很大的不同，他的画作时常表现出祥瑞之气，取材颇为雅致，画风追求富丽堂皇，且往往面幅很大，容易被人们误认为大内御用宫廷画家。

清代前期，由于康乾时期帝王对书画艺术的热忱，自然会让内府等机构强化对具有很高艺术造诣画师的网罗和供养。由此，形成了在北京艺术发展史上具有典型创作风格的清内廷绘画流派。清初入中原之后也参照前朝旧例，在内廷设立专门机构负责管理绘画及画师等事项。顺治到雍正期间，对于画师的网罗和管理由造办处承担。乾隆元年（1736 年）清内廷设画院处，后又设如意馆，专门对御用画师进行管理。画院处后与珐琅处合并，如意馆除督办宫内匠作物件之外，主要负责管理绘画的画师，成为清王朝内廷的画院。康熙、乾隆两个皇帝对中国古代书画有着极为浓厚的兴趣，所以对画院处四处搜罗画家也颇为重视，多方眷顾，可谓是隆恩浩荡。昭梿在《啸亭杂录》中记载：“如意馆在启祥宫南，馆室数楹，凡绘工、文史及雕琢玉器、裱褙帖轴之诸匠皆在焉。乾隆中，纯皇万几之暇，尝幸院中看绘士作画，有用笔草率者，辄手教之，时以为荣。有绘士张宗苍，以山水擅长，仿北宋诸家，无不毕肖。上嘉其艺，特赐工部主事，实为一时之盛。其他如陈孝泳、徐洋辈，皆以文学优长，或赐举人一体会试，或以外郡佐杂升用，亦各视其才具也。”① “有用笔草率者”，乾隆皇帝能“辄手教之”，可见其对如意馆的画师重视的程度。当然，对于如意馆所奉养的画师，清廷及其帝王只是视为供自己欣赏、把玩的服务对象，并没有将其纳入清朝官吏体系中。《清史稿》记载：“清制画史供御者无官秩，设如意馆于启祥宫之南，凡绘工文史及雕琢玉器，装潢贴轴，皆在焉。”② 但是，在画院处、如意馆的画师们虽无正式官阶，由于其直接为

① 昭梿：《啸亭杂录·续录》，中华书局 1982 年版。

② 《清史稿·唐岱传》，中华书局 1977 年版。

皇上服务，其所享受待遇颇为优厚。而且画技精湛者也往往会享受到“皇恩眷顾”，所以才有“绘士张宗苍，以山水擅长，仿北宋诸家，无不毕肖。上嘉其艺，特赐工部主事，实为一时之盛”之事。从这一点可以看出，虽然画院处、如意馆供养的画师并不是清王朝统治体系内的官吏，但其因为直接为皇室提供服务，所获待遇又颇为丰厚，还是吸引了许多绘画高手汇集于此。顺治朝较为著名的画师有孟永光、张笃行、王国材、黄应谌等，康熙时画院处、如意馆供奉的著名画师有王崇节、顾铭、顾见龙、孙阜、王敬铭、叶洮、刘九穗、邹元斗、文永丰等。乾隆朝汇集的画师无论是从人数上还是从绘画水平上都出现了一个发展高峰，当时供奉的画师主要有唐岱、陈士俊、王致诚、程志道、周鲲、张宗苍、卢湛、王岑、金廷标、艾启蒙、张雨森、姚文瀚、张廷彦、程梁、沈映辉、陆授诗、陆遵书、方琮、袁锳、徐扬、王炳、杨大章、黄增、谢遂、李秉德、罗福、杜元枝、贺清泰、安德义、潘廷章、缪炳泰、陆灿等等，可谓是天下绘画高手齐聚辇下。其中正白旗的唐岱历经康熙、雍正、乾隆三朝，康熙时曾被赐“画状元”，誉为画坛“第一手”。

四　清代西洋绘画在北京的发展

清代前期京城绘画发展另一个显著的变化，就是西洋绘画技法的传入和内廷的大量使用。西洋绘画的大量引入内廷是这一时期京城绘画领域的一个极为突出的发展，甚至对中国古代绘画艺术发展都有着很重要的影响。

清王朝前期，西方教会不断派遣使臣、传教士到中国与清朝中央政府进行联络和沟通，力求打通西方天主教与中国的联系。这些受西方教会派遣到中国的使臣和传教士中有一批是具有较高绘画技艺的画家，他们用逼真的西方绘画技法让清朝的皇帝们感到惊喜。早在康熙年间，比利时籍传教士南怀仁就曾经用西洋油画透视法创作了三幅画作，被陈设在新落成的畅春园中。对于西洋绘画技法，康熙皇帝颇感兴趣并要求南怀仁等与耶稣会联系，希望耶稣会能派遣一些熟悉西洋油画创作的专门人才到中国。康熙五十二年（1713 年）意大利那不勒斯传教士马国贤根据内廷画家所绘的承德避暑山庄三十六景，用西洋绘画方式制作了铜版画《御制避暑山庄图咏三十六景》。随后，马国贤还主持绘制和制作了铜版《皇舆全览图》，并根据康熙皇帝的旨意传授西洋铜版画的技法。西洋绘画技法的逼真和直观，引发了清王朝皇帝浓厚的兴趣，开始全面接受西洋绘画技法的表现形式。康熙五十四年（1715 年）意大利米兰传教士郎世宁到中国后被康熙皇帝招入如意馆，开始了在中国皇宫内廷长达半个多世纪的画作创作生涯。郎世宁与在其之后先后到北京入内廷的王致诚、艾启蒙、安德义等被后人称为“清代四洋画家”，他们把西洋绘画技法在北京的发展推向了一个高潮阶段，也开创了清代前期北京西洋绘画艺术发展的新纪元。

郎世宁，1688 年生于意大利米兰，原名朱塞佩·伽斯底里奥内，19 岁时加入热那亚耶稣会，其擅长创作宗教画，并颇为向往中国文化，便向耶稣会申请派往中国。康熙五十四年他作为天主教耶稣会传教士来到中国，并受康熙皇帝召见入如意馆，成为清廷御用画师，从此在北京开始了他五十余年的宫廷画师的创作生涯。郎世宁历经康、雍、乾三朝，曾创作了大量画作。郎世宁所绘画作既有人物、肖像，也有花鸟、走兽、山水，其题材几乎涵盖所有内容，他针对康熙、雍正以及乾隆的喜好，以西洋绘画技法为基础，同时也融入了中国绘画技法和风格，开创了清代前期内廷绘画新的创作风格。他曾参与圆明园的修建，不仅参与圆明园西洋建筑的设计工作，还绘制了大量殿堂装饰画。他曾经传授西洋绘画技法给中国画师，由此创立和带动了清代内廷中西合璧的绘画流派。郎世宁在绘画方面的才华和造诣让康熙、雍正、乾隆三位皇帝极为欣赏，被赐封三品顶戴，享尽殊荣，不断得到三朝帝王的恩赏。他七十岁寿辰时，乾隆皇帝甚至亲笔为其书写祝词。乾隆三十一年（1766 年）郎世宁在北京病逝，乾隆专门为其下旨，拨付银三百两料理后事，并恩赏侍郎衔。郎世宁在北京生活的五十一年中，将西洋绘画技法与中国绘画表现手段有机地融合到一起，创立了以西洋画法为基础、中西合璧的清代内廷宫廷绘画风格。他的代表画作有《聚瑞图》《嵩献英芝图》《百骏图》《乾隆万树园赐宴图》《弘历及后妃像》《平定西域战图》《阿玉锡持矛荡寇图》等，特别是他的很多画作以清朝皇帝重大活动或者清代重大历史事件为表现题材，不仅充分展示出郎世宁对宏大场景画面创作的整体把握，也是后人了解当时历史原貌的重要参考。从这个角度说，其画作水平之高、创作之丰，他人难望其项背。郎世宁不仅仅在绘画上有极高的艺术造诣和丰硕的绘画成就，还参与了圆明园等地西洋建筑的设计建造工作，并培养了一大批中国绘画弟子，乾隆三年（1738 年）乾隆皇帝亲自下谕旨：“双鹤斋着郎世宁徒弟王幼学等画油画。”乾隆十六年（1751 年）乾隆皇帝又令“着再将包衣下秀气些小孩挑六个跟随郎世宁等学画油画”。正是由于清廷最高统治者的偏爱和垂青，让郎世宁得以在五十一年的清廷画师创作生涯中将自己的艺术才华尽情地释放出来，不仅仅留下了大量的优秀作品，对清代北京艺术发展也有着极为重要的贡献。

清代前期，不仅郎世宁以其中西合璧的绘画技法而获得康、雍、乾三位帝王的欣赏，像法国传教士王致诚、波西米亚传教士艾启蒙、意大利传教士安德义等都先后进入内廷如意馆，成为清朝宫廷画师。这些以传教士身份进入如意馆的西洋画师，将西洋绘画与清廷皇室的需求巧妙地融合到一起，一方面为西洋绘画进入大清王朝，得到清统治者的认可有着重要的影响作用。另一方面也让清前期北京的绘画艺术发展呈现出一种全新的面貌。尤其是随着清朝皇帝的喜爱，并专门派人跟随这些西洋画师学习西洋绘画技法，使得西方绘画有效地传入中国。清朝最高统治者对西方绘画技法的喜爱和重视，使得西方绘画技巧在清内廷形成了很强的影响力。清朝宫廷流传下来的帝后像，基本上都是以西洋绘画方式与中国传统的绘画表现手法相融合的作品。纵观中国古代绘画史的发展，西洋绘画技法在中国古代绘画历史的整体发展中所产生的影响并不是很大，特别是清代以来，西洋绘画技法主要是在清代内廷有着极为明显的影响力，则从另一个侧面可以看出，清前期内廷如意馆西洋画师的大胆使用和大量的绘画作品问世，让清代北京的艺术领域又呈现出一种新的绘画特色。这一变化，在北京艺术发展史上有着重要的影响。

第三节　清代北京手工艺的发展

一　清代前期对北京工艺行业的管理

清代前期，随着“康乾盛世”的出现，社会经济的发展和繁荣使得北京的手工业生产受到了明显的刺激，无论是在生产水平、生产规模还是手工生产的组织形式上看，北京的内廷及官办手工工场都比明代有了很大的改观。这种整体生产发展水平的提高和内廷、官府营造的需要，使得北京的手工艺发展获得了难得的机遇。尤其是清朝皇室贵族对生活享乐的奢靡追求，客观上大大地刺激了北京传统手工艺的快速发展，从手工艺产品的质料选择，到加工工艺以及艺术造型等各个方面都出现了明显的进步，并形成了北京手工艺发展的一个新的历史高峰。

北京自元明两朝以来，手工业的发展水平一直在全国具有重要的影响。清代前期的北京手工业行业在前朝的基础上又有所发展。其主要表现在于从生产规模、工艺水平以及手工艺表现技法上都有极大的进步。清代前期，虽然北京城的手工业在全国所占据的份额并不是很大，但是由于京城特有的城市位置，其为皇室、贵族以及京城官宦直接服务的需要，使得北京的手工艺产品以及其艺术成就的发展具有明显的标志性作用。特别值得注意的是，清代王朝更注重其一统天下的控制，往往将全国优秀的手工艺工匠用各种手段调集到北京，这对北京的手工艺发展有着直接的刺激作用。从清王朝建立以后，满族统治者渴望尽情地享受中原文化的成果，对汉族传统的手工艺成就极为欣赏。而其特有的少数民族身份又让清代满族统治者将其原有的文化养分渗透到日常享受的工艺品之中，加之其对其他少数民族尽可能包容的心态，使得清代前期北京手工工艺的发展具有鲜明的民族融合性。而顺治、康熙以及乾隆等人对西洋技术的好奇和接纳，又让北京手工艺的发展吸纳了外国的诸多表现技法和制作工艺。这一系列的发展和变化，造就了清代前期北京手工艺生产技术、手工艺产品的质量水平以及艺术表现形式上的快速提高。

清代前期北京手工艺的发展主要分为三大部分：一是内廷手工艺产品的制造，主要是满足皇室和满族贵族的需要。二是官府的手工业发展，一方面有为皇宫、贵族提供服务的内容，另一方面也满足其庞大的官僚体系消费的需要。三是民间手工艺的发展，主要面对的是京城数十万人口的消费需求。但是，纵观清代北京手工艺的发展，最具有代表性和具有京城特色的还是内廷管控下的手工艺制作。在清代北京手工业生产中，内廷和官府手工艺在北京城手工业发展中占有举足轻重的地位，其生产规模、工艺水平以及艺术表现形式具有明显的标志性和引导性，甚至成为清代早期北京手工艺发展的经典代表。清前期内务府管辖的手工艺生产机构主要集中在广储司、营造司、武备院、造办处等各个司库下属的“作”“处”或者“房”，比如：珐琅作、金玉作、匣裱作、造钟处、铸炉处以及舆图房、活计房，等等。清代前期与前朝最大的不同在于清统治者更在意自己在物质生活上的享受，所以不断地强化内务府手工艺生产的能力和水平，特别是对一些奇珍异宝的加工制作，更是投入了极大的精力。最具典型意义的，就是清皇室在养心殿专门设立造办处，直接为皇帝及其后宫提供手工艺制作。据《大清会典事例》卷一一七三记载：康熙初年“养心殿设造办处，其管理大臣无定额，设监造四人，笔帖式一人”。到了康熙三十二年（1693 年），在养心殿“造办处设作房”。由清代皇帝直接控制的养心殿造办处，名义上隶属于内务府，但是直接管理造办处的特简管理造办处大臣往往由亲王或者内廷行走一品大员担任，而内务府大臣通常由二品官员出任。从这一点就可以看出清朝帝王对为其服务的手工作坊的重视。一方面，清廷内务府在工艺制作方面各个管理机构设置齐全，另一方面，也不断地扩充承担管理的职官和工匠的数量，据不完全统计，清乾隆年间隶属内务府的匠役达七千余人。所使用的工匠不仅仅有旗匠，还有专门从南方招募到北京的南匠。在手工工艺方面，清内廷管理的各个手工工艺作坊在继承中国传统的手工工艺之外，也颇为注意吸收西洋技术和手工制作工艺，使得清代前期京城的手工工艺发展达到前所有未有的水平。

对于清代内务府下辖的手工工艺作坊、工匠及其工艺制作等，因为它往往是直接为清内廷帝王、后妃提供服务的。所以，不仅内务府各级职官有严格的管理和督察，甚至清朝最高统治者皇帝也会直接对内务府隶属的各个匠作工坊的手工艺制作提出明确的制作意见和工艺要求。乾隆元年（1736 年）五月，养心殿造办处萨木哈进呈两件亮蓝玻璃软珐琅鼻烟壶，乾隆皇帝看后专门让内廷太监传旨：“鼻烟壶上花卉画的甚稀，再画时画稠密些，俱各落款……”乾隆三年（1738 年）三月，内廷太监毛团将一象牙人物背格交造办处，并传乾隆皇帝旨意：“将此背格后隔断去了，口子拿平，两边线做沟，其人物花卉令新来西洋人着色……”[①] 对一个珐琅鼻烟壶或者一个象牙人物背格，乾隆皇帝都要亲自提出具体的修改意见和制作要求，由此足以看出清统治者在这方面的重视程度。对于自己所享用的器物，清朝帝王不仅仅对其制作要求有细致的要求和标准，甚至对内务府诸手工工艺作坊工匠的工作表现、俸银待遇以及手艺之优劣都直接干预。乾隆朝为了提高内务府作坊工匠的水平，不断加大招募南匠的力度，对已经招募在内务府匠作工坊做活较为出色的南匠，也多有奖赏。

雍正二年（1724 年）正月雍正皇帝下旨：“（表匠）李毅人老实勤谨，手艺亦好，着保德谅其家远，将近边处官房查一所，或五六间，或六七间，赏他居住。”[②] 乾隆七年（1742 年）乾隆皇帝曾亲自下令：“画珐

① 张荣选编：《养心殿造办处史料辑览》，故宫出版社 2012 年版。

② 同上。

琅人杨起胜、黄琛每月加银二两，粤海关仍给安家银一百两。梁绍文、伦斯立、胡思明、梁观……其安家银着邓八格酌量裁减，定准写折奏闻。画画人张维琦每月赏给钱粮银六两……”① 当然，清朝帝王对于自己认为不满意的内务府匠作工坊的匠人，也往往毫不客气地给予严厉的惩处。据《内务府造办处各作成做活计清档》记载：“乾隆六年（1741年）十一月七日，太监高玉等传旨：‘托裱之手卷，颜色俱托落，着怡亲王、内大臣海望将该管之员议处，匠役责处，钦此！’”“乾隆七年（1742年）九月二十四日，太监高玉传旨：‘郎正培、巴尔当管匠役懒散，以至活计迟误。着交怡亲王，将郎正培重重议处，巴尔当分别议处。钦此！’”“乾隆八年（1743年）十一月八日，太监张明传旨：‘玉匠姚宗仁不过一时之错。今将此青玉着他照样速做托盘一件，如一月做得，罚他一月钱粮；如两月做得，罚他两月钱粮。钦此！’”②

正是由于清王朝其内务府以及清朝皇帝对为其服务的手工匠作工坊的格外重视和极为严格的管理和督查体制，再加上清皇室能够调集全国的优秀匠人，能够便利地吸纳西洋技术手段和工艺技艺，使得以清内务府为首的京城手工艺制造能力、工艺技法以及手工艺艺术创作等各个方面呈现出快速发展的势头，在北京手工艺发展史上形成了一个高峰期。其制作的各种工艺品也多成为后世颇为推崇的艺术佳品。

二　清代北京手工艺发展标志性成就

清代北京的手工艺发展在清王朝最高统治者以及其相关的职能署衙的督导下，内务府及相关署衙隶属的手工工艺整体发展水平有了巨大的进步和提高，同时也极大地带动了京城民间工艺制作水平的快速提高，使得清代北京的手工艺发展进入到一个新的发展时期，其主要的标志就是景泰蓝、玉器、雕漆、象牙等手工艺艺术成就进入一个高峰期，后世甚至有人称清前期开始快速发展的景泰蓝、玉器、雕漆和象牙工艺品为京城工艺品的“四大名旦”，由此足以看出其在当时的影响。

北京景泰蓝作为北京特有的工艺品，在北京历史上有着颇为显著的影响。特别是清前期以后，随着清朝皇室对宫内器物奢靡的追求，使得景泰

① 张荣选编：《养心殿造办处史料辑览》，故宫出版社2012年版。

② 同上。

蓝工艺品的制作进入到一个新的发展阶段。景泰蓝，又称铜胎掐丝珐琅，是北京历史上著名的传统手工艺艺术品。景泰蓝是在铜胎上用其他金属掐丝制成各种花样、图案，再用不同颜色釉料填充后烧制而成。这种手工工艺在明代景泰年间发展得十分成熟，成为当时皇室及权贵普遍使用的陈设器物，又加之其彩釉多以蓝色釉料为主，故人们俗称为“景泰蓝”。清代初年，北京景泰蓝的生产工艺还相对简单，其制作风格与明代颇为相近。到乾隆年间，随着养心殿造办处的职能强化，尤其是从广州、扬州分别征召手工艺人梁绍文、王世雄专门承担清皇宫内廷景泰蓝的制作，京城景泰蓝的制作工艺水平有了明显的提高，其铜胎更薄，掐丝也更精巧，彩釉的色彩也更为鲜艳，图案及花纹也日趋丰富，其艺术造型远远超出前朝制作水平。尤其是清朝皇室对景泰蓝特有的喜好，皇宫内外、王府贵戚家中，小件的首饰盒、文房用具、床上的帐勾，大件的屏风、挂屏以及供奉的佛塔等，都有景泰蓝工艺制品。甚至乾隆四十四年（1779 年）宫内年夜饭乾隆皇帝使用的餐具就是全套的景泰蓝器皿，清廷帝王对景泰蓝的情有独钟由此可见一斑。正是由于清代以后内廷皇室以及王公大臣对景泰蓝的格外垂青，使得这一工艺作品成为一种财富和品位的象征，由此而奠定了景泰蓝在北京手工艺品发展史上“四大名旦”的突出地位，这种影响几乎一直延续到今天的北京城。

清代北京工艺品中另一个极为典型的代表是京城玉器。清朝初年京城玉器制作还处于一个相对较低的水平。随着“康乾盛世”的到来，特别是乾隆年间先后平定准噶尔部和大小和卓的叛乱，中央政权对蒙古、新疆的有效控制让和田玉进入内地、进入京城极为通畅，这为京师宫廷玉作提供了丰富优质的玉器制作原料。优质的原材料再加上清朝帝王对玉器的钟爱，刺激北京玉器制作水平快速提高。在北京玉器工艺制作发展史上，乾隆朝成为其发展的一个分水岭。在此之前，北京的玉器发展更多的是注重玉料的选择，毕竟当时受诸方面环境所限，没有那么多的优质玉料。乾隆朝以后，新疆和田玉输送渠道畅通，大量优质玉料源源不断地运进京城，有人统计，乾隆年以后平均每年新疆和田输送玉料达四千余斤。中国古代历来对玉有着特殊的情结，玉作为美好、纯洁、神圣、品格和财富的代表，成为历朝历代上至帝王权贵、文人雅士，下至黎民百姓普遍钟爱的器物，清朝帝王及其满族贵族也同样如此，其对玉器的偏爱几乎到了无以复加的地步。清朝内廷及王公大臣将玉器作为重要的器物，陈设、器皿、佩饰、祭器、偶像、文玩、用具、镶嵌等无不选用玉料精心制作。甚至日常使用的烟嘴、鼻烟壶、带钩、带扣、翎管、扳指、朝珠、坠饰、镯子、臂搁等器物，也往往以玉料制作为美。乾隆年间曾有内廷管事太监禀告养心殿造办处玉作“玉匠短少，活计甚多”，乾隆皇帝得知后毫不犹豫地下旨：“活计既多家内玉匠做不开，着外雇几个匠役成做。”① 养心殿造办处玉作在制作玉器时，做工精细严谨，无论是艺术造型，还是雕琢技法上都竭力追求工艺上的极致，甚至在玉器抛光的过程中不惜工本百般琢磨，以此来显示玉温润晶莹的质感。清内廷造办处这种在玉器制作及其工艺上精致，很快也影响到宫外京城民间玉器作坊。后人总结清乾隆、嘉庆年间北京玉器工艺特征，其器物造型的轮廓线极为规整，雕琢的花纹图案线条曲线流畅且边缘劲挺锋锐。而此时北京玉器在抛光工艺上也极为考究，打磨抛光精度可谓穷其极致，细光处往往看不到琢镞痕迹。有源源不断的优质玉料，有帝王及王公大臣的格外垂青，有玉器制作工匠的精细琢磨，清朝北京的玉器制作及其工艺创作水平自然有了跨越性的发展，成为中国古代玉文化发展的第三个高峰的主要标志，北京也由此成为全国三大制玉中心之一。

除了景泰蓝、玉器以外，清前期北京的其他手工艺品，像雕漆、牙雕、造花、料器、灯画、刺绣等也都有较为显著的发展，不仅仅是其生产规模有大幅度提高，在工艺技法和艺术造型等方面也显示出更高的手工艺发展水平。尤其是在工艺制作水平上，清后期乃至清末民初往往难以企及。

第四节　清代京城园林艺术及其文化底蕴

一　清代北京园林艺术发展

清代北京园林艺术的发展，不仅仅在北京历史发展进程中具有显著的时代特征，就是在中国古代园林艺术发展历史上，都具有集大成性的典型意义。纵观有清一代，北京的园林建设以及园林艺术发展，一方面与明朝北京的园林发展相比有着跨越性的发展，无论在数量和质量上都远远超过明代北京园林的发展水平；另一方面由于满族统治者对江南园林的偏爱和痴迷，将中国园林艺术成就以封建统治者集权的力量汇集于京城，使得清

① 《养心殿造办处史料辑览》第三辑，故宫出版社 2012 年版。

代北京园林建设及其园林艺术成就成为我国古代园林艺术的集中体现，是中华园林艺术的集大成。有清一代，清王朝最高统治者为了满足其享受中国传统的人文理念与大自然相融汇的传统园林环境，在北京前朝园苑基础上大肆扩建，在北京西部形成了香山、万寿山、玉泉山以及清漪园（颐和园）、静宜园、静明园、畅春园、圆明园等“三山五园”的北京皇家行宫苑囿的新格局。这种新的“三山五园”的皇家园林分布结构的形成，不仅集中了全国园林艺术的最高成就，从北京城的整体布局上看，京城西部的“三山五园”实际上是清代统治者对北京城市物理空间的一种调整和扩展。它形成了北京城市发展的新格局，也为北京这座文化古都的发展构筑了一个新的城市空间理念。虽然清后期慈禧为满足其骄奢生活而重修颐和园，王公贵族及民间士绅为其生活享受修建的园林也不乏精品，但从整体上看，在清代前期北京园林发展及其园林艺术成就始终占据着主导性地位。后世的诸多发展并没有对北京园林的整体态势有根本性的改变。从这个角度上看，清代前期北京园林的建设及其成就，特别是“三山五园”的皇家园林布局，构成了北京园林发展的基本格局和京城园林艺术的基本风格，这种格局和园林艺术所产生的影响甚至一直持续到今天。

清朝北京园林建设及其类型形成主要分为：皇家园林、王府贵族园林、寺院园林以及私家园林。皇家园林的代表在内城主要是北海以及中南海等。城外则主要是西郊的“三山五园”。王府贵族园林主要有恭王府鉴园、郑亲王府的惠园、果亲王府的承泽苑以及定郡王府的含芳园等，寺院园林较为著名的有北京碧云寺的水泉院、白云观后院云集山房庭院、北京卧佛寺西院等。京城私家园林主要有宣武门外王崇简和王熙父子的怡园、宣南琉璃厂孙承泽的孙公园、宣武教子胡同赵吉士的寄园等。应该看到，清代北京的王府贵族园林、寺院园林以及士绅私家园林基本上是照搬、仿效传统园林模式，远没有像江南园林那样具有更为典型的代表意义。相比之下，清代北京的皇家园林，由于其营造及使用者为清王朝的最高统治者，在其园林布局、建筑式样以及园林艺术创意等方面凝聚了中国古典园林艺术的精华。京城的皇家园林既体现出封建王朝中央集权并拥有天下精华的帝王意志，又从不同的角度折射出皇权统治下有别于一般私家园林或其他苑囿的政治、文化、宗教等方面的皇家园林建筑功能，同时又极大地满足了清皇室成员的生活享受。由此，清朝皇家园林便成为北京园林艺术中最具代表性和最具京城特色的园林艺术成就。

作为全国的都城，清代北京在园林艺术发展上另一个显著的标志就是北京城“燕京八景”的最终确定及其深远影响的形成。北京历史上最早出现都城“八景”是在金中都时期，据金代《明昌遗事》记载，金中都时有“燕山八景”，即太液秋风、琼岛春阴、道陵夕照、蓟门飞雨、西山积雪、玉泉垂虹、卢沟晓月、居庸叠翠。元代以后，又出现了元大都时期的“燕山八景”，虽与金代“燕山八景”景观一致，但是在名称上略有差异，“太液秋风”称为“太液秋波”，“西山积雪”改称“西山霁雪”。到明代以后，“燕山八景”改称为“燕台八景”，八景景观地点与元代一致，但是名称上有所调整，“太液秋风”改叫“太液睛波”，“琼岛春阴”又称为“琼岛春云”①。明英宗时期，大学士李东阳在原来“燕台八景”的基础上，又增加了“南囿秋风”“东郊时雨”两处景观，称之为“燕京十景”。清代前期，北京城依旧延续“燕京十景”之说，但是其中“玉泉垂虹”改叫“玉泉流虹”。清乾隆十六年（1751 年），乾隆皇帝钦定，京城八景及其名称分别为：太液秋风、琼岛春阴、金台夕照、蓟门烟树、西山晴雪、玉泉趵突、卢沟晓月、居庸叠翠。并在每一个景观点上刻石立碑，分别做有每一个景观的小序、诗文，由此，北京“燕京八景”以皇帝钦定御题诗文确定下来，并一直传承到今天。北京历史上的“燕山八景”“燕台八景”以及清代乾隆皇帝御题的“燕京八景”，实际上是历朝历代人文景观理念的一种折射，它将北京自然环境、自然景观与中国传统的景观理念和园林意识进行高度概括和总结，以此来体现出北京城市发展的自然与人文景观意识的高度融合，是我国古代园林艺术的高度提炼。从北京城市建设发展进程上看，“燕山八景”“燕台十景”以及“燕京八景”对北京城的园林规划布局、城市景观建设以及清代皇家园林、王府花园、私家宅院构建等有着极其重要的示范效应和引领作用，也是后人在园林构筑中极力效仿的园林景观意识的体现。所以，当清乾隆时期御赐“燕京八景”之后，京城“十室之邑，三里之城，五亩之园，以及琳宫梵宇，靡不有八景诗矣”②。

二　清代北京园林的文化特征

首先，清代北京皇家园林是封建帝王天子意识的集中体现，其以气势

① 《宛署杂记》，北京古籍出版社 1983 年版。
② 《日下旧闻考》，北京古籍出版社 1983 年版。

恢宏、规模雄伟、占地广博而著称，其营造、修筑往往投入倾城倾国之力，成为中国园林艺术集大成的体现。

清代北京皇家园林由于其满足帝王生活享受的特殊地位，往往园林占地面积广博，从康熙年开始修建的圆明园三园占地面积达五千二百余亩，建筑面积十六万平方米，一百五十余处景。西郊的清漪园，也就是今天的颐和园占地面积四千三百九十多亩，建筑面积七万多平方米，园内有大小院落二十多处，各种建筑物一百余座。即便是处于北京城内的北海占地面积也达一千零三十五亩。这样面积广博的皇家园林，其占地面积和园林规模别说在中国园林发展史上占有绝对优势，就是在世界园林发展史上也有着举足轻重的地位。不仅如此，由于北京的皇家园林往往是倾全国之力进行修建，所投入的人力物力也是一般园林难望其项背的。圆明园从康熙后期开始修建，到雍正登基其建造工程一直没有中断。雍正即位以后，立即开始着手扩建，在原来的圆明园南面增建宫殿署衙，营造面积也从当初占地六百余亩扩展到三千余亩。乾隆年再次对圆明园大规模扩建，分别扩建了长春园、绮春园，圆明三园的总面积扩展到五千二百亩。乾隆皇帝曾经在《圆明园图咏》后记很得意地炫耀说："规模之宏敞，丘壑之幽深，风土草木之清佳，高楼邃室之具备，亦可观止……"而实际上，圆明园从康熙年开始兴建，到1840年被英法联军焚毁之前，修建工程一直没有中断。

北京皇家园林不仅仅在规模上是其他园林难以比拟的，在为其投入的人力物力上也是令人叹为观止的。乾隆朝对清漪园，也就是今天的颐和园进行大规模的兴建。园内的万寿山高度仅为六十米，与面积达三千多亩的水面相比，山形矮小不说，也没有足够的空间气势。为改变这种空间高度有限的形势，乾隆朝兴修清漪园万寿山时，采取了因山构室的建筑设计格局，以增强其山势宏伟气度。在万寿山南麓以大报恩延寿寺为主体，自临湖岸边开始，山门、天王殿、大雄宝殿、多宝殿、排云殿等依次排列，层层叠叠顺山势而建。按其原有设计，在万寿山山顶"仿浙之六和塔建窣堵波"，然"未成而圮"[①]。之所以出现了原设计万寿山山顶窣堵波"未成而圮"，就是因为当时所仿照六和塔修造的九层宝塔建到第八层时，发现其宝塔形体与整体山势无法形成呼应的视觉效果，倒显得孤峙无依。为

① 吴振棫：《养吉斋丛录》，北京古籍出版社1983年版。

此，乾隆皇帝亲下旨意，将已修建到第八层的宝塔拆除，修筑与整体山势相呼应的佛香阁。清漪园万寿山依山而建的建筑群，以佛香阁为最高点，其宏伟的建筑整体效果与山形浑然一体，使得万寿山及其南麓的建筑群雄伟高大的建筑气势，与广阔的昆明湖遥相呼应，其园林布局和设计效果成为古代园林建筑的经典之作。但能够将已经修建到八层的宝塔推倒重来，如此不计工本，再联想到其山下乐寿堂院内被后世百姓俗称"败家石"的那块青芝岫，不得不承认也只有"皇家气度"才能如此。

其次，北京的皇家园林与我国其他的古代园林一样，蕴含着丰富的传统文化底蕴。但是由于其依托于天子之威，更具有聚天下之大成的特点，而且表现得更为典型。

清代前期，不管是康熙还是乾隆，在兴修园林上可谓是穷奢极欲。他们每次到江南巡幸，看到江南园林艺术经典之作，都要命人照样描绘，回京后在其园林兴建过程中依样仿建。以颐和园为例，万寿山东侧的谐趣园仿照无锡寄畅园而建，山后临湖而建的苏州街就是按照江南小镇街巷格局兴建，而昆明湖的西堤六桥则完全是杭州西湖苏堤六桥的翻版。在圆明园诸景中，索性将杭州西湖的景观，如曲院风荷、平湖秋月、柳浪闻莺、三潭印月等连其名带其景，一并搬进了圆明园。

清代北京皇家园林的修建不仅广泛吸收和采纳江南园林艺术的优秀养分，也刻意用古代传说或古典诗文意境来设计和建造其园林景致。在圆明园中就有取材于中国古代神话传说蓬莱仙岛而修建的蓬莱瑶台，雍正时期在圆明园东湖选用嶙峋巨石堆砌成大小不一的三个小岛，以此寓意蓬莱、瀛洲、方丈"三仙山"。而且还将东湖改名为"福海"，以此来寓意秦始皇派徐福海中求仙的意境。此外，康熙年间在圆明园新建的景观中，有按照陶渊明《桃花源记》修建的武陵春色一景。其将一组设计精巧的屋舍隐藏于人工堆砌的山坳之中，并种植大片山桃树，以营造陶渊明《桃花源记》中"忽逢桃花林"的意境。而在杏花春馆的景观之中，依据唐代诗人杜牧"借问酒家何处有，牧童遥指杏花村"的诗意，刻意修建了杏花村，并按照田园风光设置了菜圃，以构造出杜牧诗意的整体氛围。

清朝北京皇家园林不仅要集中国大江南北的园林景色，还大胆地吸纳西方的建筑艺术，在圆明园的长春园中专门兴建了西洋楼建筑群。圆明园的西洋式建筑群是乾隆时期由意大利传教士郎世宁，法国传教士蒋友仁、王志诚等主持修建的，其建筑群体包括谐奇趣、海晏堂、方外观、蓄水楼、黄花阵等建筑。这些建筑，虽然主体是西洋式建筑，以巨大汉白玉石块砌成，并有精美绝伦的西洋式雕刻。但在建筑的装饰上，或在墙身镶嵌五色琉璃构件，或以庑殿式外檐结构其建筑楼顶，可谓中西合璧经典佳作。而西洋楼主楼前蒋友仁设计的大水法，虽然是极为经典的西洋式喷泉，却以中国的十二时辰为计时喷水间隔，喷泉喷头也用中国传统的十二生肖的动物造型制作。喷泉按照中国传统十二时辰分别从十二生肖动物的嘴中喷出，这种以西方建筑园林设计为主体形式，以中国传统文化要素为装饰的园林艺术设计，在中外园林发展史上也是绝无仅有的经典佳作。

清代北京皇家园林之所以能具有如此的园林规模和丰富的园林艺术创意，不仅只是清代帝王追求奢靡享乐生活的需要，更多的是要以这些不同地域、不同民族甚至不同国度的园林文化风格的运用，体现其大清帝国集天下大成的中央集权意识。而这样一种封建帝王统治意志通过皇家园林的构建，自然就会将我国传统的园林艺术表现形式和南北各异的园林艺术风格有机地融汇到京城园林艺术之中，使得北京皇家园林客观上成为我国古典园林的缩影和代表。

第七章　清代前期的北京教育

有清一代二百六十余年的统治下，北京教育发展呈现出泾渭分明的两段式发展。第一阶段是清代前期北京的教育发展，从满洲人 1644 年入关占领北京，到 1860 年第二次鸦片战争以前；第二阶段是从同治初年同文馆的设立，到清末年科举制废除。作为清代北京教育发展的第一个阶段，清前期北京教育的发展突出体现在两个方面：首先，清代统治者从强化中央集权的角度出发，特别是强力稳固满族统治者的统治权威，清廷一改明代在北京、南京分别设立国子监的做法，强力提升清代北京国子监的权威地位，以此来表示满族人的思想及其文化意识与儒家思想及其文化体系同根同源，由此来达到笼络天下汉族知识分子的文化统治目的。其次，清王朝统治者针对其作为少数民族入主中原，原有文化发展程度相对较弱的客观现象，有意识地加强对八旗子弟的教育，清代北京八旗官学、左右翼宗学、八旗觉罗学以及咸安宫官学、景山官学等一系列清廷最高统治阶层直接出面开办的八旗子弟、宗室后裔以及诸皇子教育等，都体现出清朝满族统治者维护其八旗统治阶层的长远需要。但是清代北京在这方面的发展，有力地促进了满族统治阶层及其后代文化素养快速提高，对京城不同社会阶层文化整体发展水准同步抬升有着直接的促进作用。

第一节　清代前期的国子监教育

一　清朝前期北京国子监权威地位的确立

清王朝进入中原确立了在全国的统治地位以后，为强化其统治，不仅在政治、军事以及经济上采取了一系列强控措施，在文化、教育方面也采取了相应的强化措施以巩固其统治地位。作为清王朝的首都，满族统治者在教育方面投入了更大的精力，其较为突出的表现就在于清王朝从顺治朝开始，康熙、雍正、乾隆几代帝王在京城教育机构的设置、教育体制以及教育内容等方面都给予了极大的重视，随着其统治地位的不断强化，在京城教育方面的引导和示范性政策越来越突出，并且形成了与明代颇为不同的教育体制和教育管控政策，使得清代前期北京教育发展为清王朝统治快速地发挥出颇见成效的功能。

清王朝在北京城的教育机构、教育体制的设置以及对教育内容的重视，主要基于以下几方面考虑：

其一，清统治者对北京国子监地位的抬高和一系列对国子监教育职能的完善举措，是为了向全国士子，尤其是江南一带广大的读书人、士阶层表示出其遵从儒家思想，继承儒家文化的法统地位，以此笼络天下读书士子，并达到羁绊汉族读书人思想的文化统治目的。同时，也是清王朝努力培养为其统治服务的新生士阶层客观需要和重要的教育举措。

其二，清前期满族统治者重视和强化对其宗室后代和八旗子弟的教育，设立觉罗学、宗学以及八旗官学等教育机构，开创满族统治阶层特需的教育服务，一方面出于为延续其统治特权的需要，为其统治阶层不断输送新的统治力量；另一方面也是刻意防止后世子孙逐渐淡化其满族民族意识的需要。然而，京城满族统治阶层子弟教育机构及其教育模式的开创，构成了北京教育发展进程中颇具特色的一个重要的发展内容，也成为清前期北京教育发展重要的特点之一，在北京历史上留下了浓重的痕迹。

其三，由于北京特有的都城地位，使得清代北京前期的教育发展形态以及科举制度的延续和调整，引领了全国儒家文化教育思想发展的走向，并由此成为有清一代封建正统教育发展的集中体现。

清代的教育政策和对教育的管控，首先从位于北京城北部的国子监体现出来。国子监是我国古代封建时代中央政府教育管理机构和最高学府合二为一的机构，最早兴起于隋朝。北京城最早出现国子监是在明永乐年间，但是明代由于全国文化学术活动重心一直在江南地区，再加之明朝因建国之始定都于南京，因此明永乐年间永乐皇帝定都北京以后在南京城也保持了相对应的机构，所以有明一代有南、北国子监之分，人们常以“南监”“北监”相称。但就实际的文化学术影响看，明代“南监”的文化影响和学术作用往往大于位于北京的“北监”。中国封建时代的国子监一直保持着两方面的职能：一是国家最高教育管理机构；二是国家最高教育学府。这种双重的职能使得国子监历来是中国封建时代教育统治意志的具体体现。

清王朝入关并快速地占领全国以后，急于稳固其统治，尤其是出于笼络汉族士阶层等知识分子的需要，更需要从文化教育上强化其统治。因此，清代初期，对北京国子监极为重视，把对国子监的强化作为重要的教育统治举措。首先，清王朝为了强化其中央集团统治和抑制江南汉族士阶层势力，废止南北双国子监的体制，取消南京国子监，只在北京设立国子监。这是北京史上国子监作为全国唯一的国家教育管理机构和国家最高教育学府的开始，由此也可以看出清代北京国子监地位的提高，折射出清王朝强化教育领域中央控制的基本走向。

二　清廷对北京国子监的强化管理措施

清王朝统治者在国子监的管理模式上做了较大的调整，竭力突出其满族统治的高压态势。满族统治者对国子监的管理虽然从基本管控结构上仿效明朝国子监的管理框架，但是在其管理控制的人员上显示出清王朝特有的统治意图。清初，满族统治者对国子监的管理是直接派遣管理监事大臣，其人数并不完全固定，往往由满族、汉族大学士或者尚书、侍郎特简，以此来体现皇帝对国子监的高度重视。在北京国子监设立的“祭酒，满、汉各一；司业，满、汉、蒙古各一，掌成均之法，以教国子及俊选之士”①。另外，设立“监丞掌学规，以督教课，纠勤惰”，设立“博士掌阐明经说，以助启迪”，设立“典簿掌簿书以及文移之出入”，上述具有管辖职能的职位“均满、汉各一”。而对“率性”“修道”“诚心”“正义”四堂那些“掌教直省俊选之士”的教职人员，则委任助教、学正各一人，均为汉官。“崇志”“广业”二堂，由汉官各一人分别出任助教、学录。② 从清初北京国子监管理模式以及任职官员配置上我们明显可以看出，在清代北京国子监高层官吏的配置上，满族统治者坚持采取辽金等少数民族政权统治历史上的“双面官”制度。但就对国子监求学的学子等“直省俊选之士”的直接教育培养，则均由汉族官员负责。这一方面是满族统治者为了强化其对国子监的教育管控，另一方面也暴露出清代初期满族官员文化程度、教育能力的明显不足。但是应该看到，清代初期北京国

---

① 《光绪顺天府志·京师·衙署》，北京古籍出版社 1987 年版。

② 同上。

子监的这种管控体制和任职官员的配置模式，对全国各地州、府、县学有着直接的示范效应和遵从的管控模式。

清代北京国子监的官员配置并不是非常显赫，除了国子监监事大臣由大学士、尚书或侍郎特简外，国子监祭酒为从四品，司业为正六品，监丞为正七品，博士为从七品，典簿为从八品，助教为从七品，学正、学录为正八品。在国子监员属的配置上，清前期曾经有过一些比较明显的变化，就是在实行类似于辽金时期“双面官”模式中，满族刚刚入关时往往是同级官员满族官员品级稍高。比如，顺治初年，国子监祭酒满族官员为三品，汉官为从四品。再如，顺治年监丞，满族员属为五品，汉官为八品。博士满族员属为从七品，汉官为八品。这样的员属配置，到乾隆朝逐步调整为满汉员属同品级。这种变化可以很明显地看出，清代初年即便是像国子监这样的教育管理机构和国家最高学府，其也坚持满族官吏“高配”，从一个侧面折射出满族统治者的那种不自信的统治心态。

清朝北京国子监的监生来源主要分贡生、监生两大类，其中，贡生分为岁贡、恩贡、拔贡、优贡、副贡、例贡等六种，监生分为恩监、荫监、优监、例监四种。在这方面，清朝北京国子监与明代国子监基本相似。但是，清王朝为了强化其满族统治阶层的力量，对其满洲子弟的培养颇为重视，在入关之初的顺治元年（1644 年）特意规定：“满族官员子弟有志清书或愿读汉书……俱送入国子监读书。”① 随后又特明确：“满洲勋臣子弟有志向学者，并请送监肄业。”为此，“诏允增设满洲司业、助教等官，是为八旗子弟入监之始”②。

北京国子监共设“率性”“修道”“诚心”“正义”以及“崇志”“广业”等六堂，六堂之中监生分为内班、外班，内班及外班监生人数从清初到清中期虽有一定变化，但总数没有很大的差异，只是乾隆朝以后每堂稍有增加。在国子监肄业监生由户部“岁发帑银，给膏火，奖励有差，馀备周恤”③。

国子监监生所学课程主要是四书、五经、性理、通鉴等儒家经典基础

① 《钦定大清会典事例》一千九十八，清光绪内府刊本。

② 《清史稿》《选举志》，中华书局 1977 年版。

③ 《清史稿》志八十一，中华书局 1977 年版。

内容，同时也研习诸子经典以及诸家十三经笺证注疏和二十一史等内容。监生的日常课程由博士负责，主要是讲解经书。每月上旬，国子监助教则对所学经文进行讲义。到每月朔望，学正、学录分别要讲书一次。国子监的司业、祭酒也一样承担着向国子监监生授课任务，每月月望之时，分别讲授四书之中某篇文章及诗经一篇，当时对司业、祭酒授课称之为“大课”。就这样，每个月国子监生员都要会讲、覆讲、上书、覆背等数轮授课。国子监监生对每天所学课程要有笔记，凡有读书心得体会以及有疑问之处要逐条札记，每三天呈报助教批点评说一次。除了儒家传统经典的授课教育之外，国子监对监生的综合文化教育辅导也相当重视。中国自古私塾授课就要求学生从小就要练习书法，讲求“童子功”。事实上，对于这门通用的课程就是国子监也一样极为重视，要求求学的监生“日摹晋唐名帖数百字”，积攒十日后呈送助教批点评判一次。

清代国子监的教育内容虽然经历了一系列的调整，既保持了明代国子监教学模式的长处，但是也把满族统治所需要的诸多因素考虑进来。作为国家的最高学府，清代国子监更多的是在传统的维护封建统治基础上，更注意笼络和同化汉族知识分子。在这方面，清代国子监投入的力量更多一些，显示出清代与前朝的差别。当然在其实施过程中常常掺杂水分，很多监生，尤其是纳监的监生，到国子监修课业不过是应付差事，甚至直接花钱买“监照”的也大有人在，其教学水平也就大打折扣了。

对于在国子监就学的监生，清代初期实行“监生历事法”，凡坐监期满的监生都要被分别派遣到各部衙门实习政务，称之为“拨历”或者“历事”。派往各部衙门实习的监生历事期为一年，历事之中每三个月考评一次。历事期满，由吏部组织考试，考试合格者授予官职。康熙年以后，监生数量逐渐增多，各个部衙也不再愿意接收监生历事，便不再采取历事的实习办法，而是直接采取廷试的考核办法，对考试合格者授予官职。但是在清朝康熙年以后，很多监生因官职满额而长期处于候补状态，即便出任官缺也多为中下级官员。但是对于很多读书人而言，毕竟作为监生获取了进入仕途的基本资格，是步入官场的重要途径，这无疑对读书人而言有着极大的诱惑力。清朝满族统治者正是用这样的方式一方面选拔和笼络汉族知识分子，另一方面客观上将很多汉族读书人笼络到自己的统治樊笼之中，这对满族的统治有着重要的稳定作用。

第二节　清代满族子弟教育

一　清代北京八旗官学

满族统治者作为清王朝的统治阶层与以往的各个朝代，特别是明代的王朝统治者有很大的不同。满族统治者在清王朝的整个国家中，其人口数量在全国而言处于少数群体状态，而整体满族的文化程度和综合素质也处于相对较低的状态。尤其是刚刚入关的清王朝初期，在满族贵族及其统治阶层中，整体文化程度都处在比较低的水准上。满族统治者虽然用武力征服和占领了全国，但是其内心对如何稳固清王朝的统治则充满了担忧。尤其是江南地区汉族文人对满族统治强烈的反抗和内心的巨大抵触，更让清朝的皇帝和满族统治阶级难以安宁。清代各朝屡兴文字狱，从某种意义上可以折射出满族统治者内心的恐慌和统治自信心的不足。清王朝的统治者除了在文化政策、文化制度上不断加强统治，并屡兴文字狱打击和压制汉族知识分子之外，更多和更为迫切的是用行政手段加强对满族统治阶层子弟的教育，以此培养自己的统治后续力量。

正是基于这样的一种维护和不断壮大满族统治实力的迫切需要，清朝满族统治者在对八旗子弟的教育培养上采取了一系列强化政策，先后开办八旗官学、左右翼宗学、八旗觉罗学、世职官学、咸安宫官学、景山官学等。清朝开办的这些旨在培养八旗子弟的教育机构以及采取的相应的教学方式，使得有清一代与前朝官家教育体制形成了很大的差异，并且在北京教育历史过程中，也显示出了清代北京教育发展的特殊轨迹。

早在满族统治者入关定都北京之初，就开始注意解决满族八旗子弟的教育、培养问题。顺治元年（1644 年）国子监祭酒李若琳曾以“满员子弟就学不便”为由上折奏请，提出“满洲八固山地方各立书院，以国学二厅、六堂教官分教之，以时赴监考课”的建议，[①] 由此设立八旗官学。八旗官学中，每旗官学招录八旗子弟十八岁以下者入官学学习，其中，满洲学生六十人、蒙古学生二十人、汉军学生二十人。后在下五旗官学中增加招录包衣子弟满洲六人、蒙古两人、汉军两人。八旗官学中，设立满洲教习、蒙古教习、汉书教习以及教授骑射的专职教习。入学学生在八旗官

---

① 《清史稿·选举志一》，中华书局 1977 年版。

学中要学习清书、满语翻译以及儒家经典等课程。为了保持满族马上骑猎的传统，八旗官学中就学学生十三岁以上者要学习步箭，年满十六岁的，要学习马箭。对入学学习的生员，清廷给予钱粮，并根据官学学政的考评发放银粮，考试前三等者，照常发放银粮，考试四等者停发银粮。如再次考试，若原来考试评定四等成绩进入前三等，可以补领停发的银粮，如仍为四等者，则予以除名。八旗官学学舍均设在本旗所在地，学生采取就近入学的原则。镶黄旗官学设在安定门大街圆恩寺胡同，正黄旗官学设在西四牌楼北的祖家街，正白旗官学在朝阳门内南小街新鲜胡同，正红旗官学在阜成门内报子胡同，镶白旗官学在东单牌楼观音寺胡同，镶红旗官学在宣武门内头发胡同，正蓝旗官学在东四牌楼南面的新开胡同，镶蓝旗官学在西单牌楼北甘石桥。

除了在北京内城设立了八旗官学之外，清廷在北京西郊圆明园护军营设立了圆明园八旗官学，在今香山一带设立了健锐营官学，在蓝靛厂设立了火器营官学。圆明园八旗官学、健锐营官学以及火器营官学实际上就是按着北京内城设立的八旗官学办学模式在其驻防之地为满足旗人子弟求学而专门设立的，也属于八旗官学。

二　清代京师宗学

开办宗学，是中国古代封建统治者为延续和加强其统治阶层子弟教育的重要办学手段。早在北宋神宗元丰年间就开始开设宗学，专门收宗室子弟入学进行教育，以后历代王朝均按照这样的模式对宗室子弟进行教育培养。满族入关以后，自然也沿袭了前朝这种对宗室子弟教育培养的办学模式。顺治十年（1653 年）清王朝开始在北京内城八旗分别设立宗学，规定："凡宗室子弟十岁以上具入宗学，教习清书，汉书听自延师教习。"①到了雍正初年，雍正皇帝更加注重对满族贵族宗室子弟的教育，特意要求："左、右两翼设满、汉学各一，王、公、将军及闲散宗室子弟十八岁以下，入学分习清、汉书，兼骑射。以王、公一人总其事。设总、副管，以宗室分尊齿长者充之。清书教习二人，选罢闲旗员及进士、举人、贡生、生员善翻译者充之。骑射教习二人，选罢闲旗员及护军校善射者充之。每学生十人，设汉书教习一人，礼部考取举、贡充之。三年期满，分

① 《钦定大清会典事例》卷三百九十三《礼部·学校》，清光绪内府刊本。

别等第录用。”[①] 当时左翼宗学在灯市口，右翼宗学设在绒线胡同。

这里需要注意的是，顺治年间，满族统治者初入中原定都北京，其虽然也很在意对其后代子弟的教育培养，但毕竟是大清国立国之初，所以其宗学承担教书的教师只是“选取满洲生员一人为师，给予七品顶戴”而已。[②] 但是到了雍正年间，清廷对宗学的教育重视程度大为强化，抱着“储为国家有用之器”的想法，特意确定：“每学以王、公一人总其事，设总管二人，副管八人，选宗室中分尊年长者，拟定正陪，引见补授。”与此同时，在整个师资力量的配置上也远超过顺治年间“选取满洲生员一人为师”的配置，在宗学中设立“清书教习二人”，清书教习由罢闲旗员以及进士、举人、贡生等满语、汉语皆通晓者出任。为了保持满洲贵族的八旗传统，宗学之中专门设立骑射教习二人，由罢闲旗员或者护军、校护军中挑选。与此同时，宗学之中每十个学生配置一个汉书教习，汉书教习从乡试、会试中考取的举人、贡生中选拔。此时的总管依旧给予七品官俸，副管给予八品官俸。无论是清书教习还是汉书教习，每月给银二两、米二斛。而且每年发放棉衣纱衣一次，每三年发放皮衣两次。教授骑射的教师，每月给银一两。为了鼓励满族宗室子弟进入宗学学习，特意规定：“读书子弟，月给银三两、米三斗、川连纸一刀、笔三枝、墨一笏。自十一月朔至正月底，各给炭百八十斤……自五月朔至七月底，日给冰一块。”乾隆年间，为了引导宗室子弟认真读书，奖优罚劣，特意又规定：“考列一等，赏笔二十枝、墨十笏。二等笔十枝，墨五笏。三四等留学肄业，五等教戒，仍许留学。六等黜退。”[③] 以后清代各朝宗学基本都沿用这些管理和考评办法，一直延续到清晚期。

清朝初期，满族贵族子弟读书就学分别在左翼宗学和右翼宗学。但是，随着八旗贵族子弟人数的增加，也考虑对清皇室后裔子弟教育培养的重视，雍正七年（1729 年）在原有的左右翼宗学之外，在八旗衙门分别设立八旗觉罗学，专门承担教育培养宗室觉罗子弟。当时规定：“八旗觉罗内，自八岁以上十八岁以下子弟，令其入学读书。如十八岁以上，已会读书而又愿入学读书者，亦准其入学。”[④] 觉罗学的管理、教师配备、教

① 《清史稿》志八十一，中华书局 1977 年版。
② 《钦定大清会典事例》卷三百九十三《礼部・学校》，清光绪内府刊本。
③ 同上。
④ 《光绪顺天府志》卷八《京师・官学》，北京古籍出版社 1987 年版。

学内容以及读书学习者的待遇基本沿用八旗宗学的模式。八旗觉罗学分设总管王公一人，由宗人府奏请皇帝钦定，由此可见清朝满族统治者对八旗觉罗学的高度重视。雍正年间设立的八旗觉罗学，由八旗分别选择官房开设，其中，正黄旗觉罗学在西直门内北魏胡同，镶黄旗觉罗学在安定门内香儿胡同，正白旗觉罗学在南小街新鲜胡同，镶白旗觉罗学在今东四十条，正红旗觉罗学在阜成门内宫门口，镶红旗觉罗学在承恩寺街，正蓝旗觉罗学在崇文门内大阮府胡同，镶蓝旗觉罗学在玉带胡同。在八旗觉罗学读书的觉罗子弟，由各个觉罗学分管的王公每年春秋两季进行两次考评。学习三年期满，由皇帝钦派大臣会同宗人府进行考试，成绩优异者记名奖励，成绩一般者“留学教训”，而考试成绩劣者予以黜退，并在以后不予录用。在八旗觉罗学学习期满并考试合格者，与其他旗人子弟一道参加乡试、会试，并根据乡试、会试名次予以分别录用。毕竟八旗觉罗学的学生均为觉罗氏子弟，因此往往在录用以及选派、授缺等方面拥有极大的特权。

三　清前期的内务府官学

清王朝满族八旗制度中，有皇帝亲领“上三旗”之说，即由清朝皇帝亲自统领的正黄旗、镶黄旗、正蓝旗。这三个旗的兵丁被视为清朝皇帝的亲兵，其身份自然高于下五旗，所享受的诸多待遇也相应地优厚许多。这种在八旗内部优厚待遇的差异，在其子弟的教育上也能体现出来，就是清代北京特有的景山官学和咸安宫官学。

康熙三十五年（1696 年），康熙皇帝亲自下令，在景山前门左右连房选定四十五间，设立景山官学。由内务府负责，挑选上三旗的正黄旗、镶黄旗、正蓝旗佐领、管领的子弟三百六十六人进入景山官学学习。景山官学设总管三人，由内务府选派可靠之人充任。景山官学中依照宗学模式分设满族教习和汉书教习，满族教习教授满语和满语汉语翻译，汉书教习教授“四书五经”以及诗词格律等。

雍正六年（1728 年），雍正皇帝又下旨：“内务府咸安宫见在空闲，著设立官学，将包衣佐领内管领之子弟，并景山官学生内，或五六十名，或一百余名，入学肄业。”[①] 由此，内务府在寿康宫长庚门内设立咸安宫

① 《光绪顺天府志》卷八《京师·官学》，北京古籍出版社 1987 年版。

官学，从“景山官学中之俊秀者”以及“上三旗”佐领、管领的子弟优异者入学学习。咸安宫学设立管理事务大臣一人，由内务府大臣中特简担任，设立协理事务大臣一人，从六部堂官中满族大臣特简。设立满族总裁官二人，汉臣总裁官四人，总裁官由翰林院侍读学士、詹事府少詹事以下的官员或者翰林院掌院学士等充任。同时，设立总管七人，由内务府司员兼任。从咸安宫学配置的管理人员看，就足以显示出咸安宫学在清代教育中极为显赫的地位和特有的作用。所以，光绪年间咸安宫官学总裁在谈到雍正年设立咸安宫官学时曾说：“窃查雍正年间，创立咸安宫官学……一切体制，在八旗、景山各学之上。”①

乾隆年间，为了强化清王朝满蒙之间的统治联盟，乾隆皇帝在乾隆十二年（1747 年）又在咸安宫官学内设立蒙古官学，从京城蒙古八旗中每旗选派学生三人，进入蒙古官学学习蒙文经书、阿里嘎里字韵以及蒙文书写、蒙语翻译等课程。蒙古官学设立管理事务大臣一人，由理藩院尚书兼任，设总裁官三人，由理藩院的司员兼任。蒙古官学的教师以及入学的学生待遇，与咸安宫官学一切均保持一致，甚至蒙古官学的总裁官、教习以及学生的俸银、米粮以及笔墨纸砚等均与咸安宫官学一并办理。

另外，清王朝统治者针对其特有的需要，还在会同馆设立了专门培养外国留学生的俄罗斯学、琉球学、缅子官学等教育机构。

第三节 清代北京官学及京城的义学

一 清代顺天府学及州县官学

有清一代，除了对满族贵族子弟进行教育、培养的八旗官学等教育机构之外，还设立了顺天府学和所属各州县的官学教育体制。顺治元年（1644 年），清王朝定都北京，设立顺天府，管理北京地方事务。在顺天府内设置顺天府学和顺天府提督学政，一方面按照前朝的官学模式开办顺天府学，另一方面也负责所辖州县官学教育的管理。顺治年间，负责顺天府学以及顺天府学的学政一般由监察御史担任，雍正、康熙年以后，逐渐改为以侍读、侍讲、洗马、谕德等官员简用，以掌管学校考课黜陟之事。在顺天府学中，设立满洲、汉官儒学教授各一人，官职为正七品。满洲教

① 《光绪顺天府志》卷八《京师·官学》，北京古籍出版社 1987 年版。

授由满族进士或举人中挑选。设满族官员、汉官训导一人，也为正七品官职，由贡生中挑选出任。北京顺天府因有顺天府学，所以大兴、宛平两县不再设立官学。顺天府学生员分为廪膳生、增广生、附学生三种。初入学生员称附学生员，要经过岁考、科考两次考试，成绩优秀等第高者递补为廪膳、增广生员。顺天府廪膳生名额限定为：京城八旗满洲生员六十人、蒙古生员六十人、汉军生员三十人。另外，顺天府汉族及其他民族生员八十人。以后各朝人数或有增减，但总数变化幅度不大。

除了顺天府学之外，顺天府所辖州县也分别设置官学，在这些顺天府下辖的州县官学中，均设学政、教谕各一人，正八品；训导各一人，从八品。这些州县官学廪膳生也都有明确的数额限制，如宣化府官学廪膳生四十人，昌平州官学廪膳生三十人，延庆州官学廪膳生三十人。通州官学廪膳生三十人，后因将漷县裁并，增加了廪膳生十人。其他各县官学廪膳生皆为二十人。

二　清代北京义学

清朝北京除了官学之外，还有义学的教育模式，所谓“义学”，又称“义塾”，是由民间社会贤达以捐赠办学的形式开办的教育机构。在北京内城，八旗官学、宗学等只招录佐领以上满族官员的子弟，一般旗民子弟并无进入八旗官学、宗学等满族贵族子弟学习之地，义学便是其进行学习的最好选择。雍正初年，内城先后设立了八旗义学、汉军义学和礼部义学，招录满洲八旗、蒙古八旗和汉军八旗佐领以下旗民的子弟。雍正十年(1732 年)，内城又增加了四所汉军义学。八旗义学的设立，让八旗之中“家贫不能延师者”能够开始接受初级的教育。与此同时，康熙年间在崇文门外金鱼池也设立了义学，以为汉族家贫子弟提供学习的机会。康熙皇帝还特意为这所义学御笔钦书“广育群才”匾额，以体现清朝统治者对义学的积极倡导。

第四节　顺天府乡试及清代科举

一　清代顺天府乡试

科举考试是中国封建时代选拔官吏的最主要的方式，也是我国封建时代对教育成果的一种检验。清王朝统治全国以后，依旧延续执行隋唐以来的封建科举制度，以此来选拔和充实官吏队伍。从清代北京城的角度看，已经延续了一千多年的封建科举制度从顺天府乡试和在北京举行的全国的会试，是清代科举制度发展的具体体现。

顺治元年（1644年），清王朝入主中原，统治全国之后，顺治皇帝恩诏，各省在第二年秋举行乡试。顺治二年（1645年）八月初九、八月十二、八月十五分别举行三场乡试。次年二月举行会试，会试也按照乡试三场的方式进行考试。此后，清廷规定："以子午卯酉年八月乡试，丑辰未戌年二月会试。"① 会试之后，清朝皇帝亲自在紫禁城举行殿试，殿试时间一般为丑辰未戌年的四月或五月。清代以后各朝在乡试、会试的时间上偶有调整，例如，雍正五年（1727年）、乾隆二年（1737年）曾经将会试时间由春二月改为三月，乾隆二十五年（1760年）将殿试时间由原来的四月改为五月初六，但整体上基本沿袭了顺治初年确定的乡试、会试、殿试制度。

有清一代，每逢子午卯酉大比之年，顺天府要开乡试，由顺天府尹提前向礼部报请顺天府乡试三科正副主考官推荐人，所推荐人选为协办大学士、六部尚书以下，副都统、御使以上的官员。但是，顺天府尹所拟报的正副主考等人选不得将大兴、宛平二县以及直隶籍的官员列入其内，以避免因籍隶问题而影响顺天府乡试的公平性。到了康熙年间，不仅仅是顺天府乡试正副考官人选要有回避，就是再往下的顺天府乡试同考官候选人，也需要禁止使用直隶科甲出身的知县。顺天府乡试主副考官人选再由礼部将顺天府乡试主考拟定正副主考人选上报由皇帝钦定。

顺天府乡试主副考官的选拔模式及回避原则，是全国各省乡试考官以及会试主考官人选产生的参照模式。因此，在清代科举制度中，顺天府乡试具有其特殊的作用。

顺天府乡试分为三场，每隔三天举行一场，每场考试为一天。三场的考试内容，顺治初年确定为："第一场，四子书三题，五经各四题，士子各占一经；第二场，论一篇，诏、诰、表各一通，判五条；第三场，经史时务策五题。"康熙二年（1663年）康熙皇帝曾下令停止八股文体，顺天府乡试以策论、表、判取士，因此曾经将顺天府乡试考试改为两场，"第

① 《钦定大清会典事例》卷三百三十《礼部·贡举》，清光绪内府刊本。

一场试策五道，第二场四书论一篇、经论一篇、表一道、判五条”[①]。但是，到了康熙七年（1668年）又恢复顺天府乡试以八股文体取士的标准。以后清代各朝虽略有调整，但基本沿用了清初所确定的乡试考试内容。

二　清代京城会试

有清一代，各省乡试后，中举的举人陆续进京于次年二月参加会试，乾隆年以后京城会试时间改为当年的三月。每逢会试，国子监监生以及以往各场会试中没有考中的举子，也一并参加会试。会试由礼部出面组织并主持，每次会试都由皇帝钦点正副主考官。会试年份分别为丑、辰、未、戌年等，会试的考试内容基本与顺天府乡试内容一致。清代会试虽依旧分为三场，但是每场时间为三天。会试之后的殿试只考一场，考试地点最初设在紫禁城太和殿之外，雍正年间，因天气原因，将殿试场所从太和殿外移到太和殿内。考试内容也主要是策问之题，由皇帝亲自命题，考察参加殿试贡士经略安国之策。殿试因考题为皇帝钦定，所以不设主考官，只设读卷官。以后清代殿试制度基本延续这样的模式，并一直延续到清末废除科举制度。清朝会试每科取士人数往往没有一定之规，甚至经常受到帝王统治意志的左右，除了帝王加恩开设恩科之外，也经常有扩大会试进士录取名额的现象。雍正八年（1730年）庚戌科，雍正为了培植新的统治官员，特意扩大取士名额达四百零六人之多。北京作为清王朝都城，在进士的录取上有着一定的优势，而且清朝北京地区参加会试按照宛平、大兴、八旗、宗室分别取士。清顺治三年（1646年）清王朝开丙戌科会试，这是清王朝入关以后第一次开科取士。顺治丙戌科录取进士为三百七十三人，其中，北京大兴籍举人李奭棠等十人、宛平籍常自收等七人分别中进士。顺治九年（1652年），清廷开壬辰科，共录取一甲三名、二甲七十七名、三甲三百一十七名，其中，八旗子弟中正白旗迟煌等六十九名八旗举子一并被录为进士，这是清朝首次开科录取八旗旗籍举子，八旗举子被录取的占当年全国进士近两成，而同科仅仅有大兴籍举子张永祺等三人、宛平籍金鋐等二人被取为进士。而到了顺治十二年（1655年）乙未科会试，录取的八旗旗籍举子达八十二人，占当年录取进士两成之多。乙未科会试是有清一代录取八旗旗籍进士最多的一次，以后清朝各次会试八旗旗籍举

---

① 《钦定大清会典事例》卷三百三十一《礼部·贡举》，清光绪内府刊本。

子录取进士的比例逐渐与各省录取比例大体一致。清乾隆十年（1745年）乙丑年会试，清廷首次录取宗室子弟正蓝旗达麟图为乙丑科进士，这是清代首次以宗室子弟身份被选录为进士。清代从顺治朝开科取士，到光绪末年废除科举制度，共录取进士26848名，其中八旗旗籍进士为1400名，八旗旗籍进士占到5.2%，其中，康熙、乾隆两朝八旗旗籍比例占的最低，分别为2.9%和3.3%，从八旗旗籍进士选录比例的变化，从一个侧面能够反映出清王朝不同时期满族统治者的统治心态及其自信力，尤其是从顺治壬辰科、乙未科两次大规模录取八旗旗籍进士更可以看出清朝初期满族统治者对强化其民族统治力量的重视程度。但是到了康熙、乾隆两朝，其民族统治的自信心明显改变，八旗旗籍进士的录取比例也相对地降低。然而，清王朝专门开设八旗旗籍举子开科取士，客观上对满族统治阶层的子弟学习儒家思想，掌握中原文化有着直接的促进作用，客观上对北京文化的发展产生了深刻的影响。

第八章　清代宗教发展与北京宗教文化

清代一朝，清廷统治者出于加强对各个不同地域、不同民族和社会不同阶层的统治，充分利用佛教、喇嘛教、道教、伊斯兰教等宗教的影响，形成对中央集权统治的积极的辅助性作用。因此，清王朝在宗教方面采取了兼容并蓄的宽容政策。作为全国的政治中心和文化中心的北京，佛教、喇嘛教、道教、伊斯兰教、天主教以及满洲人的原始宗教萨满教和平相处，共生于一个城市空间，使得北京成为清代宗教管理和不同宗教文化交流的中心。不同的宗教在清代北京文化的发展历程中，充分释放出其特有的宗教文化能量。尤其是萨满教、喇嘛教在清代北京的发展过程中，对北京的社会风俗产生了深远的影响，很多京城生活起居习俗，往往源自不同的宗教礼俗，这对北京文化的大融合起到了极为重要的推进作用。

第一节　清朝满族统治者的萨满教信仰

一　满族萨满教早期兴起及发展

有清一代，以爱新觉罗为主体的清王朝满族统治阶层，由于它特有的少数民族身份，使得满族统治阶层在统治全国之后，或多或少地对中原大地的儒家思想、汉族文化体系以及建立在汉族文化体系基础上的佛、道等宗教信仰有一定的戒备之心。为了竭尽全力保持满族原有的民族历史血脉，再加上历史上满洲原始宗教崇拜的历史延续，在清代宫廷以及满族八旗之中，萨满教还继续流行，成为清代北京宗教发展中一个不可忽视的宗教文化形态。

萨满教是流行于我国东北、蒙古以及北亚广博地域的一种渔猎民族的原始巫觋宗教，满洲人的祖先女真人就开始信奉萨满教。在我国东北地区以及大小兴安岭一带广大地区，满族、达斡尔族、赫哲族、鄂伦春族、鄂温克族、锡伯族等以渔猎生活为主的原始民族中，萨满教有着极为重要的影响。“萨满”是阿尔泰语系通古斯语族称呼跳神巫人的音译，按照其文字表面的意译，就是“知者”。用满洲人的祖先女真人的说法，“萨满”就是指能够通灵的男女巫师，但在清代萨满教的巫师主要是女性。在萨满教漫长的发展进程中，作为一种原始的民间多神崇拜的宗教意识，萨满教以“知者”对星象、自然的占卜、预言以及医病等巫术的活动形成了一种颇具原始渔猎特征的宗教崇拜形态。与其他宗教不同，萨满教实际上没有很明确的宗教信仰条文和规范化的宗教仪礼。更没有像其他宗教那样有特定的宗教创始人、明确的庙宇制式和完整的宗教组织结构。往往是以民间百物的原始崇拜和占卜性的巫术，通过原始部落中的“知者”口口相传保留下来的一种巫术信仰文化。原始的萨满教在举行祭祀、祈福、占卜、医病等活动时，萨满身着色彩艳丽、服饰怪异的神服、神帽，以巫术跳神的形式在神鼓急促的鼓声中，口念神词咒语，摆动着身体，晃动着腰间系带的神铃，手舞足蹈，在急促的鼓点声中身体剧烈的颤抖使得跳神的萨满渐渐地达到一种忘我的境界，竭力地表现出人格解离和精神迷离的形态，以此来显示萨满本人已经神灵附体、魂灵出窍。只有这样才能达到现实的人与神灵沟通的效果。

从我们现代意义上的宗教概念而言，萨满教尚不能说是一种完备的宗教形态，也没有像在中国大地上颇具影响的佛教、道教那样完整的宗教体系。但是对于满洲人而言，萨满教的多神供奉和百物崇拜，更符合和容易满足以渔猎为主体的原始部落的崇拜、信仰的精神需要。所以，萨满教在东北地区满洲崛起过程中一直是支撑其宗教崇拜、信仰的重要精神支柱。它伴随着满洲人的崛起而发展，又伴随着大清国的建立和入主中原而传承。《满洲祭天祭神典礼》曾记载说：“满洲开国之初，每逢征讨，无不先行告祭于天，无不深蒙默佑……”①

二　萨满教在北京的制度化发展及影响

当大清国的满族统治者确立了在全国的统治地位之后，作为保持满族民族特性和民族精神的标志，在清朝宫廷以及满族八旗中依旧保留着萨满教信仰，甚至把萨满教信仰作为保持满族民族风格的重要表现形式用制度

---

① 《北京市志稿·礼俗志》，北京燕山出版社 1998 年版。

固化下来，成为清代北京宗教文化发展的一个重要的内容。

1644年满族统治者定都北京之后，也将满族的萨满教原始崇拜和祭祀活动同时带进北京城，并且作为体现满族八旗民族优越感和统治阶层特权的一种民族差异表现出来。当然，应该看到，清王朝定都北京之后，将萨满教的崇拜作为一种制度固化下来，有其宗教信仰的需要，同时，也是满族统治者为了保持和延续其满族民族特征的一种重要的表现手段。昭梿在他的《啸亭杂录·堂子》中记载："国家起自辽沈，有设竿祭天之礼。又总祀社稷诸神祇于静室，名曰堂子，实与古明堂会祀群神之制相符，犹沿古礼也。既定鼎中原，建堂子于长安左门外，建祭神殿于正中，即汇祀诸神祇者。"吴振棫在《养吉斋从录》中也记述说："顺治元年，建堂子于长安左门外，玉河桥东。元旦必先致祭于此，其祭为国朝循用旧制，历代祀典所无。又康熙年间，定祭堂子，汉官不随往，故汉官无知者。"顺治元年（1644年）九月满族统治者所建满族萨满教神庙——堂子，在北京皇城内玉河桥东的长安左门外。堂子的主要建筑有享殿三间、神房两间、祭神的八角亭一座以及神厨房等建筑。每逢正月初一以及春秋两季月朔，清朝皇帝要亲自率领皇子、亲王、郡王以及贝勒、贝子和满族中公以上爵位的贵族到这里祭祀。对于在北京任职的汉官而言，满族贵族和在旗的满洲人参加堂子的祭祀活动，汉官无权参加，这一点就把满族统治者的民族特权表现得淋漓尽致。

除此之外，在紫禁城的坤宁宫，由清朝皇后主持，每日举行朝祭、夕祭。朝祭祭祀的神灵是释迦牟尼、观音菩萨、关圣帝君，神位设在坤宁宫西大炕。夕祭祭祀的是穆哩罕神、蒙古神等，神位设于北炕。每次祭祀，都要设香蝶、水饼、净水、神糕等祭品。实际上，坤宁宫的朝祭、夕祭并不可能天天真的由皇后操持，所以清廷在坤宁宫专门设置食三品俸的女官，专门从事这样的祭祀活动。

尽管如此，清代满族统治者还是深深地担心满洲人所具有的萨满教崇拜和相关的祭祀活动被渐渐地淡忘，再加上以往萨满教没有完备、系统的宗教体系，引发了清王朝统治阶层的忧虑和担心。特别是大清国的皇帝发现很多满族官员对满洲萨满教的祭祀活动等，八旗满族官员也和被排斥在外不能参加萨满教祭祀活动的汉官一样："定祭堂子，汉官不随往，故汉官无知者。询之满洲官，亦不能言其详，惟会典诸书所载。"因此，乾隆皇帝在乾隆十二年（1747年）召集和硕亲王允禄和内务府总管大臣开始修订《满洲祭神祭天典礼》。通过这次修订《满洲祭神祭天典礼》，乾隆皇帝将满洲人的原始萨满教信仰，用规范、系统和典礼化的形式确定下来，正如他在上谕中所提到的："我满洲，禀性笃敬，立念肫诚，恭祀天、佛与神，厥礼均重，惟姓氏各殊，礼皆随俗。凡祭神、祭天，背灯诸祭，虽微有不同，而大端不甚相远。若我爱新觉罗姓之祭神，则自大内以至王公之家，皆以祝词为重，但昔时司祝之人，但生于本处，幼习国语，凡祭神、祭天、背灯、献神，行祭、求福，及以面猪，祭天去祟，祭田苗种、祭马神，无不斟酌事体，偏为吉祥之语，以祷祝之。厥后，司祝者，国语俱由学而能，互相授受，于赞祝之原字、原音，斯至淆舛，不惟大内分出之王等，累世相传，家各异词，即大内之祭神、祭天诸祭，赞祝之语，亦有与原字、原韵不相吻合者。若不及今改正，垂之于书，恐日文讹漏滋甚。爰命王大臣等，敬谨详考，分别编纂，并绘祭器形式，陆续呈览，朕亲加详覆酌定，凡祝词内字韵不符者，或询之故老，或访之士人，朕复加改正。至若器用内楠木等项，原无国语者，不得不以汉语读念，今悉取其意，译为国语，共纂成六卷。庶满洲享祀遗风，永远遵行不坠。而朕尊崇祀典之意，亦因之克展矣。书既告竣，名之曰《满洲祭神祭天典礼》……"从乾隆的上谕可以很明显地看出，清王朝通过《满洲祭神祭天典礼》，将满族信奉的萨满教用系统化、规范化、典礼化的形式固定下来，实际上是力求将其作为满族信仰永久地传承下去，这固然是为了突出其民族特征和在满族尤其是其统治阶层树立强烈的满洲意识，但是客观上保持和延续了萨满教的继续传播，而且使得清代北京的宗教信仰无形中增添了新的内容。

正是由于清王朝对其信奉的萨满教进行了典礼化、规范化的确定，不仅清朝皇帝和满族贵族上层要按时举行萨满教祭祀活动，在京城的其他满族成员也要按照《满洲祭神祭天典礼》相关的内容举行祭祀活动。京城满族家庭的萨满教祭祀活动，有常祭、月祭、报祭、立杆大祭等等很多祭祀活动，所祭的神灵也往往各不相同。朝祭神一般为释迦牟尼，观世音菩萨、关圣帝君。夕祭诸神主要是满族传统的民族神，如阿珲年锡、安前阿雅喇、穆哩穆哩哈、纳丹岱挥、纳尔浑轩初、恩都哩僧固、拜满章京、纳丹威瑚哩、恩都蒙鄂乐、喀屯诺颜等。还有祈福神、马神、田苗神等等。每逢正月初一满族家庭祭祀时，请出萨满教供奉的诸神，如昊天上帝、如来、菩萨、关圣帝君等。除夕之夜，满族家庭中要将所供奉诸神请出后安放在院中东南方位设置的堂子上，设香蝶、香烛。再将两个炕桌分别设于屋内西炕、北炕，供奉香蝶、香烛。接神之后，行三跪三叩礼。之后再于屋内西炕一跪一叩礼，复再对北炕供桌前行一跪一叩礼。再分别对西炕桌、北炕桌复行一跪一叩礼，如此跪拜三次。此外，在正月上旬择吉日，还要再祭拜。每年春秋两季月朔，皇帝在堂子祭祀之时，满族家庭也要举行祭大神仪式。不仅如此，每年的春二月、秋八月，旗人领取俸银当日，也要将供奉诸神请出，将用江米面制作的水饼奉于神像前，并将俸银供上，全家由主人率领叩首祭拜，以表示感谢神灵佑护领受国恩。满族显贵家族，也参照着萨满教传统的朝祭、夕祭等祭祀活动，在家中也进行相应的祭拜活动。旧时，人们常言北京在旗的家庭“礼儿多”，与当初满族家庭萨满教祭祀活动的影响不无关系。

第二节　清代北京喇嘛教发展及其影响

一　清前期对北京喇嘛教的管理

喇嘛教作为在我国西藏地区形成的具有浓厚藏族地域特征的佛教支派，早在元代时就开始在北京地区形成影响。清王朝出于笼络和统治更广博的地域的需要，十分注重喇嘛教在我国西藏、蒙古等地区的影响，对喇嘛教及其僧侣给予了很高的政治地位，也采取了一定的宗教管理手段，以此来作为强化对我国西藏、蒙古地区控制的重要手段。北京作为清王朝的都城，自然在清廷笼络和控制喇嘛教的各个方面显示出都城的特有作用。

清王朝统治者在确定了对全国的统治之后，首先在京城对喇嘛教的管理采取了更为系统和规范的管理，以此来体现和影响喇嘛教对西藏、蒙古地区的管控。清代初期，清廷负责主管喇嘛教事务的机构为理藩院。在清王朝的理藩院，分别设置柔远清吏司、典属清吏司、理刑清吏司和喇嘛印务处等机构。柔远清吏司掌管西藏、蒙古喇嘛进班请安、进贡以及京城各个喇嘛教寺院钱粮供给等事务，并负责给各个喇嘛教寺院颁布时宪书等。典属清吏司掌管达赖喇嘛、班禅进丹书克以及在京喇嘛庙宇所住喇嘛的考列等第、升迁调补、度牒路引等事务，同时负责对京城内各个喇嘛寺院名号的奏请，各个喇嘛教寺院工程管理和僧正、僧纲袭替等事项。理刑清吏司则主要负责对喇嘛庙僧侣违法的处置以及喇嘛私自逃逸的缉捕等事项。喇嘛印务处承担着办理有关喇嘛教寺院以及其宗教活动中各项公文往来事项。清王朝设立的理藩院管理机构，从中央政府的层面确立了对喇嘛教的宗教活动以及僧侣、寺院具体事项的有效控制。

另外，清廷对北京的各个喇嘛教寺院喇嘛的等级以及相应的待遇提出了明确的管理政策。清初，理藩院对驻京喇嘛教寺院的僧侣确定了规范、标准的等级和称谓，其规定：在京各个喇嘛教寺院“大者曰‘掌印札萨克达喇嘛’、曰‘副掌印札萨克达喇嘛’，其次，曰‘札萨克喇嘛’；其次，曰‘达喇嘛’、曰‘副达喇嘛’，其次，曰‘苏拉喇嘛’，其次，曰‘德木齐’、曰‘格斯贵’；曰‘格隆’、‘班第’”①。与此同时，清廷对京城喇嘛寺院中喇嘛僧侣基本数额也作了相应的规定：“凡京师各庙，额设掌印札萨克达喇嘛一缺，副札萨克达喇嘛一缺，札萨克喇嘛四缺，达喇嘛十四缺，副达喇嘛三缺，画佛副达喇嘛一缺；额设苏拉喇嘛十缺，教习苏拉喇嘛六缺，额外教习苏拉喇嘛四缺，仓苏拉喇嘛九缺，公缺德木齐三十一缺，格斯贵五十缺。”② 当然，具体到京城的喇嘛教寺院，其僧侣的额数还是有一定的差别。但是清王朝对京城喇嘛庙宇喇嘛僧侣的等级、额数进行明确的规定，客观上极大地强化了对喇嘛教的有效的管理和控制。

当然，清廷为了笼络和利用喇嘛教的宗教影响，在对其待遇和供奉上也给予了一定的优厚待遇，像设置喇嘛印务处的弘仁寺，清廷明确规定：“二两钱粮喇嘛五十五缺，折色班第钱粮七缺。德木齐四名、格斯贵二名在二两缺内……” 而在雍和宫，则确定：“二两德木齐钱粮四缺，二两钱粮喇嘛二百四十六缺，一两五钱钱粮喇嘛二百五十四缺。”③

另外，清廷在对喇嘛教的管理细节上，也十分注重处处体现中央政权的控制意识。像承担对喇嘛教寺院以及其宗教活动中各项公文往来事项的喇嘛印务处管理上，清廷不仅仅要委派自己信得过的掌印札萨克达喇嘛管理，在具体的执行和操作上也规定得颇为详细：“喇嘛教印务处专设弘仁寺，另择清净严密处所作为印库收贮印信，责成印务德木齐四人轮流值宿看守。该掌印呼图克图兼行章京，按期到印务处会同办事。其用印时由该呼图克图等眼同钤用。印钥交正掌印札萨克达喇嘛佩戴，无论该掌印呼图克图住持何庙，不得将印信擅贮本庙。”④

---

① 《北京市志稿·宗教志》卷四，北京燕山出版社1998年版。

② 同上。

③ 同上。

④ 同上。

凡此种种，可以看出，清王朝对于京城喇嘛教管理可谓是细致、完备，这样的一种管理态势，使得清王朝可以通过对喇嘛教的管理，实现对西藏、蒙古等地边疆地区的有效管控。而在京的喇嘛庙宇以及喇嘛僧侣被清王朝中央政权给予的优厚待遇，对西藏、蒙古等地的喇嘛教及其信徒的示范影响是极为突出的。而这些在京城的喇嘛教寺院在举行宗教活动过程中，也为北京的宗教发展甚至宗教文化的繁荣，起到了重要的促进作用。这种作用甚至影响到北京的市井风俗之中。

二　喇嘛教“跳布扎”对北京民俗的影响

从古至今，每逢年节宗教庙宇的一些宗教仪式或者祭拜活动，往往是民间百姓参加庙会活动的重要内容之一。清代北京城内的喇嘛庙，新春之际往往在其庙宇中举行“跳布扎”活动。所谓“跳布扎”活动实际上是喇嘛庙利用新春庙会活动在民众之中以藏传佛教的音乐歌舞来传播其教派的教义的法会。每逢新春正月，喇嘛庙宇要点燃数百盏燃灯，寺院之中四个角落竖起大旗，旗上画有四大天王像。活动开始，钟磬齐鸣，大殿设立大喇嘛座，大殿供桌上设“胡郎八令”等供品，作为供奉的鬼食。供案左右设两名甲士，用帛绸束口，以防口气触污“胡郎八令”等供品，以免被供奉鬼神不食。庙内喇嘛齐聚，由一名喇嘛向众喇嘛洒净水，称之为“打净”。“跳布扎”活动，由喇嘛扮演二鬼在现场跳跃，再由十二名喇嘛戴面具扮成天神天将，双双起舞，另有十位喇嘛扮演成十弟菩萨，手持法器，伴随着鼓钹节奏随之而动，其他喇嘛僧侣诵念经咒。一时间鼓钹、法铃、神乐启奏，两个戴着牛、鹿面具的喇嘛举刀对地做砍杀状，以表示在杀鬼驱魔。边上一位喇嘛身着神将服饰，手持方天戟，口吐火焰，以表现天神附体。随后，一喇嘛捧一钵糖走到大殿之外，将糖抹在众位喇嘛嘴上。由此，“跳布扎”活动完成。京城喇嘛庙宇的这种“跳布扎”活动，在当时新春庙会活动中，是一场重要的法事，往往引来大量民众观看，久而久之“跳布扎”活动从一种宗教法会渐渐地演化成为京城新春喇嘛庙会的一项重要的民俗活动，被老百姓称之为“打鬼节”。《燕京岁时记》记载：“打鬼本西域佛法，并非怪异，即古者九门观傩之遗风，亦所以根除不祥也。每至打鬼，各喇嘛僧等扮演诸天神将以驱逐邪魔，都人观者甚众，有万家空巷之风。打鬼日期，黄寺在（正月）十五日，黑寺在二十三日，雍和宫在三十日。”[1]

正是由于京城喇嘛庙举办的“跳布扎”法会活动有着鲜明的藏传佛教的特色，无论是法事活动过程，还是在其过程中戴着面具的僧侣扮演者，让民众感觉到既有特色鲜明的藏传佛教风采，又具有祈福驱魔的精神寄托，与新春时节人们祈福平安相吻合，由此而逐渐演化成京城新春重要的民俗活动。《京都竹枝词》中有“京城番寺极巍峨，佛事新奇喇嘛多。黑寺也曾瞧打鬼，未沾白土又如何”的描述，可以看出清代京城喇嘛教庙宇的“打鬼节”已经是京城百姓颇为喜爱且影响较大的一种民俗活动，喇嘛教及其宗教文化在北京的影响由此可见一斑。

第三节　清前期北京佛教发展及《乾隆大藏经》的刊行

一　清前期北京佛教发展

清王朝统治全国以后，除尽可能地保持其原始的萨满教和尊崇喇嘛教之外，对于早已经在中华大地上形成主流性影响的佛教及其寺院，也采取了积极有效的管理措施。一方面，是为了统治全国的需要，另一方面，清廷上至帝王、后妃，下至王公大臣，信奉早已经中国本土化的佛教的大有人在。实际上，早在满族统治者入关之前，在满洲人聚集的东北地区，佛教的影响就已经开始显现。因此，满族八旗入关以后，出于其统治的需要，满族统治者对佛教与喇嘛教等宗教一样，也给予了充分的重视和扶持。作为全国的都城，北京的佛教传播、佛教寺院的发展以及佛教传播过程中形成的宗教文化影响，在全国来看是非常突出的。这一方面体现出了清王朝对佛教发展的政策走向和示范性作用，另一方面也折射出清朝帝王和满族贵族对佛教的尊崇。

清代定都北京以后，为满足其统治全国的需要，依据明代旧制，礼部设立了专门管理佛教事务的僧录司。僧录司由左善世、右善世及阐教、讲经、觉义等职官掌管佛教事务。同时，按照明代对佛教的管理体制，顺天府所属州县分别设置僧正司、僧会司，负责掌管所辖区域的佛教事项。比如，康熙年间顺天府所辖通州僧正司，就设在通州治所嘉靖寺中。房山县

① 《帝京岁时纪胜 燕京岁时记》，北京古籍出版社 1983 年版。

僧会司设在房山县治所的福胜寺，密云县僧会司设于其县之北隆兴寺，怀柔县僧会司设于其县西能仁寺。[①]

当然，出于其统治的需要，清王朝在汲取明代管理佛教的经验教训基础上，对佛教寺院、僧侣的管控也是颇为严格的。清廷参照明代旧例规定：佛教寺院“凡僧道不给度牒，私自簪剃者，杖八十。若由家长，家长当罪。寺观住持及授业师私度者与同罪……寺观庵院，除先年额设处所外，不许私自创建增置，违者杖一百……民间有愿创建寺观者，须呈明督抚具奏”[②]。

当然，对于清王朝统治者而言，参照明代旧制细化对佛教寺院的管理，是其宗教管理的重要手段。但就清廷帝王而言，满族统治者入主中原，也会受中原地区佛教的诸多影响而礼佛。

清王朝入关后的第一个皇帝顺治对佛教就表现出浓厚的兴趣。顺治十四年（1657 年）顺治皇帝到北京南苑狩猎，曾到海会寺参拜，与憨璞住持相识，言谈之中顺治对憨璞和尚对答以及对佛法的阐释极为满意，特意将其召入宫内讲授佛法，并亲赐憨璞和尚明觉禅师法号。次年，顺治皇帝仰慕浙江武康报恩寺临济宗第三十一世传人玉林禅师之名，特下诏将玉林禅师请到北京。顺治在其谕旨中以极为恭敬的态度谈道：“尔禅师通琇，临济嫡传笑岩近裔；心源明洁，行解孤高；故于戊戌之秋特遣皇华之使，聘来京阙，卓锡上林。朕于听觉之余，亲询释梵之奥；实获我心，深契予志；洵法门之龙象，禅苑之珠林者也。”[③] 玉林和尚到北京后，顺治皇帝特意安排，在万善殿由玉林禅师讲授佛法，并授玉林和尚大觉普济禅师法号，赏赐紫衣、法器等。随后，顺治皇帝还将玉林和尚迎入西苑，以便于顺治皇帝经常咨询佛法禅理。顺治十六年（1659 年）冬，顺治皇帝将浙江天童寺禅师道忞请到北京，在宫中万善殿讲授佛法。道忞和尚不仅在禅宗佛理上造诣极高，对儒家经典也颇有研究，工书法，且在诗文词学领域也极为出色，顺治皇帝甚为敬仰，特意下旨允许道忞禅师免除诸多礼节，并赐座与顺治讲授禅宗佛理。次年道忞和尚执意返回，顺治皇帝赐号宏觉禅师，并亲自送出北门，以示敬重。道忞禅师离京之后，顺治皇帝特意挽

① 《康熙顺天府志》卷三，中国书店出版社线装校勘本。

② 《北京市志稿·宗教志》卷一，北京燕山出版社 1998 年版。

③ 同上。

留其两位僧徒分别在北京的善果寺、隆安寺开设法坛讲经。作为清王朝入关后的第一个皇帝，顺治如此礼佛，一方面体现出清王朝统治者对佛教的重视，以此来稳固大清王朝在全国的统治，另一方面也可以反映出清王朝统治者入关以后对中原大地流行已久的本土化佛教的接纳和信奉。

雍正皇帝在礼佛奉释上，更是表现突出。雍正在其即位之前就与佛教禅师交往密切，他曾拜柏林寺禅师迦陵性音和尚为师参悟佛法，并辑录历代高僧语录，作为其参究佛法和省悟自身的对照。雍正未即位之前，常驻京西圆明园，所以自号圆明居士，后又自号破尘居士。迦陵性音曾称赞其“大悟彻底”。康熙五十九年（1720 年），雍正出资对京西大觉寺修葺，并竭力推荐迦陵禅师为大觉寺方丈。雍正登基以后，在其繁忙政事之中，时常在内廷与王公大臣参究禅理，并将和王公大臣交流佛法心得汇编成册，与过去辑录的历代高僧语录合编，编成《御选语录》十九卷，附录《御选当今法会》。雍正一生，在佛学领域的著述甚多，先后编撰了《当今法会》《经海一滴》《宗镜大纲》《万善同归集》《大觉禅师录》《禅师心赋选注》《翻译名义选》等佛学作品，还亲自撰写了《教程法数》《圆明语录》《集云百问》《拣魔辨异录》《悦心集》《破尘居士语录》《御选语录》等佛学著作。有清一代，甚至在中国历代帝王之中，对释家禅说如此关注，并留有丰富的佛学著作者，雍正皇帝可谓是最为突出，他的佛学著述，在清代佛教界和社会上都曾产生很大的影响。

二　清代对佛教经典的集成性整理

清代前期，北京佛教的发展不仅仅是满族统治者个人对佛教的崇信，在佛教经典整理刊行上，也出现了一次发展的高峰，这就是《乾隆大藏经》的刊行传播。清王朝建立初期，全国刊行佛教经卷主要在我国的南方地区，尤其是顺治到康熙年间，嘉兴楞严寺是当时刊刻佛经最主要的集中地。雍正在位期间对佛教的崇信，不仅是其个人在佛学领域多有著述，同时他也格外重视对传播已久的佛教经典的收集和整理工作。雍正十一年（1733 年），雍正下旨开设藏经馆，由和硕庄亲王允禄负责，收录流传中原大地的佛教经卷。雍正十三年（1735 年），雍正下令聘请对佛教著述及经典著作整理、收集颇有建树的僧人在北京贤良寺开始对收集的各种佛教经卷进行重新整理、编刊。雍正皇帝下令整理的这批佛教经卷，在乾隆三年（1738 年）刊行，命名为《大清重刊三藏教目录》，也就是人们后来俗称的《乾隆大藏经》，也有称之为《龙藏》。

《乾隆大藏经》是在祝崇寺所藏明代永乐年《永乐北藏》为底本的基础上进行重新整理、编校而成的，藏经为七一六八卷，收录经卷一六六九部，共七二四卷，其中正藏为四八五卷，续藏二三九卷，诸经文以《千字文》单字排号。雍正十三年（1735 年）在陆续整理经卷的基础上开始雕版，到乾隆三年（1738 年）全部完成雕版。雕版完成后，刷印一百部，分送全国名寺宝刹收藏。这部藏经因其经页雕版边缘雕有龙纹作为装饰，所以人们将这部大藏经也称之为《龙藏》。

清廷雕刻规模宏大的《乾隆大藏经》仅仅是其礼佛敬释整理刊行经书的活动之一，除了这部藏经之外，早在康熙二十二年（1683 年）康熙皇帝命第二世章嘉活佛为总校阅对藏文甘珠尔进行整理，并付梓刊印。随后，乾隆五十五年（1790 年），乾隆皇帝下令以藏传佛教高僧章嘉国师为首，整理并翻译佛教经典，编撰刊行《满文大藏经》，共二五三四卷，分为一〇八函。清代大量佛教经卷在北京整理、雕刻和刊行，将清代北京佛教发展以及佛学典籍的研究推向了一个新的高峰，也让北京宗教发展在全国第一次具有了统领全国佛教发展的地位和影响。

第四节　清代北京道教及其道观

一　清前期对北京道教的管理

道教作为中国本土生长的宗教，在中原大地上有着极为深厚的民众基础。尤其是明代以来道教的发展呈现出广泛世俗化、民间化的发展态势，使得道教成为中原大地上深深地根植于民众内心的宗教，不仅仅是道教道观遍布于华夏大地，供奉老君、玉帝、真武、三官、文昌、关帝、娘娘、城隍、土地等道教神仙的宫观祠庙更是星罗棋布于中原大地的城镇街巷、乡村田野。清王朝入关后，面对着有如此深厚民众基础的道教，自然不敢轻视。清朝按照明代旧制在北京设置道录司，掌管全国道教事务。清代道录司“设左正一人，右正一人；左演法一员，右演法一员；左至灵一员，右至灵一员；左玄义一员，右玄义一员”①。而京师顺天府下属各州府，分设道纪司、道会司。清初北京通州道正司设于通州悟仙观、涿州道正司

① 《北京市志稿·宗教志》卷六，北京燕山出版社 1998 年版。

设于涿州城北东岳庙，玉田县道会司设在玉田县西关内、平谷县道会司设在县治东南朝阳观内。[①] 清王朝满族统治者出于对中原大地汉人的笼络，顺治、康熙等帝王对道教采取了较为宽松的政策，并且采取了一系列的优抚措施以体现其对道教的重视和关注。顺治十三年（1656 年）三月，清世祖下旨，由全真道龙门支派律宗第七代律师王常月（号昆阳）在北京白云观登台说戒，前后达三次之多，并度弟子千余人。世祖福临还三次赐紫衣以示敬重，并赏赐斋田。到康熙年间，康熙皇帝曾亲自受戒于王常月道师。康熙十九年（1680 年）王常月去世时，康熙特赐法号抱一高士。乾隆三十一年（1766 年）正一真人进京朝奉，乾隆皇帝亲自召见，并颁布圣旨，加封正一真人三品秩。[②] 正是在清前期对道教管理颇为宽松的前提下，北京道教的发展也十分明显，北京城的东岳庙、真武庙、文昌庙、碧霞元君庙、三官庙、玉皇庙、玉虚宫、吕祖庙、通仙观等香火颇为旺盛，而在京师郊区，以道教主导的祭神、祭祖、祭祈元贤为主要内容的庙观如龙王庙、城隍庙、八蜡庙、仓颉庙、药王庙、关帝庙、邹衍庙、鲁班庙、文庙、孔庙、河神庙、花王庙、窑神庙、火神庙、娘娘庙等等也遍布北京。其中，很多道教寺观成为北京著名的宗教圣地，白云观、东岳庙就是其中典型的代表。

二　清代北京著名道教寺观

白云观在清代北京城西便门外，道观最早兴修于唐开元二十六年（738 年），名为天长观，是北京地区较早的道教寺观。天长观后因历史原因逐渐衰败，道观也废弃。金代明昌三年（1192 年）重修天长观，金泰和三年（1203 年）改天长观为太极宫。元太祖甲申年（1224 年）八月，长春真人丘处机开始入住太极宫，直至元太祖丁亥年（金天会五年，1227 年）去世，一直在这里主持道教活动，并为成吉思汗在政治上谋划。因丘处机仙逝于此，故元太祖丁亥年（金天会五年，1227 年）五月，改太极宫为长春宫，并作为丘处机藏蜕所永久保留。为此，丘处机弟子尹志平在长春宫之东另辟宫院，名曰白云观。元末长春宫毁于兵燹，白云观却得以保存下来。明代时又几次对白云观增修，使其规模越来越大。但明代

① 《康熙顺天府志》卷三，中国书店出版社版线装校勘本。

② 《北京市志稿·宗教志》卷六，北京燕山出版社 1998 年版。

末年，白云观遭火灾之害，道观有一定程度的毁坏。清顺治年间，福临皇帝曾巡幸白云观，赏赐全真道龙门支派律宗第七代律师王常月紫衣、斋田。康熙四十五年（1706 年）康熙皇帝因见白云观场地、寺观狭小，特颁旨动帑葺治，其大兴土木，在白云观原有基础上扩展重修。我们今天所看到的白云观，其基本规模就是康熙此次扩建所致。清乾隆年间，又曾经两次动帑重修，但康熙年确定的白云观规模并没有大的改变。重修后的白云观建筑群规模宏大，气势非凡。从最南端道观前大街南侧的琉璃照壁开始，街北是四座七楼的七彩大牌坊。牌楼往北进山门，进入道观。白云观诸大殿坐北朝南，从南到北的中轴线上依次为五层殿堂。这五层殿堂分别为灵官殿、玉历长春殿、老律堂、丘祖殿和三清阁。另外，白云观东西两路还分别建有八仙殿、吕祖殿、碧霞元君殿、元辰殿、斗姆殿、南极殿、火神殿、葛仙殿、罗公殿等殿堂，供奉道家众神仙。作为北京城最重要的道教寺观，白云观在北京老百姓中有着巨大的影响力，尤其是每逢新春正月白云观庙会，这里的“会神仙”“顺星”“打金钱眼”“摸石猴”等已经从道教宗教活动变成北京民俗活动的重要内容。

《燕京岁时记》曾记载：“每至正月，自初一日起，开庙十九日。游人络绎，车马奔腾，至十九日为尤盛，谓之‘会神仙’。相传十八日夜内必有仙真下降，或幻游人，或化乞丐，有缘遇之者，得以却病延年。”[①]白云观新春正月的“顺星”就是到白云观纳香供奉的人到六十位星宿像的元辰殿，也就是人们俗称的星宿殿找到自己的本命星宿，并在相对应的塑像前上香、叩拜、布施，以求星宿保佑一年平安。《水曹清暇录》记述：“正月初八，俗传诸星下界，京城内外，庵观寺院僧道，多揽檀越施主年庚，陈列祭品，为坛而禳禳，冀得香仪。”而京城民众心中下凡星宿保佑最灵验的当数白云观，所以白云观的“顺星”便成为京城新春民俗的重要活动。而“摸石猴”“打金钱眼”等活动，既有祈福驱害的吉祥寓意，又颇具互动性，因此更受北京百姓的欢迎，久而久之原本是道教宗教的活动表现方式，渐渐地变成了北京百姓新春庙会风俗，甚至一直流传到今天。

正是由于清代前期顺治、康熙等帝王对白云观的关注，才使得白云观成为北京道教中心和道教文化最主要的聚集地之一，在北京宗教史上形成

① 《帝京岁时纪胜·燕京岁时记》，北京古籍出版社 1983 年版。

了特有的宗教地位和影响。

清代北京城另一个主要的道教寺观就是位于朝阳门外的东岳庙。东岳庙是道教正一派在我国北方地区重要的道教活动中心，相传其最早修建于宋代，元延祐六年（1319 年）重新修葺，元至治三年（1323 年）修葺完工，定名为东岳仁寿宫，我们今天所看到的东岳庙元代痕迹，如中外闻名的赵孟頫所书《张天师神道碑》，也就是我们通常所说的《道教碑》等，就是此次修葺所留。明正统十二年（1447 年）明英宗对东岳仁寿宫重新整修、扩建，并将寺庙名改为东岳庙。进入清代以来，清朝满族统治者出于笼络汉人需要，对道教庙观也比较注意维护。特别是康熙三十七年（1698 年）东岳庙走水而多有毁坏，次年康熙皇帝下令重新整修，经过三年依照原样重新修葺了东岳庙。乾隆年间又曾经对东岳庙进行修葺。道教中的东岳大帝掌管人间生死祸福，因此，京城百姓对此笃信不疑，每逢三月二十八日东岳大帝诞辰之时，京城百姓纷纷到此烧香祭拜，香火极盛，由此形成东岳庙一年一度的盛大庙会，并逐渐成为京城民俗重要的活动。清代时，东岳庙文昌殿前立有康熙四十七年（1708 年）塑制的文昌帝君坐骑铜特和白瓷马。铜特相貌颇为奇特，驴面、骡身、马耳、牛蹄，京城老百姓俗称为“铜骡子”。因为这个铜骡子是文昌帝君的坐骑，所以京城百姓中流传东岳庙铜骡子能治百病，人的身体哪里不舒服，在文昌殿前的铜骡子身上相应的部位摸摸，身上的病也就好了。久而久之，成为京城的一大风俗，曰“摸铜骡”。

正是由于清代前期对道教的管理采取了一定的扶持和宽容政策，使得北京道教及其文化发展有了一个明显的抬升阶段，特别是清王朝尤其注重其中央集权的统治权威，客观上让北京道教的发展在全国起着首善之地的引领作用，这客观上让北京道教发展成为全国道教发展的主要标志并具有极为显著的象征意义。

第五节　清代北京伊斯兰教及牛街清真寺

一　清代对伊斯兰教的管理政策

伊斯兰教作为具有典型的民族特征和世俗化的宗教，早在元代就在大都城形成了一定的规模。元修筑大都城时，西域回人也黑迭尔曾做出重要贡献。据《秋涧先生全集》卷八十八记载：“为在都（即元大都）回回入户，自壬子年元籍，并中统四年（1259年）续抄，计两千九百五十三户。”依当时大都城每户平均人口五人计算，当时大都城内穆斯林人口达一万五千余人，在大都城总人口中占有很大的比例。明代以后，由于明朝对穆斯林及伊斯兰教采取了较为宽松的政策，伊斯兰教在北京有了很大的发展，北京城内清真寺等伊斯兰教宗教场所也逐渐增多，北京成为全国伊斯兰教的中心。清王朝入主中原以后，由于满族贵族本身是少数民族入主中原，加之其统治疆域的扩充，因此，清王朝前期在对待伊斯兰教及穆斯林虽然不像对在中原地区流传已久的佛教、道教那样格外重视，甚至倍加推崇，但是出于其统治的客观需要，也往往注意采取一定的宗教笼络政策，以达到稳固其统治的需要。尤其是对伊斯兰教上层人物，清王朝采取了一定的手段加以笼络，其主要的标志之一就是在北京西长安街的回回营敕建礼拜寺。回回营清真寺原名为普宁清真寺，清乾隆年间清高宗亲自下令予以改建，赐名回回营清真寺，并立碑记以彰显清王朝对穆斯林也像对其他宗教一样重视和扶持。康熙八年（1669年）明末清初伊斯兰教的著名学者马注到北京时，曾受到清王朝宗人府掌印亲王的召见，虽没有像喇嘛教僧侣进京时的各种荣耀，但是从他进京后的活动还是可以看出清王朝前期对穆斯林以及伊斯兰教的基本态度。乾隆年以后，清王朝对伊斯兰教管理政策逐渐的改变，对穆斯林以及伊斯兰教多有抑制，但就北京而言，由于这里是清王朝的统治中心，因此在对待伊斯兰教以及清真寺等方面，还是采取了一定的笼络政策。这一方面有明显的笼络倾向，另一方面是通过笼络来加强控制。

二　北京牛街清真寺伊斯兰教中心的确立

有清一代，北京的清真寺和伊斯兰教的传播，往往与北京的穆斯林聚集区紧密地结合，其中牛街的清真寺就是极为典型的例证。清朝实行“旗民分城而居”的政策，顺治年间原在内城居住的各族居民被逐渐迁出外城，其中穆斯林居民则多聚集在南城西侧的牛街一带。这客观上使得牛街清真寺成为北京最重要的伊斯兰教活动场所和伊斯兰文化中心。

北京牛街清真寺始建于辽圣宗统和十四年（北宋至道二年，996年），位于辽南京城内东侧。后虽经金、元、明几代历史变迁，但这里一直是北京地区重要的清真寺。清占领北京后实行“旗民分城而居”的政策，原明代北京内城居民悉数迁至外城。穆斯林居民往往因清真寺而汇聚，故清初外迁穆斯林居民自然多聚集于牛街清真寺一带，由此牛街一带既是清代回族民众聚集区，也是伊斯兰文化活动的主要区域。牛街清真寺也由此更加凸显其伊斯兰教文化中心的地位。清康熙三十五年（1596 年），牛街清真寺进行了大规模修葺，既保留了辽代创建之初的典型清真寺建筑，也有了一定的扩展，基本形成了今天我们看到的牛街清真寺礼拜殿、梆歌楼、望月楼和碑亭等特色鲜明的建筑格局。其中窑殿内的藻井、彩画及龛橱等保留了经典的辽宋时期建筑风格，是极为罕见的辽宋历史遗物。

清代北京除牛街清真寺外，西长安街的回回营清真寺、阜成门外清真礼拜永寿寺、崇文门外花市清真寺、正阳门外笤帚胡同清真礼拜寺等，也都是清代较为著名的伊斯兰教寺院。

第六节　清前期北京天主教活动及其文化影响

一　天主教传入北京及清初天主教的发展

北京地区天主教的传播可以追溯到元大都时期，元至元三十年（1293 年）由罗马天主教方济各会传教士孟高维诺来到大都城，觐见元代皇帝，并得到元朝统治者允许传教。次年，孟高维诺先后在大都城修建了两座天主教堂。当时天主教被称为也里可温教，元大都时期主要是在元朝统治阶层的蒙古人、色目人中传播，汉族民众信奉者极少。元朝末年，徐达北征占领了元大都，当时仅有的两座也里可温教寺院也随之而消亡。

明万历年间，意大利籍传教士利玛窦来到北京，在觐见明代皇帝后获准在北京传教，并于万历三十三年（1605 年）在北京宣武门内兴建天主教教堂，也就是后来老百姓俗称的南堂。从利玛窦开始，一批欧洲传教士陆续抵达中国，他们用西方的天文学等自然科学技术和西方的工艺美术吸引明代上层官员及封建帝王，获得了明代统治阶层的好感。明万历年后期，意大利传教士汤若望以西班牙政府的名义被派往中国，开始了其在中国近五十年的传教生涯。明天启三年（1623 年）汤若望来到北京，他将自己所带的天文学、数学典籍和科学仪器在其住所陈列，积极说服明朝官员，并将所带的西方科技图籍编目造册呈送朝廷。他还利用西方的天文学预测了当年北京所能观看到的月食，深得朝廷的赏识。明崇祯三年（1630 年），时任礼部尚书的徐光启上疏保荐汤若望供职于钦天监，由此，汤若望的活动逐渐进入明代统治上层集团。崇祯七年（1634 年）汤若望协助徐光启等人编成《崇祯历书》，并组织在京传教士与明廷官员合作翻译了欧洲开采和冶炼的著作《坤舆格致》。由此，汤若望在明代朝廷和汉族官员中确立了他特有的文化地位。

正是由于汤若望在明朝所享有的声誉以及他在西方天文学等方面突出的专业造诣，使得他能够依靠所拥有的社会声望和文化影响，在满洲人占领北京、入主中原后，很快与清代统治者建立了密切的联系，并得到了满族上层贵族的庇护和关照。顺治元年（1644年）五月初，清军入关占领北京。满族八旗兵丁涌入北京后，立即开始在北京城内号房居住，并开始往外城驱赶内城原有居民，“令内城居民限三日迁至外城”[1]，汤若望所住的南堂也在被下令外迁的范围。为此，汤若望倚仗其社会名望给清廷上书力陈其搬迁之难。他在上书中陈述道：“窃臣自大西洋八万里航海东来，不婚不宦，以昭事上主、阐发天主教为本，劝人忠君孝亲、贞廉守法为务。臣自构天主堂一所，朝夕虔修，祈求普佑，作宾于京，已有年所。曾奉前朝故帝令修治历法，著有历书多帙，付工镌板，尚未完竣，而板片已堆积累累。此外，有堂中供像礼器，传教所用经典，修历应用书籍，并测量天象各种仪器，其数甚夥，若欲一并迁于外城，不但三曰限内不能悉数搬运，且必难免损坏。其测量仪器由西洋带来者居多，倘一旦损伤，修整即非容易，购办又非可随时寄来，特此沥情具折，恳请皇上恩赐臣与同伴诸远臣仍居原寓。”[2]

汤若望所上之书，开口便称“臣”，并特意强调其“阐发天主教为本”的同时，更积极地“劝人忠君孝亲、贞廉守法为务”，这无疑让清朝统治者感觉到天主教也是其维护统治稳定的一种工具。而且他还专门强调“修治历法，著有历书多帙”，突出他在天文学、历法方面的重要作用，以此来打动清王朝统治者。汤若望上书得到摄政王多尔衮的首肯，他随即在五月十二日下谕令：“令汤若望等安居天主教堂，并禁军民人等入内滋扰。”随后在当年年底的十一月份，顺治皇帝福临在给钦天监的上谕中称：“着汤若望补充本衙门所用人员，悉听其自举。”[3] 之后，又任命汤若望为钦天监监正。顺治三年（1646年），肃亲王豪格在征伐张献忠起义军

---

① 《北京市志稿·宗教志》卷九，北京燕山出版社1998年版。

② 同上。

③ 同上。

时，俘获了在张献忠起义军中服务的意大利传教士利类思和葡萄牙传教士安思文，并押解至北京，留在顺亲王府之中驱使。豪格被削爵之后，利类思、安思文得以释放，留在北京传教。因其二人与汤若望多有不同之见，不愿与其同居一处，便申请构筑新的教堂。顺治十二年（1655 年）顺治皇帝特意恩准在城东八面槽赏赐房宅一处，利类思、安思文修建了一处新的教堂，名曰若瑟堂，也就是后来人们俗称的东堂。

顺治十四年（1657 年），顺治皇帝为表示自己对天主教诸位教士一并尊敬，又特意恩准汤若望在其原住址修建新的教堂，所有构建教堂费用由内务府悉数承担。新教堂落成以后，顺治皇帝亲笔御题"通玄佳境"匾额，以示其对天主教的重视。顺治皇帝甚至尊称汤若望为"汤玛法"，其关系之密切实属罕见。汤若望修建的新的教堂，后来被人们称之为南堂。次年，顺治皇帝又颁布圣旨，授予汤若望为光禄大夫。顺治、康熙等清代初期两代皇帝的器重和礼遇，使得天主教的传教活动颇为顺利，且所享受的清廷殊荣颇多，这使得天主教在清代初期在北京的发展极为顺利，其影响也逐渐扩展。

二　清初"康熙历狱"

清代初期天主教在北京的快速发展，被清王朝统治阶层一部分官员所诟病，甚至对天主教在北京乃至全国的传播怀有极大的敌意。康熙三年（1664 年）杨光先上书，力陈汤若望等潜谋造反、邪说惑众、历法荒谬等罪状。当时把持朝政的鳌拜等人原本就对汤若望等西方传教士多有不满，便利用此机会打击汤若望等人，抑制西方天主教在北京的影响。鳌拜等人主持吏部、礼部官员会审汤若望、南怀仁等传教士以及跟随汤若望的钦天监官员刻漏科杜如预、五官挈壶正杨弘量、历科李祖白、春官正宋可成、秋官正宋发、冬官正朱光显、中官正刘有泰等人，当时汤若望已年过七旬，且猝患痉挖、口舌结塞，会审之中所有申辩口供只能由南怀仁代为陈述。鳌拜等人组织所谓会审，并非要真正与汤若望等人就其历法与杨光先上书天文历算之争判定个是是非非，而是为了以此为口实给汤若望等治罪。会审结果，不仅革除汤若望所兼诸职，还定为死罪。其他跟随汤若望的一干人等皆判凌迟处死。后因孝庄皇太后干预，再加之当时北京发生大地震，迫于压力和恐惧，鳌拜等未将汤若望等处死，只是关在狱中。但杜如预、杨弘量、李祖白、宋可成、宋发、朱光显、刘有泰等人被处斩。同时，宣布废除汤若望主持编撰的“时宪历”，以“大统历”代之，任杨光先为钦天监监正。并发布政令，禁止百姓民众信奉天主教。康熙五年（1666年）汤若望被释放出狱，但没多久便病逝于寓所。康熙七年（1668年）康熙皇帝亲召南怀仁与杨光先等人实测天文，随后又实测“立春”“雨水”等节气时间，杨光先、吴明恒等人一再测算失误。康熙八年（1669年）康熙皇帝为汤若望等人平反，恢复汤若望“通微教师”称号。康熙还下令罢黜杨光先钦天监监正之职，以“诬告反坐”判其处斩。后因杨光先年老而免其死罪，驱逐回原籍，并任命南怀仁为钦天监监正。这就是北京历史上著名的“康熙历狱”，也称“汤若望案”。

“康熙历狱”的发生，虽然汤若望得到平反，恢复了“通微教师”称号，也任命南怀仁为钦天监监正，同时对被冤屈处斩的李祖白、杜如预、杨弘量、宋可成、宋发、朱光显、刘有泰等人“照原品赐恤，给殡葬银两”[①]。但是，从明崇祯年以来，汤若望等天主教传教士在北京发展的一批信奉天主教或者接受西方天文历法的汉族知识分子、官员在此案中被悉数剿灭。而此案虽然平反，但李祖白等人的遭遇，使得本来对西方天主教就心有抵触或怀疑的清朝士子学人，更加的心有畏惧，无形中疏远了天主教。这对于天主教在北京的发展，无疑是一次重创。

三　“敬奉礼仪之争”与清廷对天主教政策的转变

西方天主教在进入中国后一直谋划进行广泛传播，努力发展其信徒。但是，西方天主教因其教义以及敬奉礼仪等，与中国传统的敬奉礼仪有着极大的差异，客观上形成了敬奉信仰上的文化冲突，这对天主教在中国的传播与发展形成了极大的压力。早在明代利玛窦开始在北京传教时，考虑到中国的实际情况，其在发展教徒的过程中，就十分注意与中国民众信仰与敬奉习惯相融合。尤其是对信奉天主教的中国人在祭祖、祭孔、敬奉上天等中国传统敬奉礼仪上采取了较为宽松的态度。这种不同文化和宗教敬奉的宽松态度一直延续到清代康熙年间。像张诚、徐日升等耶稣会的传教士就持这样的宽松态度，并希望以此来得到康熙皇帝对天主教的支持。然而，对皈依天主教的中国人的敬奉礼仪是否采取宽松的态度，在天主教传教士中一直存有很大的争议，主要集中在两个突出的问题上，一个是对皈

① 《北京市志稿·宗教志》卷九，北京燕山出版社1998年版。

依天主教的中国人，还能否再有祭祖、尊孔行为，另一个是中国传统的“天地君亲师”，尤其是中国人崇拜的“上天”与天主教的“上帝”“天主”能否相容一体。这两个问题，一直是在华传教的西方传教士争论的重要问题，甚至成为西方在华天主教传教士不同派别互相攻击的口实。

清代前期，尤其是康熙朝曾经有过“康熙历狱”，但是很快清朝最高统治者就将此案予以平反，对“康熙历狱”所受牵连之人悉数昭雪。当然，案件对中国封建统治阶层的官员以及民众来说，再接近天主教多有恐惧。但作为清朝统治者而言，康熙皇帝并没有疏远。康熙十二年到康熙二十年（1673—1681 年）剿平三藩之乱期间，南怀仁等利用所掌握的西方火炮制造技术，协助铸造火炮，对当时清军对吴三桂等叛军作战而言，南怀仁等协助铸造的火炮，大大地强化了清军的打击能力。这无疑使得康熙皇帝对这些西方传教士更为信任。康熙二十八年（1689 年）中国清朝政府与沙皇俄国经过交涉签订确立中国与俄国边界的《尼布楚条约》过程中，天主教耶稣教会的传教士发挥了颇为突出的作用，显示出康熙皇帝对西方天主教教士的格外信任。康熙二十七年（1688 年）清政府派索额图以“中国大圣皇帝钦差分界大臣议政大臣领侍卫内大臣”到尼布楚城与沙皇俄国交涉两国边界问题。考虑到索额图此次办理与俄国的领土交涉会有很多复杂问题，康熙皇帝特意选派在北京的法国传教士张诚、葡萄牙传教士徐日升随索额图一同前往尼布楚城参与同俄国人的交涉。康熙不仅仅是让耶稣教会传教士张诚、徐日升承担谈判中的翻译工作，更多的是想借助他们所具有的对西方世界各国之间那种国际关系和国际法等方面的知识，为索额图等进行交涉提供必要的咨询和帮助。而事实上，张诚、徐日升二位在此次交涉过程中，确实起到了非常重要的作用，尤其是他们在中国和俄罗斯签订《尼布楚条约》过程中用拉丁文作为主要文本，对维护大清国的利益发挥了颇为显著的作用。也正是由此，康熙皇帝对天主教传教士表现出颇为信任。康熙三十年（1691 年），康熙皇帝特意颁发谕旨，明确表示对诸大臣所议“各处天主堂俱照旧存留，凡进香供奉之人，仍许照常行走，不必禁止”① 表示赞同，这是清代北京天主教发展最为兴盛的阶段。

就在天主教被清王朝统治者极为重视且给予很高的礼遇时，天主教在

① 《北京市志稿·宗教志》卷九，北京燕山出版社 1998 年版。

华传教士对中国信奉天主教者日常敬奉礼仪的争论及其相应的表现，彻底改变了清王朝统治者对天主教的政策。1704 年（康熙四十三年），对于天主教在中国传播和发展信众，如何对待敬奉礼仪之争，被提交到罗马教廷进行裁决。罗马教廷最终裁决，中国信徒皈依天主教，在敬奉礼仪上不应该采取过去的相对宽松的做法。罗马教廷提出中国人皈依天主教，不得使用中国人传统的“天”“上天”的字样，只允许将“天主”视为万物之主。同时明确，皈依天主教的中国信徒，不得敬奉孔子，不允许供奉祖宗牌位。第二年，罗马教廷的特使来到北京向在华西方传教士，特别是在北京的耶稣会传教士张诚、徐日升等传达罗马教廷的要求。对于罗马教廷对在华传教活动中对中国教徒的敬奉限制，耶稣会曾经也向清王朝统治者反映过。因此，康熙皇帝特意召见罗马教廷特使，就中国传统的“天地君亲师”的基本人伦信仰做了详细的说明。但罗马教会特使并没有遵从康熙的意见，甚至在其离开北京后将罗马教廷的规定公布。罗马教会特使的做法，引起康熙的极大反感，他下令将罗马教廷特使拘捕，押送出境。他还一再强调，若传教士不遵从明代以来利玛窦等人施行的宽容政策，将对西方传教士在华传教予以限制。并从北京开始，实行西方传教士颁行领票制度，实际上就是严格要求西方传教士在其发展教徒过程中，不得与中国传统文化观念及敬奉礼仪形成直接的冲突。

康熙五十九年（1720 年），西方罗马教廷再次派遣特使到北京，直接向康熙皇帝提出交涉。由于罗马教廷诸多要求明显与中国传统的人伦信仰和敬奉礼仪相抵触，而且很明显地显示出干涉中国政府的内政，引起康熙皇帝的震怒，他斥责罗马教廷特使：“尔教王条约与中国道理大相悖戾。尔天主教在中国行不得，务必禁止。教既不行，在中国传教之西洋人亦属无用。除会技艺之人留用，再年老有病不能回去之人仍准存留，其余在中国传教之人尔俱带回西洋去。尔教王条约只可禁止尔西洋人，中国人非尔教王所可禁止。其准留之西洋人着依尔教王条约自行修道，不许传教。”并态度鲜明地表示：“以后不必西洋人在中国行教，禁止可也，免得多事。”[①] 由此，康熙开始下令对西方天主教实行禁教政策。康熙帝的禁教政策在历史上产生了深远影响，它成为鸦片战争之前清王朝的一项基本国

---

① 中国第一历史档案馆编：《清中前期西洋天主教在华活动档案史料》第一册，中华书局 2003 年版。

策，被此后的雍正、乾隆、嘉庆、道光所继承和遵行。

雍正即位以后，对于天主教继续采取压制和禁锢的政策。雍正元年（1723年）礼部给事中法敏在其奏请禁止加入天主教的奏折中，曾经对天主教进行极为严厉的斥责，他认为：传播天主教的"西洋人设天主教，编书欺惑京城外省愚民，凡入其教者给以衣服盘缠，借放银两。故近年来，无知男妇为有所得而入其教者甚众……凡入此教，即将父母兄弟妻小抛诸于外，惟尊奉天主"①。所以法敏奏请："京城西洋人住地当派官兵把守。"而对于北京的天主教堂及传教士居住地，则"满洲、蒙古、汉军、汉人乃至包衣、奴才皆当严禁出入"。而当雍正发现西方传教士在其他皇子争位中有所涉及，促使他彻底对天主教活动全面禁止。首先关闭了北京的天主教堂，除少数在钦天监及大内充任画师的传教士之外，其余传教士悉数被迫迁到澳门、广州等地。从此，天主教在北京的传教活动被完全停止。

乾隆时期，继续实行对西方天主教的禁教政策，他虽然在大内保留了像郎世宁等传教士充任画师，但是对传教士在京传教则明确禁止。嘉庆年间，清王朝更是强化了对天主教的严格管控，制定了《西洋堂事务章程》，明确规定当时在北京的天主教传教士可以自己信奉天主，"自奉其教，按日念经，例不禁外，旗民人等概不许私赴西洋堂。西洋人亦不许与旗民交结往来"。同时明确了对京师天主教堂要由"管理西洋堂事务大臣各派司员二员经理一切，并各添派章京四员经常到堂轮流稽查"，由步兵统领衙门"派步军校一员，步甲五名，营官一员，营兵五名，每日轮流在该四堂门前严密稽查"②。每日要步兵统领衙门派人稽查京城天主教堂的活动，这种严禁政策不可谓不严。清王朝的这种对天主教活动严格进行管控和在京明令禁止传教的作法，一直持续到第二次鸦片战争。

---

① 《雍正朝满文朱批奏折全译》上册，黄山书社1998年版。

② 中国第一历史档案馆编：《清中前期西洋天主教在华活动档案史料》第二册，中华书局2003年版。

第九章　清代北京宫廷文化

1644 年满洲人入关定都北京，随后又快速地统治全国。作为入主中原的少数民族，满洲人将北京作为其统治全国的政治文化中心，围绕着北京城，在以往的中原帝王统治制度和皇家文化的基础上，逐渐吸纳、改进和完善，构建起具有明显满族统治特征的新的北京宫廷文化。清代满族统治者逐步形成的清代北京宫廷文化，既有以紫禁城为中心构筑起来的皇家宗族内部的帝王意识、皇家礼仪和大内宫廷的管理体制，也有依托京城逐渐构筑起来的皇家园林文化以及相应的皇家饮食、服饰等宫廷文化体系。这种由满族统治者入主中原后确立起来的清代北京宫廷文化，一方面，延续和保留了大量的满洲人传统的宗教信仰意识和风俗起居文化特点。另一方面，也吸纳和延续了中原地区历代皇家文化的精华，使得清代北京宫廷文化具备了中国封建文化的发展顶峰和中国传统文化的精髓。作为中国最后一个封建王朝，满族统治者构筑起来的清代北京宫廷文化，一方面，要昭示其帝王至高无上的尊严，在其文化中讲求无限的烦琐和极致。另一方面，由于清代皇家文化吸纳了中华文明最精华的基因，使得清代皇家文化具有那种从诸多文化中进行提炼、升华形成的中国传统文化的发展顶峰。因此，研究和探索清代皇家文化，既是对北京文化最为尊贵、精致的文化的复原，更是对北京文化全方位的总结。

第一节　以紫禁城为中心构筑的清代宫廷皇家文化意识

一　清代对北京紫禁城的改造

明崇祯十七年（1644 年）三月，李自成农民起义军占领北京，崇祯皇帝自缢于紫禁城后面的景山之上，明王朝灭亡。是年四月，李自成的农民军与驻守山海关的辽东总兵吴三桂在山海关鏖战，四月二十三日，已投降清军的吴三桂再无力抵抗李自成，引多尔衮所带清军入关，大败李自成的大顺农民起义军。四月三十日，李自成率大顺农民起义军退出北京。五月二日，多尔衮率清军进入北京城。同年九月，大清皇帝福临从关外盛京迁都北京。十月初一，顺治皇帝在北京紫禁城登临皇帝位，宣布“兹定鼎燕京，以绥中国”①，并改元为顺治元年。顺治皇帝在紫禁城宣布“定鼎燕京”标志着清王朝统治全国的开始。

早在1644年四月初李自成占领北京后，满洲多尔衮等诸王公大臣还紧急召见正在盖州汤泉养病的范文程回盛京，商讨崇祯自缢后北京陷落应该如何应对。当时虽然范文程力主清军入关，但对于满洲高层而言，并没有想到时局会有后来那么快速的变化。从1644年五月二日多尔衮率清军进入北京城，到十月初一日福临在紫禁城登临皇帝位，宣布清王朝定都北京，前后不过五个月左右的时间。在这么短的时间内，满洲人入主中原，定都北京，既有成功的喜悦和狂欢，但是又确确实实地没有足够的占领北京、统治全国的相应准备。不到半年的时间，既要快速地稳定满洲人在北京，乃至全国的统治，还要完成清朝福临皇帝的迁都、改元和在北京的登临皇帝位的典礼，这对满洲人来说无疑是一个猝不及防的喜悦降临。因此，全盘且完整地接收北京的紫禁城，将其作为清王朝统治全国的政权中枢，是一个最为明智和最为现实的做法。再加上满洲人兴起于关外，物质条件的简陋和居住环境、宫殿建造水平低下的落差，使得满洲人对北京以及紫禁城的博大宏伟、富丽堂皇有着无限的敬仰和崇拜，从其内心就愿意，甚至是以意外惊喜的心态来看待北京城，看待紫禁城。时间的仓促，对明代中原财富、城市、宫殿的崇敬，再加上清王朝之初不可能具有的国家财力，选择明王朝遗留下来的一切，便一切皆成自然。因此，明王朝留下的北京城及其紫禁城便成为迎接满洲人进驻北京、入主中原的第一份最大、最好的礼物。因此，1644年时局的快速变化，使得清朝统治者不可能像金代女真人焚毁辽南京、元代蒙古人火烧金中都、明代徐达尽毁元大都那样对前朝都城进行彻底毁灭，而是顺章合理地继承了明王朝的北京和紫禁城。这既便于满洲人迅速地解决入主中原后马上面临的解决落脚之地的困局，又从另一个层面显示出清王朝对北京、对全国顺理成章的法统承

① 《清实录·世祖实录》，中华书局、中国书店1986年版。

继性。然而，随着清王朝统治的稳定，满族统治者无论是从其民族统治需要，还是彰显满洲人原有的文化理念和新王朝的统治意识，清朝皇帝还是在明代紫禁城原来的基础之上，按照清王朝的统治理念，对北京以及紫禁城进行了一系列的改造。

北京紫禁城始建于明永乐五年（1407 年），永乐十八年（1420 年）十二月竣工，前后陆续修筑了十三年。明代修筑的紫禁城，南北长为 916 米，东西宽度为 753 米，整个占地面积为 725000 平方米，四周设有正南的午门、正北的神武门和东西两侧的东华门、西华门四座城门。有明一代，紫禁城一直是明代皇帝居住和办理朝政的场所。

崇祯十七年、顺治元年（1644 年），李自成大顺军撤离北京时，曾经放火焚烧紫禁城，明代紫禁城内很多建筑被毁。清王朝的统治者只能将就着在紫禁城遗存的建筑中居住和办理朝政。顺治皇帝以皇极门的建筑为办理朝政的场所，以为寝宫。而摄政王多尔衮则以武英殿为其办公、居住的场所。在这样的条件下，清统治者在顺治元年（1644 年）就开始对遭到毁坏的紫禁城进行修复，一直到顺治十四年（1657 年），才将紫禁城的天安门、午门、太和门以及外朝三大殿基本修复。清王朝统治者为了与前朝有所区别，按照满族统治者的理念和习惯，对紫禁城的宫殿重新命名，其中明代紫禁城最南面的承天门，按照“受命于天”“安邦治民”的含义，改名为“天安门”，以显示清王朝与前朝的不同。为了与紫禁城南面的天安门相呼应，清顺治九年（1652 年）又对原来明代的北安门进行修葺，并更名为地安门，与紫禁城南面的天安门相对应。与此同时，满族统治者对紫禁城外朝三大殿进行修复改建时，也都按照自己的意愿更改了三大殿的名称。原来明代永乐年建造的奉天殿（明嘉靖年改称为皇极殿），顺治二年（1645 年）复建后改名为太和殿，作为举行重大典礼活动的场所。明永乐年间的华盖殿（明嘉靖年改称中极殿）改称中和殿。原来的建极殿按照《易经》中“保和”之词，改称为保和殿。外朝的三大殿在顺治年改建时，都比原来有所增扩。其中太和殿由原来明代九间，扩建为十一间，进深达五米，成为全国最大的木结构殿堂。在复建外朝三大殿的同时，清王朝对内廷的乾清宫、交泰殿、坤宁宫，东路的钟粹宫、承乾宫、景仁宫，西路的储秀宫、翊坤宫、永寿宫以及慈宁殿和奉先殿等也陆续开始修复。特别是后宫建筑，在改建的过程中，充分照顾到满洲人在关外的居住习惯和日常祭祀需要，对建筑格局以及房屋布局细节进行了比较明显的改造。康熙二十二年（1683 年），清廷再一次启动大规模对紫禁城重修、改造工程。经过十二年的改造、新建，到康熙三十四年（1695 年），紫禁城内文华殿、传心殿，皇太后居住的咸安宫、宁寿宫，嫔妃们居住的景阳宫、永和宫、延祺宫、咸福宫、长春宫、启祥宫，诸皇子居住的乾东五所和乾西五所以及撷芳殿、毓庆宫、上驷院、造办处、内务府等建筑都进行了重新修葺。雍正到乾隆年间，清廷对紫禁城又一次进行了改扩建，尤其是乾隆三十七年到乾隆四十二年（1772—1777 年）对皇极殿、宁寿宫、养性殿、乐寿堂、乾隆花园建筑群的改造，是清代对紫禁城的建筑进行的一次较大规模的改扩建。

清王朝对紫禁城的修复、改建和扩建，有清一代几乎没有间断过，但从整体上看，大体可分为前后两个阶段。第一个阶段主要是顺治到康熙年间，这一阶段主要是针对明亡以后，满族统治者为解决在紫禁城居住和办理朝政的紧迫需要。因此，这一时期主要是从修复被毁宫殿建筑为主，同时也刻意地突出清王朝满族统治的理念。不仅对原有宫殿建筑进行修复，也纷纷更改紫禁城内各个门、各宫殿的名称，以此来显示满洲人入主中原、统治天下的最高统治意识。清廷对紫禁城改建的第二阶段，主要是乾隆年以后。最为突出的是乾隆三十七年（1772 年）到四十二年（1777 年）乾隆皇帝为其将来退位修建的太上皇专用的皇宫建筑群。这一次的改扩建，实际上是在紫禁城修筑了宫中之宫，完全按照紫禁城整体规划的中轴线建筑理念和外朝内廷的皇宫建筑规则，重新修建了一组新的皇宫建筑。清代历朝帝王对紫禁城的重修和改建，与明朝相比，满族统治者除了维护和强化紫禁城中轴线建筑格局和左右对称的建筑布局外，主要是针对皇室成员实际居住需要，重点对紫禁城内部的分区功能进行改造，以此来改善和提高皇家成员在紫禁城内部居住的舒适性和皇家内部等级差异的分区功能。同时，也更为注重对紫禁城建筑装饰及其内部陈设等方面更加富丽堂皇的增设，以此来显示其皇权至高无上的威严。

二　清王朝构建的皇家典仪及其文化

清王朝定都北京以后，以其帝王居住的紫禁城为中心，不仅对紫禁城的建筑等硬件设施进行了一系列的改造和扩建，也极为在意用皇家典仪和宫廷等级标志等来构筑起清代帝王无上权威的尊严。因此，入主中原的满洲人在清王朝的统治体系下，构筑起以大清皇帝为核心的皇家礼仪及其典章制度，并在此基础上，极大限度地延续着满洲人入关之前的萨满教信仰，结合汉族中原地区的佛、道尊奉信仰，形成了具有鲜明的满洲祭神、祭天的信奉礼仪。满族统治者对于中原历代封建王朝所传承下来的皇家服饰、皇家饮食等颇为推崇，尽力地加以继承，但是这种继承是建立在极大地保留满洲人饮食习俗和原有的起居、着服习惯的基础上而形成的新的清代皇家服饰、皇家饮食文化。与此同时，清朝统治者总结前朝灭亡的经验教训，在皇宫内廷秩序的规范，后宫的皇后嫔妃以及皇子皇孙的奉养、尊卑以及奉养等一系列皇室内部的地位、利益平衡上，做了一系列的规定和调整，使得紫禁城的后宫形成一个相对稳定的皇家内廷秩序。特别需要注意的是，清朝统治者总结明代阉党横行、宦官专权的政治弊端和对内廷、外朝的危害，在清宫宦官管理上确立了极其严苛的宫规。

以确立大清皇帝至高无上的绝对权威为目的的清代皇家典仪、宫廷尊奉和祭拜、内廷饮食制度、皇家服饰制度等，从制度层面把大清皇帝天子的地位完全烘托起来，从而平衡皇室内部的等级尊卑及利益关系，再加上严苛的宫规，又从另一个角度进一步强化了大清皇帝神圣不可侵犯的威严。这种具有满洲人鲜明特征的皇家典章制度和礼仪文化，构筑起北京宫廷文化的主体，并直接制约和影响着清代北京宫廷文化的发展。

与以往各个封建王朝一样，清代满族统治者，也从皇族诸成员日常的理政、起居、读书、宴饮以及服饰等方方面面来制定相应的规定和制度。这些典章制度和规矩的确立，一方面，显示出满洲人作为统治阶层的优越感。另一方面，也更为强化封建帝王的绝对权威。清王朝定都北京后，就开始着手整理颁行确定以满族统治者为核心的皇家礼仪，提出："我朝家法相承，内政肃清，有典有则，凡所以定位号，辨等威，服御器饰之末，趋走使令之常，莫不厘然各当。若夫嘉辰令序，欢宴式其仪，祀事斋期，肃将致其敬。"①

清王朝首先确立的，是体现帝王天子地位的祭祀活动。清朝初年，满族统治者就明文规定："凡祭三等：圜丘、方泽、祈穀、太庙、社稷为大祀；天神、地祇、太岁、朝日、夕月、历代帝王、先师、先农为中祀；先医等庙，贤良、昭忠等祠为群祀……天子祭天地、宗庙、社稷。有故，遣

① 《国朝宫史》，北京古籍出版社 1987 年版。

官告祭。中祀，或亲祭，或遣官。群祀，则皆遣官。”[①] 以后虽有一定的调整，如乾隆时期，改常雩为大祀，先蚕为中祀。咸丰年间又再次调整，把供奉祭拜关圣、文昌的活动改为中祀。光绪年间，为了突出孔子的显赫地位，又将供奉孔子的祭拜仪礼改为大祀。但不管怎么调整，清朝统治者确定的大祀、中祀、群祀，其基本的祭祀大多是沿用中国古代历朝帝王祭祀的基本原则。而最能显示出清朝满族统治者满洲祭拜特点的，并且在清代北京宫廷文化中有着鲜明的满族民族文化特点的，是有清一代满族最高统治者一贯强调和坚持的满洲祭神祭天典礼。

满洲人从其发展之初就把萨满教作为其信奉的原始崇拜，一直延续下来，特别是满洲人入主中原，进而统治全国后，保持满洲人的民族特征和满族民族信仰崇拜，是清王朝统治者看作立国之本和维系满族统治阶层的根本精神信仰。所以，在清代北京宫廷文化中，保持着具有满洲人特有的萨满教原始崇拜信仰及其祭祀礼仪，并占据着重要的影响地位。1644 年九月福临进入北京，就在这个月满族统治者就在北京皇城内玉河桥东的长安左门外设立了萨满教神庙——堂子，“建祭神殿于正中，即汇祀诸神祇者”[②]。由清朝皇帝亲率满族王公大臣，到堂子祭祀满族萨满教诸神，是清朝满族统治阶层的祭拜特权，每逢正月初一以及春秋两季月朔，清朝皇帝要亲自率领皇子、亲王、郡王以及贝勒、贝子和满族中公以上爵位贵族到堂子祭祀。康熙年间，非常明确地规定：“元旦必先致祭于此，其祭为国朝循用旧制，历代祀典所无……定祭堂子，汉官不随往，故汉官无知者。”[③] 乾隆十二年（1747 年），为了保持满洲人固有的信仰敬奉，乾隆皇帝下令修订《满洲祭神祭天典礼》，对满洲人萨满诸神的祭祀，进行完整的整理和记录，“依据清文，译成四卷。祭期、祭品、仪注、祝辞。与夫口耳相传，或小有异同者，并加釐订”[④]。乾隆在下令整理《满洲祭神祭天典礼》时不断地强调：“满洲享祀遗风，永远遵行不坠。而朕尊崇祀典之意，亦因之克展矣。”不仅仅是在对待满洲人原始崇拜敬仰上极其重视，在祭祀活动的细节上，乾隆皇帝也从各个角度都要体现满洲人信奉祭拜的纯正血统性，甚至是入关后堂子祭祀器皿中，有新增加的中原地区的

① 《清史稿·志五十七》，中华书局 1977 年版。
② 昭连：《啸亭杂录·堂子》，中华书局 1982 年版。
③ 吴振棫：《养吉斋从录》，北京古籍出版社 1983 年版。
④ 《清史稿·志五十七》，中华书局 1977 年版。

器皿，乾隆皇帝也要求："器用内楠木等项，原无国语者，不得不以汉语读念，今悉取其意，译为国语（满语）。"[①]

除了堂子祭祀萨满诸神外，在紫禁城的坤宁宫，由清朝皇后主持，每日举行朝祭、夕祭。朝祭祭祀的神灵是释迦牟尼、观音菩萨、关圣帝君，神位设在坤宁宫西大炕。夕祭祭祀的是穆哩罕神、蒙古神等，神位设于北炕。这种祭祀诸多神祇的敬奉理念和祭祀方式，也是清朝皇宫特有的皇宫宗教祭祀文化。清朝规定坤宁宫祀神礼仪，"每岁元旦子刻，司香神位前上香。皇帝、皇后行礼。正月初旬，自初二日迎神像还宫后，择吉行之"[②]。而每月朔日，还要有朝祀之礼，并设置有食三品俸的女官，专门负责坤宁宫的祭祀活动。"司香豫悬黄幔于殿西炕上，幔内悬朝祀神像二，东向。悬褚于幔左右……司祝以觉罗妇谙习者充……皇帝亲诣行礼，入殿门至神位前立，司祝先跪，皇帝跪。司祝致辞，皇帝行礼……若皇后随行礼，司俎官属等俱退出，惟太监暨司祝、司香、司俎妇人侍。"[③] 对于清朝皇宫内廷的祭祀，清朝帝王往往分外重视，将此视为保持和传承满洲传统的重要内容，也是清王朝皇家敬奉的主要标志。雍正九年（1731年），雍正皇帝曾因发现坤宁宫祭神贡品不符合要求而暴怒，他痛斥大内总管及其领班太监说："坤宁宫祭神肉，近来颇觉无味。朕向曾降旨，神前祭肉甚有关系，理宜专心恭敬。乃阿木孙章京等甚是懈弛，竟似全不经心，肉味如何，一概不管，只同阿木孙首领太监窃肉售卖，以致于此。今特交与总管安泰经管严查，嗣后祭肉如仍前无味，或有偷出私卖者，一经查出，将安泰责四十板，从重治罪。阿木孙章京、首领太监等亦俱不轻恕。"[④] 神前祭肉口味不对，雍正皇帝要严厉斥责，由此可以看出清代帝王对其皇家祭祀礼仪的重视。

清王朝不仅在敬奉天、地、社稷以及诸神尊奉上制定了相应的礼仪典制，这主要是满足其宗教信仰的精神需要。同时，满族统治者还十分重视对体现帝王尊严和君权天授的皇权意识进行维护。这种维护和彰显，是通过清朝登基仪、听政仪、授受仪、亲政仪、大朝仪、常朝仪以及皇帝三大节朝贺仪、太后皇后三大节朝贺仪等等一系列帝王礼仪来体现的。

① 《重定满洲祭神祭天典礼》，姜园精舍刊行。

② 《国朝宫史》卷六，北京古籍出版社 1987 年版。

③ 同上。

④ 《国朝宫史》卷三，北京古籍出版社 1987 年版。

早在顺治元年（1644 年），福临宣布登皇帝位时，就在天聪十年（明崇祯九年，1636 年）改元大清皇太极登基时礼仪的基础上，参照中原历代封建帝王登基仪式，制定了新的皇帝登基礼仪。登基时“先期太常官除坛壝，司礼监设座案。届日，遣官告庙、社，备大驾卤簿，帝御祭服，出大清门，诣南郊，告天地。礼成，导入天坛东幄次易礼服。御座，群臣跪，礼部尚书引大学士一人升自东阶，正中北面跪，学士一人自案上奉宝授大学士，衹受，致辞云：‘皇帝君临万国，诸王文武群臣不胜欢忭’，讫。转授学士，学士跪受，陈于案，复位。群臣礼毕，驾还宫。鸿胪寺官设御案皇极门中，檐东设表案，王、贝勒等序立内金水桥北，文武官序立桥南，俱东西向。乐作，帝御座则止。鸣鞭。执事官阶上行礼毕，就位。王率群臣进表，行礼毕，鸣鞭，驾还宫”①。此后的清代皇帝登基礼仪，虽略有调整，但基本上是延续福临登基时的典礼礼仪。

清代乾隆时期，因其号称不愿超过康熙在位六十年的纪录，采取了让位于十五子永琰，也就是嘉庆皇帝，自己做太上皇。乾隆皇帝特意强调：他“禅位”之后“凡有缮奏事件，俱书太上皇帝。其奏对称太上皇”。因此，清王朝诸大臣们又从历史典籍中搜寻依据，针对清王朝最高统治者的要求，拟定出授受仪。清嘉庆元年（1796 年）正月，清廷按照礼部等王公大臣确定的授受仪，举行授受大典，尊乾隆皇帝为“太上皇帝，军国重务仍奏闻，秉训裁决，大事降旨敕。宫中时宪书用乾隆年号”②。授受大典开始时，先派礼仪官员“祭告庙、社……内阁学士奉传位诏陈东案，礼部官陈贺表西案”。随后，“钦天监官诣乾清门报时，嗣皇帝朝服出毓庆宫，时后扈内大臣二人率侍卫二十人集乾清门外，导引礼部长官二人立门阶下，前引大臣十人立殿后阶下。太上皇帝礼服乘舆出，嗣皇帝从诸臣前引后扈。午门鸣钟鼓，至殿后降舆。太上皇帝御中和殿升座，嗣皇帝殿内西乡立，鸿胪寺官引执事大臣按班，不赞，行九叩礼”。待诸多礼仪结束后，乾隆作为太上皇“御内殿，公主，福晋，暨皇孙、皇曾元孙未锡爵者，行礼庆贺”。而继承皇位的嘉庆皇帝则要“御太和殿登极，作乐，止乐，宣表，行礼”③。中国古代不同的封建时代，

① 《清史稿·志六十三》，中华书局 1977 年版。
② 《清史稿·高宗本纪六》，中华书局 1977 年版。
③ 《清史稿·志六十三》，中华书局 1977 年版。

皇帝用自然“禅让”的方式变成太上皇，并不多见，所以并没有形成成熟、固定的授受礼仪。作为清王朝的统治者，期盼着皇上“万万寿”，又加上有乾隆退位称太上皇帝的需要，自然就要在以往的宫廷礼仪中增加新的内容，这种增加实际上是对清代北京宫廷文化的一种丰富。但是也能够看出来，满族统治者一方面号称尊奉古制，另一方面满族统治者也常常“有违祖制”，不断根据其统治需要，增设新的宫廷典仪。同治年间的太后垂帘礼仪，就是一个很典型的例子。咸丰十一年（1861 年）咸丰皇帝死后，慈禧与奕䜣等合谋通过祺祥政变获得清王朝最高统治权。由于同治皇帝尚年幼，慈禧又需要牢牢地把握住政权，所以采取垂帘听政，直接控制清廷政权，当时奕䜣等还制定了《垂帘章程》，并由礼部制定垂帘礼仪：“帝奉两宫皇太后御养心殿听政，王公大臣集殿门外，行礼如仪。凡召见内外臣工，两宫皇太后、皇帝同御养心殿，太后前垂帘。或召某臣进见，议政王、御前大臣番颁之。引见外官，则御养心殿前殿，议政王、御前大臣率侍卫等按班分立，太后前垂帘设案，进各员衔名，豫拟谕旨，分别录注。皇帝前设案，各长官依例进绿头签，议政王等奉陈案上，引见如常仪。皇太后简单内某名钤印，已，授王大臣传旨。其臣工请安摺，并具三分以进。各省、各路军事摺报，凡应降谕旨者，议政王等请旨缮拟后，次日呈阅颁行。”

三　清代宫廷饮食文化

清代北京宫廷的饮食及其文化，是清朝宫廷文化中颇为丰富的文化内容，也是较为突出体现清朝满族统治者生活起居特点的重要内容。清代宫廷内负责皇帝及皇太后、皇后、嫔妃、诸皇子的饮食是内务府、光禄寺。在内务府和光禄寺下分设御膳房、御茶膳房、寿膳房以及内外膳房等机构，这些机构分别承担皇帝、皇太后或皇后、嫔妃、皇子等不同人等的日常饮食和节庆宴饮、典礼筵宴的办理。其中，承担皇帝饮食的是御膳房。清宫内御膳房设有管理事务大臣，其下设尚膳正、尚膳副、尚茶正、尚茶副、尚膳、尚茶、主事等。具体到内廷某一处御膳房，所设人员也不尽相同，有总管太监、首领太监以及厨役、掌灶，甚至还有抬水差使等。《国朝宫史续编》中有记载说：御膳房有“七品总管二，执守侍。八品首领六，侍监。太监一百。专司上用膳馐，各宫馔品及各处供献，节令宴席，随侍、坐更等事”①。

清廷一直执行非常严格细致的膳食制度，宫内各处膳房，由于所面对的服务对象不同，不仅承担差事的人员数量不一样，所制作的饮食标准、数量也有差异。特别是清朝皇帝及其后妃、子女，由于身份尊卑、嫡庶不一，所享受的饮食标准及其份额也不一样。例如，皇帝每日份额：盘肉廿二斤、汤肉五斤、猪油一斤、羊两只、鸡五只、鸭三只、玉泉酒四两、牛乳一百斤、玉泉山水十二罐、乳油一斤、茶叶七十五包以及白菜、菠菜、芹菜、韭菜、香菜十九斤，各种萝卜六十个、冬瓜一个，酱三斤、清酱三斤、醋二斤。皇后每日份额：每天盘肉十六斤、汤肉十斤、猪肉十斤、羊两只、鸡五只、鸭三只、蔬菜一十九斤以及萝卜、葱、玉泉酒、青酱、米、面、香油、奶酒、酥油、蜂蜜、白糖、芝麻、核桃仁、黑枣，等等。其他的嫔妃、皇子以身份依次递减。像贵妃的份额为：每日盘肉六斤、菜肉三斤八两，白菜四十斤、芹菜一斤、香菜四两、葱五斤、水萝卜二十个、冬瓜一个、酱三斤、醋三斤、清酱五斤；另外每月鸡七只、鸭七只。贵人份额：每日盘肉四斤、菜肉二斤，白菜四十斤、芹菜一斤、香菜四两、葱五斤、水萝卜二十个、冬瓜一个、酱三斤、醋三斤、清酱五斤；每月鸭八只。常在份额：每日盘肉三斤八两、菜肉一斤八两，白菜四十斤、芹菜一斤、香菜四两、葱五斤、水萝卜二十个、冬瓜一个、酱三斤、醋三斤、清酱五斤；每月鸡五只。如此悬殊的膳食供给，从本质上就是一种极为典型的封建等级制在清朝宫廷饮食制度中的体现，这恰恰是清代宫廷饮食文化中封建文化的集中表现。另外，清朝皇帝、皇后等平日常规用膳在各自的处所，没有皇帝特许旨意，他人不得与皇帝共同进膳。清内廷从皇帝、皇后，到嫔妃、贵人、常在以及诸皇子、格格等，不仅在膳食供应上有严格的等级差别和区分，在所使用的餐饮器皿、器具等方面，也依照身份的尊卑使用不同档次的餐具。这种差异和尊卑极为苛刻，也为清代宫廷尊卑体制中格外的重视。雍正六年（1728 年），雍正就曾在内廷发现后妃处膳食供给与他的相同而极为不满，他曾经训斥大内太监说：“昨日竹子院设座，朕宴上所有之物，中宫宴上俱有，似此皆礼制所关，当有分别，方于理相合。”并要求：“尔等传与茶膳房人等，凡外来进鲜之物，原为朕进。朕理天下事，日夜焦劳，时思节用，不肯过分。中宫所用，如何与

① 《国朝宫史续编》，北京古籍出版社 1987 年版。

朕相同？不但体统不合，亦非撙节爱惜之道。”皇后在自己宫内所用膳食与皇帝相同，雍正皇帝就如此不满而加以训斥，清王朝宫廷内等级森严的封建尊卑制度及其在皇家成员本能的思想意识中所形成的概念，由此可见一斑。

如果说清代内廷，皇上、皇后及其嫔妃、皇子、格格等日常的饮食中，以每人的份额、菜品数量、餐具器皿数量多寡和档次高低等区分来显示清代宫廷饮食文化的基本形态和等级仪礼的话，那么清朝宫廷内举办的筵宴及其宴仪，则成为清代北京宫廷文化十分突出的一种表现形式。清廷举办的宴仪，主要有三大类，即国家层面的大型庆典筵宴、皇室宗亲内部的节庆团聚的家宴和重大节日典礼的喜宴。

清代举行的国家层面的大型庆典筵宴，如建元定鼎宴、千叟宴、凯旋宴等，一般都由礼部出面主办，“光禄寺供置，精膳司部署之”。顺治元年（1644 年）十月福临在紫禁城登临皇帝位，登基大典结束后，便在皇极门开设定鼎宴，顺治皇帝曾恩赏百官落座，并赐茶、赏酒，每赐茶、赏酒，王公大臣便要一跪一叩谢恩。筵宴之中，一些明代内宫旧有太监本欲按明朝惯例，上前歌舞朝贺，但是遭到满族最高统治者的强令禁止，顺治明谕：“朝贺大典，内监不得沿明制入班行礼。”[①] 除了皇帝登基的定鼎筵宴礼仪之外，由礼部出面举办的还有庆贺征战凯旋的“凯旋宴”。清顺治十三年（1656 年）清廷专门就将士征战凯旋，清朝皇帝颁赐赏宴制定凯旋宴礼仪，确定朝廷大规模出兵征讨班师，“凡凯旋陛见获赐宴”[②]。以后康熙、雍正以及乾隆年间，乃至中后期，凡是皇帝发兵征讨，凯旋班师回京，都要设凯旋宴。乾隆十二年（1747 年）大学士、军机大臣傅恒等征讨平定金川回京后，乾隆曾在南海瀛台设凯旋宴，犒赏出征金川的傅恒等将士。乾隆二十四年（1759 年）平定大小和卓叛乱后，乾隆皇帝在中南海的丰泽园举行凯旋宴。乾隆四十一年（1776 年）阿桂平定大小金川之后，乾隆在紫光阁设凯旋宴，赏赐阿桂等出征将领。这些凯旋宴的宴仪，基本延续顺治年确立的凯旋宴宴仪，只是乾隆年间平定大小金川时，曾俘获会跳锅庄舞和傩戏之人，便在凯旋宴上表演助兴，以后清廷再举办凯旋宴，宴仪增加了类似的陪宴歌舞。此外，这种国家层面的庆典筵宴之中，

① 《清史稿·志六十三》，中华书局 1977 年版。

② 同上。

比较突出的就是千秋宴，也称为“千叟宴”。千叟宴起于康熙五十二年（1713 年），首次举办在畅春园。当时康熙皇帝要求礼部等安排，“凡直省现官、致仕汉员暨士庶等，年六十五以上至九十者”都可以参加这次宴请。筵席之中，康熙皇帝亲命诸皇子、皇孙以及皇族宗室逐一“分给食品”“执爵授饮”，受礼遇者享受优待可坐受敬酒，不必起立。乾隆五十年（1785 年），乾隆皇帝在紫禁城乾清宫再次举办千秋宴，“自王、公讫内、外文、武大臣暨致仕大臣、官员、绅士、兵卒、耆农、工商与夫外籓王、公、台吉，回部、番部土官、土舍，朝鲜陪臣，齿逾六十者，凡三千余人”①。当时“列宴席五十于殿廊下，二百四十四席于丹墀内，一百二十四席于甬道左右，三百八十二席于丹墀外左右，为席八百。应入宴之王、贝勒、贝子、公、一二品大臣等于殿廊下，三品以下五品以上官员于丹墀甬道左右，六品以下至众年老之拜唐阿以及兵民匠艺人等于丹墀外左，均东西向坐”②。整个筵宴礼仪程序颇为繁缛，届时“中和韶乐作，上御殿升座，御前大臣二引王、贝勒、贝子、公、大臣等由左右阶进至丹陛众叟俱随王公班后，于座次行三跪九叩礼上进酒，王以下大臣等于座次行一叩礼，众随叩。上召入宴一品大臣及众叟中一百五岁至九十岁者，至宝座前，跪，手赐卮酒。寻命诸皇子、皇孙、皇曾孙等与各官、众叟宴次行酒，并承旨分赐果食于各宴席”③。后来有人根据清宫内廷档案进行统计，乾隆五十年（1785 年）举行的千叟宴，共消耗猪肉一千七百斤、菜鸭八百五十只、菜鸡八百五十只、肘子一千七百个、鸡蛋一百斤、白面七百五十斤。其他的还有白面、江米、绿豆粉、白糖、澄沙、山药、核桃仁、干枣，等等。当时为千叟宴搭盖蓝布凉棚，仅仅是用于坠压篷布的青白石石鼓就用了二百二十四个。嘉庆元年（1796 年）在宁寿宫皇极殿举办的千叟宴，比乾隆五十年（1785 年）的规模更大，参加宴请的达三千余人，仅为筵宴办理的板沿铁锅、生铁锅就有一百一十六口，专门负责端送膳品的役伕就有一百五十六人。据文献记载：“届时，中和韶乐作，皇帝奉太上皇帝御皇极殿，升座，乐止。鸣赞官赞‘排班’，赞‘进’，丹陛大乐作，管宴大臣引内外王公、大臣由左右阶进至丹陛，按班序立。赞

① 《清史稿·志六十三》，中华书局 1977 年版。

② 《国朝宫史续编》，北京古籍出版社 1994 年版。

③ 同上。

‘跪’，行三跪九叩礼，各国使臣及众叟随行礼，乐止。引内外王公、大臣等入殿内，各于座次行一叩礼，坐，余随行一叩礼，皆坐。”[①] 清廷举办的国家层面的大型庆典筵宴，一方面，清王朝统治者要通过繁缛的筵宴仪礼，用筵宴礼制来彰显清王朝皇家至高无上的统治权威。另一方面，清朝统治者也通过这样的筵宴礼仪，来平衡和协调清王朝统治阶层内部君臣之间、大清国与和藩属国之间的政治关系。同时，奢靡、排场的筵宴场景，繁缛、威严的觐见礼仪，也让参与者从其内心感受到清王朝帝王的恩荣和威严，起到一种既有笼络又有震撼的统治效果。

清代宫廷饮食礼仪及其文化表现比较突出的另一类筵宴礼仪，就是皇室宗亲内部的家宴和喜庆筵宴。主要有每年正月元日的团圆宴、各个节令的筵宴、皇帝皇后的寿宴等等。但是，就是这种皇室宗亲内部家族成员之间的筵宴，其繁缛的礼仪和封建等级意识，也表现得极为突出。以皇后千秋宴宴仪为例，皇后的千秋宴，事先必须由总管太监呈报皇帝，得皇帝旨意后才能由内府各司着手承办。举行皇后千秋宴时，要在皇后宫内布置，“设皇后御筵于宝座前，设皇贵妃、贵妃、妃、嫔宴席于左右，东西向，俱北上”。皇贵妃以下，参加皇后千秋宴的人员，必须按照内廷礼制着吉服，以示郑重。筵宴当日，“皇后升座，皇贵妃以下就位次跪，行一拜礼”。千秋筵宴开始之后，“皇贵妃诣皇后前进酒，贵妃以下各出座跪，行一拜礼”。皇后千秋宴结束时，“皇贵妃以下出座谢宴，行二肃一跪一拜礼”[②]。在通常人的概念里，完完全全是皇帝的皇后及其嫔妃的一次筵宴，开始要行拜礼，敬酒时要行拜礼，结束后还要再行“二肃一跪一拜礼”，如此这般，清代宫廷饮食文化中封建礼仪的痕迹显露无遗。

第二节　清代北京皇家园林文化

一　清代北京内城皇家园林的修建

有清一代，满族统治者为了显示帝王尊严和满足其实际需要，对紫禁城、皇城的宫殿、门楼以及太庙、社稷坛、堂子等居住、理政、祭祀的场所建筑等进行了修复、改建和扩建。这其中，为了满足封建帝王及其家族

① 《国朝宫史续编》，北京古籍出版社 1994 年版。
② 同上。

成员休闲娱乐的需要，在紫禁城内修建了花园。但毕竟紫禁城的空间有限，再加之紫禁城特有的封建帝王礼仪制度的约束，使得其内部空间构筑休闲性的园林有很大的局限。因此，为了满足皇家休闲、娱乐和修养的需要，清王朝统治者在北京内城也进行了皇家园林的改建和扩建，形成了清代北京内城新的皇家园林布局。其中，被誉为京师城中蓬莱的西苑，即后来人们所熟知的北海、中海和南海成为北京皇家园林的突出体现，也是清朝满族统治者主要的居住区域之一。而有万寿宝亭镇玄武的景山，则成为清朝统治者为改造和完善北京紫禁城建筑风水格局的经典之笔。

今天北京城的北海以及中南海，清代时称为西苑，是有清一代北京内城皇家宫苑。《国朝宫史续编》记载："西苑在西华门西，门三，东向，榜曰'西苑门'入门即太液池。"[①]

清代北京西苑历史，最早可以追溯到辽金时期。938年，辽朝升幽州（今北京）为辽南京，北京地区作为辽代契丹人南下中原的桥头堡，是辽代统治者主要的政治中心和统治中心。因此，契丹人在辽南京城的东北郊开辟契丹贵族游乐消遣的郊垧苑囿。金灭辽朝以后，改原辽南京为金中都，天德二年（1150年）金海陵王完颜亮开始在此地修建"瑶屿行宫"，构建"瑶光殿"。金大定年间，女真人再次在瑶屿行宫基础上进行大规模的扩建，从被灭的北宋汴梁艮岳园中北运大量的太湖石，以瑶屿行宫为中心扩建，构建琼华岛，修建大宁宫。由此，这里已经成为金中都完整的皇家苑囿。史籍载："京城北离宫有大宁宫……明昌二年更为万宁宫。琼林苑有横翠殿。宁德宫西园有瑶光台，又有琼华岛，又有瑶光楼。"[②] 元朝定北京为大都，元代统治者以琼华岛为中心修建元大都和元代皇城，昔日的大宁宫成为元代大都城的"上苑"，是元代蒙古统治者的禁苑。元至正八年（1348年）元顺帝将琼华岛赐名为万寿山，将其周边水域赐名为太液池。元代人陶宗仪记载说："万岁山在大内西北、太液池之阳。金人名琼花岛，中统三年修缮之。其山皆以玲珑石叠垒。峰峦隐映，松桧隆郁，秀若天成……山上有广寒殿七间。仁智殿则在山半，为屋三间。山前白玉石桥长二百尺，直仪天殿右，殿在太液池中圆坻上，十一楹，正对万岁

① 《国朝宫史续编》卷六十七，北京古籍出版社1994年版。

② 《金史·地理志》，中华书局1975年版。

山。”[①] 明朝定都北京以后，在元朝万岁山、太液池的基础上再一次扩建，明天顺年间对这一带进行了大规模的新建，在原来元代的太液池基础上进一步向南扩展，开辟了南海，形成了西苑的北海、中海、南海三片水域。并构筑团城、金鳌玉虹桥等建筑，形成了北京内城的西苑皇家园林。

清王朝定都北京以后，不仅悉数接收了明代遗留下来的紫禁城，也几乎全盘不变地接收了规模宏伟的北京城。而对于明代就已经修建发展的西苑皇家苑囿也一并“笑纳”。但是，清朝满族统治者并不满足于旧有遗存的前朝皇家宫苑，他们根据自己的喜好和需要，在明代西苑皇家苑囿的基础上，开始逐步进行改建。

清顺治皇帝福临对佛教传播及其信奉颇为投入。而在历史上与元、明两代统治者一贯保持密切联系的藏传佛教——喇嘛教，同样与清王朝中央政权继续保持着密切的联系。早在满洲人入关之前，作为长期形成联盟关系的蒙古各部，喇嘛教的影响和主导性是非常明显的。因此，满洲人在入关以前就深受藏传佛教——喇嘛教的影响，除了敬奉之外，也往往通过喇嘛教及其高级僧侣的频繁交往，形成一种良好的政治互动和宗教文化的交融。特别是入主中原并获得全国统治地位以后，清代满族统治阶层出于稳定边陲的需要，特别是加强中央政权与西藏的紧密联系，对喇嘛教的传播及其高级僧侣更加重视。在这样的统治需要和本身宗教信奉的形势下，顺治皇帝应西藏喇嘛闹木汗请求，在明代广寒殿旧址上修建喇嘛庙宇，并在琼华岛上修建了藏传喇嘛教佛塔，因该佛塔通体白色，故被俗称为北海白塔，其下之寺庙也被称为白塔庙。顺治年间修筑琼华岛上的喇嘛庙时，将山阳喇嘛庙庙宇建筑，与万岁山上的白塔一并进行统筹，采取了“寺包山”的整体规划效果，整个庙宇和白塔，从山门开始，依山势层叠上推，一直到矗立在万岁山顶的白塔，形成一个新的主题景观，远远望去，白塔与万岁山形浑然一体，形成意想不到的园林设计效果。这种园林筹划、设计效果，充分体现了清代皇家园林设计、发展的水平，也把我国古代苑囿建造推到了一个新的高度。乾隆六年（1741 年），在对白塔庙及北海白塔进行重新修葺之后，将该寺庙改称为永安寺，其庙宇山门匾额上，用满、蒙、汉三种文字书写寺名，以此来显示其皇家寺庙的特殊地位，是清朝皇家在内城进行宗教活动的重要寺庙。乾隆年间，除了重新修葺永安寺之

---

① 陶宗仪：《南村辍耕录》，中华书局 2004 年版。

外，还对北海琼华岛进行了全面的改造，乾隆三十六年（1771 年），乾隆皇帝下令仿照江苏镇江金山寺的“江天一览”在琼华岛原来明代的万岁山北坡修筑江南建筑风格的漪澜堂建筑群。在山的西坡，又修建了环抱状的两层建筑阅古楼，乾隆皇帝将其下令摹刻的三十二卷《三希堂法帖》刻在四百九十五块石板上，镶嵌在阅古楼墙壁之上，形成京城十分珍稀的石刻碑帖。琼华岛北侧的六十四间江南风格建筑和万岁山西坡的阅古楼，北海宽阔的水域及其对岸的五龙亭整体的园林景观形成了遥相呼应的园林景势，成为北京皇家园林的经典体现。

此外，清代对西苑苑囿的中海、南海两大区域也进行了大规模的整修和扩建。清朝初年，实行旗民分城而居政策，内城由满、蒙、汉八旗兵丁及其家眷居住。因此，清廷对北京内城，包括皇城进行了格局上的适当调整，其中在原来皇城西部的调整程度较大，把明朝原来在皇城各个内廷供奉衙署办公场所进行裁撤合并，将原来明代皇城西部很大一部分面积划为八旗兵丁及其家眷居住区域。同时，清廷围绕着北海、中海、南海水域新增置“内红墙”，将北海、中海、南海彻底变成皇家苑囿禁地。紫禁城虽然有它体现帝王至高无上威严的建筑宏伟特征，但是从整体上说，其居住舒适性和幽静环境与西苑建筑群落相差很大。所以，清代历代帝王在北京内城居住、办理朝政时，更愿意住在西苑的建筑群落之中。顺治、康熙、乾隆三朝，先后陆续投入人力物力，在中海、南海增修殿宇、馆阁，以作为其在北京内城理政时主要的居住场所。清代西苑，北海以金鳌玉虹桥与中海分界，中海以蜈蚣桥与南海分界，形成三个相对独立的水域和相应的建筑群落。其中，中海的紫光阁、万善殿，南海的瀛台、勤政殿、丰泽园、怀仁堂和宝月楼等建筑群，都是清代以后不断修葺而发展起来的。

清代对紫禁城北侧的景山，也进行了必要的重修，并按照中国古代传统的风水之说，将紫禁城与景山之间的建筑风水格局进一步强化，使得景山不仅是清朝在北京内城的皇家苑囿之一，也是满族统治者对紫禁城建筑风水格局进行调整的精神需要。

景山地处北京中轴线之上，传说在金代修建大宁宫及北海水域时，将挖出的土堆砌在此处，成为一个小土丘。元代修建元大都城，这里是元代宫殿所在地，成为元大都中心地域。明代攻下元大都时，将元朝宫殿摧毁。明永乐年重修北京和紫禁城，按照古代风水之说，这里是紫禁城北侧玄武之位，应有山形屏障紫禁城，所以就将开挖护城河的泥土堆积在这里，形成一组最高不到五十米的五座小山峰。传闻明代初年这里曾经堆过煤，所以被称为“煤山”。又因这里是元朝宫殿旧址，元代宫殿原址被堆砌的小山压住，寓意着让元朝被镇压住不得卷土重来，所以也被称为“镇山”。明代历史上，这里也叫过“万岁山”。明代永乐年修筑北京城，在紫禁城正北中轴线上形成这样一座小山，既符合中国古代建筑风水，坐北朝南，背有靠山的风水格局，又暗喻着镇遏前朝重起的含义，还可以作为皇家园林，为皇帝及其后妃休闲、赏花的场所，可谓一山多能。对于大明朝来说，只是最后倒成了明朝最后一个皇帝崇祯自缢身亡的地方。清代以后，满族统治者按照自己的意志和喜好，对这里进行了调整和改变。顺治十二年（1655 年）取《诗·殷武》中“陟彼景山，松柏丸丸”的含义，将此地改为景山，一则有《诗经》来源依据，二则这里可作为帝王后妃御景之地，三则有平地起峰而有景仰之意。乾隆十五年（1750 年），在景山五个山顶分别修筑五个小亭子，中峰所建亭子称万春亭，方形、三重檐、四角攒尖式，上覆黄色琉璃瓦，表明其皇家苑囿的地位。东西两侧分别修筑两座双重檐、八角形、绿琉璃瓦小亭，西面叫“辑芳亭”，东面称“观妙亭”。清乾隆年增修的五座亭子，有改变景山景致的动因，也有清朝满族统治者在心理上要符合古时建筑风水之说，将其作为大清朝皇宫的新屏障。所以乾隆帝在其《御制白塔山总记》中有“宫殿屏扆则曰景山”之说，其内心对宝亭镇玄武的心理诉求表现得淋漓尽致。

二　“三山五园”皇家园林对北京城市空间的新拓展

我们今天看到的北京城，其基本城市空间架构源于明永乐年间北京城的营建。作为明代北京城的创建者明泰宁侯陈珪等人在规划北京城的时候，是按照已经谋划好的北京三重方城来规划布局北京城的各个不同区域的城市功能。以紫禁城为核心成为北京城的最内核，外面是皇城，再外面是北京城。在这样的规划之中，陈珪等人也把城市园林考虑进去，在紫禁城之西开辟和修筑了西苑三海，从北京城市格局上，有了天人合一、人与自然相融合的城市苑囿空间。然而，明代北京城的设计建造者们的这样一种设计及其成果，对于肇兴于白山黑水之间的满洲人而言，早已习惯了关外地广人稀，对北京城内的布局自然会觉得如此这般的局促。清朝一代，人们通常认为的那种真命天子在北京紫禁城金銮殿处理朝政、发号施令的场景。实际上清朝的皇帝仅仅是在每年腊月临近正月新元时，因为要参加一系列的祭祀、新元庆典之类的活动，才进城回到紫禁城。相比于紫禁城，在其西侧的西苑三海倒是让清王朝满族最高统治者们觉得更适宜于居住和处理朝政。所以，从顺治以后，康熙、雍正、乾隆，甚至到了晚清时期的慈禧等，在北京城内时，也多在西苑的中海、南海居住和活动。尽管如此，西苑三海的空间和它的自然环境，依旧难以满足满族统治阶层的起居习俗和生活习惯的需要，还是希望有更亲近自然，更能够在山水之间，在治理天下处理朝政之余，有一个比较宽阔的山水空间，供自己生活和休闲享受。这个地域应该是离北京的紫禁城不能距太远，同时又盘桓于青山绿水之中。在这样的一个客观需要下，结合北京的山水风貌、自然环境，邻近北京西山的京西郊区一带成为清朝帝王修建皇家苑囿的理想选择，代表我国古代皇家园林发展最高水平的“三山五园”应运而生，并成为清代北京皇家园林文化发展的顶峰时期。

我们通常所说的“三山五园”是指的清代以来在北京西郊一带构建的皇家行宫苑囿的全称，包括万寿山、玉泉山、香山以及清漪园、静宜园、静明园、畅春园、圆明园。这里从清康熙年间陆续开始大规模兴建，经过雍正、乾隆两朝兴建，形成了北京乃至全国最具规模的皇家园林，并在清代北京皇家园林文化发展上形成一个巅峰。北京西郊地区依山傍水，风景秀丽，且这一带泉水丰沛，植被及自然环境都颇为突出。因此，早在辽金时期颇为兴盛的八大水院就沿着西山山脉排列。明代时西郊一带出现了若干处带有园林的寺庙，一些达官显贵也开始在此购地置园。像明代外戚李伟的清华园、米万钟的勺园等就是在这个时期建造的。

清朝建立以来，满族统治者对于长久居于紫禁城内并不满意，并想方设法寻找适宜于满洲人喜好的居住环境。顺治时期，福临经常在紫禁城以西的西苑三海居住，有时也到北京城南面的南苑留居。康熙年以后，玄烨开始把自己的落脚点向西郊迁移。在京西玉泉山，金代时正在这里修建玉泉行宫，金、元两代燕京八景之一的“玉泉垂虹”就在这里。康熙十九年（1680 年）康熙在玉泉山山阳修建行宫，命名为“澄心园”。康熙三十一年（1692 年）更名为静明园。乾隆朝对静明园大兴土木，筑成静明园十六景，并命名玉泉山的泉眼为“天下第一泉”。清代燕京八景“玉泉趵突”就在这里。康熙二十三年（1684 年），康熙皇帝在明代李伟清华园旧址上修建畅春园，这里成为清代皇家第一个常年居住的皇家离宫。康熙朝很多朝政、国事，都是在这里商议处置，逐渐形成了北京城之外的一个新的政治统治机构中心区。由于康熙皇帝把畅春园作为其长期居住和处理国家政务的政治中枢，清朝的王公贝勒、满汉大臣也纷纷迁移，在这附近置别业落脚。康熙还将畅春园周边作为赏赐诸皇子、王公大臣的赐园之地。其中，最为著名的就是赏赐给四子胤禛的圆明园。雍正登基以后，其依旧喜欢居住于康熙原来赏赐他的圆明园中。因此，即位后不久便开始着手扩建圆明园。雍正二年（1724 年）扩建圆明园工程正式开始，其扩建工程主要集中在三个部分：首先，将原来圆明园的中轴线继续向南延伸，在原来苑囿南侧扩建包括大宫门、正大光明殿、勤政殿、左右朝房和军机处、六部各衙门储值房等宫廷区，使之成为清王朝统治政权中枢办公区。这部分扩建的具有紫禁城外朝宫殿职能的建筑群落，严格按照中国传统宫廷建筑要求，围绕着中轴线兴建左右对称的建筑。其次，雍正将其原有的赐园分别向东、西和北面扩展，构建曲水岛渚，增设亭榭楼阁。再次，开始安排拓展福海，加大其水域面积，并在周边增修新的建筑群落。雍正不仅在其即位后不久就开始着手扩建圆明园，雍正三年（1725 年）又诏令将圆明园升为帝王离宫。雍正年扩建圆明园以后，圆明园从以往西郊诸园林只是皇帝、王公大臣休闲娱乐场所，向北京皇城之外形成另一个政治控制中心转换。这意味着北京的城市功能结构出现了新的格局。乾隆即位以后，再一次对圆明园进行扩建。并设立圆明园管理大臣。乾隆在圆明园东部和东南方向新修建了长春园、绮春园，均划入圆明园园区范围，由圆明园管理大臣统一管理。至此，圆明园在清代大规模兴修告一段落，虽然圆明园一直到其被英法联军焚毁时都断断续续地增建、改建，但再也没有整体格局上的改变。乾隆朝的圆明园改建，使得圆明园无论是在园林面积、规模，还是在营造水平上，都堪称世界园林之冠。其中，长春园西洋楼景区，将西洋建筑与中国园林巧妙地融合在一起，在中外园林发展史上可谓绝唱。北京西郊另一处经典的皇家园林，就是清漪园，也就是今天的颐和园。乾隆年间，清漪园也开始大规模兴修。乾隆二十九年（1764 年）清漪园增扩建工程完成，占地 2. 97 平方公里，由昆明湖、万寿山两部分构成。昆明湖水面面积为二百二十公顷，占清漪园的三分之二。万寿山部分主要以佛香阁建筑群落为主体，在不足六十米高的万寿山南坡，采用因山构室的建构手法，从昆明湖畔的建筑山门、天王殿、大雄宝殿、多宝殿等依山而建，用一层一叠的挺拔建筑，从视觉上将山的高度提高，而山顶的佛香阁与山势浑然一体，既有临山而建的高耸气势，又与万寿山山体相呼应，无形中将万寿山山势也烘托起来。这种建筑设计手法，显示出清代北京皇家园林规划、设计所具有的高超的能力和水平，也体现出明代皇家园林艺术发展的巅峰状态。

清代三山五园的兴建，特别是雍正、乾隆两朝圆明园的增扩建和皇家苑囿中以清朝皇帝为中心的统治政权机构迁移，在清代北京城市大格局上产生重大的变化。从明代北京城内，皇城、紫禁城中央政权集中区域所形成的北京城市空间格局，在清代北京西郊三山五园皇家园林发展的过程中被完全打破。作为都城的北京，不再是明永乐年营建时划分清晰的皇城、紫禁城为北京城政权统治区域一个政治中心的状态，而变成北京内城的紫禁城与西郊的圆明园新的政权机构“双中心”的城市政治格局。这种变化，无形中扩大了北京城市功能的外延，从城市物理空间上，形成了清代北京城市发展的新特征。

纵观清代北京皇家园林的发展，能够明显地看到清代北京宫廷文化在北京园林艺术中帝王文化的烙印。首先，北京皇家园林的发展，无论在其规模、形制还是建造工艺上，都显示出清王朝至高无上的帝王权威气势。其次，清代北京皇家园林的艺术风格，显示了清代宫廷文化集天下之大成的文化融合性，不论是清漪园中谐趣园的江南园林风格、昆明湖迁移杭州西湖的景观，还是圆明园汇集全国各地的园林特点，都鲜明地体现出清代北京宫廷文化集天下之大成的文化集成特点。再次，以圆明园长春园西洋楼景区为代表，现实中清代北京宫廷文化与西方建筑艺术相融合的文化包容特征。而清代北京皇家园林的上述特征，从园林、建筑等形式上，将清代北京宫廷文化以物化的形式展示在人们面前，使得清代北京宫廷文化的威严性、奢华表现和中国传统文化的深邃本质，逐一展示于世人眼前，它折射出清代北京宫廷文化的两面性发展实质。

第十章　清代北京会馆及其文化

清代北京会馆，在有清一代是北京城市生活以及清代北京文化发展中颇具影响的文化因素。无论是在北京城市发展、人口聚集和流动，还是文化成分的融合等各个方面都有着极其重要的影响，在清代北京文化发展上留下了深刻的历史痕迹。尤其是清代北京会馆所具有的特殊的地域特征，以及它所承载的特殊功能，客观上在北京历史及北京文化融合发展进程中有着极为突出的积极影响，对北京多元化文化结构的形成有着直接的促进作用，是清代北京文化形成和不断丰富的重要组成部分。

第一节　北京会馆的兴起及清代北京会馆发展

一　北京会馆的兴起

会馆，对北京这样一座以国家统治中心为基础的移民性城市而言，是一个极为特殊的社会组织结构，也是京城多地域文化汇集的重要载体形式。在中国的历史上，类似于清代北京的会馆，早在唐代长安城就开始初现雏形。唐代的长安城曾经出现不同地域在长安城留居的商人设立的旅舍，其留居的人群按照地域划分，一般只容留本乡在长安城从事经商活动的成员。但是，当时寓居长安商人设立的旅舍，无论其社会功能、组织结构以及运行方式等都与明清两代在北京兴起的会馆有着很大的差异。因此，通常被视为会馆的早期雏形。

隋唐以后，科举制度的兴起带来一系列为科举参加者服务的行当，由地方乡绅、官员以及民间商人以谋利为目的开办的科举公寓开始出现于当时的都城长安，北宋的京城汴梁、元代大都等也都曾经有过接待进京应考举子的所谓“状元店”。甚至到了明清两代的北京，还有“状元吉寓”等由民户出租的房屋用作进京赶考举子的客房。但是，“状元店”“状元吉寓”等经营性的客房，对于一般的读书人而言，特别是生活上相对清贫的赶考举子，其费用支出往往难以承受。在这样的背景下，明代的北京开始出现了以某一个地域在京官员或颇有声望的乡绅出钱筹办的该地域主要用于接待本乡进京赶考举子居住的会馆。

“会馆”一词，在第六版《辞海》中是这样表述的：“（会馆）中国旧时都市中同乡或同业的组织机构”，“名称最早见于明代。清代更盛行”，“一般以县、府、省为单位，也有由相邻地区组成”。① 第六版《辞海》中将“会馆”视为一种社会特定群体的组织机构，是作为人们一种特定的聚合组织方式来看待的。对于这样的表述，有学者曾有过不同的表述，20 世纪 30 年代，研究中国经济史的日本人加藤繁对“会馆”进行解释时说：“所谓会馆，是明代嘉靖、隆庆以后，集中在北京的各省官吏士子等按照他们的乡籍的差别而设置的憩息燕集的场所。”② 加藤繁提出的“憩息燕集的场所”，是将北京的会馆作为一种特殊群体聚集的场所来表述的。在以往旧版的《辞海》中，对“会馆”的解释相对而言还是更为周全一些，认为“会馆”是“同籍贯或同行业的人在京城几个大城市所设立的机构，建有馆所，供同乡同行集会、寄寓之用”。曾参加“公车上书”、清末民初的学人徐珂在《清稗类钞》中说：“各省人士侨寓京都，设馆舍以为联络乡谊之地，谓之‘会馆’。”③

北京的诸多会馆，之所以称之为“会馆”，其缘于明永乐年以后为满足京城赶考士子提供生活服务便利场所而来。明代永乐年以后，明朝会试均改在北京举行，各地举子纷纷进京应试。各地寓京官员以及在京城经商的商人为本地区参加会试的举子有一个相对稳定和便利寓居场所，纷纷以其同乡同籍之力在北京选择一个合适的地点，设立本乡本地赶考举子的寓居场所。因其以服务于参加会试举子为主要目的，人们便因此而称之为“会馆”。故在过去研究会馆的文章或专著中，也有“试馆”的称呼，皆因此而来。应该看到，不管人们从哪个方面去表述“会馆”的基本概念和概述其基本功能，自明代以来在北京出现的会馆，是在官方的确认下，由某一地域或某一行业的群体为了便于各地进京赶考举子及其他本乡人士

---

① 《辞海》第六版，上海辞书出版社 2010 年版。

② ［日］加藤繁：《论唐宋时代的商业组织“行”并及清代的会馆》，《中国经济史考证》，商务印书馆 1959 年版。

③ 徐珂：《清稗类钞》，中华书局 2010 年版。

寄寓京城并加强乡谊联络而用自治形式设置的聚集场所。它缘起和主要的目的在于为各地进京赶考士子而设立，从组成和运行结构上突出在京寓居的同乡（同行）维护自身权利的自治组织，从功能上强调为本乡同籍（或本行同人）提供服务便利，从其活动内容及其实际作用上无形中成为一种地域及其地域文化的标志。因此我们说，北京会馆已经不仅仅是某种组织形式或特定的场所，它是某一地域（或行业）与北京这座都城相互沟通和相互交融的文化地标。

与其他的城市中会馆颇为不同的是，北京会馆往往是某一个地域在京为官者或颇具名望的士绅为了便于本地参加会试的赶考举子寓居京城而设立的。这一特殊的服务功能，让北京会馆的设立明显地有别于其他城市中时常出现的会馆。

北京会馆兴起时间较难找出很准确的时间，就目前看到的文献资料，在明代永乐年间就开始有明确的会馆出现。明代永乐年间明成祖定都北京，很多在京任职的官员及其参与京城政治、文化活动的文人雅士寓居北京。为此，当时在内城出现了供一些京官和文人雅士居住的会馆。应该说在有概念颇为清晰的会馆之前，寓居京师的官员和其他文人雅士也需要有相应的居住手段，或租屋而居，或自建寓所。但后者往往因为明代都城的管控而受诸多局限。因此，在明代永乐年定都北京以后，官员的居住问题并不是都解决得很好，而对于千里奔波赶到京城参加会试的各地举子，在北京留居自然更为困难一些。在这样的背景下，为了让本籍本乡进京赶考的举子以及在北京候补、述职的中下级官员在北京有一个相对安定的居住环境，一些在京任职官员出面，或出资，或集资，组织本乡同籍在京购置房产，开设会馆。民国《芜湖县志》卷四十八记载："京师芜湖会馆，在前门外长巷上三条胡同。明永乐间，邑人俞谟捐资购屋数椽并基地一块……归里时付同邑京官晋俭等为芜湖会馆。"俞谟为芜湖人，永乐年间曾任工部主事，其致仕后将前门外的宅地捐出，创设芜湖会馆。这家会馆从明代永乐年间创设，到清末民初时，会馆房屋还有正厅三间，厢房小屋十六间。另有灰棚房六间，沿街铺面房七间。这是我们目前能看到的北京城最早出现的会馆，因此有人称之为"北京会馆第一家"。李景铭《闽中会馆志》记载清代闽县陈宗蕃的话："会馆之设，始自明代，或曰会馆，或曰试馆。盖平时则以聚乡人，联旧谊，大比之岁，则为乡中来京假馆之所，恤寒畯而启后进也。”①　而程树德在《闽中会馆志·序》中强调：“京师之有会馆，肇自有明，其始专为便于公车而设，为士子会试之用，故称会馆。自清季科举停罢，遂专为乡人旅京者杂居之地。”浙江《山阴会稽两邑会馆记》记载：“明时乡贡士及庠士之优者皆令居太学学舍，不能尽容，多馆于其乡在朝者之邸第，未闻立馆以萃试士者，自举人不隶太学，而乡贡额加广，于是朝官各辟一馆，以止居其乡人，始有省馆。”②

从这些文献中可以看出，明永乐年间随着朱棣定都北京，每三年的会试客观上带动了各地纷纷在北京设立会馆，并由此开始形成北京会馆集中发展。明代时期，北京的会馆主要分为两类：一类是主要针对官员士绅居住的馆邑，一般称之为士绅会馆，基本集中于北京城内城。另一类主要服务于进京赶考举子，也就是人们通常所说的“会馆”“试馆”，大多分布于北京城南面的外罗城。明代后期刘侗在《帝京景物略》中谈道：“内城馆者，绅是主，外城馆者，公车岁贡士是寓。”③　这样的会馆格局一直持续到明王朝灭亡。

二　清代北京会馆重兴原因

1644年以后，随着清王朝定都北京，北京作为全国的都城，依旧承担着元明以来一直所拥有的政治中心、文化统治中心的都城功能。然而，由于满族统治者作为入主中原的少数民族统治阶层，无论是从其民族统治心理，还是对全国整体控制的客观要求，都需要更为突出地强化北京城在全国政治、文化等各个方面的中心地位。因此，汇集天下人才，招揽全国各地读书人，成为清代统治者更加关注的问题。而竭力将以往以江南地区为主要文化活动中心向北迁移，聚集于北京城，更成为清代满族统治者加强其政权稳定的重要举措。在这样的一个大背景下，北京的全国政治中心、文化学术中心以及经济交流中心的地位，需要这座城市吸纳和接受更多的各地官员、读书人、经商者汇集于此，北京成为清三朝二百六十余年来吸纳各地人口汇集和流动最大的中心城市。

清王朝统治者定都北京之后，出于其少数民族统治特权的需要，在北

① 李景铭：《闽中会馆志》，1943年铅印本。

② 《北京会馆档案史料》，北京出版社1997年版。

③ 刘侗、于奕正：《帝京景物略》卷四，北京古籍出版社1980年版。

京城实行了“旗民分城而居”的城市管理政策。北京城的内城，除了清朝皇家宗室、王公贵戚之外，只允许满洲八旗、蒙古八旗和汉军八旗兵丁及其家眷居住，其他的汉族官员、士绅以及北京中下层居民被迫迁至外城居住。与此同时，清王朝政府为了有效地控制京城城市规模，严格控制城市人口，明确规定，除顺天府大兴、宛平籍人口之外，其他来京者不得在京城定居。凡官员致仕，一律回原籍养老。甚至对充任京城官员幕僚的师爷，也规定不得长久连任而久居京师。至于到北京经商的商人，各种店铺的伙计等等，更是不得落户于北京。

清王朝统治者在北京实行的“旗民分城而居”和人口严控政策，使得各地来京人员，不管是充任京官的官吏、师爷，还是参与中央政权活动的文人雅士、社会贤达等，很难在北京永久地居住下来，客观上使得京城人口流动性非常突出。作为清王朝的都城，进京到中央机构为官者，来京参加文化、学术活动的文人雅士，在京城从事买卖的生意人，都基本无法获得在北京的永久居留权，不能在京城永久性居住，自然也让人们不太愿意或者不太容易在京城购置房产而落脚。而每三年一次的顺天府乡试、会试，全国各地赶考举子纷纷进城参加科举，也成为北京城人口涌入的重要组成部分。这些参加乡试、会试的赶考秀才、举子，不仅仅是没有资格在北京购房留居，他们之中很多人相对清贫，连京城馆舍也往往租不起，只能依靠本乡在京官员、乡绅组织设立的本乡会馆落脚。不仅如此，在北京短期留居的还有定期来京述职官员，需要升、调、转的官员以及候补、候选官员等。这些临时留居京城的官员，少则一两月，多则一两年，也需要安排自己在北京停留期间的居住问题。清朝康熙年以后逐渐兴起的大规模修史、修书活动，各地大批文人学者汇聚京城，也需要有一个相对稳定的留居地点来满足其需要。正是由于清王朝实行的京城人口控制政策和城市管理模式，客观上形成进京各类人员寓居京师的居住需要缺口。对上述种种进京人员而言，在北京停留期间，落脚于会馆往往是其最佳的选择。

因此，从明代以来在北京开始出现的会馆，到清代发展得更为兴盛。不论是各地在京设立的会馆数量、规模，还是会馆的组成结构和运行模式，清代北京的会馆发展得更为成熟、完备。作为不同地域在北京设立的会馆，重点服务于本乡进京赶考举子，负责接待本籍候补、候选官员短期寓居，使得北京的会馆成为汇聚各地人杰才俊的载体，会馆则成为文人雅士、赶考举子以及京官、外官进行文化、学术交流的活跃场所，也是北京文化进一步活跃的重要来源之一。而各个会馆每逢年节，邀集本籍在京官员、士绅以及留京待考举子，候补、候选官员等汇聚本乡本地会馆，共同拜祭本乡所供奉的神祇、先贤，并举办带有浓厚家乡风格的同乡宴饮，这使得北京的会馆成为不同地域文化汇集和展示的平台，浓郁的本乡本土的文化形态，通过会馆的祭祀、供奉以及同乡宴饮等活灵活现地展示于京城，为北京这座城市带来了不同地域的文化风采，无形中被融入北京文化，会馆客观上成为丰富北京文化成分的助推手。

三 清代北京会馆的发展

清代以来，由于清王朝政府所采取的一系列政策，客观上刺激和促进了北京会馆的发展，北京会馆进入了发展高潮期。这种会馆发展的高潮期，主要体现在以下几个方面。

首先，清代北京会馆在分布格局上出现了新的变化。

清代北京会馆的发展与明代时期最大的区别体现在会馆的分布格局上。明代时，北京的会馆分布较为广泛，一般的士绅会馆多设立在北京内城，而为赶考举子设立的试馆，则主要集中在外城前门到崇文门一带，这里距离会试的贡院距离相对要近。清代以后，随着“旗民分城而居”政策的实行，内城汉族民众纷纷被迫迁至外城居住，原来明代时期在内城的会馆自然也就随之关闭。原来在外城前门到崇文门一带的会馆很大一部分被保留下来。清代时，北京由明朝延续下来的会馆主要有芜湖会馆、南昌会馆、粤西会馆、九江会馆、上新会馆、漳州会馆、汀州会馆、安陆县馆、延平郡会馆、稽山会馆、贵池会馆、石埭县会馆、浮山会馆、临汾会馆、和含会馆、汉阳会馆、宣城会馆、赣宁会馆、浮梁会馆、黄冈会馆、孝感会馆、黄安会馆、郢中会馆、长沙郡馆、全楚会馆（湖广会馆前身）、成都郡馆、华州会馆、泾县会馆、邵武会馆、汀州会馆、建宁会馆等数十家。由于这些会馆是从明代试馆沿袭发展而来的，基本上都比较靠近举行科举考试的贡院。其中，除了延平郡会馆（和平门外粉坊琉璃街）、稽山会馆（宣武门外虎坊桥）、宣城会馆（宣武门外铁门胡同）、全楚会馆（和平门南虎坊桥）、郢中会馆（宣武门外）、华州会馆（宣武门外南柳巷胡同）、建宁会馆（和平门外粉坊琉璃街）等几家位于前门以西之外，其余的都在前门到崇文门一带，其中大多汇集在前门东南的长巷一带。

相比之下，清朝新设立的会馆则从原来的前门—崇文门一线向西迁移，逐渐发展到今天的和平门到宣武门一带。以清代初期创设的各地会馆为例，清初顺治到康熙年期间设立的晋江邑馆在和平门外南柳巷，三晋会馆和平门南虎坊桥附近。而乾隆年创设的江震会馆、歙县会馆、建宁会馆、休宁会馆、洪洞会馆、广西三馆、常熟会馆、肇庆会馆西馆、黟县会馆、广西南馆、仁钱会馆、绩溪会馆、泾县会馆新馆、雷阳会馆等均在宣武门外。清代北京会馆的西移，主要是受清代“旗民分城而居”的城市格局影响。特别是大量汉族官员平日朝会取道宣武门，其居住也多位于前门以西、宣武门以南的南城地区。因此，清代再新设立的会馆自然也就围绕着这一地域分布。

其次，由于清王朝更加强化北京在全国的政治、文化中心地位，尤其是用科举制度，甚至刻意突出地开设博学鸿儒科，不断地开设修史馆、修书馆，大大地强化了北京汇集天下文人学士的力度，无形中刺激了清代北京会馆的快速增长。清代北京与前朝相比，会馆数量及其规模快速增长，特别是清乾隆年以来，这种增长速度极为明显。清乾隆年以前，北京设立的各地会馆为一百八十余家，到清代后期，各地在北京设立的会馆达到了四百余家。徐珂的《清稗类钞》对清代北京会馆的记载中说道：“各省人士乔寓京都，设馆舍以为联络乡谊之地，谓之会馆。或省设一所，或府设一所，或县设一所，大都视各地京官之多寡贫富而建设之，大小凡四百余所。”① 这是清代北京会馆发展的又一个突出的表现。其中，乾隆年新增设的会馆较为集中。像宣武门外贾家花园的江震会馆、广西南馆，宣武门外大街的歙县会馆，和平门南孙家公园的泉郡会馆、广东七邑会馆、台州会馆，宣武门外菜市口的云梦会馆和休宁会馆，宣外菜市口大街烂漫胡同的常熟会馆、黟县会馆，前门外草厂的湖南会馆、惠州会馆以及北京前门外长巷胡同的丰城会馆、南雄会馆等等，都是在乾隆年新增设的会馆。乾隆时刊行的《水曹清暇录》曾记载当时京城会馆快速发展状况时说：“数十年来各省争建会馆，甚至大县亦建一馆，以致外城房屋基地价值腾贵。”② 各地纷纷开设本乡在京会馆，以至于“外城房屋基地价值腾贵”，乾隆年会馆的数量和规模发展之快，由此可见一斑。

---

① 徐珂：《清稗类钞·宫苑类》，中华书局 1984 年版。

② 汪启淑：《水曹清暇录》卷十，北京古籍出版社 1998 年版。

清代中后期，随着北京城市的发展和清王朝都城与各地联系的进一步密切，又出现了一轮增设会馆的高峰。例如，清道光年间先后在北京新设立的会馆有宣武门外求志巷太仓会馆，宣武门外南半截胡同的山会邑馆，前门外小席胡同的德化会馆，菜市口南粉房琉璃街的廉钦会馆，宣武门外米市胡同的南海会馆，和平门外延寿寺街的平乐九邑会馆以及高州会馆、淮安会馆、处州会馆、泽州会馆、闻喜会馆、津南试馆、杭州会馆、荆州会馆等。此外，有的地域原在北京已设立有会馆，清代中后期后增设新馆，以满足本乡进京赶考举子及同乡寓京人员居住，像宣武门外北柳巷胡同的广西新馆，崇文门外北五老胡同的三晋东馆，宣武门外潘家河沿的庐陵新馆，前门外长巷胡同的南城会馆东馆和宣武门外魏染胡同的南城会馆西馆，琉璃厂南后孙公园的安徽会馆，宣武门外大街的南安会馆西馆等，都是清中后期某一个地域在原有京城会馆的基础上新增设的本乡会馆。

清王朝二百六十余年中，北京会馆无论是分布格局的改变，还是各地在京会馆数量的增加，都显示出清代北京会馆的突出变化和快速发展的趋势。而有清一代在京城前后设立的四百余家会馆，成为北京多地域文化汇集的集中体现，也是北京文化多地域文化融合的重要基础。

第二节　清代北京会馆的运行及北京会馆文化的形成

一　清代北京会馆的设立形式

清代北京会馆的发展，与明朝时期北京的会馆发展最为明显的差异在于，明代会馆虽说也为大比之年进京赶考举子提供服务，但更多的是为官绅侨寓京城提供居住场所。清代北京的会馆，则更主要侧重于为本籍进京赶考举子提供服务，几乎所有的会馆都秉承着“为乡、会试寒士及候补、候选职员而设”的原则，并特别强调顺天府乡试、京城会试之际，进京赶考举子一切优先。即便是由商人开设的为在京经商交易、联络的工商会馆，大比之年也往往腾出一定的馆舍房屋，为本籍赶考举子提供服务。正是由于清代北京会馆这种极为突出和非常明确的为本乡本籍赶考的读书人和略显清贫的候补、候选官员等群体提供服务，本乡本籍公益性、服务性目的明确，因此，在京官员但凡有些能力，都愿意以筹办会馆、捐助会馆或参与会馆管理等方式，来显示自己对家乡、同乡的关爱，彰显自己回报家乡父老乡亲的功德善举。在这样的一种整体形势发展需要下，各地创设本乡本籍会馆，一般有三种开创形式，即：以在京官员舍宅为馆，在京本籍官绅捐银集资购置房屋设馆，某地地方官府出资联合本乡本籍乡绅共同开设会馆。其中，前两种情况设立会馆者，是清代北京会馆设立的主要形式。

以在京官员舍宅为馆，早在明代就有先例。我们通常所说的“北京会馆第一家”的芜湖会馆，就是永乐年间工部主事俞谟将其在京城的宅第捐出设立的。清代官员致仕，必须回原籍养老。于是，一些有一定实力且愿意为本籍同乡做出贡献的官员便将自己在北京购置的宅第捐出，作为本乡公产开设会馆。位于北京和平门外骡马市大街的三晋会馆，就是山西籍官员捐出自己私宅设立的，当时捐出房屋三十余间，占地一亩二分。清康熙朝大学士陈廷敬在《三晋会馆记》中谈道：“尚书贾公治第崇文门外东偏，作客舍以馆曲沃之人，曰乔山书院。又割宅南，为三晋会馆。”[①] 宣武门外土地庙斜街的全浙会馆，原为私家名园“寄园”，为在京出任给事中的安徽休宁赵恒夫私人宅院，其后将该园捐出，设立全浙会馆。戴璐的《藤阴杂记》对该会馆的设立做了详细的记述：“寄园为高阳李文勤公别墅，其西墅又名李园。狄立人于此设宴，见姜西溟诗。其后归赵恒夫给谏，改名寄园。……给谏休宁人，子占浙籍中式，被某劾之，谪官助教，久住京师，以寄园捐作全浙会馆。”[②] 另外，康熙朝大学士李光地、乾隆时期文华殿大学士蔡新也都曾将自己在京城的私宅捐出设立会馆。

清代北京会馆设立的第二种主要来源，就是在京本籍官绅捐银集资购置房屋设立会馆。作为在京任职的官员，并非都具有舍宅为馆的实力或单独出资购置房产开设会馆的能力。因此，联合在京任职的本乡本籍同僚，甚至在本籍乡里积极倡导筹资，在北京选择合适的位置购置房屋设立会馆，便成为清代北京会馆最主要的开设方式。据史料记载，清乾隆十八年（1753 年）开设于宣武门外菜市口丞相胡同的休宁会馆，就是在京安徽休宁籍官员，联合本乡士绅官方集资而开设的，在休宁会馆碑文记中这样记述：“壬申秋有以所居求售者，溯其始，盖先达名公故第。……爰谋之太常金公、给事中两程公、侍御戴公、王公、前观察毕公，及宗人仪部文

① 戴璐：《藤荫杂记》卷六，北京古籍出版社 1982 年版。
② 同上。

麓，咸以为当，乃率先醵赀为倡。”[①] 诸多本籍在京官员共同集资设立会馆，较为典型的是清朝后期的安徽会馆。安徽会馆在琉璃厂南孙公园，原为明末清初孙承泽私宅花园，孙承泽之后该园几经易手，清同治七年（1868 年），直隶总督、北洋大臣李鸿章及其胞兄湖广总督李瀚章联合诸淮军将领或皖籍官员集资，购买原孙公园大部分，次年开始建造安徽会馆，同治十年（1871 年）落成。李鸿章在其所撰安徽会馆碑文中提到，为了集资设立安徽会馆，“淮军……将领大半皖产，愿醵万金为倡，不足；四川总督吴公泊、鸿章兄弟各解赀相助；又邮书告皖人之宦于四方者，咸踊跃趋事”，最后，安徽会馆建成“共糜白金二万八千有奇”。如此巨资，就像李鸿章这样的权臣也难以独自支撑，自然需要同乡官员共同捐资。

当然，也有在京任职官员捐出在京房产，或宅地，再由同乡集资，共同改建设立的会馆。位于宣武门外的陕西韩城会馆，就是以这样的模式创设的。据乾隆朝大学士王杰在《陕西韩城会馆碑记》中记载：“吾韩公车北上与谒选者向多僦居旅次，咸以为非便。乾隆三年戊午，有以乡大司寇张公旧邸倡为会馆，计者乃谋，诸邑绅士各输资有差，得五百有奇，遂成此举，韩之有会馆自此始矣。地西临宣武门外通街。”[②] 实际上，这样的会馆创建模式，其实也是属于在京同籍官员集资设立会馆的方式。

清代北京会馆的设立，还有一种较为特殊的方式，即某地地方官府出资，再联合本乡本籍乡绅共同开设本籍会馆。这种方式，一般是比较特殊的地域，出于维护统治需要由地方政府出资，并出面联合地方乡绅在北京设立会馆。清光绪年间位于宣武门外后铁厂胡同的全台会馆（即后来的台湾会馆）就是采取这样的方式设立的。光绪九年（1883 年），当时的台湾道刘璈在给闽浙总督何璟的呈报中提到：“提银三千元，函托在京绅友，即在都城购建全台会馆，以备台湾会试举人及供职于京者，藉以居住。”[③] 当然，这样的方式在清代北京会馆的设立中，属于较为罕见的方式。

① 北京市档案馆编：《北京市会馆档案史料》，《安徽休宁县会馆碑》，北京出版社 1997 年版。

② 《北京市会馆档案史料》，北京出版社 1997 年版。

③ 刘璈：《巡台退思录》，《禀筹办全台乡会试馆宾兴及育婴养济义仓各事由书》，《台湾文献丛刊》，台湾大通书局版。

实际上，在清代北京还有一种会馆的筹备开设方式，就是不同地域在京经商的商人共同集资开设的工商会馆。比如：清代初年浙江慈溪商人建立过成衣行会馆，康熙年间浙江绍兴商人在今和平门外正乙祠创设银号会馆，广州珠宝、绸缎商人的仙城会馆，雍正朝山西布匹商人设立的晋翼会馆，乾隆朝福建南纸商人创设的延绍会馆以及乾隆年间玉器行商人在琉璃厂南建立的长春会馆等，都属于工商会馆。这种以商人同业公会或同一行当联合设立的公推机构，依托工商会馆，定期举办商品交易、流通以及同行业关系协调、行业信奉祭拜等，是清代北京会馆中较为独特的一类。但是这样的工商会馆，在清代社会整体影响力不是特别明显，而且其开设方式与前面所谈的第二种模式基本相近，故不再加以赘述。

二　清代北京会馆的运行体制

清代北京会馆的设立，主要是面对某一个地域进京赶考举子，或者本籍候补、候选官员等群体提供相应服务的场所。各地在北京设立的会馆，不管是以官员舍宅为馆，还是同乡本籍共同集资设立，会馆的宅地产权及其房屋、会馆所有的铺面房、义地等，均为该地域的公产。而清代北京会馆所面对的服务对象，除了本地本乡进京参加顺天府乡试、会试的读书人之外，还有本乡在京候补、候选官员等。另外，许多文人学者在北京参加清朝政府组织的一系列文化活动，像开设史馆编修《明史》、开设四库馆编修《四库全书》等，使得各地文人雅士汇集京城，而会馆往往也是这些文人雅士落脚之地。这些寓居会馆的群体，不管是官、民身份，大多属于经济实力相对清贫群体。因此，各地会馆的公益性和服务性，对这些人来说就更为重要。如何让本乡同籍官绅共同集资开设的会馆能更好地为本乡士子提供良好的服务，且能做到公允、公平又符合乡规公德，便成为在京城各个会馆必然要解决的基本问题。所以，清代北京的会馆，在其运行管理、经费来源以及会馆的入住标准、寓居条件、收费标准等等，都已经形成完备的运行模式和运转体制，尽管会馆代表着不同的省、州、府、县，但是会馆内部的运转和使用规则基本相同，且颇为有效。

清代北京会馆基本采取的是实行馆长制的管理体制，由在京本乡同籍人士协商推举德高望重、待人公道、为人热情且肯于为本乡同籍做事者担任，但在实际操作中，一般还是要公推本籍在京官位较高者出任“值年”（馆长）。由于同乡本籍在京为官者多寡不定，相对在京为官者人数多一点的，往往就采取“值年轮换制”管理模式，即：每年推选出来一个负责会馆管理事务的“值年”，也就是会馆的“馆长”，负责本年度的会馆管理工作，下一年度正月轮换新的“值年”。乾隆年间《龙岩会馆规约》就确定：“本馆每年轮流京官一位为馆主，收掌簿籍银两，经理祭祀及公用支销，并料理馆中一应器皿等物，每年交代清楚，将支收数目开粘馆中，以示无私。所有银两，交接下手收管。”① 在“值年”之下设“值客”，具体承担会馆的日常管理事物。乾隆三十五年（1770年）河北河间同乡在北京制定的《河间会馆值年值客条规》明确规定：“每年腊月中旬，值客择期通知值年，即出知单通知京官及候补、候选诸人，于次年正月某日团拜，预期知会……可否另行延请新值年、新值客。务将一年出入账目核算清楚……”② 众人公推的“值年”（馆长）作为公推的会馆负责人，对于本乡本籍在京城会馆的事务管理无任何报酬，均为无偿地为本乡同籍服务。但是，“值年”之下的“值客”，则采取聘任的办法，并给予报酬。乾隆年《河间会馆值年值客条规》规定：“值客需得人品端方、正直、无私者方可承办”，“每年束脩钱六十千，节礼火食在外……”③ 清道光六年（1826年）在京绩溪同乡议定的《绩溪会馆规条》确定：“馆事以京职一人经理，乡会留京者二人协理……一年一换，定于正月十三日新旧交代……”

会馆“值年”“值客”之下，各个会馆根据自身的情况聘请人数不等的“长班”“馆役”，负责会馆日常运行的卫生、接待、传达、收发等杂役事务。乾隆年间，在龙岩会馆就设有长班一人，“每月给工食银一两”，其负责“司神前香烛，并供洒扫”，同时也“使令启闭送迎之役”④。

清代北京会馆除了开创、设立需要筹措资金，其日常运行也需要相应的经济实力支撑。因此，解决会馆日常运行所需资金，便成为会馆能否正常运行的关键性问题。清代北京会馆日常运行的经济来源主要包括以下几个方面：本籍本地在京任职以及各地授缺就职官员捐资；进京赶考举子、秀才缴纳资银；客房租赁租金；中试举子喜金；铺面房出租租金等。

清道光六年（1826年）在京绩溪同乡所议定的《绩溪会馆规条》中

① 《北京市会馆档案史料》，北京出版社1997年版。
② 同上。
③ 同上。
④ 同上。

约定绩溪同籍官员捐助会馆的标准："京官：正一品二十四两，从一品十六两，二品十两，三四品六两，五六品四两，七品二两，八九品未入流一两。外官：督抚总槽总河盐政一百两，藩司运司八十两，臬司六十两，道府运同四十两，直隶州运副提举三十二两，知州知县盐库各大使二十四两，同知十六两，六品佐杂十二两，七品佐杂教职十两，八品佐杂教职八两，九品未入流六两。武官：一品三十两，二品二十两，三品八两，四品六两，五品四两，六品二两，七品一两。"[①] 江西在京官绅在《登瀛条规》中明确规定："每逢会试年端午后，经管即会同京官写信通知外任各官，无论正署均专函致达，嘱其先时妥寄银两。"[②] 而对于进京赶考举子，会馆也往往要求其捐纳相应的资银，以作为会馆经费。顺天府乡试以及会试中榜提名的秀才、举子，也需要缴纳一定的喜金，《江西会馆公立条规》议定："乡榜后题名，每位酒费银三两，喜银二两；会试题名，每位酒费银六两，喜银四两。"至于其愿意多捐纳银两，"听其量力"。对于在会馆租房居住者，会馆照例收取房租。顺治六年（1649 年）《吉安会馆条例》规定，入驻吉安会馆，本籍人员每月房租三两，若外乡人租住，每月每间房租金四两。乾隆年间《龙岩会馆规约》规定："本馆厅前后厅左右正间，每房每月定租银二钱；其前厅后左右二厢房，每间每月定租银一钱五分；其余小间，每间每月定租银一钱，馆值逐月将租银收入……"[③] 另外，很多会馆在京城有铺面房，往往租赁给经商店铺经营，并收取租金。在清代北京琉璃厂颇具影响的湖笔店戴月轩，在琉璃厂租赁的商铺，就是湖北江夏县馆的铺面房。有的会馆铺面房达一二十间，像上新会馆，有铺面房二十六间。湖广会馆有临街的铺面房二十五间。这些铺面房所收取的租金是维系会馆日常开支的重要经济来源。

清代北京会馆，在管理上、在接纳对象上都更加规范，但却都有一个特点，即在其居馆公约上明确了以优遇来京考试举子为重的原则。其目的在于为本乡本籍进京赶考举子提供必要的服务，以求让本乡子弟能够金榜题名，光耀乡里。因此，清代北京的会馆几乎无一例外地规定，会馆优先接待进京参加顺天府乡试、京城会试的读书子弟。特别是家境贫寒的赶考

① 《绩溪会馆规条》，《北京市会馆档案史料》，北京出版社 1997 年版。

② 《登瀛条规》，《北京市会馆档案史料》，北京出版社 1997 年版。

③ 《龙岩会馆规约》，《北京市会馆档案史料》，北京出版社 1997 年版。

者，各个会馆更是颇为注意给予必要的资助。《河间会馆住会馆客寓条规》明确规定："会馆原为乡、会试寒士及候补、候选职员而设，此外别有事故者，概不留寓，即京官未补者，已补未任事者，俱准住；既任事，一月之内外即移出；永不得携住家眷；遇乡、会试临期，补选者俱宜移让。"《泾县会馆新议馆规》明确要求："凡乡、会试赴选及一切正务来京者，俱得居住；其遇乡、会试年份，如本邑应试人多，凡住馆者即当搬让……"针对各个会馆寓居人员不同的身份，会馆对入住的接待顺序及优惠条件也往往明确地规定出来，《绩溪会馆规条》就明确地要求："乡试年份先尽乡试者居住，会试年份先尽会试者居住，不得任意占住。"《龙岩会馆规约》规定："住馆之例，京官让候补、候选，候补、候选者让乡试、会试、廷试，不得占住，以妨后人，其余杂事人等不许住宿。"河北河间会馆在乾隆三十五年（1770 年）所制定的《住会馆客寓规条》中特意强调：会馆入住之人员"永不得携住家眷，遇降会试临期，补选者俱宜移让。……乡会之际，亦不许带事外亲友住馆"①。

为了维护京城会馆的秩序，各个会馆也对本会馆内的日常起居，做了非常细致的规定。《河间会馆住会馆客寓条规》规定："厨房六所，每所指派几房公用，各钉牌于壁上，毋得搀越，同爨者听；至居住各房不得自设炉灶，既保房屋，亦慎火烛。"会馆之内，对各个房间也都编号管理，并标明房间之中家具、用品清单，张贴于墙上，不得随意搬移。《吉安会馆条规》要求：会馆内的客房"每间编列字号，每房家具俱照房间字号编列，各占各房家具，毋得彼此搬移，其各房家具件数……各厨房家具件数，悬挂粉牌一面，开载详明"。《泾县会馆馆规》中也明确要求："议厅堂房屋、厨房一切家伙，既于簿上登明各处，亦钉牌壁上逐件登记。"②

清代北京各个会馆的这些规定，非常明确地确保了本乡士子在大比之年良好的待遇，这为本乡读书人进入清朝官僚系统，扩大本乡在官僚系统中的实力，形成了颇为有力的物质保障。这也成为清代北京会馆发挥其重要社会职能的突出体现。

三　清代北京会馆文化形成及其影响

有清一代，随着北京作为全国政治中心和多民族交融中心功能的强

① 《北京会馆档案史料》，北京出版社 1997 年版。
② 同上。

化，特别是北京作为全国文化活动中心和学术研究中心的确立，各地文人雅士、赶考举子等具有较高文化程度的群体汇聚北京，北京会馆无形中成为这样的流动群体大量聚集的主要场所。而不管是在清代北京会馆寓居群体的各种交往、交流，还是围绕着会馆居住人群所形成的各种祭祀、年节聚会和科考后的庆典等，北京各地会馆客观上成为某一地域在京城展示地域文化的平台。在这样一个展示过程中，不同地域的祭拜信仰、风俗习惯、饮食风味等地域文化元素，通过会馆在京城汇集，并无形中出现了该地域文化元素的扩散。

清朝二百六十余年的历史进程中，北京汇聚的数百家各地会馆群落，这些会馆虽然各有自己的地域文化特征，但重点服务于赶考举子，为本乡本籍候选、候任及述职官员提供便利，凝聚在京同乡的情感联络以及用乡土亲情理念和传统的宗族意识所构成的会馆管理模式等，是北京数以百家会馆的共同存在形态。在这样的存在形态背景下，清代北京的会馆形成了北京文化中一个特有的文化形态——北京会馆文化。

如果我们对清代北京会馆文化做一个大体的概念定义的话，似乎应该这样表述：北京会馆文化是以同乡宗法理念为基础、以寓居京城的会馆为中心、以服务士子联谊同乡为宗旨而在北京形成的地域文化活动空间，通过人员交流、节庆聚会、饮食风味以及建筑形式等方式充分展示各地地域文化风采的文化形态。北京会馆文化是北京文化多元化发展的基础之一，是构成北京文化丰富内涵的重要文化元素。

正是因为清代北京会馆的特有的社会功能和文化交融作用，使得它在清代北京文化发展过程中形成了不可忽视的影响，最为突出的是其多地域文化交汇、融合文化整合平台功能。

清代北京会馆伴随着清代科举制度发展而兴盛，它在乡试、会试之年成为各地进京赶考举子的落脚点，使之成为不同地域读书人在北京的重要活动场所，客观上成为不同地域文化在北京的交融之地。清代张集馨在《道咸宦海见闻录》中记载说：“公车到京，咸集会馆”，“是时（道光三年，1823 年）吾家会试者共四人，皆住会馆”。[①] 一个大家庭中，进京赶考的四个人都住在会馆之中，可见当时京城会馆是汇集天下读书人的基本场所。不仅仅是进京赶考的举子汇聚北京会馆，由于清代官僚体制的相关

① 《道咸宦海见闻录》，中华书局 1981 年版。

政策，在京为官者，除了位高权重者之外，大多中下层官员都难以在北京购房置业，长期留居北京。至于那些书吏，更是需要用租赁的方式解决居住问题。长期在京任职者可以租用民居，但是对于来京不久或者需要短期留京的那些候补、候选官员，在京中央机构新任的官员、书吏以及参加清王朝重要文化项目的著名学者等等，落脚于本地在京城的会馆，往往是他们最容易，也是最佳的选择。正是由于北京会馆服务于本地本籍赶考举子、候选候补官员以及其他需要短期在京寓居的文人学士，客观上使得会馆成为不同地域的人们在北京集中汇集的场所。与此同时，每逢年节，各地会馆也是在京为官任职者同乡拜祭本乡本土供奉神祇和举行宴饮聚会的聚会地。安徽泾县在北京设立的《泾县会馆馆规》记载："会馆向有团拜之举，每年文、武帝诞辰，齐集庆祝，午后饮福……团拜仍于每年正月举行一次，若遇乡、会试年，改于八月及三月场后举行……"①

而在北京的安徽绩溪同乡则约定："每年正月十三日上灯恭祀众神，正月十八日恭祀汪越国公，二月初三日恭祀文昌帝君，五月十三日恭祀关圣帝君，九月十七日恭祀福德财神"，并且明确要求在北京的"同乡年十五以上者均衣冠齐集拜祭"②。我国各个不同地域民间信仰供奉往往不同，所以在北京的各地会馆所敬奉、祭拜的神祇也不尽相同。例如：江西诸会馆往往供奉许逊为"福主旌阳许真君"，福建的各个会馆一般敬奉"天后圣母"林默娘，山西的会馆几乎全部都要供奉关圣大帝，广东的会馆则多敬奉佛教禅宗创始人南华六祖惠能大师。凡此种种，各地不同的民间信仰、敬奉通过各地在北京的会馆，传到京城，有本乡本籍在京人员祭祀、供奉的精神需要，更有某一地域民间信仰敬奉文化的传播。而各地在京同乡利用在北京的会馆，年节之际举行同乡信奉祭拜，并举行宴饮聚会，这无形中将各地的风俗文化带进北京。一方面展示了某一地域风俗文化风采，另一方面也通过这些活动将某一地域风俗文化与北京文化相互渗透和融合，这无疑对北京文化的多地域融合是一个巨大的促进。

不同地域风俗文化的展示，是清代北京会馆文化一个颇为鲜明的特色，这种文化特色，不只是体现在民间供奉信仰上，也包括其他很多方面。不同地域的特色饮食及饮食文化，也往往伴随着各个会馆年节同乡聚

① 《泾县会馆光绪丁丑重议馆规》，《北京会馆档案史料》，北京出版社 1997 年版。
② 《北京会馆档案史料》，北京出版社 1997 年版。

会和送往迎来的宴饮，汇聚于京城。在宣武门外北半截胡同的广和居，是清代后期北京颇具名望的南方口味饭馆，它的周边临近绍兴会馆等多家南方地区的会馆，清代后期很多南方文化名流及官员等都是这里的常客，《道咸以来朝野杂记》中记载说："广和居在北半截胡同路东，历史最悠久，盖自道光中即有此馆，专为宣南士大夫设也。其肴品以炒腰花、江豆腐、潘氏青蒸鱼、四川辣鱼粉皮、清蒸干贝等，脍炙人口。故其他虽隘窄，屋宇甚低，而食客趋之若鹜焉。"[①]《旧京琐记》也记述说："士大夫好集于北半截胡同之广和居，张文襄在京提倡最力，菜之著名者为蒸山鱼。曰潘鱼者，出自潘炳年；曰曾鱼者，创自曾侯；曰吴鱼片，始自吴闰生。"[②] 广和居之所以能有江豆腐、潘氏清蒸鱼以及蒸山鱼、吴鱼片等，当然与潘祖荫、张之洞、曾国藩、吴闰生等达官显贵的倡导有着直接的关系，但实际上是这些各地来京为官者将自己家乡的菜肴和自己在家乡形成的饮食口味带到北京。之所以都集中在广和居，就是因为这家饭馆与诸多南方在京的会馆比邻。各地不同的饮食文化伴随着会馆的设立，形成一定的地方风味，是清代北京会馆文化中颇为突出的一个特征。这种特征甚至会持续到今天，以山西人聚集的三晋会馆，在宣南虎坊桥到骡马市之间，由此便在骡马市大街形成了若干家山西风味的饭馆，甚至在新中国成立以后新开设的晋阳饭庄也把地址选在这一带，久而久之，这里不仅有山西风味的晋阳饭庄，还出现了很多以卖刀削面为主的小饭馆以及出售山西老陈醋的特色商店。这种不同地域饮食汇聚京城，并且得到进一步发展，与清代北京各个会馆有着极为密切的关系，也是北京饮食文化呈现多元化的重要来源。

实际上，清王朝统治的二百六十余年过程中，北京内城已经成为清代皇族以及旗人占据的城市空间，形象点说内城已经成为清代皇帝及其八旗的"大杂院"，真正具有城市功能的区域，恰恰是北京的外罗城，也就是崇文门、宣武门以南的宣南一带。在这一区域，众多的会馆成为多地域、多层面文化交流、互融的最为活跃的聚集点。表现颇为突出的，就是各个会馆中伴随着同乡宴饮聚会，而出现的诸多娱乐活动，其中会馆的戏楼成为非常突出的文化娱乐设施。在清代北京会馆中，很多会馆都建有供戏曲

① 《道咸以来朝野杂记》，北京古籍出版社1982年版。
② 《旧京遗事·旧京琐记·燕京杂记》，北京古籍出版社1986年版。

演出的戏楼，这使得会馆成为各地区地方戏曲展示其文化风采的主要场所。康熙年间孔尚任的《桃花扇》、洪昇的《长生殿》都是在北京的会馆中排演的。而乾隆年间四大徽班进京，除了进宫应差演戏之外，主要的演出也是在北京的会馆之中。甚至可以这样说，京剧的形成和发展，就是在北京会馆中逐渐成长起来的。此外，不同地域的地方戏，像汉剧、豫剧、蒲剧、粤剧、黄梅戏、梆子、昆曲等许多剧种的演出，都是北京各个会馆同乡聚会中的重要娱乐方式。以至于嘉庆年间的查揆曾有“长安会馆知多少，处处歌筵占绍兴”之感叹。道光年间，张集馨在京赶考期间落脚于会馆，他曾经记载，在其寓居会馆之中，有“吴中书廷珠……终日唱曲，而不虑人之厌恶”[①]。能“终日唱曲”，会馆之中戏曲之热也可窥见一二。李鸿章在安徽会馆落成后，记述安徽会馆内的场景，也有“前则杰阁飞甍，嶕峣耸擢，为征歌张宴之所”[②] 的描述。《朝市丛载》卷七记载：“同乡团拜又同年，会馆梨园设盛筵，灯戏更闻邀内眷，夜深歌舞尚流连。”[③] 可见在会馆之中，戏曲演出的场所是很多会馆中必备的项目。在北京的会馆中，正乙祠、湖广会馆、安徽会馆、阳平会馆所建的戏楼最为出色，被誉为“京城四大戏楼”。当人们在研究和探讨北京戏曲发展史时，无一例外地要涉及清代北京会馆的发展历史。从这个意义上说，清代北京会馆，就是清代北京戏曲发展的主要发源地。

纵观清代北京会馆的历史演变及其会馆文化的形成，可以明显地看出，京城会馆及其文化，由于其所具有的社会功能和文化聚合作用，使得会馆成为清代北京文化多元化融合的主要汇聚点。在赶考举子、文人雅士以及寓居会馆的官员、商人等频繁的交往和交流中，会馆成为活跃的文化交流平台。而伴随着众多的祭拜、节庆活动，多地域的社会风俗、饮食风味及其多彩的地域文化也通过会馆在京城得以展示，并逐渐地形成扩散，有力地促进了北京文化多元化元素的融合。所以我们说，清代北京会馆及其文化，是清代北京文化最具活力的源泉之一。

---

① 《道咸宦海见闻录》，中华书局 1981 年版。

② 《北京会馆档案史料》，北京出版社 1997 年版。

③ 《朝市丛载》，北京古籍出版社 1995 年版。

第十一章　清朝钳制政策对北京文化发展的影响

清王朝的满族统治者，作为少数民族入主中原进而统治全国，有其民族统治阶层特有的优越感，但是也客观上存在着北方少数民族文化心理的自卑感。作为一个既有民族统治阶层的优越感，内心又存在着难以掩饰的文化自卑心理，使得清代满族统治者采取了一系列的钳制政策，在北京城实行“旗民分城而居”的管理政策，清代前期屡次三番地大兴“文字狱”就是这种钳制政策的具体体现。而不管是屡兴文字狱，还是采取“旗民分城而居”的政策，与其说是满族统治者强化其统治，还不如说是其文化自卑心理在作祟。但是，清前期的大兴文字狱客观上对北京文化发展形成了极为明显的文化阴影，在一定程度上造成清代北京文化发展进入一种扭曲的状态。“旗民分城而居”从城市居住空间上人为地划定出不同社会群体和居民成分的隔离，使得清代北京文化在北京这个城市空间中出现了不同的文化板块。这种人为的划分城市社会群体生活空间而形成的不同文化板块，确实使北京城出现了多个层面的文化形态，使得北京文化内部结构形成了多层次、多空间的特征，在中国历史上形成了最为特殊的一个城市文化发展形态。在一个城市空间，同时并存着帝王文化、贵族文化。士大夫文化和市井文化，这在中国历史上也并不多见。而清代的北京在帝王文化、贵族文化、士大夫文化、市井文化四种文化层面共存的同时，还形成内城的旗民文化板块和外城以汉族文化为主体的多民族、多地域的文化板块。这种复杂的城市文化格局，从本质上说就是清代满族统治者一系列钳制政策的直接结果。

第一节　清前期文字狱造成北京文化发展的阴影

一　清前期文化专制及文字狱的产生

清王朝的满族统治者占领北京入主中原以后，面对着思想体系系统完整、规模宏大及学科划分十分细致的以儒家文化为主体的汉族中原文化，他们的心态颇为矛盾。一方面，满族统治者面对着如此深邃的、丰厚的文化，有一种敬仰和急于吸纳的渴求，以求提高其统治的综合素养和统治的能力。因此，他们出于维系清王朝统治稳定的客观需要，笼络汉族知识分子，并积极在文化上尽可能快的融入，从文化走向上把握其统治的稳定性和长远性。但是另一方面，作为在关外还处于较为落后的文化形态的满洲人，入主中原以后在其内心存在着一定的文化自卑感，在对待汉族文化上又有一种狭隘的民族警觉性和极度扭曲的文化心态。这样的一种矛盾的文化心结，使得满族统治者在对待中原地区汉民族文化庞大的体系面前，往往会出现文化心理的裂变。这种扭曲的文化心理裂变，反映到具体的文化政策和文化统治手段上，就是极度偏执的“避讳”、极为惨烈的“文字狱”和大范围的禁书政策的出现。而在思想、文化领域这样的扭曲自然对北京文化的发展产生一定程度的阴影。

清初入中原，对避讳问题不是非常在意。顺治皇帝福临亲政以后曾有“不令天下避讳”之说，表现出一定的宽容性。但到康熙朝时，随着全国局势的逐步稳定，特别是继三藩之乱以后清统治者更需要强化其在全国的绝对的统治，这种“宽容”的文化态度便发生了一个巨大的转变，避讳制度骤然严格起来。康熙朝时，效仿前朝帝王，对帝王之名、先贤之名等开始讲求避讳，但是清代的避讳与前朝相比几乎到了无以复加的地步。

首先对皇帝以及圣贤名字予以避讳。清朝各代有关帝王及先贤名讳的避讳五花八门，对后世影响极大。康熙皇帝的名字“玄烨”，清朝统治者规定，凡有涉及“玄”字者均以“元”字替代，以“煜”字代替“烨”字。“玄”字在平时的文字表述中经常使用，而如此一改，便出现很多麻烦。《老子》之中有“玄之又玄，众妙之门”之语，再刊行时需改为“元之又元，众妙之门”。扬雄的《太玄经》需改写成《太元经》。《千字文》开头的“天地玄黄”改成了“天地元黄”，中药铺里的“玄参”，也被改成了“元参”，而玄帝、玄宫、玄机、玄门、玄女、玄神、玄真、玄天、玄论等字词中的“玄”字，皆一律改为“元”字，变成元帝、元宫、元机、元门、元女、元神、元真、元天、元论等等。北京紫禁城的北门原来称为“玄武门”，因避玄字，故改为“神武门”。《潭渡黄氏族谱》一书的重编者为黄玄豹，为避“玄”字清雍正九年（1731 年）刻本《潭渡黄氏族谱》将其名字中的“玄”字镌成“园”，结果后来有人整理此书时，将作者误改为“黄元豹”。

到了雍正朝，为避雍正皇帝“胤禛”字讳，别说平民百姓，就是雍正诸兄弟名字中的“胤”字也必须一律改为“允”字，所以胤礽、胤祉、胤祺、胤祐、胤禩、胤禟、胤祹、胤祥、胤禄、胤礼等人的名字，均改为允礽、允祉、允祺、允祐、允禩、允禟、允祹、允祥、允禄、允礼。不仅仅是要避皇帝的名讳，连皇帝死后陵寝的名字也要避讳。湖北的天门县原称为竟陵县，因“竟陵”二字与康熙皇帝的陵寝“景陵”音同，于是在清雍正四年（1726 年）改景陵县为天门县。清代著名诗人、曾任汉官尚书的王士禛，雍正朝时已经去世十年之久，但在其身后再出现他的名字的时候也要避讳雍正的名讳，改名“王士正”。乾隆朝时，因乾隆皇帝对王士禛的学问颇为赞许，格外的垂青，特意为其名字的避讳问题诏命：“士正名以避庙讳致改字与原名不相近，流传日久，后世几不复知为何人，今改为士祯，庶与弟兄行派不致淆乱，各馆书籍一体照改。”再如何恩宠，“禛”字是万万用不得的。当然了，北宋的开国皇帝赵匡胤，自然也要改为赵匡允。唐代医药学家许胤宗，被写成许引宗、许裔宗。而各地历朝历代使用的地名，凡涉及雍正名讳的也一律作相应改动，如真定、真阳、真宁，都被改为正定、正阳、正宁。不仅如此，雍正皇帝为了表示他对儒家文化的重视和对孔子的尊崇，对孔子的名字“丘”也要予以避讳。他特意在雍正三年（1725 年）十二月二十七日上谕中说道：“朕以先师孔子圣讳理应避，前降旨令九卿会议具奏，九卿议覆凡姓氏俱加‘阝’为‘邱’，凡系地名皆更易地名……除四书五经外，凡遇此字并加‘阝’为邱。地名亦不必改易，但加‘阝’旁读‘期’音……钦此。”在《说文解字》“邱”字下，清代文字学大家段玉裁专门注释说：“今制，讳孔子名之字曰邱。”如此一来，曾经辅助周朝武王开国有功的姜尚后裔，被封齐地并建都营丘（今山东省淄博市）的丘氏一族，均要改姓为“邱”。以至于 1949 年新中国建立以后，山东邱氏一族曾联名上书中央政府，请求除去“邱”之“阝”，恢复“丘”姓。结果到今天，也是“丘”“邱”二姓同用，甚至出现被弄混的问题。

乾隆时期，帝王避讳问题演绎得更为突出，不仅乾隆自己的名字“弘历”要避讳，前朝雍正、康熙的名字自然也要避讳，连其皇子的名字都要避讳。而且为了突出乾隆自己的君命天授的至高无上的法统地位甚至为了显示对历朝天子的尊崇，乾隆对以往各朝的帝王名字也要避讳。在撰修《四库全书》时，四库馆的撰修官员因为在行文中没有避讳汉武帝刘彻的名字，乾隆极为光火，亲自对四库馆臣严词痛斥，严令更改，他所钟爱的嫡长子荣亲王永琏夭亡，便专门颁旨规定避讳“琏”字。乾隆四十五年（1780 年）曾有生员吴英在其《上陈时务策》中，迭用“弘”字未避圣讳，被“照大逆罪凌迟处死，子侄五人被判斩监候，妻妾及年幼子孙十余人被赏予功臣为奴”。嘉庆朝时，嘉庆皇帝依旧严格地执行着避讳帝王名讳政策，以至于嘉庆十七年（1812 年）仪慎亲王永璇“以武英殿刻《高宗圣训》误书庙讳，罢王俸三年”。对亲王贝勒都如此严厉，对百姓刊刻图书的惩处可想而知。道光皇帝时，因避道光皇帝圣讳“绵宁”，北京外城的“广宁门”改称为“广安门”。

凡此种种，在清朝历史上比比皆是，我们今天很多已经使用习惯的字词或者地名，其实都是被避讳制度改掉的。清朝的帝王名讳问题给百姓的生活带来了极大的不便，尤其是在正常的文化活动中，由于避圣讳人们在刊刻古书中不得不把古书改得七零八落，面目皆非。清乾隆朝桐乡汪庭坚校刊王应麟撰、何焯笺的二十卷《困学纪闻》，行文字中“弘”字缺末笔，而“曆”缺两禾字上的撇。乾隆年间刊刻的杨谦所纂的《曝书亭集诗注》二十二卷，“曆”字下“日”改为“玉”，“弦”“泓”等字缺末点。像这样的避讳字问题，在有清一代刊刻的图书典籍中比比皆是，以至于今天我们在古籍整理校勘中，还经常为此而颇费心机地去恢复原状，足见清代避讳制度对文化的影响。

清代避讳不仅仅是皇帝的圣讳要避，它的避讳还包括以往中原地区对各少数民族的蔑称，如“虏”“胡”“戎”“蛮”“夷狄”等字样也均列为避讳字之列。不仅是编修史书、刊刻典籍，就是王公大臣上书奏事也都要予以避讳。金朝时的“金贼”，必须改写成“金人”，辽朝时的“虏将”，相应改写为“辽将”，宋朝时的“胡虏之地”，也只能写成“异地”。更为荒唐的是清代修《四库》时，将岳飞《满江红》“壮志饥餐胡虏肉，笑谈渴饮匈奴血”改为“壮志饥餐飞食肉，笑谈欲洒盈腔血”。雍正时专门发布谕旨："朕览本朝人刊写书籍，凡遇胡、虏、夷、狄等字，每作空白，又或改易形声。如以'夷'为'彝'，以'虏'为'卤'之类，殊不可解，揣其意盖为本朝忌讳，避之以明其敬慎，不知此固悖理犯义不敬之甚者也，嗣后临文作字及刊刻书籍，如仍蹈前辙，将此等字样空白及更换者，照大不敬律治罪。其从前书籍，若一概责令填补更换，恐卷帙繁多，或有遗漏，着一并晓谕，有情愿填补更换者，听其自为之。"到了乾隆皇帝时期，在编纂《四库全书》时乾隆又下圣谕，云："前日披览四库全书馆所进《宗泽集》，内将'夷'字改写'彝'字，'狄'字改写'敌'字；昨阅《杨继盛集》，内改写亦然，而此两集中又有不改者，殊不可解。'夷'、'狄'二字，屡见于经书，若有心改避，转为非礼，如《论语》'夷狄之有君'，《孟子》'东夷西夷'，又岂能改易？亦何必改易！且宗泽所指系金人，杨继盛所指系暗达，更何所用其避讳耶？因命取原本阅之，则已改者皆系原本妄易，而不改者原本皆空格加圈。二书刻于康熙年间，其谬误本毋庸追究。今办理《四库全书》，应抄之本，理应斟酌妥善，再誊录等。草野无知，照本抄誊，不足深责，而空格则系分校所填，既知填从原文，何不将其原改者悉为更正？所有此二书之分校、复校，及总裁官，俱着交部分别议处。除此二书改正外，他书有似此者，并着一体查明改正。"清朝帝王如此来回地折腾，让人们往往不知所措，而为此获罪出现文字狱的事件也层出不穷。

清代的文字狱是中国封建王朝历史上最为惨烈的一个阶段，未避圣讳、不避庙讳的要获罪，触犯"虏""胡""戎""蛮""夷狄"等字样的要获罪，涉及大明朝内容的要获罪，甚至一句"清风不识字，何故乱翻书"也要被杀头。因"笔祸"而被株连的文字狱冤案，清代最为残酷，杀戮之多、手段之残酷，骇人听闻。这对后世的文化发展产生了深深的影响，在北京的文化发展史上也留下了巨大的阴影。

清代文字狱的冤案首推雍正年间的浙江查嗣庭"试题案"。雍正四年（1726年），江西乡试，当时担任江西主考的查嗣庭，依据科举八股文命题的惯例，选用《易经》《诗经》上的"正""止"二字命题，由于"正"字与雍正名讳，"止"又是"正"字无头，于是被他人检举为借拟乡试考题而讽刺雍正皇帝。于是立即将查嗣庭革职查办，最后查嗣庭死于狱中，被戮尸枭首，其子辈株连获罪而处死，家属流放边远地区。如此雍正还不解恨，又下令将查嗣庭原籍浙江的乡试停考六年。而庄廷龙《明史》案，可谓是清朝第一文字狱大案。顺治年间，浙江南浔富户庄廷龙购得明大学士朱国桢生前所撰写的部分明史稿，其延请当时一批江浙学者，对该书稿《诸臣列传》重新编撰，增补了天启、崇祯两朝史事，最后辑为《明史辑略》。该书编纂后不久庄廷龙去世，其父庄允城为遂子遗愿，请原明朝礼部主事李令析作序后于顺治十六年（1659年）冬刊刻。因查继佐、范骧、陆圻等人未能参与此书的编撰而引发不满，遂向浙江学道胡尚衡检举此书“犯逆”。胡尚衡遣人查阅此书，湖州府学教授赵君宋从该书中摘出数十处“毁谤语”，庄氏为此将流散出的图书高价赎回修订后重新刊行。后闲居湖州的前任归安县令吴之荣曾向庄氏敲诈钱财，被庄氏及浙江地方官员驱斥，便怀恨在心，其赶赴京城将庄廷龙初《明史辑略》刻本直接送到刑部，告发庄氏“私编明史，毁谤朝廷”。当时掌管清廷的顾命四大臣从强化满族王朝统治、打击和消除故明影响的需要出发，指派刑部要员彻查此案，庄允城、朱佑明等人被捕羁押。此案在审理过程中，被牵连的人越来越多，除庄氏、朱氏家属外，还包括参与此书写序、校阅、卖书、刻字、印刷的人，甚至购买该书的人以及最初查处此案的一些浙江地方官吏。康熙二年（1663年）五月，刑部审讯定谳，以庄氏《明史》传闻异词、赞扬故明、毁谤本朝、悖逆已极的罪名，将庄朱两家和参与编撰者及其父兄子侄年十五岁以上者斩决，妻妾女孙及子侄十五岁以下者流徙为奴。整个案件中被处死刑的达七十余人，被流放的家属达数百人。

清前期还有几次震动较大、涉及面很广的文字狱冤案，如康熙朝的戴名世《南山集》案、雍正朝的曾静吕留良案等。康熙朝文字狱二十余起，雍正朝虽然只有短短的十三年，却发生文字狱冤案近二十起。

清乾隆朝的文字狱更是愈演愈烈，前后多达一百余起，被视为文网最密、笔祸最重的严厉的文化统治阶段。尤其是乾隆朝很多文字狱冤案出现得极为荒谬，完全是满族统治者望文生义、牵强附会、捕风捉影的结果，达到疯狂、残酷与荒唐的地步。乾隆十六年（1751年）八月，山西介休县穷书生王肇基乘万寿节（皇太后生辰）向汾州府同知衙门献祝寿诗、联。字句鄙俗，多为颂圣之意，而他所附《叙后》却被山西巡抚阿思哈“妄议国家事务，指斥文武大臣，谤毁圣贤，肆其狂吠，悖谬已极”。于是乾隆下旨将王肇基杖毙。乾隆二十年（1755年），内阁学士兼侍郎衔胡中藻因涉鄂尔泰朋党而被乾隆治罪，乾隆皇帝硬是从胡中藻的诗集《坚磨生诗钞》中找出了“一把心肠论浊清”“天匪开清泰”“斯文欲被蛮满洲”等句，视为“语多险僻，知其心术叵测”，而且故意加浊字于大清国号之上，是大不敬之状，皆为“怨恨之语”或“巧用双关耳”，于是将胡中藻处死。乾隆二十一年（1756年）流寓山东濮州刘德照从阴阳类书上抄录五行生克的词句，辑为一帖，题为《春秋建论词》，欲赴京师呈献，途中被山东巡抚白钟山查获，认定在搜出的悖逆字帖中，有“兴明兴汉”“削发拧绳”等大逆之语，乾隆传喻照“大逆”律定罪杖毙。乾隆三十四年（1769年）四月，江南宁国府武学生员李超海向安徽学政德风出具呈文，欲求武试时关照，并献上自己所著《武生立品集》一书。因书中有“一言而失天下干城之心”及“大明进士”等词语，被德风视为“狂悖”言辞而上报朝廷，乾隆皇帝谕令查处，李超海被拟斩立决。乾隆四十四年（1779年）王锡侯撰改《康熙字典》为《字贯》，被视为大不敬而查处，其本人被斩立决，子孙七人被判监斩候，妻子及儿媳等被赐为家奴。同年，冯王孙著《五经简咏》“不避庙讳”，被举报而案发，乾隆皇帝钦命“照大逆凌迟”处死“以正人心而神法纪”。乾隆朝不管是高官显贵，还是黎民百姓，但凡其文字被视为对清王朝及满族统治者有所不敬或犯上作乱，轻者流放，重者杀头。

清代的文化钳制政策还有一项主要的手段，就是大规模地“禁书”。有清一代，清廷中央政权在屡兴文字狱的同时，不断下令将满族统治者认为有损于其统治的图书进行禁毁。而各地方封疆大吏也在本辖区另行颁布禁毁书目，大量禁焚有违清制的图书。据不完全统计，清朝所禁毁图书高达三千二百三十六余种。[①] 乾隆年修《四库全书》时，禁书政策达到高峰，四库馆的编纂官们根据乾隆的旨意，对清廷认为不利于其统治的图书内容进行严格的审查，先后销毁禁书一万三千六百卷、十五万册。禁毁图书刻板一百七十余种，达八万多片。不仅如此，清廷还对部分图书进行抽毁，将其认为不适合的内容抽去重编。清廷在进行大规模的禁毁图书时，以儒家正统思想为基础，突出满族统治集团的利益，将野史稗乘、文集笔记、奏疏杂纂、石刻碑铭、戏曲小说、天文占验等作为禁毁的重点，大量地查禁，内容涉及历史、政治、民族、戏曲、小说甚至科学技术类的图书。其中有的图书甚至只是书名有“明”字，便一并禁毁，如《明百将

① 《清代禁书总述》，中国书店出版社1999年版。

传》《明宝训》《明表选》《明兵略纂闻》《明策衡》《明朝官制大全》《明朝捷录》《明朝通纪会纂》《明朝小史》等，有的是因为所记触及满族入关之前的问题，有的则仅仅是书名中沾上“明”字，便一禁了之。

二　清代文字狱造成北京文化发展阴影

清前期的文字狱在我国文化发展史上产生的极为恶劣的影响，也严重地制约了文化思想进程，尤其是对汉族士族阶层所构成的压制和摧残是极为严重的。清前期所形成的乾嘉考据之风以及乾嘉考据学派的产生，固然与清朝大规模整理文化典籍有着直接的关联，但是文字狱的影响也是其中很主要的因素之一。望文生义、捕风捉影就可以以“莫须有”而获罪，这对于汉族知识分子而言无疑是如临深渊、如履薄冰。为此，清代学风为之大变，儒生雅士只得泯灭思想，远离社会现实及满族统治者敏感问题，钻进故纸堆，致力于训诂考据，埋头于校勘辑汇，清代文化思想的发展受到了极大的制约。中国近代史上文化思想的落后，从整个文化根源上看，与清代文字狱有很直接的关联。

应该看到，清代前期所发生的极度偏执的“避讳”、极其惨烈的“文字狱”和大范围的禁书行为，虽大多发生在全国各地，但是对于清王朝都城北京的文化发展产生了极大的影响。北京文化在其不同时期的发展历程中，往往具有十分突出的活跃性和领先特征。尤其是北京历史上作为中原农耕文化与北方少数民族游牧文化相交汇的地带，其文化的活跃性极大地促进了多地域、多民族的文化融合，所形成的新的文化体态也往往具有其活泼、生动的一面。而经历了清代前期一系列的文化禁锢政策的打击，北京文化的内在性格出现了端庄有余、活泼性减弱的发展走向，以至于后世研究北京文化，相比之于其他地域文化往往普遍承认其文化的大气、端庄和威严，而对其文化活跃性的不足也多有非议。这其中当然有北京作为清代全国的都城，其文化成分中帝王文化、贵族文化和士文化的直接作用，但清前期的文化牵制政策不能不说是一个主要的诱因。对大部分汉族文人学士而言，处处要留心避讳，时时担心因文字或言辞上的“错误”而引发文字狱所产生的恐惧感自然会对整个文化的发展走向投下巨大的心理阴影。乾隆朝的大规模禁书举措，也客观上对学术研究、文化形成产生制约。凡此种种，清代北京文化学术发展自然要被引向一种钻故纸堆、讲求考据的文风。作用于文化上，清代京城文化失去了以往宽松氛围下的活泼性特点，代之而起的是过分地强调清王朝统治意识的正统、规矩和中正。尤其是与江南、岭南等地区学术文化思想活跃相比，北京文化在本质上，中规中矩的文化心态占据了主导地位，甚至浸透到京城文化末梢。这无疑是清代北京文化发展的一种缺憾。

当然由于文化强制带来的文化学术变化，也会无形中对一些传统行业形成某些新的变化。像北京琉璃厂的很多书肆看到考据之风尤甚，许多文人致力于考据之学而讲求版本、目录及注释之说，众多书肆便投其所好，广罗珍善之本，以供学者选购、收藏，在某种程度上刺激了这个行业经营重点的转变。北京琉璃厂书肆与江南地区书肆相比较，其所经营的古籍图书，讲求版本、书品精良，且书价奇高，与此不无关联。而盛行于京城的京剧艺术，越来越讲求程式化的表演，一言一腔、一招一式，要秉承师门，无师门不得登台成为梨园行不可逾越的行规。这些文化形态末梢的“规矩”，从一个侧面反映出北京文化这种渐失活力的不足。

第二节　清代旗民分城而居政策对北京文化板块形成的影响

一　清代“旗民分城而居”形成内城旗民圈

清王朝建立后，在北京实行旗民分城而居的城市管理政策，这无疑是满族统治者为了其最高统治者——皇帝的起居安全而考虑的一方面因素，同时也是满族统治阶层民族统治特权的一种表现。清朝这样的城市居民分布和城市居住板块的划分，与辽、金、元、明等朝代形成了根本性的差异，也构成了北京城市历史发展上极为特殊的时代。这样的城市居住结构的改变，对清代北京城的政治、经济和文化的演变历程有着重大的影响。它是北京城市功能板块和北京城市居民生活区域被强制人为划分的结果，带来的是北京城市空间中不同文化板块的形成。

首先，清统治者全盘地接收和占据了明朝帝王的紫禁城，作为大清国皇帝的生活起居和从事政治活动的中心。其次，为了显示其征服者、统治者的优越的社会地位，同时也是为了其对京城安全的绝对控制，满族统治者实行了旗民分城而居的城市管理政策。

顺治元年（1644 年）五月二日清兵入城，六月十日便由摄政王和硕睿亲王诏谕：“京城内官民房屋被圈者，皆免三年税赋。其中有与被圈房屋之人同居者，亦免一年。”[①] 从进城到发布上谕，不过一个多月的时间，足见清统治者急于将八旗兵丁安置于城内的迫切心情。当年十月，顺治皇帝在即位诏书中则明确表示“京都兵民分城居住”，为“合行条例”的内容之一。这是清统治者第一次明确地提出旗民分城而居的告示。清廷在最初还是一种积极倡导原居住在内城的汉族居民迁移出城的引导政策，“顺治元年（1644 年）五月朔以前，凡属逋征，概予豁除。兵民散居京城，实不获已，其东中西三城已迁徙者，准免租赋三年；南北二城虽未迁徙，亦免一年”[②]。

到清顺治五年（1648 年），情况发生彻底的变化，八月十九日，顺治皇帝颁布谕令：“谕户部等衙门，京城汉官汉民，原与满洲共处，近闻争端日起，劫杀抢夺，而满汉人等，彼此推诿，竟无已时。似此何日清宁？此实参居杂处之所致也。朕反复思维，迁移虽劳一时，然满汉各安，不相扰害，实为永便。除八旗投充汉人不令迁移外，凡汉官及商民人等，尽徙南城居住；其原房或拆去另盖，或贸卖取价，各从其便；朕重念迁徙累民，著户工二部，详察房屋间数，每间给银四两，此银不可发与该管官员人等给散，令各亲身赴户部衙门，当堂领取，务使迁徙之人，得蒙实惠；六部、都察院、翰林院、顺天府，及大小各衙门，书办吏役人等，若系看守仓库，原住衙门内者，勿动，另住者尽行搬移；寺院庙宇居住僧道，勿动，寺庙外居住者，尽行搬移；若俗人焚香往来，日间不禁，不许留宿过夜，如有违犯，其该寺庙僧道，量事轻重问罪，著礼部详细稽查；凡应迁徙之人，先给赏银，听其择便，定限来岁岁终搬尽。著该部传谕通知。”[③] 这道谕令标志着清朝政权以强制的手段，彻底地实行旗民分城而居的管理政策。与此同时，将八旗军兵按方位分汛驻守，以环拱紫禁城和皇城城池。满族八旗分别驻守于内城的四周，其中镶黄旗在安定内门，正白旗在东直门内，镶白旗在朝阳门内，正蓝旗在崇文门内，正黄旗在德胜门内，正红旗在西直门内，镶红旗在阜成门内，镶蓝旗在宣武门内。为确保旗民分城而居的政策得以落实，清王朝对内城汉族居民的撤迁做出了具体的规定，对居住于内城的原来的汉族官民，其房屋不管是拆掉另行修造，还是

① 《清实录·世祖实录卷五》，中华书局、中国书店 1986 年版。

② 《清史稿·世祖本纪》，中华书局 1977 年版。

③ 《清实录》卷四十，中华书局、中国书店 1986 年版。

直接将房屋卖与八旗兵丁，均由户部和工部派人对原房屋“详查房屋间数，每间给银四两”。核准后，“令各亲身赴户部衙门，当堂领取”。而搬迁的时间，明确规定为：“定限来岁岁终搬尽。”[①] 为推动和刺激内城居民加快搬迁，同年十月，清廷又做补充规定，除了原房屋任其拆卖和按房屋间数领取银两之外，“有土地者，准免赋税一年，无土地者，准免丁银一年”[②]。与此同时，还派工部、五城御史核查南城官民空地，择址造屋。就这样，原内城居民纷纷举家外迁，搬到北京外罗城的宣南坊一带居住。在内城居住的满洲八旗、蒙古八旗以及汉军八旗分别设立了八旗都统衙门，管辖各个旗官兵及家眷。京师内城的八旗都统，除了军事指挥和隶属管理之外，还负责旗人的户籍、生计、差事、养赡以及婚丧嫁娶等几乎旗人生活的所有内容。八旗兵丁不仅享受清王朝分配的房屋，在婚丧嫁娶等方面也得到诸多关照，“八旗之护军校、骁骑校、先锋、护军、领催等婚事给银十两，丧事给银二十两；披甲等婚事给银六两，丧事给银十二两；步甲、食奉一两听差之人等婚事给银四两，丧事给银八两。凡其亲生祖父母、父母、妻室之丧事，不论子孙多少，按户而计”[③]。但实际上，八旗制度对旗人而言，既是国家恩养，也是严重的人身约束。从顺治、康熙、雍正到乾隆，不停地强调：“我朝发祥以来，列圣垂训，八旗兵丁均以弓箭为生，必须永远遵行。”即便是到了清代后期各项城市管理政策逐渐开始松懈，但清廷对旗人居住等还是管控得极其严格。同治三年（1864年），御史景霖上奏，称有爱新觉罗宗室人员偷偷搬至外城居住。对此，上谕：“外城地面向不准旗人居住。至宗室觉罗更不应在外城混迹。”并严令：“著宗人府、八旗严行饬禁，宗室觉罗人等概不准移居外城。如有先经移居者，即著查明，勒限迁回内城居住。”[④]

八旗兵丁，除了军事训练和征战疆场之外，其他的谋生之技几乎没有，不需要有，也不能有。时逢征战，八旗兵丁的作用当然显著，但是“太平盛世”之际，八旗官兵无所事事。而且旗人的活动范围也被非常明确地限定，旗人未经许可不得擅离本旗驻防区域四十里。说白了，京城内的八旗兵丁被北京厚厚的内城城墙“圈养”起来。这种“圈养”生活环

① 《清实录》卷四十，中华书局、中国书店1986年版。
② 《清实录·世祖实录卷四一》，中华书局、中国书店1986年版。
③ 《雍正朝满文朱批奏折全译》上册，黄山书社1998年版。
④ 《清实录》第四十七册，中华书局、中国书店1986年版。

境和数目可观的八旗官兵和家眷，在清前期北京城内拥有一个具有相当规模的群体，他们的思想、信仰、爱好、生活起居以及交际形式等，都明显拥有自己特有的品质和特性，自然会形成相应的文化形态，即京城满族文化。

二　“旗民分城”带来北京城格局改变

回顾北京历史，元代大都城，依据的是前朝后市的营城规则，明朝也基本如是。特别是明朝近三百年的发展，北京城的市民阶层和市井文化有了相当程度的发展，北京内城显示出浓郁的城市市民文化特点和城市发展格局。而清廷实行旗民分城而居政策，北京的内城八旗兵丁拱卫着紫禁城，昔日的繁华都城变成了更大的皇城。北京内城变成了紫禁城、皇城被八旗环绕拱卫的满族统治者的“居住大院”。紫禁城、皇城除了清代帝王居住之外，就是其中央统治机构的办公之地，所体现和表达的是以至高无上的皇家意识为主体的帝王文化。内城所居住的主要是满蒙王公大臣、八旗兵丁及其家眷，享受的是统治阶层特有的政治地位和统治利益。这些居住于内城的满族王公贵族、八旗兵丁及其家属因享有统治阶层的特权而过着不劳而获的生活，伴之而来的是在北京内城所形成的满族贵族及其统治阶层特有的满族贵族文化，一种拥有满族民族特征和地域色彩的享受阶层的文化体态，它与外城所具有的北京都城特有的文化有着很大的差异。居于内城的八旗居民，满族贵族占有很大的比例，他们是依托满族皇帝的统治地位确立而依附存在，其社会政治、思想、文化生活、生活习俗和起居等都与帝王的文化一脉相承，依附关系十分紧密。不管是政治地位、居住礼仪、生活起居和吃穿行，都是按照满族统治者在满洲族等级意识的基础上采纳了儒家的封建等级观念，逐级递减而规定出来。封建等级制度是封建时代政治、文化的必然结果，但是清代由于京城旗民分城而居的特性，满族贵族拱卫着皇帝，构成了一种城市区域中的地域文化板块，这个板块是帝王文化的生成地与士文化、市井文化相沟通的中间地带，是一种封建帝王文化的次生态文化。

而以往人烟稀少的外城却由于旗民分城而居的政策，大量汉族及其他民族官员、士绅的外迁，变得熙熙攘攘，在这里产生了具有丰富的城市社会生活和旺盛的文化活力，构成了北京城市文化发展的主体。尤其是在南城居住着大量的汉族官员、社会贤达和文人雅士，使得这里形成了一种全新的文化氛围，并逐渐构筑起新的士文化体系——“宣南文化”。

“宣南”一词源于明代的“宣南坊”。明嘉靖年间为加强京城防务，抵御北方瓦剌人的不断侵扰，开始进行北京外城的扩建。最初计划沿北京城周边修筑外城城墙，但因财政拮据，仅仅修筑了南半部分城墙便被迫终止。于是北京城出现了颇为特殊的“凸”型城墙框架。南半部修筑的城墙闭合以后，成为外城，也就是百姓们通常所说的“外罗城”。外罗城修筑后，京师在原来三十三坊的基础上重新划定，外城分划为七坊，宣南坊为其一。宣南坊的范围大约在今天的宣武门外骡马市大街以南，东起潘家河沿，西至教子胡同。清代以后，人们逐渐将宣武门以南的地区统称为“宣南”。清廷实行旗民分城而居的政策后，内城由八旗兵及其家属居住，汉族及其他民族的官员、士绅和民众等皆迁于外城。当时，在外城分为商业聚集区和士绅聚集区，以崇文门、前门一带为主要的商业区域，而大多数汉族官员和文人学士便主要集中在宣南地区居住。这样的京城居民结构新格局的出现，对北京城的文化活动中心和城市文化氛围形成了全新的“动力”，并由此产生了清代京城文化新的发展阶段和发展特征。

宣南地区，不仅仅集中居住了大量的汉族官员和文人学士，各地会馆也多集中于此，这使得宣南地区成为北京城汉族文化的汇集区和交流地带。清前期一大批名儒雅士都先后聚集于宣南地区，为这里形成新的文化氛围创造了全新的人文环境。像龚鼎孳、吴伟业、孙承泽、朱彝尊、王士禛、李笠翁、纪晓岚、戴震、钱大昕等等，都在此留下了他们的足迹。

清前期众多文人雅士聚集于宣南地区，并活动于宣南一带，使得这里的社会文化氛围极为浓厚。而从崇文门外以西，到宣武门附近，各地会馆的大量集中，特别是专门为应试举子服务的会馆集中在这里，使宣南地区客观上成为各地的文化养分在北京融合和升华汇聚之地。北京的会馆是各地在京城为官、寓居或经商之人为同籍贯或同行业的人在北京所设立的馆所，以供同乡同行集会、寄寓之用。北京会馆的出现最早见于明永乐年间，到嘉靖、隆庆年间已经颇为普遍。清代旗民分城而居，各地的会馆便主要集中在以琉璃厂为中心的宣南地区东西一个狭长的地带。以琉璃厂东西两侧为例，东起前门、西至宣武门，就有大大小小会馆数十家。吴长元的《宸垣识略》记载，琉璃厂附近的会馆主要有：“延寿寺街曰潮州、长元，吴柴儿胡同曰鄱阳，杨梅竹斜街曰和含，李铁拐斜街曰襄陵、三延、肇庆，韩家潭曰广东，章家桥曰渭南……”① 在这些会馆居住和活动的或为应试的举子，或为进京述职、候补的官员。文人士绅的聚集，各地学子、官员在琉璃厂一带官邸、宅第、会馆间相互走动，吟诗唱和，结诗社、兴诗会，使得宣南地区成为北京主要的汉族文化集散地，构成了全新的士乡社会文化氛围，也就是我们所说的“宣南文化”。宣南文化的形成，是清代北京文化板块中，以儒家文化为主体的中原士文化的标志性体现。它作为北京文化的主导性文化板块，一方面，对北京文化板块中的帝王文化、满族贵族文化有着极大的影响和促进作用，另一方面，也或多或少地渗透到北京文化板块中的市井文化之中，使得北京市井文化的养分中，雅文化痕迹颇为明显，有着特殊的“承上启下”的三导作用。

与宣南地区士文化遥相呼应的是崇文门、前门一带商业活动区域和京城下层民众聚集地区所形成的以天桥为标志的北京市井文化。清代以来，北京的旗民分城而居的城市格局，让北京的外罗城变成真正具有城市功能的区域。天桥一带由于地处崇文门—前门商业区外侧，受商圈的影响，在这里形成了清代以来北京颇为繁华的商业娱乐场所。早在康熙年间，东华门灯市被迁移到天桥西侧灵佑宫，每逢新春正月十五，天桥附近的灵佑宫一带彩灯高悬，引得京城民众纷纷聚此观灯。清康熙四十二年（1703 年）进士查慎行在其诗作中有“才了歌场便买灯，三条五剧一层层。东华旧市名空在，灵佑宫前另结棚”的诗句，反映了康熙后期灯市迁移的历史状态。清乾隆五十六年（1791 年），乾隆皇帝亲自下令对天桥附近河道进行疏浚修整，这一带的环境大为改观，景色宜人，被人们视为京城沟河纵横、夹岸绿柳成行的雅游之所，自然吸引着寓居京城的文人雅士到此饮酒和诗为乐。乾隆五十五年（1790 年）科举榜眼、著名的经学家、文学家洪亮吉和乾隆年武英殿书签官、著名诗人黄景仁留下的诗作中可以看到当时天桥地区的发展形态。洪亮吉在《八月二十日偕黄二暨舍弟饮天桥酒楼》一诗中有“长安百万人，中有贱男子。日挟卖赋钱，来游酒家市。昨日送君回，今日约君来。送君约君于此桥，长安酒人何寂寥。……飞篷卷叶十里间，直视城南落惊羽。浓云欲暗南郭门，斜日忽破千林昏”② 的诗句。

① 吴长元：《宸垣识略》，北京古籍出版社 1982 年版。

② 《清代宣南诗词选》，北京出版社 2005 年版。

而黄景仁在《元夜独登天桥酒楼醉歌》一诗中也提到："回鞭却指城南路，一线天街入云去。揽衣掷杖登天桥，酒家一灯红见招。登楼一顾望，莽莽何迢迢。双坛郁郁树如荠，破空三道垂虹腰……回头却望望灯市，十万金虬半天紫。"[①] 他诗作中"双坛郁郁树如荠"的"双坛"，就是指的天坛、先农坛。清嘉庆年进士孙尔准在其词作小引中也提到："小寒食，宿雨初霁，踏青至天桥，登酒楼小饮。柳晴波，漪空皱绿，渺渺余怀，如在江南村店矣。"从这些当时的文人雅士诗作中我们可以看出，当时的天桥地区是北京重要的商业娱乐场所汇集地，很多酒肆、酒楼遍布于此。震钧的《天咫偶闻》也记载："天桥南北地最宏敞，贾人趁墟之货，每日云集。"[②] 这样的一种氛围和环境，特别是商业、饮食、娱乐汇聚之地，自然带来了京城一般民众的汇集。由此，在这里逐渐形成了以前门之南、天桥一带商业、娱乐圈，尤其是北京下层民众，多活动和聚集在这一带，成为北京外城市井百艺汇集之地。这里不仅初步形成了各种商品摊或小商铺，汇聚着普通百姓日常生活需要的百货用品、破旧杂物、副食山货以及浆缝估衣等，还出现了一些民间曲艺、杂耍的表演项目。由此，在这里形成了北京文化板块中市井文化区域。

清王朝为了其统治的稳定和满族统治阶层优越地位体现而制定的旗民分城而居的城市管理政策，完全是一种满洲人稳固其统治的钳制性政策，却无形中构造了清代北京城市文化板块形结构的文化格局。京辇之下，帝王文化、满族贵族文化、宣南士文化以及天桥一带的市井文化在各自的城市空间扎根、发育，并且通过北京城的不同社会阶层的生活和各种活动，将四个不同文化层面有机地融合在一个城市空间之中，这不能不说是北京文化发展历史的一个特例，也是清代北京文化发展的重要特征之一。

---

① 《清代宣南诗词选》，北京出版社2005年版。

② 震钧：《天咫偶闻》，北京古籍出版社1981年版。

第十二章　清中后期外来文化冲击带来北京文化动荡

清嘉庆年以后，清王朝统治开始逐渐走向衰落。一方面，国内阶级矛盾不断的尖锐化，从嘉庆年以后此起彼伏的白莲教起义，以及到 1851 年兴起的太平天国运动、捻军起义等，让清王朝政权遇到前所未有的统治危机。与此同时，西方列强也开始不断地对中国进行侵略，从 1840 年第一次鸦片战争、1856 年第二次鸦片战争，到 1894 年中日甲午战争、1900 年八国联军入侵北京，有着数千年文明的中华古国饱受西方侵略者的蹂躏。作为全国的都城，北京虽然没有受到太平天国运动和捻军起义的直接冲击，但是在 1860 年和 1900 年两次被外国侵略者占领。从 1840 年第一次鸦片战争，中国社会开始进入半封建半殖民地社会，北京文化也进入了一个动荡、裂变的时代。从嘉庆年后期到 1911 年清王朝灭亡，北京文化发展可以分为两个历史阶段：

第一阶段，1840 年到 1894 年中日甲午战争前后，约半个世纪的时间。在这个发展阶段，北京的文化处于一个动荡的发展历程。初期，北京的文化还基本保留着儒家文化传统和帝王文化的本质。但随着外国列强的侵入和西方文化的侵略，中西文化的冲突加剧，特别是 19 世纪 60 年代洋务运动的兴起，“中学为体、西学为用”的思想主张对北京社会的影响极其显著，形成了对北京文化极大的冲击。传统文化与西方外来文化出现相互对峙、抗衡阶段，这就造成在北京城这个空间里，无论是在思想上、社会观念上以及城市生活上等都开始出现很明显的动荡。

第二阶段，从 1894 年中日甲午战争开始，到 1911 年辛亥革命结束，历时十七年，这是北京文化发生裂变的时期。这一时期，一方面西方外来文化开始大举进入，北京城这个城市空间，以儒家思想为主体的中国传统文化开始不再在北京城的文化形态中占据主导性地位，而被西方文化体系所挤压。另一方面随着清王朝统治的日益瓦解，北京原有的文化体系也随之而产生裂变。在这个裂变过程中，昔日的帝王文化、满族贵族文化被迅速地民间化和市俗化，在北京不同的社会阶层中，以不同的认知程度和不同的承受能力，被不同阶层所分别接纳，形成了北京新的丰富的文化层面和文化内容。而西方文化的进入与中国传统文化的冲突，对北京的文化结构形成了重新的构筑，北京文化呈现出史无前例的多元化趋向。

第一节　清中期的衰败与外国侵略者第一次占北京

一　清朝中期的统治衰落

18 世纪中后期，当乾隆皇帝及其子民沉浸在泱泱天朝大国无所不有、无所不能的“盛世”之中时，中国之外的世界却在发生巨大的变化。18 世纪 60 年代正是乾隆年发展颇为兴盛的阶段，英国爆发了工业革命。1764 年（乾隆二十九年）英国人詹姆斯·哈格里夫斯发明了以其女儿名字命名的“珍妮纺织机”，将纺织效率大幅度提高。而在此之前的乾隆王朝正很得意地规定着：“允英吉利商人之请，许其每船买土丝、二蚕湖丝八千斤；仍禁头蚕湖丝及绸缎出口。”[①] 1774 年（乾隆三十九年）英国人詹姆斯·瓦特发明了蒸汽机，随后的 1776 年（乾隆四十一年）瓦特制造出第一台直接用于工业生产的蒸汽机。1785 年（乾隆五十年），英国人卡特莱特发明了水力织布机，让织布工效迅猛地提高了四十倍之多。就是在这一年，瓦特改良的蒸汽机开始被用作纺织机的动力，并且很快地在英国推广，引起了第一次工业革命的发展高潮，人类也从此进入了机器和蒸汽机时代。而在这一年的元月，乾隆皇帝很开心地在紫禁城举办着千叟宴，以此来彰显他的文治武功。1803 年，美国人富尔顿制造了第一艘以蒸汽机为动力的轮船，并在法国塞纳河试航成功。1807 年，富尔顿制造的蒸汽机轮船“克莱蒙托”号在纽约哈德逊河进行了历史性的航行。1814 年，英国发明家乔治·史蒂芬逊制造出第一台使用蒸汽机为动力的机车。而同样这三个年份，1803 年（嘉庆八年）北京的庄亲王在出资邀集安徽艺人组成“和春班”，也就是后人所称的“王府大班”。1807 年（嘉庆十二年），清朝政府发现暹罗国商船雇请中国人营运，于是嘉庆颁发上谕给暹

① 《中外历史年表》，中华书局 1961 年版。

罗国国王郑华，要求予以禁止。1814 年（嘉庆十九年）清政府因这年英国船只八九两月闯至广东虎门，而忙不迭地拟定所谓的“整饬洋行”及限制外洋商船规程。

西方各国在工业技术方面的成就和新的生产力革命，带动了这些国家在科学技术、文化、经济等各个方面的发展，推动着西方整个社会在突飞猛进，也带来了世界政治力量、国家格局的改变。1775 年（乾隆四十年）北美爆发了独立战争，八年之后，英国被迫与美洲殖民地代表签订正式合约，承认美利坚合众国的独立。1789 年（乾隆五十四年），巴黎人民攻占巴士底监狱，法国大革命爆发，国王路易十六被处死。这些具有划时代意义的历史事件，标志着新的社会政治制度的建立，标志着全球范围内，新的工业技术、新的经济结构和新的政治势力开始占据这个世界，资产阶级时代的开始。与此同时，新的思想、文化也伴随着新的技术革命和新的社会结构，出现了新的文化体态和文化成果。1755 年（乾隆二十年），俄罗斯女皇叶卡捷琳娜三世签署命令，建立莫斯科国立罗蒙索夫大学，也就是后来人们习惯于简称的俄国莫斯科大学。1863 年美国国家科学园由林肯总统签署法令成立。

正当西方各国在工业技术、文化、经济和政治制度甚至国家体制上发生着巨大变化时，清王朝的乾隆皇帝及其继任者嘉庆、道光、咸丰等越来越弱的大清国帝王却仍旧沉浸在实际上已经开始衰败的天朝大国余晖之中。乾隆十六年（1751 年）乾隆首次南巡下江南，此后的乾隆二十二年（1757 年）、乾隆二十七年（1762 年）、乾隆三十年（1765 年）、乾隆四十五年（1780 年）、乾隆四十九年（1784 年）总共六下江南。不管乾隆出于什么样的动机还是做怎么样的辩解，不管乾隆六下江南对南北文化的大交融有了什么样的拉动，乾隆六下江南的耗费之巨，是令人瞠目的。有人称乾隆六下江南，花费白银一亿两之多，连乾隆自己晚年都不得不承认：“朕临御六十年，并无失德，惟六次南巡，劳民伤财，作无益，害有益。”① 而恰恰就是在这个阶段，西方各国尤其是英国兴起的工业革命，让西方诸国跨入了工业时代的快车道。面对着西方日益快速发展，大清国的统治者浑然不知，还在抱着我天朝泱泱大国无所不有、无所不能的狭隘概念而自得。清代康熙年间，对海外贸易采取的政策相对宽松，康熙二十

① 《清史稿·列传一四四》，中华书局 1977 年版。

三年（1684 年）康熙下令废止海禁，开海贸易。以后虽也有几次调整，但一直保持着多处对外通商口岸。当时中国对外出口商品主要为茶叶、丝绸、瓷器等。乾隆二十四年（1759 年），乾隆皇帝抱着“内地物产富饶，岂需远洋些微不急之货”的心态颁行《防范外夷规条》，实行闭关锁国的对外贸易政策。在闭关锁国的对外贸易政策的管控下，乾隆三十七年到乾隆四十七年（1772—1782 年）期间，英国对中国贸易花费一百万镑，其中进口茶叶花费七十二万镑、生丝二十余万镑，瓷器两万多镑。[①] 对于这样一边倒的贸易逆差，英国人自己都认为：“在一个相当长的时期中，中国市场上对欧洲商品确实不太需要。外国人在中国购进中国商品所使用的外币，这在许多需外币购买外国产品的国家看来是非常可贵的，但在中国却认为是换进许多外国硬币只是一个麻烦而不是什么利益。”[②] 在这样的情况下，英国人决定派使臣到中国，就贸易逆差问题进行交涉。乾隆五十七年（1792 年）英国派遣马嘎尔尼出使中国，试图打通与中国的贸易关系。马嘎尔尼出使之初，东印度公司董事长佛朗西斯·培林曾写信给清朝两广总督，告知马嘎尔尼出使中国一事。当马嘎尔尼出使中国的消息传到北京，清王朝统治者却误认为，这是番邦小国叩祝圣上八十大寿而进贡朝贺，于是欣然应允。事实上，此次马嘎尔尼出访，带有很明显的政治、军事、文化炫耀的成分，他所乘坐的旗舰“狮子号”是当时英国海军最好的军舰之一，舰上配有六十四门大炮。东印度公司还为使团配备了东印度公司最大吨位的“印度斯坦”号和“豺狼”号等九艘舰船，使团成员、辅助的工种人员以及水手共计八百余人，乘坐十艘舰船而来。乾隆五十八年（1793 年）八月，乾隆在承德避暑山庄召见马嘎尔尼一行，并拒绝了英国提出的在中国沿海的天津、宁波等地增开商埠以及允许传教士传教等要求。

通过马嘎尔尼的觐见，乾隆对英国保持很强的警觉，他认为：“英吉利在西洋诸国中较为强悍，且闻其向在海洋有劫掠西洋各国商船之事，是以附近西洋一带夷人畏其恣横。”[③] 而对于马嘎尔尼等英国使臣而言，此次中国之行看到了中国清王朝的诸多腐败、落后的弊端。他们认为：“在

---

① 《英使谒见乾隆纪实》，商务印书馆 1963 年版。

② 同上。

③ 《清实录·高宗实录》，中华书局、中国书店 1986 年版。

中国以及其他东方国家，下级向上级、当事人向法官，送礼的风气是很盛行的。”“中国官吏的薪金不高，使他们容易接受礼物诱惑”。他们还发现在中国官吏体系中，“满汉之间地位悬殊是很大的，任何一个低微的鞑靼人（这里指满洲人）在汉人面前都有一种优越感”，“鞑靼人的特殊待遇造成鞑靼人和汉人之间的隔阂”。也正是由于马嘎尔尼等人出使过程中从不同的侧面观察到当时大清国的诸多弊端，所以马嘎尔尼才直言不讳地说：“清帝国好比一艘破烂不堪的头等战舰，它之所以在过去的一百五十多年中没有沉没，仅仅是由于一班幸运的、能干而警觉的军官们的支撑……一旦一个没有才干的人在甲板上指挥，那就不会再有纪律和安全了。”①

事实上，从乾隆中期以后，大清帝国确实开始走向衰败。乾隆年后期，和珅的贪墨成为中国古代史上一个极为典型的事例。而从嘉庆年到道光年以后，清王朝官僚体系更加的腐败，其官吏系统内纳捐为官的比例越来越大。清道光二十三年到道光三十年（1843—1850 年）户部统计报捐人数多达六万两千余人，报捐银两六百七十三万两。② 当时京城户部主持纳捐的是户部的纳捐房，咸丰年后改称户部京铜房。具体办理官阶银数、收呈取结、行查给照等手续的是顺天府。卖官鬻爵者纷纷齐奔京城，而京城金店原本为金银珠宝经营店肆，纳捐之风盛行时，京城的金店“一变而为捐纳引见者之总汇。其上者兼能通内线，走要津，苞苴之入，皆由此辈，故金店之内部必分设捐柜焉。其掌铺者，交结官场，谙习仪节，起居服饰，同于贵人”③。

一个号称“天朝大国”的封建王朝动辄能冒出六七万纳捐官员，京城金店能专设“捐柜”，其吏治之差可谓到了无以复加的地步。官员可以纳捐为官，而作为清王朝享有特权的旗人群体到此时也开始出现生计上的困窘。清朝初入中原，曾经规定，“我朝发祥以来，列圣垂训，八旗兵丁均以弓箭为生，必须永远遵行”，旗人不得经商和从事其他行业是清王朝的基本要求。而为了保证八旗兵丁的生计，清王朝还曾在京畿之地大肆圈地，掠夺京畿周边汉族百姓土地作为宗室、旗人奉养之地，被称之为旗

① 《英使谒见乾隆纪实》，商务印书馆 1963 年版。

② 《北京通史》第八卷，中国书店 1994 年版。

③ 夏仁虎：《旧京琐记》，北京古籍出版社 1986 年版。

地。清初明确规定旗地不得买卖、典当以及私下赠予。但到道光、咸丰年间，旗人生计问题越来越突出，大清国越来越承担不起八旗兵丁的生计开支。在此情形下，道光五年（1825 年）清王朝放宽不准旗人从事其他行当的禁令，允许闲散旗人向佐领、参领告假后外出谋取营生，且日后仍准许挑差。此外，道咸年间京畿之地旗田被旗人私下买卖的现象非常突出，咸丰二年（1852 年）咸丰皇帝不得已发布谕令，准许顺天府、直隶等地旗地互相契卖。闲散旗人准许外出谋取营生，旗地放宽可以买卖，这些在清初都是被视为大清国基本基业的政策被迫放松，显示出清王朝此时已经是日趋衰败，与快速崛起的西方列国相比，中国封建时代已经被快速崛起的西方资本主义远远地抛在后面，大清帝国只剩下挨打受欺的份了。

二 英法联军攻占北京

1840 年第一次鸦片战争爆发，英国侵略军在攻打广州后，又北上先后攻占浙江定海，抵达天津。道光皇帝被迫与英国侵略者媾和，于 1842 年签订不平等条约《南京条约》，中国开始逐渐沦为半殖民地半封建社会。然而，第一次鸦片战争并没有让大清王朝从昏聩中警醒。1856 年，第二次鸦片战争再次爆发，英法联军再次北上，1860 年攻陷天津，七月“初五日……（大沽）炮台失陷，提督乐善登时阵亡”[①]。随后英法联军经通州八里庄再向北京进发。

对于英法联军越来越逼近京师，咸丰皇帝开始恐慌，意欲出逃，但是遭到大臣的劝阻。对此，咸丰皇帝惶惶不安，不得已说出自己的真心话：“尔等所言固为有理，设夷匪入城，将置联于何地?”[②] 八月七日，咸丰皇帝终于按捺不住极度恐慌，还是假借巡幸热河以备亲征而逃离北京。出行之前，咸丰皇帝决定留恭亲王奕䜣在圆明园全面负责主持“抚局”，而他则仓皇率领部分皇亲国戚和亲眷、随从护卫逃离圆明园，匆匆逃至热河。《庚申英夷入寇大变记略》记载：咸丰皇帝出逃时，“銮舆不备，扈从无多。随行者惟惠王、怡王、端华、肃顺等，并军机穆荫、匡源、杜翰诸人。车马寥寥，宫眷后至，询迫不及待矣。是日，上仅咽鸡子二枚。次

① 《清实录·咸丰朝实录》，中华书局、中国书店 1986 年版。

② 《庚申英夷入寇大变记略》，见《中国近代史资料丛刊·第二次鸦片战争》，上海人民出版社 1978 年版。

日，上与诸宫眷食小米粥数碗，泣数行下”[①]。京城达官显贵闻听天津失陷，又耳闻咸丰皇帝“巡幸”热河，纷纷逃离北京，“王公、大臣，汉官、富户之家属，乍闻天津失守，犬羊内窜，早已迁徙出都，百无一存”[②]。

八月中旬，英法联军兵临京城，开始着手攻打北京。一时间京城内大乱，大清王朝豢养的八旗兵丁早已没了当年八千铁骑入关的勇猛，几乎全部作鸟兽散，几乎没有任何有效的军事抵抗。而京城居民也纷纷外逃，竭力躲避西洋蛮夷。据当时记载：“至寇氛近逼，危迫之时，勉强迁徙出都者，亦十之三四。因此车价为之顿昂，每出都一站，单套骡车一辆，需京钱百余千，四五套大车一辆，需四五百千之多，车夫尽获厚利。买卖各铺，关闭者半，伙计散去者过半，都市人踪稀少，殊萧然也。”[③] 吏部郎中吴可读在《罔极篇》中也记载：“是日，所有在京大臣眷口，及有力之家眷口，借移徙远避，车价贵不可言。”此时的北京城已经完全陷入一片混乱，大清国的官僚统治机构也基本上处于停顿状态，所以才有“各衙署当差无人，弃官者不知几何。是日彰仪门开，出城者络绎不绝”[④]。八月二十二日，英法联军进攻海淀，并决意火烧圆明园以对清王朝政府和咸丰皇帝形成压力和直接打击。英法联军攻入圆明园后，立即开始了大肆抢劫和肆意破坏。《庚申夷氛纪略》记载：“凡御园内陈设珍宝书籍字画，御用服物，尽被搜括全空，人扛车载，送往天津夷船。”随后，英法联军一把大火将世界瞩目的圆明园焚毁。当时英法侵略军“焚御园大宫门，延及同乐园、慎德堂等十八处，市肆间如娘娘庙、老虎洞各大街，王公大臣之平泉、绿野各名园，尽付劫灰，火光烛天，数日不灭”[⑤]。而当时因患病而未能逃离的道光皇帝的常嫔“闻事急，自勒死”。圆明园总管大臣文丰“投御河殉难”，“宫女内监，死者更多”。就连英法侵略军自己也承

① 《庚申英夷入寇大变记略》，见《中国近代史资料丛刊·第二次鸦片战争》，上海人民出版社1978年版。

② 赘漫野叟：《庚申夷氛纪略》，见《中国近代史资料丛刊·第二次鸦片战争》，上海人民出版社1978年版。

③ 同上。

④ 《庚申英夷入寇大变记略》，见《中国近代史资料丛刊·第二次鸦片战争》，上海人民出版社1978年版。

⑤ 赘漫野叟：《庚申夷氛纪略》，见《中国近代史资料丛刊·第二次鸦片战争》，上海人民出版社1978年版。。

认："当我们第一次走进这些园林时，它使我们想起童话故事中所描写的仙境，而10月19日我们从这里离开，身后留下了一片空旷荒凉的土地，到处都是无法形容的瓦砾。"① 随后，英法侵略军不断地在北京制造事端，主要针对北京西部清朝皇家园林一再肆虐，力求对咸丰皇帝形成巨大的压力，以逼迫清王朝屈从英法两国的要求。九月初五日，英法联军分别放火焚烧了万寿山清漪园、香山静宜园、玉泉山静明园，"御园万寿三山，复遭夷火，烟焰连天，射入城中，五日乃熄"。八月二十九日，英法侵略军从安定门攻进北京，北京城第一次遭到西方列强的侵占。

英法侵略军攻进北京城以后，留京抚局的恭亲王奕䜣等作为清王朝的代表，被迫在九月十一日、十二日和十三日分别与英国、法国和美国、俄罗斯等签订不平等的《北京条约》。条约主要为"开天津为商埠，准许英法等国招募华人为工匠出国，割让九龙给英国，退还清朝政府先前没收的天主教资产，赔偿英法军费各八百万两，恤金英国五十万两，法国二十万两。"法国在谈判过程中还擅自在条约中增加了"并任法国传教士在各省租买田地，建造自便"的条款。清王朝政府对此也一一表示同意。远在热河的咸丰皇帝，得知恭亲王奕䜣已与西方列国签订合约，忙不迭地批准了与英法侵略军签订的不平等条约，并亲自下达谕旨："恭亲王奕䜣奏互换和约一折，本月十一二等日，业经恭亲王奕䜣，将八年所定和约及本年续约，与英、法各国互换。所有和约内所定各条，均皆允准，行诸久远。从此永息干戈，共敦和好。彼此相安以信，各无猜疑。其和约内应行事宜，即通行各省督抚大吏，遵照办理。"② 英法联军在清政府签订《北京条约》后退出北京，第二次鸦片战争结束。

英法联军在第二次鸦片战争中第一次攻占北京，在清后期北京历史发展进程中引发了巨大的震撼，是西方外来势力第一次直接的冲击北京。大清国治下的北京和北京人，从来都是自诩为"天朝大国"的子民，总是认为其他的都是番邦异族。而那些被视为番邦异族的西洋人居然打进了北京城，吓跑了大清国的皇帝，"圆明园、三山等处，全行烧毁。烟焰迷天，红光半壁。连烧五日五夜，不啻咸阳一炬"③。同时，英法侵略军的

---

① 王道成：《圆明园之劫》，《清史参考》2012年第1期。

② 《庚申英夷入寇大变记略》，见《中国近代史资料丛刊·第二次鸦片战争》，上海人民出版社1978年版。

③ 同上。

入侵也让大清国的那些平日颇显威风的官员们“弃官者不知几何”。京城普通百姓更是受到外国侵略者的摧残、侵扰，当时“城北居人，受侮不少，纷纷南迁，街市间累肩接踵，扶老携幼，牵男抱女，背负衲被，手提筐笼，竭蹶喘汗，妇女纤弱，褴褛羞缩，踉跄颠仆，蓬首垢面，号啼之声，相续不绝于路”。这一切对于久居于此的北京人来说，不啻一记闷棍。而这次历史劫难，拉开了北京近代化进程中北京文化动荡的序幕。

第二节　总理各国事务衙门的设立及其影响

一　总理各国事务衙门设立

清代一朝与外国打交道并负责接待外国人的机构主要是理藩院和礼部，这种模式是完全按照明代以来的中央机构职能设置的，而且将所有的海外列国都视作番邦异域蛮夷之辈，甚至大清国政府一直将海外诸国视为异族附属藩国，并无真正意义上的近现代外交，更无相应的主管机构。而与西方各国的通商事务一般也由地方政府办理，中央政府不屑于与番邦异族打交道。1860 年第二次鸦片战争中，清王朝被迫与英法联军签订不平等的《北京条约》。为了专门应对与外国侵略者的交往，同时也是迫于西方列强的压力，1861 年一月十三日，当时主要负责与西方列国进行交涉的恭亲王奕䜣、大学士桂良以及户部左侍郎文祥等人向咸丰皇帝进呈《统计全局酌拟章程六条呈览请议遵行折》，其六条章程首条即奏请设立总理各国事务衙门，以专门承办对西方各国交涉事务。[①] 咸丰皇帝于一月二十日很快就批准了这项奏请，决定成立“总理各国事务衙门”，简称“总理衙门”“总署”“译署”。总理各国事务衙门由王大臣或军机大臣兼领，按照军机处的模式和框架，设立大臣、章京两级职官。总理衙门设在东堂子胡同原大学士赛尚阿宅邸，恭亲王奕䜣、桂良、文祥为总理大臣，下设总办章京满汉各两员，帮办章京满汉各一员，章京满汉各十人、额外章京满汉各八人。总理衙门下设英国股、法国股、俄国股、美国股、海防股五股，另设司务厅、清档房。总理各国事务衙门最初作为清王朝中央政权主持外交事务的机构，主要负责外交与通商事务，以后由于与西方各国交涉范围逐渐地扩大，逐渐由这个机构负责管理筹办新型的工厂、开矿

① 《筹办夷务始末（咸丰朝）》第八册，上海古籍出版社 2008 年版。

山、修铁路、办现代化学校、派遣和管理留学生等。清朝后期，但凡是与西方各国有关联的所有事项，甚至包括财政、海关、邮政、军事、教育、矿务、交通铁路等都由总理衙门管理，无形中总理各国事务衙门成为大清国重要的决策机构和近现代进程的管理者、执行者，其地位逐渐超过过去的军机处，成为清王朝的重要的统治机构。

清廷设立专门负责对外事务的机构总理各国事务衙门，得到了西方列强的赞许和支持，恭亲王奕䜣以及桂良、文祥等人的奏章刚刚呈递，英国公使威妥玛就得到了消息，抑制不住内心的狂喜表示："如能设立专门办外国事务地方，则数十年求之不得。"而法国公使在得知清王朝最高统治者可能会接纳这项奏请时，也很得意地表示"不胜欣悦"，这是"中外各国永敦最妙良方"。西方列强的表态，把他们力求通过总理衙门的设立，达到强化与清廷交涉并以此影响和控制大清王朝的野心暴露无遗。而这一机构的设立，也开启了中国近代外交历程。

二　总理衙门设立影响

总理各国事务衙门成立之后，清政府陆续将涉及对外的事务和机构逐步地纳入到总理各国事务衙门机构之下，其中海关总税务司署就是一个重要的机构。大清皇家海关总税务司署是清王朝管理全国海关的最高行政机构。早在清咸丰四年（1854 年）上海小刀会起义爆发后，清王朝就失去了对上海海关的控制能力。为了确保西方列强的权益，英、法、美三国驻华领事各自选派一名代表，在上海成立海关税务管理委员会，号称协助清朝地方政府管理上海的海关等机构，实际上夺去了上海海关的行政管控权。随后，海关税务管理委员会逐步将其控制权限扩大，其控制范围也逐步向全国渗透。1859 年，英国侵略者逼迫两江总督任命英国人李国泰为海关税务管理委员会总税务司。咸丰十一年（1861 年）总理各国事务衙门成立后，清王朝欲逐步将所有涉外机构统一由总理衙门管理，于是将海关总税务司署划归总理各国事务衙门，作为其下属行政机构。而此前 1859 年由两江总督任命的英国人李国泰的总税务司身份也最终得到清王朝中央政府的确立。但原任总税务司李国泰因回国，改由英国人赫德出任海关总税务司。第二次鸦片战争之前，由外国人控制的海关总税务司署并不为清朝中央政府完全接受，当时主持对外交涉的恭亲王奕䜣等甚至不愿接见李国泰。咸丰十一年（1861 年）六月赫德在英国公使普鲁斯推荐下，到北京总理衙门，向奕䜣等面陈海关事项。六月五日，恭亲王奕䜣、文祥等亲自接见赫德，就海关各项事务以及相关的管控制度等进行咨询。赫德除携带诸多海关章则及管控条陈之外，还积极建议用海关洋药税（实际上是变相的鸦片税）来购买外国枪炮、军舰，以镇压太平军起义。赫德的条陈和建议，尤其是处处为如何镇压太平天国起义而确保大清国江山社稷稳定的献计献策，让恭亲王等人格外的重视。赫德六月五日晋见奕䜣等人，六月底离京回上海时，已经被恭亲王奕䜣等称为“我们的赫德”。清王朝最高统治阶层的这种对西方列强的变化，实际上已经显示出大清帝国逐渐地为西方列强所引导和控制。是年十一月，赫德正式接替李国泰出任海关总税务司。次年，总理衙门报请给赫德加按察使衔，正三品。同治四年（1865 年）原设在上海的海关总税务司署衙搬至北京，入驻东交民巷。从此，大清海关总税务司署完全成为管理全国海关的行政机构，但其管理控制权却一直由赫德控制，甚至包括海关总税务司署重要的管理职务也基本上被外国人把持，以至于海关总税务司署说是总理各国事务衙门的隶属机构，但实际上成为外国侵略势力控制大清国的重要工具，清王朝逐步走向半殖民地半封建社会。

总理各国事务衙门的设立，从清王朝设立本意来说，是为了办理与西方列国的交涉事务。对于西方列强而言，总理衙门的设立，让他们感觉到可以通过这样一个机构来影响甚至是控制大清政府。由于总理各国事务衙门管理权限及其涉及的领域不仅是办理对西方各国的交涉，还负责筹办新型的工厂、开矿山、修铁路、办西式学校以及派遣和管理清政府派出的留学生等事项，尤其是到晚清后期，凡是涉及西方国家的海关、邮政、军事、交通运输等等都由这个机构管理，客观上它成为北京近现代化的发源中心，使得北京近现代文化发展都与这个机构有着极为密切的关联。从某种意义上说，总理各国事务衙门成为北京近现代文化演变及其发展的重要源头。

第三节　清代北京近代史上第一次中西文化的交锋

一　外国侵略势力进入对北京的影响

1840 年第一次鸦片战争，中国历史进程进入了近代史发展阶段。如果说从第一次鸦片战争，中国近代史的序幕被拉开，而 1860 年的第二次鸦片战争英法联军侵占北京以及战争结束后总理各国事务衙门、同文馆等机构的设立，外国使团直接进驻北京，天主教会的重新活跃等一系列变迁，使得北京在近代史的发展中第一次直接面对着西方势力的进入和西方文化的冲击。

作为隋唐以来的军事重镇、辽金时期中原文化与北方少数民族文化的交融，到元、明、清三代全国的政治文化统治中心，北京这座城市虽然也有少数民族的进入和统治，但以儒家思想为主体的华夏文明一直是这座城市的文化主导。虽然辽朝的契丹人、金代的女真人、元朝的蒙古人、清代的满洲人是少数民族，在文化上有过一定程度不同文化的碰撞和冲击，契丹人、女真人、蒙古人以及满洲人，其文化有本民族的突出特征，与中原农耕文化也曾经出现诸多冲击和碰撞，但从其文化发展脉络和不同民族文化交融上，契丹人、女真人、蒙古人以及满洲人还是逐步认同中原文化，尤其是清王朝的统治阶层满族统治者，在其入关之前就全盘地接受了中原汉族文化，甚至经常刻意地强调自己对中原儒家思想和汉族文化体系一脉相承，自己就具有儒家文化的法统地位。因此，无论是契丹人、女真人、蒙古人还是满洲人，他们在文化理念上都接受中原汉族文化理念，在不同的民族文化碰撞和交融之中，逐渐地都同归于儒家思想为主体的华夏文化体系。而 1860 年第二次鸦片战争以后，西方侵略势力直接进入北京，西方思想、科学技术及其文化也随之大规模地传入，中西方两种文化第一次在北京形成激烈的交锋，两大文化体系开始了第一轮的文化较量。

1860 年初秋的北京城，突然闯进大清国京师禁地的西方夷人让久居京城的人们第一次直接看到和接触到“西洋蛮夷”。当时居京人士记载英法侵略军进入北京时的样子，既对其充满了惊恐，也颇为好奇，这些西方蛮夷列队“鱼贯而行，前队建一大纛，后队各执一小旗，步队每行十人，以两行二十人为一队，马队各行五人，以两行十马为一队，马步队相间，步队多，马队少，各队前后，相去不过一丈，步武整齐，不闻号令，但闻人马行声”。而对西方蛮夷的相貌和穿着打扮，北京人也第一次“开眼”，“白夷徒有其名，其色或黄，或灰，或青，或赤，都无白者，其状狰狞狠戾，千人如一，谓之为鬼，名实相副。其身则颀而长，下身长而上身短，窅目大鼻，浓眉金睛，发短而黄，须虬而赤。衣裤贴身极窄，衣短不及腹，裤长过于踝。红黑二色者多，灰蓝白色较少，有以彩丝金缕，结为圆胜，短穗垂垂，缀于两肩以为饰者。衣皆无衿，中缝多纽扣”[①]。

然而，第二次鸦片战争，清王朝与英法等西方列强签订不平等条约之后，西方各国开始在北京派驻公使，这无疑让昔日将西方人视为蛮夷的北京人，不得不直接面对这些谓之“鬼子”的外国人。1860 年 11 月，英国人威妥玛、巴夏礼受英国公使普鲁斯指派，与恭亲王奕䜣商定，以年租金一千两白银为代价，租用清宗室奕梁的梁公府作为英国公使馆馆址。随后，法国也与奕䜣等商议，租用清宗室景崇府第纯公府作为法国公使馆。1861 年（咸丰十一年）3 月 25 日，法国公使布尔布隆由天津抵达北京，进驻原纯公府旧址改建的法国使馆。第二天，英国公使普鲁斯进驻原梁公府改建的英国使馆。同年，俄国公使巴留捷克也在北京设立了俄国使馆，并进驻北京。1862 年，美国公使蒲安臣、德国公使列菲士也分别在北京建使馆并入驻京师。以后，西方列国纷纷在北京东交民巷一带设立使馆，自 1861 年至 1873 年间，先后有十一个国家的公使进驻北京东交民巷，[②]北京城内出现了一个拥有治外法权的特殊地域。

与此同时，西方的传教士也开始重新在北京活跃起来。从康熙朝以后，清王朝对待天主教一直是采取抑制的手段。第一次鸦片战争后的 1846 年（道光二十六年）道光皇帝颁行谕旨，准予将位于宣武门的天主教南堂发还。但京城其他天主教的教堂仍然处在关禁状态。第二次鸦片战争后签订《北京条约》，特别是在英文文本中，法国传教士私自加入“传教士在各省租买田地建造自便”的内容，天主教势力重新进入北京，尤其是法国天主教传教士，更是作为急先锋一般的紧随着各国公使进入北京而一同进来。并开始在北京城内恢复或新建天主教堂。第二次鸦片战争结束后，清廷陆续发还了位于王府井北侧的天主教东堂房舍、位于中海西侧的天主教北堂旧房。天主教传教士利用清政府的战争赔款，或者另筹资金，开始重新修建原来的南堂、东堂、北堂和西堂等天主教教堂。除了公开地恢复和重建天主教堂外，英国、法国、美国的传教士都先后担任同文馆洋文教习，他们充分利用这一特殊身份，开始在京城官员阶层积极活动，传教布道。另外，西方传教士利用其教会的力量，在北京开始设立中

① 赘漫野叟：《庚申夷氛纪略》，见《中国近代史资料丛刊·第二次鸦片战争》，上海人民出版社 1978 年版。

② 《近代京华史迹》，中国人民大学出版社 1985 年版。

小学等初中级教育的机构。

1864 年，美国基督教公理会在北京开设了“育英学堂”，这是北京第一所西方教会开办的教会中学。随后，就在这一年美国基督教公理会艾莉莎贝满夫人在灯市口大街北面的大鹁鸽市胡同设立贝满女子小学，以后贝满女子小学逐步发展，逐渐形成四年制的女子中学，也就是后来的贝满女子学校。1865 年，长老会美国传教士丁韪良创办崇实馆，1891 年改为崇实中学。1867 年，美国基督教公理会创建潞河男塾，后改称潞河书院，也就是后来的潞河中学。西方教会陆续在北京开设的教育机构，采用西式教育模式进行西方文化知识教育，这对传统的中国教育模式是一次重大的冲击。而由洋务运动主导人物奕䜣等人倡导开办的同文馆，不仅给清政府统治层面带来思想上的冲击和文化碰撞，更是对绝大多数京城官员、民众形成了巨大的冲击和挑战。尤其值得关注的是，同文馆以及西方教会开办的学校，由于它所教授的知识内容和文化氛围与中国传统的私塾教育模式和科举制度引导下的教育内容有着天壤之别，中西方两种教育模式、不同的教学内容以及两种文化之间的撞击，对北京旧有文化氛围和文化环境产生了极为显著的影响，所带来的是人们思想上的潜移默化的改变，形成了人们思想认识上的中西文化的对峙和碰撞。

第二次鸦片战争以后外国势力进入北京城，首先带来的是对这里的民众以往心中“泱泱大国”无限优越感的冲击。过去总是认为大清帝国作为天朝大国，无所不有、无所不能，但凡任何事物都是我天朝大国最为优异。但是，西方洋人进入北京，带来的种种异样，对很多人而言，在心理上就难以接受。中国封建仪礼思想和传统道德观念，“男女授受不亲”，女子良妇“大门不出二门不迈”成为上至达官显贵、下至黎民百姓根深蒂固的基本观念。英法联军侵占北京时，广渠门外双树村一金姓人家，家中有二女，长年二十，次年十七。当外国侵略者袭扰双树村时，将金家两个女儿劫掠而去。金家主人唯恐两个女儿受到西洋蛮夷的侮辱，便“奋力追及，手刃二女而回”。为了不让自己如花似玉的两个女儿不为外国侵略者所污，做父亲的竟然追赶上去亲手杀死自己的两个女儿，这无疑是一场人间悲剧，也让人们看到了英法联军侵占北京烧杀劫掠的罪行。但是，出现了这样无奈的父亲手刃亲生女儿的人间惨剧，封建传统礼教观念的毒害也由此可见一斑。在这样的一种社会观念主导下，当北京民众看到西方“夷妇”行进在京城街面上，“骑马者二，步行者十余，长衣笠帽，与夷官无殊，亦着尖头靴，惟耳边簪一步摇，足微纤，为小异耳。其貌皆美秀而文，与男夷人鬼迥别，独发鬓赤黄，与男夷相类”，不禁瞠目，并由此发出“但不知军中安用妇人，不虑兵气不扬乎”的惊叹之语。[①]

二　中西文化观念在京城首次直接交锋

中西方文化在北京的交锋与碰撞，更多的是从同文馆的开办和洋务运动开始，在清王朝内部出现了两种截然相反的声音，折射出中西方两种文化的对抗。第二次鸦片战争，让恭亲王奕䜣等人交涉洋务的一些官员们不仅在战争和交涉中屡受磨难，在对待西方技术以及文化上，也遭受了一次摧残性的打击。这使得在京城中央统治中枢的奕䜣、文祥、桂良以及地方大吏曾国藩、左宗棠、李鸿章、张之洞等开始重新认识西方世界和西方军事、科技、文化等内容。奕䜣率先认为“华夷混一，局势已成”，主张“师夷之长技以制夷”，“中学为体、西学为用”。因此，咸丰十一年（1861 年）一月，奕䜣、桂良、文祥上《统筹全局酌拟章程六条呈览请议遵行折》，提出对西方诸国要采取“外敦信睦、隐示羁縻”的政策，奕䜣等人的这道奏折，成为后来洋务运动的纲领性文件，也显示出在清王朝中央中枢机构内开始形成以奕䜣、桂良、文祥等为代表的洋务派政治势力。洋务派的形成以及之后的一系列洋务举措，对清王朝固守祖宗旧制的清流派，甚至更多的传统文人而言是一个极大的冲击。军机大臣、协办大学士李鸿藻，理学大家倭仁以及陈宝琛、吴大澂等在京清流派官员，则对奕䜣等洋务派的主张嗤之以鼻，他们抱定了“尊王攘夷”的信念，以不谈洋务为高尚之举。对讲求西学之人斥责为“名教罪人”“士林败类”。对于这些以“清流雅望”而负有盛名的清流派，几乎对西方一切事物持强烈的反感态度，甚至“一闻修造铁路、电报，痛心疾首，群起阻难，至有以见洋人机器为公愤者”[②]。

他们将同文馆作为重要的攻击对象，针对开办同文馆招录“满汉举人及恩、拔、岁、副、优贡”正途学子入同文馆学习洋务极力攻讦，时任监察御史张盛藻专门上疏，提出：“科甲正途，读书学道，何必令其习

① 赘漫野叟：《庚申夷氛纪略》，见《中国近代史资料丛刊·第二次鸦片战争》，上海人民出版社 1978 年版。

② 《筹办夷务始末·同治朝》，上海古籍出版社 2008 年版。

为机巧，专明制造轮船、洋枪之理乎？于士习人心大有关系。”[1] 寓京候补知州杨挺熙上呈对同文馆的“十不可解条陈”，认为设同文馆其事、其理、其言、其心有十不可解。他在“十不可解条陈”中认为：“今年自春及夏，久旱不雨，屡见阴霾蔽天，御河之水源竭，都中之疫疠行，本月初十日大风昼晦两时之久，此非寻常之灾异也……然天象之变，必因时政之失，京师中街谈巷议皆以为同文馆之设，强词夺理、师敌忘仇、御夷失策所致。”并且态度激烈地提出：“招取翰林、进士、五项正途京外官员考试录取，延聘西人在馆教习。此尤大伤风教。”很多与清流派思想一致的人借用各种方式以表达他们对洋务派以及洋务运动的不满，甚至用楹联的方式对同文馆进行讥讽，称同文馆“未同而言，斯文将丧”。还直接针对奕䜣等写道：“诡计本多端，使小朝廷设同文之馆；军机无远略，诱佳弟子拜异类为师。”对清流派的指责，奕䜣等洋务派反驳说：“西人制器之法，无不由度数而生。中国欲讲求制造轮船、机器诸法，苟不藉西士为先导，师心自用，无裨实际……若以师法西人为耻，其说尤谬。中国狃于因循，不思振作，耻孰甚焉。今不以不如人为耻，独以学其人为耻，将安于不如而终不学，遂可雪耻乎？”[2]

而时任江苏巡抚李鸿章也与奕䜣等遥相呼应，上疏力辩开设同文馆的好处，而且提出在其他城市也效仿京师同文馆开设洋务学堂，他认为：“京师同文馆之设，实为良法。惟洋人总汇地，以上海、广东两口为最。拟仿照同文馆例，于上海添设外国语言文字学馆，选近郡年十四岁以下资禀颖悟、根器端静之文童，聘西人教习，并聘内地品学兼优之举、贡生员，课以经、史、文艺。学成送本省督、抚考验，作为该县附学生。其候补、佐杂等官，年少聪慧者，许入馆一体学习，学成酌给升途。三五年后，有此一种读书明理之人，精通番语，凡通商、督、抚衙署及海关监督，应设翻译官承办洋务者，即于馆中遴选派充。庶关税、军需可期核实；无赖通事，亦稍敛迹。且能尽阅西人未译专书，探赜索隐，一切轮船、火器等巧技，由渐通晓，于自强之道，不无裨助。”[3] 同治年间在京城乃至影响到全国的洋务派与清流派之争，从表面上看是清王朝统治阶级

---

① 《筹办夷务始末·同治朝》，上海古籍出版社2008年版。

② 《清史稿》《志八十二·选举二》，中华书局1977年版。

③ 同上。

内部两种不同政治势力在统治施政上的争论，但从本质上说，是中西两大文化体系及其思想第一次直接交锋和辩争。此时的北京城内，还依旧保持着以儒家思想为核心的东方文化体系，并且仍然作为一种文化主体牢牢地统治着人们的思想。但是，在洋务派“中学为体、西学为用”思想主张的主导下，再加上西方外来势力的支持，西方文化开始大举进入，两大文化体系自然会产生激烈的碰撞。洋务派、清流派的争论此消彼长，两种文化的对抗还一时难以形成一边倒的局面。最后，清廷以明发的上谕，表明了最高统治者的态度，上谕中明确谈道：“朝廷设立同文馆取用正途学习，原以天文、算学为儒者所当知，不得目为机巧，正途人员用心较精，则学习自易，亦于读书学道，无所偏废，是以派令徐继畬总管其事，以责专成，不过借西法以引证中法，并非舍圣道而入歧途，何至有碍于人心士习?”[①] 至此，洋务派、清流派关于中西方文化之争告一段落，但两种文化之间并没有形成某一方绝对压倒性的优势，北京文化的发展处在两种文化相抗衡的阶段。

第四节　晚清时代的北京文化裂变

一　京城传统文化体系的裂变

第二次鸦片战争以后，北京文化格局开始出现以儒家思想为核心的中国传统文化与西方文化相互冲撞、抗衡的格局。两种文化此消彼长，彼此互相较量，形成了两种文化彼此对峙的形态。然而，1895 年的中日甲午战争，中国的大清政府及其北洋水师的惨败，让很多文人学士在心理上彻底失衡。中西方两种文化对峙的局面也被这场战争彻底打破。而 1900 年的庚子事变，把中国社会彻底推向半封建半殖民地的深渊，到 1911 年辛亥革命结束，清王朝统治的日益瓦解，其政治势力的崩溃，使得北京原有的文化体系也随之而产生裂变。

中日甲午战争、1900 年的庚子事变，带来的是西方文化的全面进入。尤其是八国联军进占北京，西方文化实力不管是外来政治势力的作用，还是大清国连年不断战败的耻辱，清王朝的统治阶层乃至广大的知识分子开始被迫全面接受西方外来文化的影响。有识之士开始深刻反思中国传统儒

① 《筹办夷务始末·同治朝》，上海古籍出版社 2008 年版。

家文化的弊端，思想固化的封建官僚和文人代表也不得不发出无奈的哀叹。在这样的西方外来文化大举进入北京的社会环境下，北京文化结构形成了重新的构筑过程，在北京文化成分中，除了帝王文化的残存成分外，传统的市俗文化迅速地丰满起来。而西方殖民主义文化、新兴的资产阶级文化也同时并存，北京文化呈现出史无前例的多元化趋向。与此同时，伴随着秦王朝统治的逐渐瓦解和封建统治势力的削弱，昔日以皇权中心文化为主体的完备的、系统的、成熟的北京文化，在其裂变过程中，迅速地民间化和市俗化。其原有的文化成分，在不同的北京社会阶层中，以不同的认知程度和不同的承受能力被社会各个阶层所分别接纳，形成了丰富的文化层面和文化内容。这时的北京文化多元化的成分，已经不仅仅是清代前期中国各个不同地域文化的集成，而具有更为复杂、更加丰富的文化成分。这种文化结构，对以后的民国时期的北京文化发展形成了极大的作用力，使得北京文化的近代化乃至形成我们今天的北京文化结构的主流成分，有着关键性的作用。

清同治年间，随着洋务运动的快速发展，清王朝的统治状态一度得到恢复，甚至出现了所谓的“同光中兴”的局面。但是，清王朝的腐朽和政治的腐败，难以改变大清王朝日趋没落的脚步。清光绪甲午年（光绪二十年，1894 年）7 月 25 日日本海军在朝鲜牙山湾口丰岛西南海域向中国北洋海军发起进攻，中日甲午战争开始。随后，日本军队占领朝鲜全境，并从海路、陆路侵占我国山东威海和旅顺等辽东地区，大清国曾自命不凡的北洋水师全军覆灭。清王朝面对着穷凶极恶的日本侵略军束手无策，只得谈判求和，1895 年 4 月 17 日，清王朝与日本签订丧权辱国的《马关条约》，中日甲午战争结束。《马关条约》规定：中国增开沙市、重庆、苏州、杭州为通商口岸，中国割让台湾岛及其附属各岛屿、澎湖列岛和辽东半岛给日本，赔偿日本 2 亿两白银，并允许外国人在华投资开矿办厂。《马关条约》是继第一次鸦片战争签订的《南京条约》、第二次鸦片战争签订的《天津条约》《北京条约》以后与外国侵略者签订的最不平等的条约。条约签订之后，西方列强纷纷援引片面最惠国待遇，不用一兵一卒，获得了除割地、赔款以外给予日本所有的特权。它给近代中国社会所带来的历史灾难和民族危机可谓空前，大大加深了中国半殖民地程度，给中国民众造成的历史劫难也是极为惨重的。

中日甲午战争以大清国割地、赔款并授予日本诸多特权而宣告结束，消息传到北京，让中国民众普遍极度愤慨和强烈反对。时值北京会试期间，各地赶考举子闻听中国战败并签订丧权辱国的《马关条约》之后，群情激奋，纷纷联名上书请愿，反对清朝政府签订《马关条约》。是年4月22日，广东、湖南两省举子到京城都察院联名上书，其他省份举子闻听也纷纷赶到都察院随同请愿。随后，各省举子汇聚宣武门外松云庵，商定全体联名上书，公推南海康有为起草上皇帝书，表达众举子要求抵御外辱、捍卫主权的要求。康有为连夜起草一万八千字上皇帝书，力陈“拒和、迁都、变法”的主张，参加上书联名签字者多达一千三百余人。这就是著名的“公车上书”。“公车上书”虽然在清王朝统治者的压制下最后以失败而告终，但是它开启了北京近代思想解放的先河。上书活动打破了清王朝历来禁止的不准士民上书言事的禁令，标志着以康有为等人为代表的资产阶级维新派正式登上近代史舞台，其对晚清后期北京文化的裂变和多元化发展起到了重要的思想引导作用。

“公车上书”之后，康有为又接连上书光绪皇帝，谏言变法。他提出：“为安危大计，乞下明诏，行大赏罚，迁都练兵，变通新法，以塞和款而框外夷，保疆土而延国命。”进而提出实行变法有上、中、下三策，上策为“采法俄日，以定国是”，可以强国，中策为“大集群才而谋变政”，下策则为“听任疆臣各自变法”。随后康有为又大胆地提出：“自兹国事付国会议行”，“采择万国律例，定宪法公私之分”等资产阶级维新派政治主张。康有为的连续上书，得到光绪皇帝的认可，并开始着手进行变法图强的“百日维新”。清光绪二十四年（1898年）六月十一日，光绪皇帝颁发《明定国是诏》，正式开始进行变法维新活动。在“百日维新”期间，光绪皇帝连续下达几十道实行新政的诏令，包括在经济方面设立农工商总局，鼓励开垦荒地；提倡私人开办新兴实业，颁发著书及发明给奖章程，保荐格致人才，奖励民众效仿西方进行发明创造；设立铁路、矿物管理衙门，鼓励商办铁路、矿业；设立西式邮政，裁撤旧驿站。在军事方面，裁减绿营兵丁，采用西法编练新式陆军、海军。在文化教育方面，百日维新所涉及的更深、更广，包括改革科举制度，废除八股文，改试策论；改造传统书院、官学、义学、社学，一律改为兼习中西学的学堂；各省会设高等学堂，郡城设中等学堂，州县设小学，创设京师大学堂；准许民间开办报馆、学会，并设立译书局，翻译外国图书；派人出国留学，增加与西方诸国联系；广开言路，准许各级官员和民众上书言事，禁止官吏阻隔。然而，光绪皇帝以及康有为等资产阶级维新派施行的维新变法，受到以慈禧等旧政治势力的强力反对，在实行“百日维新”期间光绪所颁行新政几乎难以推行半步。维新派与清政权中以慈禧为首的旧势力最终彻底决裂，光绪二十年（1898 年）九月二十一日，慈禧幽禁光绪皇帝，宣布废除新政，搜捕维新党人，最后，康有为、梁启超等人流亡海外，谭嗣同、杨锐、林旭、刘光第、杨深秀、康广仁六君子血染菜市口刑场，“百日维新”以失败而告终。

“百日维新”虽然失败，但其对晚清后期北京文化发展的影响极其深远。在变法维新思想的影响下，一些知识分子喜欢阅读西学书籍，当时，梁启超作有《西学书目表》，学者们纷纷按表以求。有人记录下了当时琉璃厂书肆西式新书盛行的情况。“而京师书贾亦向沪渎捆载新籍以来；海王村各书肆，凡译本之书无不盈箱插架，思得善价而沽。”“今则蓝皮之书，充牣肆市，西域之韵，篡夺风骚；宋椠贵至千金，插架等于古玩，廖板齿侪十客，牟利甚于榷场。”①

1900 年庚子事变，八国联军侵占北京。清王朝被迫与英国、美国、法国、俄国、日本、德国、意大利、奥匈帝国等西方列强签订了让中国彻底沦为半殖民地半封建社会的《辛丑条约》。《辛丑条约》规定：清政府赔款价息合计 9.8 亿两白银；划定北京东交民巷为使馆界，允许各国驻兵保护，不准中国人在界内居住；清王朝政府要保证严禁人民参加反对西方诸国的运动；清政府拆毁天津大沽口到北京沿线设防的炮台，允许列强各国派驻兵驻扎北京到山海关铁路沿线要地。《辛丑条约》是清王朝与西方列强签订的最为丧权辱国的条约，这个条约的签订意味着大清国已经彻底沦为西方帝国主义统治中国的代用工具，其自身的统治地位和民众心理上的国家政权概念已经开始彻底地崩溃。在这样的一种历史背景下，北京文化完全进入了一个裂变过程。

二　西方文化大量涌入北京

庚子事变后的北京，外国侵略势力牢牢地控制了大清政府，西方文化长驱直入，以外来军事压力和政治上的高压，在北京占据了极为重要的影响地位。1900 年以后，西方文化侵略可谓是肆无忌惮，在北京的外国人

---

①《琉璃厂小志》，北京古籍出版社 1983 年版。

开办的书店快速崛起。经营外国图书的书业人员不再局限为西方传教士，一些外国商人、西方教会学校、各类外国在华文化机构也开始加入北京书业行列。例如，日本商人在1900年后在北京开设了一些书店，发售图书。如“有正书局，菊地荣氏，位于前门外琉璃厂。上海作新社支店，位于前门外琉璃厂，有阪氏为主任，专卖新书。北京教育品社，位于前门外琉璃厂，斋藤利平为主任，专卖文具、学校用品”。另外，在北京饭店中，也有法国商人开办的书店，发售法文图书。与教会书店相比，这些由商人创办的书店主要以销售本国出版的图书为主，自己刊行的书籍则很少。这些外资书店，基本上都是属于外国列强对中国进行文化侵略的附属机构，其主要使命是通过书籍的销售将西方殖民思想灌输到中国人头脑当中。如广学会的宗旨就是通过出版发行书报，宣传基督教教义和宣扬殖民主义，以“争取中国士大夫中有势力的集团，启开皇帝和政治家们的思想”，“控制这个国家的头和背脊骨”。其经营的计划书中则更露骨地表示：“他们（指中国人）反对西方的观点、计划以及商业、政治、宗教等各方面的活动，几乎完全是由于无知。因此，消除这种无知，在人民各阶层中推广学识，就具有极端的重要性。”“送他们几本我们出版的好书，可以瓦解他们的反抗。利用一些合适的书籍来指导他们，就可以完全渗透这个帝国，并且有效地改变中国的舆论和行动。”①

从这一点就可以看出，其文化侵略的本质昭然若揭。中日甲午战争以后，尤其是1900年庚子事变，西方文化在北京已经不是第二次鸦片战争之后与以儒家思想为核心的中国传统文化之间的撞击、对峙，而是快速渗透到北京文化的各个领域，不仅仅对京城清朝官员以及读书人形成强烈的影响，甚至也开始逐渐渗透到一般民众之中。以往对西洋蛮夷的鄙视，渐渐被西方列强的船坚炮利所震撼，从以往的歧视、鄙视，颇为自得的泱泱大国自豪心态，逐渐地开始转入对西方技术、文化的羡慕，尤其是大量西方商品向中国倾销，北京城内西洋商品越来越多，早已经从昔日帝王、王公大臣享用的“海外贡品”，发展成为普通民众也能享用的西洋舶来品，过去仅仅是洋枪、洋炮，在清王朝统治群体层面的概念，逐步地发展为洋布、洋火、洋油、洋灯、洋车、洋酒、洋烟等等，甚至连小小的钉子都变成了“洋钉”，这种渗透和潜移默化的影响，在京城民众的文化心理上是

① 《全国文史资料选辑》第51辑，文史出版社1962年版，第13页。

一种颠覆性的转变。而相比之下，以儒家思想为核心的中国传统文化从思想、教育、传播载体以及生活方式等各个方面已经客观上不再具有大清国鼎盛时代那种绝对的文化统治主体优势，逐渐被西方思想、文化和新兴的资产阶级思想逐步挤出强势统治地位，甚至越来越显示出传统文化的衰落和萎缩。

北京这样的文化格局的转变，是北京历史发展进程中一个极为重要的转折点，北京文化不再为封建文化体系所彻底垄断，以传统儒家思想为核心的士大夫文化及京城特有的帝王文化、满族贵族文化从文化形态到政治地位都受到西方文化的挤压，并伴随着清王朝统治势力的瓦解，开始出现文化裂变。

第十三章　清后期近现代教育中心的确立

清同治年以后京师同文馆的开设，拉开了清代后期北京教育近现代化的序幕。作为全国的文化中心，北京的一举一动在全国具有举足轻重的影响。北京在清晚期的教育近现代化过程中，不论是教育思想的变化、教育内容的革新，还是教学模式西化、教育学制的改革，都走在了全国的前列。而科举制度的废除，虽然是全国教育的一次本质性的改变和革命性的跨越，但最早也最明显地首先作用于北京的教育上。北京教育的这种革新，甚至是革命，不仅仅完成了北京教育近现代化的过程，确立了清代晚期近现代教育中心的地位，更是在无形中强烈地刺激了北京城市的近现代化进程，并成为中国近现代化的基本标志。

第一节　京师同文馆及西式教育的本土进程

一　北京同文馆设立

第二次鸦片战争结束后，总理各国事务衙门设立，伴之而起的是同文馆的设立。同文馆的设立和发展，是北京近代教育的发端。第二次鸦片战争期间，恭亲王奕䜣等与英法联军进行交涉，签订《天津条约》《北京条约》。在谈判和签订《天津条约》《北京条约》过程中，法国传教士艾美利用其起草外文条约的便利，私自在英文条约中加入“交还以前没收的天主教堂，并听任法国传教士在内地各省租买土地建筑教堂”的内容，让清王朝统治阶层大大地吃了一个哑巴亏。这一事件对主持对外交涉的奕䜣教训极大，他一再表示：“与外国交涉事件，必先识其性情。今语言不通，文字难辨，一切隔膜，安望其能妥协”，“欲悉各国情形，必先谙其语言文字方不受人欺蒙。”[①] 为此，同治元年（1862 年）七月，奕䜣、文祥以及李鸿章、曾国藩等人联名上奏《同文馆章程》六条，呈请慈安、慈禧两宫皇太后同意设立京师同文馆，作为总理各国事务衙门的下属机构，专门培养从事洋文翻译的洋务学堂。四天之后，两宫皇太后正式同意设立京师同文馆。《清史稿》记载：“英法联军入京后，朝廷鉴于外交挫衄，非兴学不足以图强。先是交涉重任，率假手无识牟利之通事，往往以小嫌酿大衅，至是始悟通事之不可恃。又震于列强之船坚炮利，亟须养成翻译与制造船械及海陆军之人才。故其时首先设置之学校，曰京师同文馆。”[②] 京师同文馆又简称同文馆，作为总理衙门下属洋务学堂，设立管理大臣、专管大臣、提调、帮提调和总教习、副教习等职官，奕䜣等还特意聘请海关总税务司赫德担任同文馆的监察官，实际上同文馆基本由赫德完全把持。同治八年（1869 年），赫德因其所兼事务过多，提名美国传教士丁韪良担任同文馆总教习，从此丁韪良把持同文馆校务近三十年之久。同文馆馆址设在北京东城的东堂子胡同总理衙门之内。同文馆设立之初，针对当时英、法、俄交涉频繁，只设英文班、法文班、俄文班。后陆续增加德文、日文等班。随着西方文化教育的加重，同治六年（1867 年）又增设天文、算学班。丁韪良任总教习之后，又逐渐增加了西方诸国地理、史略、万国公法、数理启蒙、代数、几何、微积分以及化学、机械、航海测量等课程内容，使得同文馆从最初的专门培养翻译专业人才，发展为从整体上培养办理对外洋务事务的洋务学堂。

二　北京同文馆带来的观念冲击

清王朝最初设立同文馆，满族统治者还是抱着颇为明显的民族优越感和统治心理上培养靠得住人才的角度，将招生对象确定为在八旗官学中挑选十四岁以下“天资聪慧”的八旗子弟。而且参照京城其他官学的模式，对入学的学生给予一定的优厚待遇，每月发放三两银子的膏火费，与八旗子弟一月马甲钱粮相当。为了激励到同文馆学习的生员，奕䜣等还仿效乾隆二十二年（1757 年）开设俄罗斯馆的旧例实行科名奖励。规定：“每三年举行大考后，择优奏保官职，自八、九品衔起，至分部行走。其在京者

---

① 《中国近代史资料丛刊》，《洋务运动》，上海人民出版社 1961 年版。

② 《清史稿・志八十二》，中华书局 1977 年版。

仍留馆肄业读书，并在本衙门充当差使；其课业较精者，或派各省差使，或派出洋差使。”[1] 为了真正地让进入同文馆的生员得到切实的待遇和利益，总理各国事务衙门格外地注意按时保举同文馆学生授实职，同治七年（1868 年）总理衙门保奏：“严良勋、席淦二名给予内阁中书职衔，并作为附监生，俾得就近于北闱应试；监生汪凤藻、汪远、王文秀三名，给予国子监学正职衔。”[2]

然而，当时的北京尤其是在八旗以及清朝官员概念中，筹办洋务并不是一个很光彩的事情，甚至被视为离经叛道，有违祖上旧制。因此，很多人不愿到同文馆学习，首次招生仅招录十人。不得已，清廷只得打破原来满族民族统治心理的限制，将招生对象扩大为十四岁以上京城官学八旗子弟和汉族官员子弟以及三十岁以下秀才、举人、进士等，甚至科举正途出身五品以下满汉官员也可以入同文馆学习。尽管如此，同文馆在最初很多年生源一直得不到保障，甚至在京城颇受歧视。著名戏曲理论家齐如山先生回忆同文馆设立之初时说道：“馆是成立了，但招不到学生，因为风气未开，无人肯入，大家以为学了洋文，便是降了外国。”“学生入了同文馆以后，亲戚朋友对于本人，因为他是小孩，还没有什么鄙视，对于学生们的家庭，可就大瞧不起了，说他堕落，有许多人便同他们断绝亲戚关系，断绝来往。甚而至于人家很好的儿媳妇，因她家中弟弟入了同文馆，便一家瞧不起这个媳妇，而且因之便受了公婆之气。社会的思想，对于这件事情看得这样的严重，大家子弟不但不愿入，而且不敢入，因之后来之招生就更难了。”[3] 不得已下，清廷只能再三提高同文馆学生待遇，逐渐提高就读学生的膏火银两，“初进馆每月三两，学一两年之后，洋文有成绩者，则增至六两，再过一期增为八两，后增为十二两。彼时每月十二两银子，这个数字是很大的。一个翰林，给中堂尚书家教读，每月最多也不过八两银子”。

与此同时，同文馆在伙食上也颇费心思，“学生每六人一桌，每餐四大盘、六大碗，有鱼有肉有海鲜。夏天还有一个大海碗，放着水果莲藕什

---

① 《同文馆章程》，《中国近代史资料丛刊·洋务运动》第二册，上海人民出版社 1961 年版。

② 《总理各国事务奕䜣等折》，《中国近代史资料丛刊·洋务运动》第二册，上海人民出版社 1961 年版。

③ 《齐如山回忆录》，宝文堂书店 1989 年版。

么的；冬天海碗改成火锅，什锦锅、白肉锅和羊肉锅任选。如果这些你都不乐意吃，那么可以另外随便点菜。学生来了客人，也可以随便要菜，一个子儿都不用花”①。至于学习用的纸币文具以及相关的书籍等，也一并免费发放。学业修成一旦毕业，立即安排“就业”，或为清王朝政府译员、洋务机构官员，或为外交人员、学堂教习，成绩优异者甚至可以直接保荐出任各部或相应机构的主事，可谓待遇颇为优厚。从同文馆学生优厚的待遇，也能看出当时主持洋务的清朝高层官员对开办同文馆的重视。但是从就学同文馆的学生的优越条件和待遇上看，从一个侧面也可以看出当时京城大多数人对西方文化以及洋务运动的不屑和抵触。但不管怎么说，同文馆作为北京近代史乃至中国近代史上第一个采用西方教育培养模式的办学机构，它按照西方教育理念提出了新的人才培养标准和考评标准，这对数千年来中国传统的教育理念和教育标准无疑是一种挑战。而由于同文馆倡导洋务，对于很多官宦子弟、豪门望族之后来说不屑于此，这使得同文馆不得不将其生源收录从最初的八旗子弟转向一般的有功名的生源，最后甚至一般人家子弟也可以入洋务学堂学习，这使得一些寒门子弟跻身于其中，传统的士阶层结构客观上受到了冲击。

在教学内容上，同文馆这样的新式洋务学堂参照西方诸国教育体系按照西方科技文化的专业分科进行教学，尤其是洋务派要根据筹办洋务需要不停地增加相应的教学内容，客观上突出了洋务学堂的实用性教育，其人才实用性特征颇为突出，一旦进入清王朝政府洋务体制中，很快就开始发挥作用，这对传统的私塾、官学以及乡试、会试等选拔出来的“传统人才”而言更具有冲击力。因此，同文馆的开设和其四十年的教育活动，使得北京历史上首次出现新式的西方教育模式与传统的中式教育模式并行发展的过程，这种两种教育模式、教育体制并行的状态，既有彼此之间的互相冲撞，也有形无形中让很多人看到了西方新式教育先进的一面和旧式教育迂腐守旧的弊端，而且逐渐渗透到人们的潜意识中，这种渐变的渗透和影响，对京师民众思想观念的转变以及北京近代化发展的促进作用是十分突出的。与此同时，同文馆也为全国各地开办洋务学堂树立了效仿的典范，客观上形成了“开风气之先”的促进效果，充分显示出京城文化领先的示范性作用。

---

① 《齐如山回忆录》，宝文堂书店 1989 年版。

第二节　京师大学堂与北京教育近现代化

一　京师大学堂设立

清同治初年开办的同文馆等洋务学堂，采用西方的教育模式培养洋务人才，经过三十余年的发展，开始明显地显露出新式教育适应时代变化的优越性。这对于北京以儒学教育为主体，以科举为培养终极目标的传统旧式教育模式而言，形成了极大的冲击。但同文馆等洋务学堂的出现，只是局部的教育模式改进，从整体上看，北京的教育模式还是保持着传统的教育模式和教育内容，还无法谈得上对北京教育整体上的改变。所以《清史稿》在评价同治初年同文馆出现后的局面时认为："学校新制之沿革，略分二期。同治初迄光绪辛丑以前，为无系统教育时期；辛丑以后迄宣统末，为有系统教育时期。"① 经历了1860年以来历次西方列强的侵略和劫掠，尤其是中日甲午战争以清王朝的惨败和清政府的割地赔款而告终，让很多有识之士对强国富民有了新的反思。在日益严峻的国家危机、民族危亡的重压之下，救国图强成为当时人们普遍的时代呼声。对中国传统的旧式教育模式以及封建教育制度进行改革，以求培养和造就能够救国强民的有用人才，逐渐成为朝野上下关注的热点。甚至相对保守的一些大臣官吏，也不得不承认需要在教育模式上进行新的尝试。在这样大的时代背景下，对中国数千年以来采用的教育模式进行变革，积极引进西方新教育体制的呼声越来越强，很多有识之士已经不再满足于同文馆那种局部性的洋务学堂的"试点"，更希望彻底地改造旧有的教育模式，引进西方新式教育体系，由此，北京教育近现代化大幕被正式拉开。

光绪二十一年（1895年）康有为等在公车上书过程中，就曾经强烈要求对传统的教育体制进行变革，他对比中西教育差异后提出："尝考泰西之所以富强，不在炮械军兵，而在穷理劝学……各国读书识字者，百人中率有七十人……而我中国文物之邦，读书识字者仅百之二十，学塾经费少于兵饷数十倍，士人能通古今、达中外者，郡县乃或无人焉。"所以他提出："今宜改武科为艺科，令各直省、州、县遍开艺学书院。凡天文、地、矿、医、律、光、重、化、电、机器、武备、驾驶，分立学堂，而测

① 《清史稿·志八十二》，中华书局1977年版。

量、图绘、语言、文字皆学之。选学童十五岁以上入堂学习，仍专一经，以为根本；延师教习，各有专门。学政有司，会同院师，试之以经题一论及专门之业，通半中选，不限名额，得荐于省学，比之诸生。”① 梁启超也在其《变法通议》中明确地提出：“变法之本，在育人才；人才之兴，在开学校。”②

不仅仅是一些新兴的具有资产阶级维新思想的知识分子积极呼吁废科举、兴学校，就是清王朝统治阶层内部一些有明显维新倾向的大臣也与之遥相呼应。光绪二十二年（1896 年）五月，维新派重要代表人物之一、刑部左侍郎李端棻上《请推广学校折》，吁请改革旧式书院，在京师设立大学堂。同年七月十三日，“总理衙门议复李端棻请建大学堂一节，请饬下管理官书局大臣妥筹办理”③。当时主持大清官书局的礼部尚书孙家鼐随即在当月便拟定了《复议开办京师大学堂折》，提出开办京师大学堂的六项办学原则，即：京师大学堂应“以中学为主、西学为辅，中学为体、西学为用”为宗旨；应在京城择宽旷地点作为堂址，必使讲堂斋舍“爽垲宜人”，仪器图书“庋藏合度”；即将开办的京师大学堂拟分天学、地学、道学、政学、文学、武学、农学、工学、商学、医学等十科；拟延聘中、西总教习各两人，中国教习应选取品行端正，学问渊深，又通达中外大势者担任；外国教习既须深通西学，又须“精识华文”；慎选生徒，切实考验考生的中西各学，择优选取，并须“性行纯正，身家清白”；京师大学堂之毕业学生如科举不中，由学堂发给“金牌文凭”，派往总署充译员，或任教习；或分送南北洋海军、陆军、船政、制造各局为帮办等，以广出路。孙家鼐所拟《复议开办京师大学堂折》六项，着眼于在京城之中首办大学堂，又是大清国新型最高学府，所以从办学宗旨、办学环境、教育内容、学校师资以及毕业生出路等一应均考虑得格外细致。从某种意义上说，京师大学堂从其一开始筹划，就站在了较高的起点上。然而，光绪二十二年（1896 年）五月李端棻上疏请设大学堂，七月总理衙门便交由负责管理大清官书局的礼部尚书孙家鼐筹办，当月孙家鼐便草拟出起点颇高的《复议开办京师大学堂折》六项内容，可以说筹办洋务和维新派

① 康有为：《上清帝第三书》，上海石印书局 1895 年石印本。
② 《饮冰室合集》，中华书局 1989 年版。
③ 《北京市志稿・文教志》，北京燕山出版社 1987 年版。

官员对此事的反应还是极为迅速的，而且很快就初步形成办学轮廓。但对于京师内大清王朝的其他官员来说，设办大学堂对很多人来说未必就那么赞同，倒是反对者甚众，以至于孙家鼐草拟出大学堂六项之后，将近两年，大学堂迟迟没有开办起来。

光绪二十四年（1898 年）四月，光绪皇帝下《明定国是诏》，“百日维新”开始。在《明定国是诏》中明确要求：“着军机大臣、总理各国事务王大臣会议举办京师大学堂，为各省设立学堂之倡。”① 光绪皇帝特意强调：“自王公至士庶，各宜努力发愤，以圣贤义理之学植其根本，博采西学切于时务者，实力讲求，以救空疏迂谬之弊。”并希望“凡翰林编、检，部、院司员，各门侍卫，候补、候选道，府、州、县以下各官，大员子弟，八旗世职，各省武职后裔，均准入学肄业，以期人才辈出，共济时艰”②。皇帝亲自谕示，而且是《明定国是诏》中重要的一条，自然诸王公大臣不敢怠慢。所以“是年五月八日，军机大臣、总理衙门旋奏拟《京师大学堂章程》五十二条”，并在五月十五日任命孙家鼐为管理大学堂事务大臣。京师大学堂“开办经费、常年用款由户部筹拨，官书局、译书局归大学堂，由管学大臣督率办理”③。

京师大学堂选址设在北京地安门内马神庙和四公主府，八月九日，京师大学堂正式成立，孙家鼐出任第一任管学大臣，许景澄为中学总教习，美国人丁韪良为西学总教习，余诚格为总办。戊戌变法失败后，光绪以及康有为、谭嗣同、梁启超等发起的百日维新中所有新政成果都被慈禧废止，唯独保留了京师大学堂的设置。1900 年庚子事变，京师大学堂被迫停办。经过庚子事变和八国联军再一次对北京城的侵略和占领，不仅是具有资产阶级改良思想的知识分子深切地感受到兴学强国的迫切和必要，就是清王朝最高统治阶层也开始“以创痛钜深，力求改苣”。于是在光绪二十七年（1901 年）十二月，“谕曰：兴学育才，实为当今急务。京师首善之区，尤宜加意教育，以树风声。前建大学，应切实举办”并且“旋谕将同文馆并入大学堂，毋庸隶外务部”④。由此，京师大学堂得以恢复，张百熙为管学大臣。次年，同文馆并入京师大学堂。光绪二十九年

① 《北京市志稿·文教志》，北京燕山出版社 1987 年版。

② 《清史稿·志八十二》，中华书局 1977 年版。

③ 《北京市志稿·文教志》，北京燕山出版社 1987 年版。

④ 《清史稿·志八十二》，中华书局 1977 年版。

（1903 年），清政府颁行《奏定大学堂章程》，改原来的管学大臣为总理学务大臣，孙家鼐为此专任管理全国教育事务的学务大臣。京师大学堂另设大学堂总监督一职，专职管理京师大学堂事务，由张亨嘉任第一任总监督。而此时的京师大学堂也由原来的新式大学堂和兴办新学管理机构，变成纯粹的高等学府。清王朝灭亡后，京师大学堂改组为北京大学。京师大学堂的设立，不仅仅是北京近现代教育发展的里程碑，也是中国近代化高等教育的标志。京师大学堂的办学主导思想、教学模式、教学课程设置、学校组织结构等等，皆参照西方教育体系设置，与传统的中国旧式教育模式有着本质的差异，因此，它成为以后北京各个高等教育、中等教育机构效仿的基本模式，也成为全国西式教育模式的典范，是北京教育近代化的起点，更是京城文化发展历程中的一个重要的阶梯。

二　北京近现代化教育开启

从京师大学堂成立以后，北京陆陆续续建立起一系列重要的中高等教育机构，北京教育的近代化进程开始启动。

光绪二十八年（1902 年）十一月，京师大学堂附设师范馆，并开始招录学生。随后的光绪三十年（1904 年）改师范馆为优级师范科。光绪三十四年（1908 年）清廷将原来附设在京师大学堂内的优级师范科单独分立出来，在城南琉璃厂北侧厂甸五城中学堂一带进行改建，设立京师优级师范学堂，并经考试专门录取了八十名新生。清亡之后，京师优级师范学堂改为北京高等师范学校。在清廷将京师大学堂内的优级师范科单独分立成立京师优级师范学堂的同时，御史黄瑞麟奏请清廷设立京师女子师范学堂。清廷对黄瑞麟奏请予以回应，由学部派傅增湘为京师女子师范学堂总理。傅增湘奏定《女子师范章程》和《女子小学章程》，分别在京师女子师范学堂设立了女子师范高等科目和初等科目。其中，高等师范设立的课程有：修身、国文、算术、中国历史、地理、格致、图画、女红、体操、音乐等。初级师范设立科目为：修身、国文、算术、女红、体操等。京师女子师范学堂高等科目和初等科目学制均为四年。

清王朝从第二次鸦片战争到庚子事变，北京两次遭受到外国侵略军的劫掠，这对清廷的封建官员来说，教训和伤痛迫使他们不得不接受那些具有革新思想的知识分子和社会贤达提出来的兴教育、鼓励留学等建议。尤其是经历了两次西方列强打击的北京城，让那些封建士大夫们从当初内心对西方文化的抗拒，逐渐变成对西方列强的恐惧和艳羡。清廷统治阶层的这种心理变化，再加上渴求强国御辱的客观需要，清廷开始逐渐放宽和鼓励出洋留学。实际上，早在道光年间，在与西方诸国交往较多的通商口岸广州就有马礼逊学堂容闳、黄胜、黄宽等三人被传教士布朗带到美国留学。同治年间，在处理“天津教案”过程中，最早出洋留学之一的容闳向曾国藩建议选派幼童去美国留学。同治九年（1870 年）清廷同意由容闳等人负责筹划办理赴美留学事宜。次年，对选派幼童留学美国颇为支持的曾国藩、李鸿章等人还专门拟定了《挑选幼童前赴泰西肄业章程》十二条，有计划地开始对外派遣留洋学生。同治十一年（1872 年）第一批官费留学生詹天佑、梁敦彦、容尚谦等三十人从上海启程，赴美国留学，这是清王朝政府正式派遣的首批官费留学生，为清政府派遣留学生之始。但是这时候，出洋留学多从上海、广州、福建等地洋学堂或新式军事学堂选派，对于大清国国都北京的民众而言，出洋留学似乎还是毫无干系的事情。庚子事变以后，清政府发布广派留学的上谕，要求各省积极筹集经费，广派新式学堂学生出洋留学，而且清廷开始着手选派八旗子弟出洋留学，并承诺对学成归国的留洋学生赏予进士、举人出身。这样的鼓励政策，自然对人们有了一定的吸引力，很多人开始自费出洋留学。光绪二十九年（1903 年）管学大臣张百熙从京师大学堂选派学生分别去东洋日本和西洋诸国留学，以备学成后充任大学教习。次年，清廷下令整顿警务学堂，各省选派学生到日本学习警察，京师巡防局也开始选派学生留学东洋。光绪三十一年（1905 年）清廷开始下令，让庆亲王选派宗室子弟，出洋学习武备。户部也开始招收司员五十人，到日本学习财政。光绪三十四年（1908 年），清政府规定，凡是在海外高等学堂留学毕业的学生经学部考察合格者，可以赏进士、举人出身，并且每年在紫禁城保和殿举行廷试，按廷试之成绩等第授予实缺。到了宣统元年（1909 年），清廷根据美国“退还”部分庚子赔款在北京设立了游美学务处和肄业馆，并在 1911 年将游美学务处肄业馆改为清华学堂，专门作为使用美国“退还庚款”派往美国留学学生的预备学校，也就是后来的清华大学。

近代以来，随着京师大学堂等一批新式中、高级洋学堂的开设和从京师清王朝宗室弟子、中央政府机构司员派出留洋，北京教育的近代化也伴随着全国教育的近现代化进程逐步发展起来。这样的变化，特别是大量留洋学生学成归来，一方面带来西方的思想、文化和科学技术，另一方面也开始引发人们的思想观念变化。尤其是这些被派出的留学人员，思想上更容易接受西方资产阶级思想和外来文化，这对清王朝统治和一千多年的封建时代而言，客观上形成了一批封建统治时代的掘墓人。

第三节　北京教育制度改革与科举制的废止

一　晚清“壬寅学制”改革

晚清后期的北京，中国已经实行了数千年的传统的旧式教育体制，越来越受到西方文化的冲击，北京新式近现代化教育的兴起和大量新式洋学堂的建立，客观上对传统的旧式教育模式和科举制度产生了巨大的冲击。清王朝政府在不得已的情况下，只有逐步开始对教育体制和科举制度进行改良。

中国传统的科举制度，是封建时代统治者为了培养和选拔为其统治服务的官员体系而建立起来的教育考试制度。特别是清王朝建立以后，满族统治阶级为了强化对知识分子的控制和笼络，将从隋唐以来设立的科举制度推向极致。它强调以儒家文化为主体的封建文化思想，以作八股文、重考据、试帖诗为基本的考试选拔方式，将知识分子的思想牢牢地禁锢在其封建统治体制下。在这样的教育制度和考察选拔体系的引导下，众多读书人受乾嘉考据之风左右，钻研于故纸堆中，思想禁锢，眼界狭隘，对民生实务自然要相对弱化。正如郑观应在《盛世危言》中所谈到的：乾嘉考据之风主导下的清朝科举“鹜虚而避实，遂以浮华无实之八股与小楷试帖之专工，汩没性灵，虚费时日，率天下而于无用之地”①。

在这样的文化体系下所培养和成长起来的封建文人，所学非所用，所用非所学，面对着西方诸国大机器工业发展实力和资产阶级文化的冲击，毫无抵御能力。就连出身于科举功名的李鸿章、张之洞等人，在西方势力大举入侵的背景下也开始对旧有的教育体制和科举制度多有反思和指责。李鸿章在其《筹议海防折》中曾指出：科举“小楷试帖，太蹈虚饰，甚非作养人才之道，似应于考试功令稍加变通”。庚子之变，以慈禧为首的清王朝最高统治阶层也开始意识到西方势力的强势进入及新兴资产阶级维新思想的日渐普及，再不进行统治政策的调整已经无法维系大清国的江山

① 郑观应：《盛世危言》，上海古籍出版社 2008 年版。

社稷。为此，清王朝不得不开始首先从教育方面进行改良。清光绪二十七年（1901 年）地方大吏张之洞、刘坤一等人就上疏建议减科举取士名额，以学堂生员补充。这实际上已经是向隋唐以来确立的封建科举制度开刀。在这样的形势下，第二年清廷颁布《钦定学堂章程》，对旧教育模式进行调整，这就是史学上所称的“壬寅学制”。“壬寅学制”一改中国古代封建教育以科举为教学目的的教育模式，尽管还保留着明显的科举制度痕迹，但毕竟开始注重国民教育和事业教育，而且在教育模式的结构上采用了新式教育的基本框架。光绪三十年（1904 年），清廷再次发布《奏定学堂章程》，史称“癸卯学制”，癸卯学制是在“壬寅学制”的基础上详细制定的更为完备、系统的教育管理制度，它为中国教育的近现代化奠定了坚实的基础。北京作为大清国的都城，又是中国西式教育的肇始地，自然率先开始了新式教育的发展。

二　科举制度的废除

晚清时期在京城率先实行的“壬寅学制”“癸卯学制”等新的教育制度尽管大量采用西式教育模式，但在清王朝依旧保持科举制度的状态下，文人学子仍然不能摆脱科举功名的诱惑。而科举选士的示范、引导和制约作用，也让在新教育体系下培养的新型人才无法得到社会和统治势力的承认。以光绪二十九年（1903 年）为例，彼时清朝政府已颁行《钦定学堂章程》，实行“壬寅学制”，京师大学堂也已经恢复。但是这一年各地乡试期间，“大学堂两馆生均已纷纷赴汴乡试，两馆所存学生不过三十余人，每日功课亦不认真，徒存大学堂外观而已”。在这一年《京师大学堂同学录》王仪通的序文中提到：光绪二十九年（1903 年）“四月间乡试渐近，乞假者盖十之八九焉。暑假后人数寥落如晨星，迨九月中，各省次第放榜，获隽者利速化，视讲舍如蘧庐，其失意者则气甚馁，多无志于学，胶胶扰扰者先后殆九十，阅月而一星终矣”。所以，他颇为感慨地说道：“谓学堂与科举能两存焉？”在这样新教育模式和旧科举选士的矛盾交织下，废除已存在一千多年的科举选士的考试制度，便成为清廷不得不面对的问题。光绪三十一年（1905 年）时任两湖总督张之洞、直隶总督袁世凯、盛京将军赵尔巽、两广总督岑春煊、湖南巡抚端方等联名上奏《请废科举折》，提出：“科举一日不停，士人皆有侥幸得第之心，以分其砥砺实修之志。民间更相率观望，私立学堂者绝少，又断非公家财力所能普及，学堂决无大兴之望。就目前而论，纵使科举立停，学生遍设，亦必须十数年后人材始盛。如再迟十年甫停科举、学堂有迁延之势，人才非急切可成，又必须二十余年后，始得多士之用。强邻环伺，岂能我待。”出于时局的变化和清王朝统治的客观需要，要想改变一千多年读书人早已根深蒂固的考取功名成就一生的传统观念，清廷不得选择废止科举制度。光绪三十一年（1905 年）八月，清廷颁布上谕，明确提出“方今时局多艰，储才为急，朝廷以提倡科学为急务，屡降明谕，饬令各督抚广设学堂，将俾全国之人咸趋实学，以备任使，用意至为深厚……科举不停，民间相率观望，推广学堂必先停科举”。因此，清廷以上谕的形式宣布：“着即自丙午科为始，所有乡、会试一律停止，各省岁科考试亦即停止。其以前之举、贡、生员分别重予出路，及其余各条，均着照所请办理。”科举制度的废除，对于中国一千多年的封建选士体系而言，是一个终结。便从某种意义上说，科举制度的废止让清王朝失去了在思想上、精神上追随其二百余年的旧知识分子的基本支撑，客观上瓦解了其统治力量。而对北京而言，从辽金乃至元明清各个朝代，由于北京特有的都城地位，举办乡试、会试、殿试成为北京教育发展甚至文化发展中的重要一环。北京文化发展历程中，随着科举制度的终结，传统的封建科举选士的文化背景也随之消亡，代之而起的自然是以西方思想、外国文化为主导的西式文化背景，北京文化的整体走向彻底地进入了一个新的时代。

第十四章　清末北京近代出版传播业的发展

清代末期西方思想的大举进入，带来人们思想上的巨大变化。京城上下，大量新的思潮、新的观念快速地传导给社会各个不同阶层，带来北京思想上的一次大解放。一些接受西方思想的文人率先倡导，在北京开办新型报馆，创办新闻报纸，同时还翻译和介绍西方思想的图书，由此在北京开始了近代新闻出版传播业的快速兴起阶段。新型的新闻报业和西式的图书出版业的快速崛起，又进一步刺激西方思想、西方文化在北京的传播速度，北京文化的近代化进程也由此大大加快。

第一节　清代邸报与近代报刊的兴起

一　清代京师邸报

我国古代并没有现代意义上的新闻报刊，但是，早在西汉时期就出现了朝廷为了强化统治和加强各级政权的沟通而传播的邸报，邸报是一种传达朝政消息的公文摘抄，抄录的一般是皇帝的谕旨、大臣们的奏议奏章，或者官员调动、升迁的消息等，是具有比较明显的公告性的新闻载体。我国古代早期，邸报并不十分固定，到宋代才相对有了固定的邸报发行周期。这种固定的发行周期，使之更接近于近现代的新闻报刊。到了明代，由于邸报对于加强朝政信息的沟通有着明显的促进作用，所以明代开始正式设立专门负责邸报的整理、抄录、刊刻和传发的专门机构通政司。清代入关以后，基本沿用了明代的政权管理体制，仍然设立通政使司，主管邸报的刊发。

清代邸报的刊发主要有三个环节进行管理和发行，一个是通政使司，主管接受清廷大臣以及各省官员题奏等工作，据《清史稿》记载："通政使掌受各省题本，校阅送阁，稽覈程限，违式劾之。”由于该机构承担着传承下情的关键作用，所以其主管大臣通政使也往往是深受皇帝宠信的官员。有清一代，通政使司通政使“满员二品，汉员三品。顺治十六年，并定为三品。康熙六年复故。九年仍改定正三品。副使，初制，满员三品，汉员四品。顺治十六年并定为四品，康熙六年复故，九年仍改定正四品”①。参与邸报整理、刊行的另一个机构，是清廷的六科，主管抄发皇帝所下达的谕旨和王公大臣的奏章，“掌言职，传达纶音，勘鞫官府公事，以注销文卷”。清代初期，六科“初沿明制，六科自为一署，给事中无员限，并置汉军副理事官。顺治十八年，定满、汉都给事中，左、右给事中，各一人，都给事中由左给事中转，左给事中由右给事中转。汉给事中二人，省副理事官。康熙三年，六科止留满、汉各一人。五年，改都给事中为掌印”。到雍正初年，为了加强对邸报的控制，“以六科内升外转，始隶都察院”②。清廷所设立的六科“自为一署”，分设吏、户、礼、兵、刑、工六科给事中等官吏，负责抄发明降谕旨以及皇帝、军机处允许发抄的官员奏章。六科接到这些谕旨或者允许抄发的奏章，一方面要抄录指定衙署执行，另一方面公开抄录谕旨、奏章和朝政信息发往各处，人们也称之为“科抄”。六科抄录的谕旨、奏章和朝政信息由各省派驻京师的提塘重新抄录，发送到各地。

提塘是各个省派驻在北京主要负责抄传、发行邸报的特设机构，清代“驻京提塘官十有六人。直隶、山东、山西、河南、江西、福建、浙江、湖北、湖南、四川、广东各一人，陕甘、新疆一人，云南、贵州一人，漕河一，由督抚保送本省武进士、举人及守备咨补。后改隶邮传部”③。各地派驻北京的提塘被称之为京塘，实际上相当于各地提塘在北京设立的办公衙署。据光绪年间李虹若撰写的《朝市丛载》记录光绪时期京城各省提塘的办公地点，直隶提塘在陕西巷、河南提塘在南城香炉营头条胡同、山西提塘在棉花胡同、山东提塘在宣武门外裘家街、陕甘提塘在今和平门外西河沿渭南会馆、江南提塘在棉花头条、湖北提塘在宣武门外南横街附近的西阎王庙街、江西提塘在宣武门外椿树上二条、四川提塘在厂甸南侧

① 《清史稿》《职官志二》，中华书局 1977 年版。
② 同上。
③ 同上。

的大外廊营、湖南提塘在菜市口南保安寺街、福建提塘在麻线胡同、广西提塘在琉璃厂南大安澜营胡同、广东提塘在鲜鱼口豆腐巷、云贵提塘在宣武门外香炉营。[①] 各省派驻北京的京塘，主要承担接受其派驻地方上报清中央政府的各类公文，包括各地大员上奏皇帝的奏疏、上报中央六部及其他各衙门的文书等。承担接受军机处、六部衙署下发派出地的公文，皇帝发给该派驻地官员的谕旨或者赏赐。同时，京塘还主要承担着邸报的抄录传递任务。据永瑢的《历代职官表》记载："国朝定制，各省设在京提塘官，隶兵部，以本省武进士及候补候选守备为之，由督抚遴选送部充补，三年而代"，"谕旨及奏疏下阁者，许提塘官誊录事目，传示四方，谓之'邸抄'"[②]。提塘下，要设报房，具体承担邸报的抄录、刊刻和转发工作。清代乾隆年间规定："令各提塘公设报房，其应抄事件，亲赴六科抄录，刷印转发各省。所有在京各衙门抄报，总由公报房抄发。"[③] 这种经过严格审查和通政使司、六科、提塘抄发的谕旨、奏章和朝政信息，也就是清朝政府的邸报，它起到清政府官方新闻消息的作用，被视为官报，也被称作"邸抄""阁抄""京抄"等，到清代中期以后，逐渐统称之为"京报"。

清代邸报的主要内容为上谕、宫门抄、大臣奏章三个部分，上谕抄录的是皇帝允许公开传抄的谕旨或者对大臣奏章的批示语，宫门抄主要是反映皇帝的重大活动以及王公大臣、京外臣工觐见皇帝，皇帝对王公大臣的赏赐、训斥等朝政动态。大臣奏章除少量需要披露的原奏折外，一般只是刊录奏章事项名目，不录原文。这些传发各地的邸报，主要是针对清王朝各级官员，以求了解朝廷的朝政动态。考虑到让各级、各地官员及时了解、掌握皇帝的谕旨和朝廷的动态，清代邸报的传抄基本按照逐日的要求实施。乾隆年间曾经明确规定："各部院衙门如有奏准议复应行发抄事件，该承办衙门即将原奏抄录钤盖印信，发交直隶提塘，按日刊刻颁发。"[④] 正是由于各省在京提塘所设报房抄发的邸报在内容上主要反映朝政诸方面信息以及皇帝的上谕、大臣奏章等，而且逐日刊发，因此具有比较明显的官方新闻功能。

此外，除了清政府隶属下的通政使司、六科和京塘刊发的官报外，在

---

① 李虹若：《朝市丛载》，北京古籍出版社 1995 年版。

② 永瑢：《历代职官表》，商务印书馆 1936 年版。

③ 《钦定大清会典事例》卷七百三，清光绪内府刊本。

④ 同上。

京城还有一些京塘官自己私下抄递的小报和北京民间报房刊发的民间京报。作为提塘官按照大清官府规定，由其下设的报房刊发各个院府衙门正式批准的皇帝上谕、臣工奏章和朝政信息之外，各地官员还需要了解一些更为详尽的中央政府和六部的朝政动态。因此，各提塘官以及其报房还自行采编一些有关朝廷动态的其他信息，这些提塘官自行采录并发往各地的内容被称之为“小抄”或“小报”。清康熙年间权臣明珠二子左都御史揆叙曾在其奏章中提到：“近闻各省提塘及刷写报文者，除科抄外，将大小事件采取录写，名曰‘小报’。”① 但是这些小报也主要是弥补邸报内容不足的问题，所面对的一般也是各地封疆大吏或中高级官员。

乾隆年以后，尤其是北京近代以来，北京的新闻传播开始出现一个很明显的发展和变化，就是在北京开始出现一些以私人名义刊发的小抄、小报。这些小报除了转抄邸报相关内容之外，也自行采录一些其他消息，所面对的是一些中下级官吏或没有职缺的读书人或经商之人。这些以营利为目的的小报在传抄内容上与通政使司、六科和京塘刊发邸报基本一致，但是在表现方式以及运行方式上与官方传抄的邸报有很明显的差别。首先，这些以私人名义抄录和刊发的小报在运营模式上与官方刊发的邸报有很明显的不同，这些私人小报是以营利为目的而运营的，因此一般是设立报房，专门经营小报的采录、刊发等事项。

从咸丰年以来，在北京城私人报房颇有影响的是聚兴报房和公兴报房，另外还有聚恒、聚升、信义、公兴、洪兴、永兴、天华、集文等报房。在操作运行方式上，它更接近现代的新闻媒体形式。京城这些私人经营的报房，也采用每天刊发的形式。开始也仿效官府刊行的邸报的名称，同治年以后，由于清王朝统治能力弱化，私营报房反倒显得活跃一些，人们习惯地将这些私人经营的报房刊发的邸报，称为“京报”。他们除按照每天若干页合订为册之外，还增加了黄色的封面，并用刻好的“京报”二字打在封面左上角，并在封面右下方或者中间盖有报房名称的印戳，形成了相对固定的刊行模式。

私营的京报，基本采用活字印刷的方式，所选用的纸张也相对低廉。刊发的京报，向订户收取一定的费用，并由专人负责每天的投递。著名戏曲理论家齐如山在回忆晚清时私人京报房的经营时说：“北京城内所有送

① 蒋良骐：《东华录》，中华书局 1980 年版。

报的人都是山东人，都是背着一个用蓝色布做成，五尺多长，五寸多宽，两头有兜的报囊，囊上钉有白布写黑字的‘京报’二字。（送报人）各人有各人的道路，同一报馆之送报人，不许越界送报。例如卖聚兴报房的人，在此胡同送报，则其他卖此报之人，便不许再送。然若卖洪兴报房之送报人尚可。……他们都是穿一长稍过膝的蓝布大褂，外系一条布褡包，因为从前若穿小衣服裤褂或散着腰进人家，是不太规矩的事情。他们送报必须进门，所以都穿长褂、系褡包。他们送报的道路非常重要，自己老了，可以传给儿子，若外人想接送，则须出钱买这条道，亦曰‘倒道’。”① 到清光绪年间，京城私人报房已经形成一定规模，并且组织了京报行会，并制定了统一的报资价格标准：“本行承办《京报》，历有年所，按月取资，价目原未划一……兹由甲辰年二月初一日起，将报资酌定一律价目：大本八页、小本十页，海报每月取钱三吊；大本四页、小本五页，每月钱二吊；按日送阅宫门钞、上谕条，每月钱一吊。此后旨依定价送阅，庶阅者概不多费，于送者亦可借免赔累矣。”② 从私营京报房经营运行的方式以及各报房京报刊行样式看，清代中后期北京私营报房的京报与后来近现代新闻报业颇为近似。而当清代晚期近现代新闻报业开始出现后，其报纸的投送发行，实际上还是由聚兴报房来承担。

二　晚清时期京城近代新闻报业的兴起

北京晚清时期近现代新闻报业的兴起，起源于清同治十一年（1872年）英美传教士“在华实用知识传播会”主办的《中西闻见录》。第二次鸦片战争以后，随着总理各国事务衙门成立，清政府又在其下设立了专门培养办理洋务人才的同文馆。在同文馆内设立主持西方语言、文化的西学总教习。同文馆设立之初，由赫德任西文总教习。但赫德因所兼事务过多，同治八年（1869年）便推荐美国传教士丁韪良担任同文馆西文总教习。丁韪良作为美国基督新教传教士，在道光年间被美国基督新教长老派选派来到中国，最初在宁波传教。其颇具语言天赋，很快就能用中文进行交流，甚至学会了中国地方方言。他为了传教，竭力主张向中国人介绍和

① 《中国新闻事业通史》，引自齐如山《清末京报琐谈》1952年8月，中国人民大学出版社1992年版。

② 黄卓明：《中国古代报纸探源》，人民日报出版社1983年版。

传播西方文化。第二次鸦片战争以后，他来到北京传教，并在传教之余翻译了美国人惠顿的《万国公法》，该书翻译出来后受到恭亲王奕䜣的格外赏识，专门拨款由同文馆在同治三年（1864 年）刊行中译本。

丁韪良出任同文馆西学总教习之后，其竭力主张向中国人宣传介绍西方文化的意识更为强烈。而其任职于同文馆，使得他与清廷官员，特别是洋务派官员接触得越来越多，使他在北京进行传教和传播西方文化有了一定的便利条件。同治十一年（1872 年）以丁韪良等人为首的英美西方国家传教士在北京成立了“在华实用知识传播会”，意图通过这个“传播会”推动西方诸国教会势力在中国传播西方文化，消除在华传播基督教的思想障碍。正是出于这样一个目的，“在华实用知识传播会”成立的第二年，丁韪良在北京创办了“在华实用知识传播会”机关刊物《中西闻见录》，这是在北京城出现的第一个中文近代化的报刊。丁韪良等人创办的《中西闻见录》，办刊宗旨实际上与“传播会”成立的宗旨相一致，就是要竭力宣传西方文化及其科技知识、西方政治理念等内容，以求从思想意识上让更多的中国各级官员消除对西方文化及思想接受的障碍。

他在《中西闻见录》第一号《中西闻见录序》中明确地谈道：《中西闻见录》“所论者，乃泰西诸国创制之奇器、防河之新法以及古今事迹之变迁、中西政俗之异同”，“杂录各国新闻近事并讲天文、地理、格物之学”。丁韪良作为北京近代史上颇为突出的“中国通”，对清政府以及中国历朝各代所关注的重要问题了解得比较清楚，知道历朝各代水患的防范一直是困扰政府的难题，所以他在创办《中西闻见录》时，竭力地迎合中国各级官员所关注的问题，将“防河之新法”列在其中。《中西闻见录》很多篇幅是“杂录各国新闻近事”，这使得《中西闻见录》具有很明显的近现代新闻报刊的性质。《中西闻见录》最初由丁韪良和英国传教士艾约瑟、包尔滕一起负责，后二人先后不再承担《中西闻见录》的编辑工作，由丁韪良一人来主持。《中西闻见录》作为月刊，持续出版了三年，其发行也主要是面对北京的一些清朝洋务派官员，影响面并不是很大。但是，它毕竟是北京历史上第一个近现代的新闻报刊，是北京新闻传播近现代化具有标志性意义的起点。

光绪二十一年（1895 年）康有为等联合全国参加会试举子联名进行“公车上书”，在其上书中就提出允许开报馆的主张。他认为清政府如果开放报馆，允许民间办报，则可以通时务、开心思。他在《上清帝第四书》中提出："令直省要郡各开报馆。"康有为不仅仅竭力上书向光绪皇帝进言，力陈开放民间办报的好处，他自己也把创办报纸视为宣扬其资产阶级维新思想的重要手段。光绪二十一年六月二十七日（1895年8月17日），康有为经过几个月的筹划的《万国公报》在北京琉璃厂南的后孙公园胡同正式创刊发行。《万国公报》由康有为独自承担办报所有费用，委派梁启超、麦孟华主持。每双日刊出，每刊皆登载一篇宣扬康有为资产阶级维新思想的文章，以此来向民众宣传其主张。《万国公报》先后登载了《万国矿物考》《各国学校考》《通商情形考》《铁路情形考》《西国兵制考》《万国邮局章程价值考》以及《地球万国说》《铁路通商说》《学校说》《佃渔养民说》《铸银说》等文章，文章短时一次刊登，若文章篇幅长则分别连载刊出。从所选的文章标题不难看出，康有为所创办的《万国公报》更侧重于京师官民宣传和介绍西方政治、经济、教育及其社会发展体制等方面的内容，是一种对西方政治制度、经济体系以及文化教育等各个方面系统的介绍。作为国人以私人身份开办的新型报刊，一方面受当时刊印、发行条件的局限，另一方面康有为也是一种初始的尝试，因此，《万国公报》在刊行形式上与过去的《京报》样式颇为相近，每双日一期，一期装订成册，每册按刊出顺序编号，但没有后来现代化报刊那样有明确的出版印制时间。

康有为开办《万国公报》之所以将报刊开办机构设在北京琉璃厂南面的后孙公园胡同，也是考虑到这一带是昔日京报报房相对集中的地带。首先，《万国公报》的刊刻采用的是木版雕版刷印，这比当时很多京报报房采用活字刊行刷印要相对落后。其次，《万国公报》的发行是雇用私营京报房送报人随同投送其他京报或宫门抄时，免费赠送京城官绅阅读，所以康有为自然要把办《万国公报》的地点设在琉璃厂南面报房集中的地区。《万国公报》刊发后，在京城很快产生了积极的影响。特别是当人们知道这份新刊出的具有很强的资产阶级维新思想的报刊是康有为创办的，自然就格外重视，一个月后《万国公报》发行量达到了三千余份，而且有的开始收费订阅。《万国公报》仅仅刊行了四十五期，三个月以后康有为在《万国公报》的基础上创办了《中外纪闻》，《万国公报》自然终止了它的出版，但《万国公报》作为北京近代以来第一个由中国人，特别是资产阶级维新派代表人物康有为创办的新闻报刊，尽管其新闻性并不是非常突出，多为宣扬康氏维新思想和介绍西方政治、经济、文化等情况的文章，但是其在北京文化发展过程中，尤其是在北京近代文化转折的关键时期，《万国公报》的创办和刊行是国人私人创办近代新闻报刊的标志，其文化影响极为深远。

康有为作为资产阶级维新派的代表性人物，在京城官绅之间广泛活动，宣扬他的资产阶级维新思想。尤其是《万国公报》创立以后，康有为宣传和介绍西方政治、经济、教育等方面的内容以及宣扬其维新思想更为便利，也颇有成效。北京有一批具有维新思想的知识分子和部分官员逐渐汇集在一起，以康有为等人为中心形成了一股新的政治势力。1895 年（光绪二十一年）11 月，以康有为等为首的维新派在北京成立了北京近代史上第一个具有政党性质的政治团体——“强学会”，也称为“强学书局”，意寓“中国自强”。强学会成立，每十天列名会籍成员聚会一次，每次都要有人做有关维新、变革的演讲。当时列名会籍以及参加强学会活动的有康有为、梁启超、沈曾植、文廷式、陈炽、丁立钧、杨锐以及张孝谦、汪大燮、王鹏运、袁世凯、徐世昌等人。另外，被称之为帝党的翁同龢、孙家鼐、李鸿藻以及地方改良派王文昭、刘坤一、张之洞等人也与康有为等人组织的强学会有着极为密切的关系。康有为在北京组织强学会的同时，更注意大力鼓吹其资产阶级维新思想，因此，他将原来自己独自出资创办的《万国公报》改为强学会的机关报《中外纪闻》。

《中外纪闻》首期刊发于清光绪二十一年十一月初一日（1895 年 12 月 16 日），其由康有为私人创办的《万国公报》基础上改版刊出，梁启超、汪大燮为报纸主笔。报纸仍为双日刊，每册十页，活字摆印刊行，但是每期均注明刊行出版时间，报馆仍然在《万国公报》在琉璃厂南后孙公园胡同原有地址。所派发依旧委托旧时京报房发行。《中外纪闻》虽从《万国公报》基础上改版而来，但是从内容、运行模式以及刊行方式等，都与康有为私人创办的《万国公报》有很大的差别。首先，《中外纪闻》不再像《万国公报》那样由康有为独自出资开办，而是使用强学会得到的陈炽、袁世凯、刘坤一、王文韶、张之洞等人为强学会捐助的资金，这使得《中外纪闻》明显具有强学会机关报的特性。其次，《中外纪闻》约有三分之一的内容是选摘中外各地新闻，《中外纪闻》创刊号的“凡例”中明显表示：“本局新印《中外纪闻》册首恭录阁抄；次全录英国路透电报，次选译外国各报，如《泰晤士报》《水陆军报》等类，次择录各省新报，如《直报》《沪报》《申报》《新闻报》《汉报》《循环报》《华字报》

《维新报》《岭南报》《中西报》等类；次译西国格致有用诸书；次附论说”，“所录近事皆采各国各省日报，标明来历”。（《中外纪闻》光绪二十一年十一月初一创刊号）再次，《中外纪闻》在刊行技术手段上采用了活字摆印刊行的方式，这比《万国公报》采用木版雕版刷印技术手段，更为便捷，这使得这份新创办的报纸在时效性上更加突出。《中外纪闻》刊行后立刻在京城引起轰动，它突破了京城民间政治团体办报的禁锢，对清王朝二百余年来禁锢民众思想是一个重要的冲击。因此，《中外纪闻》的刊行，一方面是具有维新思想或者同情维新变革的社会群体高度关注和积极的响应，在京城上下引发了一大批支持维新变革的官绅的积极响应。另一方面也受到了清廷内部后党派系的顽固派别的强烈反对和指责，御史杨崇伊在1896年1月20日直接上奏，称康有为等人组织的强学会“植党营私”，并利用《中外纪闻》“贩卖西学”，可谓是大逆不道，所以“请饬严禁”。迫于后党顽固势力的强大压力，光绪皇帝在1896年1月29日下令查封强学会，《中外纪闻》也随之被迫停刊。从光绪二十一年（1895年）十一月初一首创，到光绪二十二年（1896年）一月停刊，《中外纪闻》前后仅存在了一个多月。但是由于《中外纪闻》以其鲜明的资产阶级维新思想和较为完备的新闻报纸特征而成为北京新闻报刊业发展的起点，其对京城民众思想开化起到了意想不到的积极作用。需要特别说明的是，由于《中外纪闻》是康有为在《万国公报》基础上改造创刊，再加上西方传教士也曾在上海办过同名的《万国公报》，因此以往很多人对康有为的《万国公报》与《中外纪闻》混为一谈，或者只谈《中外纪闻》。实际上，《万国公报》与《中外纪闻》既有相应的传承关系，也有很明显的办报差异。但这两份北京近代史上的新兴报刊，对北京近代文化发展所形成的突出影响，是难以忽略的。

《中外纪闻》作为北京历史上第一张资产阶级维新派创办的新闻特征颇为完备的报纸，虽然仅仅刊发了一个多月，但其在京城产生了深远的影响。尤其是《中外纪闻》有其强学会机关报的背景，参与办报的都是具有资产阶级维新思想的文人学士和一部分支持维新改良的清廷官员，再加之其报纸表现形式与昔日京城民间报房的《京报》有着极大的差别，更具有西方新闻报刊的刊行模式，在京城民众之中形成了巨大的影响力。这种颇为突出的影响作用，使得人们对这样新型的新闻报刊已经从文化心理上全面接受。同时，清朝统治阶层内部又有一批颇具政治势力的官员同情和赞成像《中外纪闻》这样的新闻报刊。在这样的一种发展背景之下，清政府顽固派虽然迫使光绪皇帝下令封闭《中外纪闻》，但民众和统治阶层内部对新兴的新闻报刊的需要，让清王朝统治阶层中的顽固势力也不得不考虑在一定程度上采取妥协的方式来缓解各方面的压力。于是，清廷查封强学会和《中外纪闻》之后，在原“强学会”也就是“强学书局”的基础上，设立了直隶官书局，地址在今虎坊桥京华印书局旧址，由孙家鼐主持。

孙家鼐接手直隶官书局之后，立刻开始筹办《官书局报》和《官书局汇报》。《官书局报》《官书局汇报》在出版形式上依旧与《万国公报》《中外纪闻》一样，沿用昔日京城邸报的形式，以每日一册，封面仍为黄纸，封面左侧有木刻“官书局汇报”的字样。而在刊发时间上，《官书局汇报》由于具有更突出的清政府官方背景，改为每天一期，内容上则以选录西方路透社等新闻报社的电讯为主，报道国内外新闻，同时刊发有关西方诸国新事物、新工艺等内容的文章，并有选择地刊登上谕、奏折以及儒家经典格言等内容。从《官书局汇报》的办报表现形式上看，其虽为官方完全主持的新式官报，但由于为了适应晚清时期的形势发展，缓解社会各方面的舆论压力，《官书局报》和《官书局汇报》在刊行周期上更为接近西方新闻日报的形式，只不过在其刊发的内容上，完全是秉承清王朝政府顽固势力的舆论导向。但是，《官书局报》《官书局汇报》以其新式的办报刊行方式，把北京近代新闻报刊的发展无形中大大地推进了一步，这对于清代北京文化的近代化发展有着极为重要的推动作用。

1900 年庚子事变以后，清王朝最高统治者面对咄咄逼人的西方侵略者和大肆进入的西方文化，感觉到了前所未有的压力。而国内民众在新思想、新文化的影响之下，反封建意识也开始成为一种社会政治思潮。这对于清统治者而言无论是在统治心理上，还是统治意识上，都开始出现巨大的变化。清王朝迫于国内外形势的压力，被迫宣布实行所谓“新政”。光绪三十二年（1906 年）以慈禧为首的满族最高统治者被迫颁行《宣示预备立宪谕》，宣布实行“预备立宪”。在这样的背景之下，北京城内出现了一批新兴的报纸。实际上，在庚子事变之后，日本人中岛真雄利用庚子事变过程中清廷几无管控能力的状态，与顺天府府尹陈璧勾结合谋，1901 年 10 月在正阳门内化石桥成立报社，创办了《燕京时报》，报纸发行后没多久，又改名为《顺天时报》。这是在北京出版发行的第一份外国人创办的中文报纸。

随后，1904 年，彭翼仲在北京五道庙西路一带创办了《京话日报》，他以通俗的北京白话文撰写新闻报道，以京城中下层居民为读者对象，报道全国各地新闻，在北京产生了很大的影响。1905 年 9 月，张展云在前门外延寿寺街羊肉胡同创办了《北京女报》，报纸每日以三开六版出版，而且完全是现代化的双面印刷的新闻报纸。《北京女报》采用西方现代新闻报纸的运作模式，注重靠采访社会生活新闻来突出报纸的新闻性，开辟有“京内外新闻”“时事要闻”“世界新闻”等栏目，并且设有新闻的“论谈”，积极倡导女子教育，反对传统观念中对女子的种种束缚，并广泛地介绍西方科学文化知识。报纸刊登的新闻和各种有关新知识、新文化的文章，均用白话文，并且连载有关妇女生活的章回小说等文艺作品，在京城有着极大的影响力，甚至连慈禧都要经常阅读该报，清廷顽固势力的官员不禁叹然。此外，汪康年 1907 年创办的《京报》，以刊登政治新闻为主要内容，在京城也曾经颇为引人注目。而在京城民间办报颇热的形势下，清政府也不得不适应形势发展，在 1907 年 10 月创办《政治官报》，作为清王朝正式的政府官方报纸。

正是在京城民众以及全国各地办报热潮的冲击下，清王朝于 1908 年被迫颁行了《大清报律》，尽管清政府颁行《大清报律》其宗旨在于尽可能地限制和管束民间新闻报纸的发展，但是在一定程度上也让北京的民间新闻报纸得到了发展的空间。从 1901 年到 1911 年这十年间，北京民间或清廷新创办的报纸达五十余家，这标志着北京报纸新闻业的正式形成。

清王朝晚期新闻报纸近代化的发展进程，对于开启民智、传播西方文化有着重要的推动作用，这使得北京文化发展进入了一个全新的时代。由于新兴的新闻报纸的兴起，新文化、新思想的传播速度大大加快，而且迅速地在社会中下层民众中传播。这对于数千年来，尤其是北京古代历史发展过程中，思想、文化的传播主要集中在统治阶层或中上层知识分子之中的文化传播格局是一次革命性的突破，它带来的是北京文化更活跃的发展，让北京传统封建文化的质变大大加速，并由此逐渐形成了以西方思想、科学技术和文化为主体的新文化体系。

第二节　现代印刷技术引进与北京近代出版发行业崛起

一　晚清时期西方印刷技术传入京城

自隋唐时期雕版印刷术发明以来，经过快速发展到宋朝雕版刷印工艺水平已经极为成熟，并被广泛使用，成为我国古代图书复制的基本生产形式。尤其是自南宋以来，在我国的江浙地区，福建的建阳、麻沙以及四川等地，都出现了雕版刻书中心地域。相比之下，两宋同期的北京地区，作为北方少数民族建立的辽、金的辽南京或金中都，虽然也出现了雕版刷印的作坊，但图书刊刻水平和生产规模与我国南方几个雕版刻书中心地区相比差距极大，甚至与北方地区的山西平阳刻书相比，都有很大的差距。清王朝确立在全国的统治地位以后，伴随着满族统治者强化文化统治，北京终于确定了全国文化中心的地位。但就雕版刻书整体规模看，图书雕版、刷印的生产规模和工艺水平与我国南方的刻书中心还有很大的差距。清乾隆年间，皇家刻书机构武英殿成为北京雕版刻书的突出代表。雍正年间采用铜活字刊行《古今图书集成》，乾隆年间为整理《永乐大典》内务府又大规模采用木活字刊印工艺刊行聚珍版图书，使得北京图书刊行工艺水平有了极为显著的提高。乾隆五十六年（1791年）和乾隆五十七年（1792年）程伟元、高鹗以北京萃文书屋刊行的木活字程甲本、程乙本《红楼梦》就是北京图书刊行工艺水平高度发展的一个具体体现。虽然有清一代北京在图书雕版刷印生产规模上远远不能与南方图书雕版刊刻中心地区相提并论，但由于北京特有的文化中心地位，其刊行的图书在文化学术水平上有着突出的学术地位和重要的文化影响。特别是从铜活字、木活字工艺发展水平上看，北京具有一定的工艺发展水平优势。

然而，清代后期随着西方文化和科学技术的大量传入，西方的现代印刷技术也随之进入中国，这使得我国的图书出版进入了一个全新的时代。早在清嘉庆年间，英国传教士马礼逊在澳门等地传教时，就曾经将西方近代石印等印刷技术设备带进中国，并开始尝试将汉字与西方近代印刷工艺进行结合，着手秘密地实验镌刻汉字字模。但事情很快被官府察觉，马礼逊只好将实验的汉字字模销毁了事。此后，西方传教士为了传经布道，不停地想尝试用西方近代印刷技术来印制有关宗教印刷品，将西方的石印技术带到中国。美国传教士卫三畏在 1833 年（道光十三年）曾记载说："上季一个石印所开设在广州，我们高兴地知道它是成功地在运行。"①

当然，在第一次鸦片战争前，西方近代印刷技术的传入和在中国的使用，往往是伴随着西方传教士在中国的传教活动而带进来的，其处于地下隐秘的状态下使用。第一次鸦片战争和第二次鸦片战争之后，清王朝与西方列强签订的诸多丧权辱国的条约中，除了开通商口岸之外，也开始允许西方传教士在中国内地传教。对于西方传教士而言，用相应的宗教印刷品来传播其宗教思想，是一种非常直接的手段。这客观上促成西方传教士想尽办法将西方近代印刷技术带进中国，并在这块土地上落地、发展。在这样一种需求形势下，西方近代石印技术及其设备开始流入中国，也进入到北京。第二次鸦片战争，英法联军占领北京，在其撤出北京时，法国军队将其携带的一台铅石两用小型印刷机留给北堂主教孟振生。次年，孟振生又从法国带回一部手摇印刷机。这两台印刷机便成为北堂设立印书处的基本印刷设备。1863 年（同治二年），美国传教士也开始在北京设立装备石印印刷设备的印刷所，印制英文的宗教印刷品。但是，这两个西方传教士开办的印刷机构，只是使用西方近代印刷设备和印刷工艺技术来印制外文印刷品，对北京地区图书刊行还没有什么直接的影响。

1860 年，美国长老会在上海设立美华书馆。这家美国传教士开办的书馆，极为重视将西方近代印刷技术与中国汉字结合起来，让西方印刷设备能够印出中文文字的图书。因此，美华书馆开始尝试用电镀的方式创制中文字模，并且获得成功。美华书馆用电镀技术制作出来的汉字字模，可以铸刻出七种大小不同的汉字铅字，按照西方铅印排版方式，排出中文的版面，用铅印印刷机器进行印刷。同时，他们还参照《康熙字典》部首检字法研制出专用的排版字架，使得汉字铅字的排版更为准确、高效。美华书馆汉字字模研制的成功和汉字铅字的使用，在中文印刷品大量印制上是一次革命性的突破。它刚刚研制出来以后，美华书馆就开始大量制作汉字的铅活字，向各地报馆出售。当时这种革命性的排版、印刷技术很快就引起人们的关注，北京总理各国事务衙门因办理洋务的

① 韩琦、王扬宗：《石印术的传入与兴衰》，《装订源流和补遗》，中国书籍出版社 1993 年版。

需要，以及其对西方新技术的重视，很快购买了美华书馆创制的汉字铅字排版印刷技术及其相关的设备，极大地提高了总理衙门印刷品的刊印速度。同治十二年（1873 年），总理衙门所隶属的同文馆设立印刷所，装备手摇印刷机七部，中文铅字排版体统四套。在同治三年（1864 年）同文馆刊行丁韪良的《万国公法》还是采用中国传统雕版刷印方式刊行，到此时已经完全采用了西方先进的铅印机器设备。从同文馆同治十二年（1873 年）设立印刷所，到光绪二十八年（1902 年）与其他机构合并，仅同文馆印刷所用西方印刷手段印制出版图书四十余种，成为北京近代史上第一个具有现代印刷技术和一定印制规模的机构。1896 年（光绪二十二年），孙家鼐接手强学书局，并改组成直隶官书局。直隶官书局"刊书籍：拟设刊书处、译刻各国书籍，凡举律例、公法、商务、农务、制造、测算之学，及武备、工程诸书，凡有益于国计民生与交涉事件者，皆译成中国文字，广为流布"①。

孙家鼐负责的清朝官书局所出版、印刷的各种介绍西方科学技术和西方政治、经济、文化制度等方面的图书，都是采用西方新式印制手段出版的。光绪三十二年（1906 年）清廷官书局印刷局成立，开始用现代印刷机印刷《政治官报》等报刊。同年，京师陆军印刷局、京师海军印刷局前后成立，均采购现代印刷机承担书、报、刊、地图及其他官方印刷品的印制工作。也就是在这一年，清廷又成立了"学部编译图书局"，这是当时规模较大、影响较深的官办出版机构。它主要编译出版中小学教科用书，"出书 66 种，发行十余万部"②。此外，原来北堂设立的印书处，在西什库新教堂落成以后，也随之搬到西什库教堂内。尤其是庚子事变以后，西什库教堂印书处开始大量添置新的印刷设备，前后购置手摇印刷机、脚踏印刷机、机械动力印刷机等，并特意购置了煤油发动机，还有铅字铸字机、五套中文铅字等设备，使得西什库印书处与当年北堂印书处两三台小型手摇印刷机的状态相比，可谓鸟枪换炮。而该印书处先后印刷出版二十多种文字的图书四百余万册，成为清代晚期北京城里最大的宗教出版印制机构。后来的北京京华印刷厂就是由当初西什库印书处演变的西四印刷厂改造过来的。

---

① 《官书局奏开办章程》，《中国近代出版史料》初编，中华书局 1957 年版。

② 杨维新：《清末北京学部图书编译图书局略考》，见《北京出版史志》第 1 辑。

晚清末期，除了清廷官方机构和北京外国宗教机构大量引进西方新型的石印、铅印印刷设备之外，民间的一些机构也开始引进现代印刷技术，最具代表性的就是位于北京虎坊桥原大清官书局旧址的京华印书局。清廷设立的官书局，由于形势的变化和其官方的身份，在经营上颇为艰难，难以维系下去。1905 年（光绪三十一年）官书局将其原址房屋以及印刷设备等一起出让给上海商务印书馆。商务印书馆在此基础上成立了京华印书局，作为北京城规模较大的印刷机构，承担着晚清末期北京大多数报刊的印刷业务。同时，也是京城新书出版的主要承印单位之一。

二 晚清北京新书业与古旧书业格局形成

随着清朝后期西方现代印刷技术的传入和逐渐广泛地使用，带来北京晚清时期北京出版发行行业格局的重新调整和重要变化。事实上，随着洋务运动的发展和晚清时期的变法革新，京城读书人对图书的需求开始出现明显的变化。以往文人学士注重金石考据、钻故纸堆的乾嘉学派，开始被新的资产阶级维新思潮所替代，尤其是很多知识分子抱着抵御外强、强国富民意识，期盼着从西方新的文化中去寻找发展的希望，对宣传介绍西方科学知识、西方政治、文化、法律等方面的图书越来越感兴趣。而清代后期科举制的废除，新型教育机构的快速发展，以西方科学技术和西方文化体系为主导的新式教材，成为求学士子的基本读物。由于上海是最早开设的通商口岸，也是西方资金、技术最早侵入的地域，它在新型近代出版业发展上远远地超过了北京，并快速地成为我国新兴图书出版中心。据《琉璃厂小志》记载：晚清时期“京师书贾亦向沪渎捆载新籍以来；海王村各书肆，凡译本之书无不盈箱插架，思得善价而沽”，“及新学盛行，厂肆多杂售石印铅印版诸书，科学仪器之属，而好古之士，日见寥寥”①。在这种快速变化的形势下，右翻洋装的新式图书开始出现，被人们称之为洋装书，以区别在中国古代已经流行千余年的宣纸、线装、左开的古籍图书。当时北京最重要的图书集散地和图书文化消费中心的琉璃厂出现以经营新书为主的书肆，北京书肆业开始分化为古旧书业和新书业两大分支。

北京城的古旧书业与新书业两个图书经营行当的出现，从图书贸易活

① 孙殿起：《琉璃厂小志》，北京古籍出版社 1982 年版。

动的角度看，只是不同图书经营类别的分化。但这种图书经营行当的分化，从表面上看是针对读书人不同的文化消费需求形成的书店经营改变，但从本质上说，这样的变化实际上直接反映了晚清时期北京知识分子阶层思想文化的整体走向，客观上折射出北京文化近现代化的演变历程。

主要参考文献

《清实录》，中华书局、中国书店 1986 年版。
《清史稿》，中华书局 1977 年版。
于敏中等编纂：《日下旧闻考》，北京古籍出版社 1983 年版。
雷梦水辑：《北京风物杂咏续编》，北京古籍出版社 1987 年版。
《北京市志稿》，北京燕山出版社 1998 年版。
《顺天府志》，北京大学出版社 1983 年版。
《藤阴杂记》，北京古籍出版社 1982 年版。
《天咫偶闻》，北京古籍出版社 1982 年版。
《宸垣识略》，北京古籍出版社 1982 年版。
《道咸以来朝野杂记》，北京古籍出版社 1982 年版。
《燕京岁时记·帝京岁时纪胜》，北京古籍出版社 1982 年版。
《旧京琐记》，北京古籍出版社 1986 年版。
《养吉斋丛录》，北京古籍出版社 1983 年版。
《北京光绪顺天府志》，北京出版社 1987 年版。
《康熙顺天府志》，中国书店 2011 年线装校勘本。
《国朝宫史》，北京古籍出版社 1987 年版。
《国朝宫史续编》，北京古籍出版社 1994 年版。
《钦定国子监志》，北京古籍出版社 2000 年版。
孙殿起辑：《琉璃厂小志》，北京古籍出版社 1982 年版。
福格撰：《听雨丛谈》，中华书局 1984 年版。
昭梿撰：《啸亭续录》，中华书局 1997 年版。
徐珂编撰：《清稗类钞》，中华书局 1984 年版。
曹子西等主编：《北京通史》，中国书店 1994 年版。
蔡美彪等著：《中国通史》，人民出版社 1994 年版。

郑师渠主编：《中国文化通史》，中共中央党校出版社 2000 年版。
曹子西主编：《清实录北京史资料辑要》，紫禁城出版社 1990 年版。
张次溪编纂：《清代燕都梨园史料》，中国戏剧出版社 1988 年版。
俞启定编：《北京古代教育史料》，北京教育出版社 1992 年版。
北京市档案馆编：《北京会馆档案史料》，北京出版社 1997 年版。
《养心殿造办处史料辑览》，故宫出版社 2012 年版。
《那桐日记》，新华出版社 2006 年版。
朱家晋、丁茹芹著：《清代内廷演剧始末考》，中国书店 2007 年版。
李真瑜著：《北京戏剧文化史》，北岳文艺出版社 2004 年版。
吴毓华、宋波著：《京剧——京城戏曲文化的整合》，中国书店 2002 年版。
《再续行水金鉴·永定河编》，中国书店 1991 年版。
北京市地方志编纂委员会：《北京志·期刊志》，北京出版社 2006 年版。
北京市地方志编纂委员会：《北京志·出版志》，北京出版社 2005 年版。
《中国近代史资料丛刊》，上海人民出版社 1961 年版。
《筹办夷务始末》，上海古籍出版社 2008 年版。